복음과 세계 종교

(주)죠이북스는 그리스도를 대신한 사신으로
문서를 통한 지상 명령 성취와 하나님 나라 확장을 위해 노력합니다.

복음과 세계 종교
© 2020 안점식

이 책의 저작권은 저자와 (주)죠이북스에 있습니다. 신 저작권법에 의하여 한국
내에서 보호받는 저작물이므로 무단 전재와 무단 복제를 금합니다.

복음과
종교 다원주의에 대한 기독교의 응답
세계 종교

안점식 지음

죠이북스

차례

서문 _8

1장 종교 다원주의 사회에서의 종교 연구 _12

1. 왜 종교들을 이해하는 것이 필요할까 | 2. 문화에 대한 이해를 촉진 | 3. 현상학적 방법과 종교 연구에서 황금률의 적용 | 4. 세계관 구조의 분석 필요성 | 5. 세계 종교와 비교 종교학 | 6. 다원주의와 세계화 | 7. 복음주의 종교 신학 | 8. 종교들의 분류

2장 복음의 유일성 _34

1. 복음_ 지식이 아닌 사건 | 2. 원죄 | 3. 의 | 4. 율법 | 5. 십자가 | 6. 부활 | 7. 그리스도와의 연합 | 8. 기독교의 역사성의 의미 | 9. 타종교와 역사성 | 10. 기독교의 인격성의 의미 | 11. 복음의 세 가지 차원 | 12. 복음의 전 포괄성_ 죄 사함, 자아, 사회, 영적 세력에 대하여

3장 　　　　　힌두교_ 예수는 구루? 비쉬누의 아바타? _84

1. 힌두교는 어떻게 생겨났는가 I 2. 힌두교는 계시의 종교인가 I 3. 우주의 질서_ 르타, 카르마, 다르마 I 4. 힌두교의 아드바이타 베단타학파의 세계관 I 5. 아드바이타 베단타의 논리_ 무지와 언어 I 6. 라마누자의 유신론적 신비주의 I 7. 우주의 질서 르타와 카스트 제도 I 8. 힌두교의 신관과 구원관 I 9. 힌두교의 화신과 기독교의 성육신 I 10. 고통의 문제

4장 　　　　　　　　　　불교_ 예수는 보살? _130

1. 불교와 기독교의 상호 작용 I 2. 불교의 현대화, 대중화 I 3. 불교의 창시자 I 4. 불교의 연기설 I 5. 불교의 핵심 교리_ 삼법인과 사성제 I 6. 인간의 구성 요소_ 오온 I 7. 대승 불교와 소승 불교의 시작 I 8. 불신관과 성불 사상 I 9. 보살과 방편 I 10. 공의 개념 I 11. 만유는 하나? I 12. 공 사상과 윤리적 상대주의 I 13. 결정론과 목적론 I 14. 자기애와 자기 의의 문제 I 15. 깨달음과 회심

5장   유교_ 예수는 성왕, 철왕? _180

1. 여전히 살아 있는 종교 I 2. 유교적 자본주의_ 아시아적 가치 I 3. 유교적 사회주의 I 4. 공자가 꿈꾼 이상 사회 I 5. 예의 전문가 집단, 유 I 6. 유교 경전의 성격 I 7. 상제와 신 I 8. 천명_ 통치의 정당성 I 9. 성인과 철인 I 10. 예와 인 I 11. 권위주의의 문제 I 12. 제사와 올바른 조상 신학의 필요성 I 13. 인간성에 대한 이론과 수양론 I 14. 리와 기, 성 I 15. 기독교와 유교의 유사성_ 통치에 대한 관심 I 16. 언약과 의리 I 17. 지행합일

6장   노장과 도교_ 예수는 진인? 신선? _232

1. 노장과 도교 I 2. 도_ 우주의 질서 I 3. 무위_ 인위적 문화주의에 대한 반대 I 4. 소국과민_ 작은 공동체주의 I 5. 장자_ 절대 자유의 추구 I 6. 무욕_ 비움의 영성 I 7. 허와 충_ 기독교의 영성 I 8. 진인과 무위지치 I 9. 종교적 도교_ 불사의 기술

7장　　　　　　　　　**이슬람_ 예수는 선지자? _252**

1. 이슬람과 서구의 갈등 I 2. 이슬람의 의미와 특징 I 3. 기독교와 이슬람의 차이 I 4. 믿음과 행위 I 5. 이슬람의 경전 I 6. 예수에 대한 이해 I 7. 이슬람에서의 역사성

8장　　　　　　　**애니미즘_ 예수는 주술사? 샤먼? _274**

1. 애니미즘이란 무엇인가 I 2. 애니미즘의 특징 I 3. 애니미즘과 세속주의 I 4. 배제된 중간 지역과 확장된 중간 지역 I 5. 능력 대결과 진리 대결 I 6. 잡신의 강압과 성령의 감동 I 7. 가계에 흐르는 저주 I 8. 비인격적, 기계적 방식 I 9. 주문과 부적 I 10. 예언과 대언 I 11. 기독교에서 형통과 인도하심

참고 문헌 _ 298
주 _ 311

서문

나는 요즘 청년들을 만나면서 그들이 처한 신앙적 어려움에 공감하고 아픔을 느낀다. 내가 청년이던 시절에는 그래도 한국 교회가 성장하고 있던 때였고, 교회에 대한 사회적 평판도 이렇게까지 부정적이지는 않았던 것 같다. 1980년대 말부터 해외 선교 운동이 활발히 일어나면서 한국 교회 안에는 활력이 넘치고 있었다. 기도에 대한 열심도 있었고 신앙 집회도 활성화되어 있어서 영적인 공급을 받을 수 있는 기회도 많았던 것 같다. 오늘날 청년들은 포스트모더니즘의 시대적 사조를 타고 밀려 들어온 종교 다원주의와 신무신론(New Atheism)의 강한 도전에 노출되어 있다. 신앙의 도전은 외부뿐 아니라 기독교 안에서도 가해진다. 전통적으로 복음주의 신앙의 핵심으로 여겨진 죄 사함의 구원과 십자가-부활 신학이 종교 다원주의의 영향으로 소홀히 다루어지거나 왜곡된 방식으로 재해석되고 있다. 예수에 대한 역사적 연구를 빌미로 예수의 신성과 하나님의 성육신을 인정하고 싶어 하지 않는 신학들의 도전이 있다.

이신칭의(以信稱義)에 대한 제한되고 왜곡된 이해 때문에 복음은 단지 내세적이고 장소적인 의미의 천국에 가기 위한 개인 영혼 구원의 방도로 축소되었다. 축소된 복음은 그리스도인들로 하여금 이 세상에서 하나님 나라의 가치를 적극적으로 살아 내지 못하게 만들었다. 교회는 이 세상 안에서 세상과 소통은 하되 구별되는 삶을 살아 내는 데 성공적이지 못했다. 교회는 세상으로부터 분리되어서, 소통되지 않는 편협한 집단으로 풍자되었다. 교회는 이 세상의 어젠다(agenda)에는 무관심하고, 하나님의 어젠다가 아닌 기독교인 자신들만의 어젠다에만 집착하는 것으로 보이게 되었다. 교회의 급격한 세속화는 교회 지도자들의 부도덕함과 부패를 불러일으켰고, 이러한 부정적인 모습이 세상에 많이 노출되었다. 교회 안에 있는 사람이나 밖에 있는 사람이나 이러한 현상을 보고 실족하여 복음의 능력에 회의를 품는 일이 많아졌다. 포스트모더니즘, 종교 다원주의 자체도 절대적 진리에 대한 회의주의를 불러오는데, 한국 교회의 부정적 모습은 이러한 회의주의를 더 부추기고 있다.

이런 상황에서 교회 개혁과 교회의 본질에 대한 관심이 고조되고, 하나님 나라의 복음, 선교적 교회론이 주목받게 된 것은 환영할 만하다. 그러나 십자가-부활의 복음과 하나님 나라의 복음은 서로 대립되는 것이 아니다. 복음은 보다 큰 그림 속에서 전 포괄적 안목으로 이해되어야 한다. 예수의 십자가 대속과 죄 사함이 없는 하나님 나라는 "왕 없는 나라"(a Kingdom without a King)이며 궁극적으로는 "인간의 노력으로 성취되는 윤리적 왕국"일 뿐이다.[1] 십자가의 대속, 죄 사함의 복음이란 "나라 없는 왕"(a King without a Kingdom)을 선포하는 것이 아니다.[2] 하나님 나라 없는 복음은 스탠리 존스(Stanley Jones)의 말대로 "예수를 반(半)만 이해한 것"이다.[3] 예수는 단순히 우리 마음속의 왕일 뿐 아니라 이미 도래한, 그리고 앞으로 도래할 하나님 나라의 왕이다.

상대주의의 풍조가 밀려와서 아무것도 확신할 수 없게 되어 버린 불가지론(不可知論)의 시대에 오히려 복음은 더욱 선명하게 그 진리 됨이 선포되어야 한다. 인간의 실수와 실패에도 불구하고 하나님이 이 세상을 위해서 행하신 이 놀라운 사건(행 2:11), 복음은 계속 선포되어야 한다. 이 책은 단순히 세계 종교들을 소개하는 것을 목적으로 하지 않는다. 종교 다원주의의 거센 도전에 맞서서, 세계 종교들과의 비교를 통해 복음의 유일성과 독특성을 주장하려는 것이다.

    이 책은 내가 2018년 한 해 동안 연구년을 지내면서 쓰기 시작한 것이다. 연구에 집중할 수 있도록 학교의 강의와 행정 일의 짐을 대신 져 준 아세아연합신학대학교(ACTS) 동료 교수님들에게 감사를 드린다. 또한 이 책을 펴내느라 기꺼운 마음으로 애써 주신 죠이선교회 출판부 간사님들에게도 감사드린다. 그리고 이 책을 쓰는 동안 기도와 응원으로 함께해 준 가족들에게도 감사를 드린다.

1장

종교 다원주의 사회에서의 종교 연구

1. 왜 종교들을 이해하는 것이 필요할까

세상에는 많은 종교가 있다. 종교가 없는 곳은 없다. 왜 인간은 종교를 필요로 하고 종교를 만들어 낼까? 인간은 시대와 문화와 인종에 따라 다양한 삶의 모습을 가지고 있지만, 보편적인 면들도 가지고 있다. 인간은 궁극적 실재 혹은 절대자를 향하는 의식(意識)을 가지고 있으며, 자연과 관계하며, 죽음과 고통을 경험한다. 인간은 의식주를 해결해야 할 필요를 가지고 있지만, 이러한 기본적 생존의 필요를 위협당하기도 한다. 그래서 인간은 두려움과 염려를 가지고 살아간다. 종교는 동일한 실존적 상황과 조건에 처해 있는 인간이 가진 보편적 문제의식과 갈망, 두려움이 무엇인지를 보여 준다. 그러므로 종교를 이해한다는 것은 단순히 어떤 종교의 교리를 이해하는 것만을 의미하지 않는다. 그것은 사실상 인간을 이해하는 것이고, 또한 문화의 핵심을 이해하는 것이다. 폴 틸리히(Paul Tillich)의 말대로 종교는 문화의 실체이며 문화와 종교는 나눌 수 없다.[1] 그리스도인으로서 세계 종교들을 이해하고자 하는 것은 무엇보다도 다른 신앙을 가진 사람을 이해하려고 노력하는 것을 의미한다. 그들이 가지고 있는 궁극적인 문제의식은 무엇이고, 갈망은 무엇이며, 그 문제를 해결하는 방식은 무엇이고, 그들이 추구하는 경험은 무엇인지를 먼저 그들의 세계관 안에서 이해하려고 하는 것이다.[2]

그리스도인으로서 종교에 대한 관심은 그 종교를 신봉하는 사람에 대한 관심의 표명이다. 또한 그것은 복음을 받아들여야 할 사람들이 살고 있는 현지 문화에 대한 관심의 표현이라고 할 수 있다. 어떤 사람들은 다른 종교에 대한 무관심을 "예수 그리스도와 십자가 외에는 아무것도 알지 않기로 작정했다"(고전 2:2)는 바울의 말과 잘못 연결시키기도 한다. 사도 바울은 당대의 헬라 철학에도 정통해서 스토아학파나 에피쿠로스학파 철학자들과도 능히 논쟁하고 변증할 실력이 있었다(행 17:18). 바울이 말하려는 요점은 결론으로서의 '십자가'다. 이 세상에 많은 종교와 철학이 있지만 결국은 십자가가 답이라는 말이다. 그것은 종교나 철학에 대한 무지나 무관심을 정당화하기 위한 말이 아니다. 바울은 무지에 바탕을 둔 단순성(naivety)을 말하려는 것이 아니라 궁극적 결론으로서의 단순성(simplicity)에 도달했음을 말하려는 것이다. 생무지의 순진함은 모든 복잡함의 도전과 풍상을 겪어 낸 후에 도달하는 영적인 단순성과 동일시될 수 없다.

물론 그리스도인들이 진리를 찾기 위해 다른 종교들을 탐구하려는 것은 아니다. 십자가와 부활의 복음으로 충분하다. 그러나 구령의 열정을 가지고 복음을 전하려고 하는 사람은 다른 종교 전통에 속한 사람들에게 관심을 가져야 한다. 일반적으로도, 다른 사람이 가지고 있는 생각에 무관심하면서 그 사람에게 관심을 가지고 있다고 말할 수는 없다. 다른 사람이 가지고 있는 생각을 깊이 있게 간파해야 복음을 더 명확하고, 지혜롭고, 능력 있게 전할 수 있다. 그러므로 종교에 대한 탐구열이 부족한 것은 복음에 대한 충성 때문이라기보다는 종종 인간에 대한 관심의 결여 때문인 경우가 많다.

종교를 연구하는 것은 하나님의 형상을 가진 동료 인간에 대한 이해와 통찰을 증진시키는 것이며, 인간의 갈망과 두려움과 문제의식을 이해하는 데 중요한 방식이다. 인문학은 문화, 시대, 인종을 초월해서, 인간에게 나타나는 보편적인 심성이나 역사, 문화, 사회 등에 대해서 깊은 통찰력을 길러 준다. 그런 면에서 종교학도 인문학의 한 영역으로서 가치를 갖는다고 할 수 있다. 그러므로 종교를 이해하는 것은 우리의 인문학적 통찰력을 증진시킨다.[3]

2. 문화에 대한 이해를 촉진

종교를 이해한다는 것은 단순히 어떤 종교의 교리 체계만 연구하는 것이 아니다. 종교는 교리 체계, 신념 체계, 철학적 차원, 그 이상의 의미가 있다. 문화와 종교는 그 영역이 겹쳐 있다. 그러므로 종교를 연구할 때는 문화라는 관점에서 더 포괄적으로 이해할 필요가 있다. 종교와 문화는 개념상으로는 구분되지만 실제상으로는 그 경계선이 명확히 구분되지 않는다. 전통 사회일수록 대부분의 문화 현상은 그 사회의 주류 종교들과 관련되어 있거나 이들 종교에서 유래한 것이다. 그런 점에서 종교와 문화는 명확히 나누어지지 않고 함께 간다고 할 수 있다. 한국의 전통문화에서 유교, 불교, 샤머니즘을 빼면 무엇이 남을까? 문화에 내용(contents)을 제공하는 것은 그 사회에 토양화된 주류 종교다. 근대화와 함께 세속주의 세계관이 등장하고, 그 결과 비종교적인 문화 현상이 발생하지만, 전통 사회일수록 종교와 문화는 거의 함께 간다고 할 수 있다.[4]

종교가 문화와 불가분의 관계에 있기 때문에 종교를 문화와 마찬가지로 행동 양식(behavior pattern), 가치 체계(value system), 세계관(world view)의 세 가지 층으로 살펴볼 수 있다. 먼저, 종교적 행동 양식은 종교적 건물의 건축 양식, 음악과 미술의 양식, 의복 양식, 음식 양식, 의례(ritual) 양식 등이다. 그러나 이러한 차원은 종교의 겉껍질에 지나지 않는다. 그보다 안쪽에 종교가 제공하는 가치 체계가 있다. 가치 체계는 사회적 규범, 도덕적 규범 등인데, 도덕, 윤리, 관습, 법 등으로 나타난다. 모든 사회마다 사회적 규범이 있게 마련인데, 대체로 주류 종교가 이런 규범들을 제공한다. 종교가 제공하는 가장 중요한 것은 세계관이다. 세계관은 세계를 이해하고 해석하는 틀을 제공한다. 궁극적 실재, 우주와 인간, 죽음과 고통과 악의 기원 등, 근원적으로 중요한 질문들에 대한 답으로써 설명 체계를 제공하는 것이 세계관의 역할이다.[5]

종교를 연구한다고 할 때에는 각 종교의 행동 양식, 가치 체계, 세계관의 차원을 다 살펴봐야 하지만, 한정된 지면 안에서 종교의 세 가지 차원을 모두 다루는 것은 쉽지도 않거니와, 자칫 지나치게 산만하고 방대한 내용이 될 우려가 있다. 따라서 이 책에서는 종교들이 가지고 있는 세계관의 문제를 주로 살펴보려고 한다. 행동 양식과 같은 겉껍질의 차원에서는 어떤 종교의 본질과 독특성이 잘 드러나지 않을 수도 있다. 세계관 차원에서 종교를 이해한다는 것은, 어떤 종교가 인간의 근본 문제를 무엇으로 이해했고, 인간 자신과 우주와 궁극적 실재와의 관계를 무엇으로 이해했는지, 그리고 고통과 죽음의 문제 등을 무엇으로 이해했는지를 탐구하는 것이다.

세계관 차원에서 종교를 연구하는 것은 단순히 "이 종교는 어떤 교리를 갖고 있나?"라는 관심을 넘어서는 것이다. 그것은 "이 종교를 추구하는 사람은 세계를 이렇게 이해하고, 이런 식으로 인간의 실존 문제를 해결하려

했구나!"라는 관점으로 보는 것이다. 그리하여 인간의 실존적 고뇌와 갈망과 두려움, 그 자체를 이해하려는 동기를 유지하는 것이다.

3. 현상학적 방법과 종교 연구에서 황금률의 적용

종교 연구는 인간과 문화에 대한 이해를 증진시키는 것을 한 가지 목적으로 삼는다. 그러나 이 책에서 의도하는 또 하나의 목적은 기독교 세계관 혹은 성경적 세계관의 독특성을 밝히는 것이다. 우리는 종교 다원 사회에서 살고 있다. 많은 종교 중에서 도대체 어떤 근거로 기독교 신앙 혹은 성경적 세계관이 유일한 권위를 가지고, 유일한 구원의 길을 제시한다고 주장할 수 있는지 살펴보려는 것이다.

그러나 그것은 종교 현상학적인 방법으로는 가능하지 않아 보인다. 오늘날 세속 대학의 종교학과에서 주로 행해지는 종교에 대한 접근 방식은 종교 현상학적 방법이라고 할 수 있다. 현상학적 방법을 종교 연구에 적용한 것이 종교 현상학인데, 가치판단을 중지하고 현상을 기술하는 것을 주된 방법으로 삼는 것이다. 종교들을 연구할 때에 시작 단계에서는 종교 현상학적 방법에서 출발할 필요가 있다.

그리스도인들이 흔히 범하는 오류 중 하나는, 타종교에 대해서 객관적인 기술의 단계를 거치지 않고 성급하게 평가를 내리려고 하는 것이다. 이러한 태도는 목회 현장에서도 종종 나타난다. 많은 설교자가 설교단에서 타종교에 대해서 언급할 때, 객관적이고 공정하게 연구해서 정확하게 묘사하기보다는 단편적 지식을 토대로 성급하게 평가하고 판단한다. 오히려 이러한 태도는 기독교 신앙에 대한 신뢰를 떨어뜨리고 종교적 갈등의 원인이 된다.

　오늘날은 인터넷 등의 미디어가 발달해서 더 이상 설교자가 하는 설교가 교회 안에만 머무르지 않는다. 지역 교회에서 한 설교도 누구나 들을 수 있고, 비신자들도 원한다면 들을 수 있다. 예컨대 불교인이 우연히 설교를 듣게 되었는데, 설교자가 불교에 대해 잘 알지도 못하면서 불교를 비하하는 발언을 하는 것을 들을 수도 있다. 그러면 "이건 아닌데!" 하면서 설교자가 말하는 다른 내용에 대해서도 신뢰하지 않게 될 수 있다. "기독교 설교자가 이 정도 수준이구나! 기독교가 이런 수준이구나!" 하면서 실망할 수도 있다. 교회는 목회하고 선교하는 현장이 종교 다원적 상황에 놓여 있다는 것을 염두에 두고 민감성을 가져야 한다.

　다른 종교들을 무조건 깎아 내리고 불공정하게 평가하는 것이 하나님에 대한 충성심의 발로라고 착각하는 사람들도 있다. 하나님은 진실하신 분이다. 하나님은 기독교인들만을 위한 하나님이 아니라 모든 인간, 모든 피조물에게 하나님이다. 공의로우신 하나님은 타종교든 그 무엇이든 공정하게 대하길 원하신다. 나는 하나님은 옳은 것은 옳다고 하시고, 그른 것은 그르다고 하시는 분이라고 생각한다. 다른 종교에 대한 우리의 평가도 하나님의 성품에 기초한 것이어야 한다.

　종교 연구에 있어서도 황금률을 적용하는 것이 필요하다.[6] 그리스도인들은 타종교인이 기독교를 연구할 때 객관적이고 공정하게 대해 주길 원한다. 기독교를 잘 알지도 못하는 누군가가 기독교에 대해서 매도하면, "그건 아닌데!" 하면서 억울함과 분노를 느낀다. 그러므로 역지사지(易地思之)해서 그리스도인들도 타종교에 대해 객관적으로 기술해 보려는 노력이 필요하다. 도매금으로 다른 종교를 싹쓸이식으로 처리해서 매도하는 것은 하나님이 기뻐하시는 방식이라고 할 수 없다.

복음은 타종교를 깎아내려야만 복음이 되는 것이 아니다. 다른 종교를 객관적이고 공정하게 이해한 후에도 다른 종교 안에서 결코 발견할 수 없는 그 무엇이 있다면, 그것이 복음일 것이다. 복음은 신적 기원을 가지고 있고 타종교는 인간이 고안한 것이라면, 복음은 타종교와 경쟁하고 있는 것이 아니다. 인간에 의해서 왜곡된 기독교는 여러 종교 중 하나로 전락해서 타종교와 경쟁하고 있는 것으로 보일는지 모른다. 그러나 복음 그 자체는 어떤 다른 종교와 경쟁하고 있는 것이 아니다. 그러므로 다른 종교를 판단하기 이전에 객관적이고 공정하게, 주의 깊게 접근하는 것에 대해서 두려워하지 않아도 된다.

종교들에 대한 현상적인 기술은 반드시 필요하다. 하지만 복음주의 신앙을 고백하는 그리스도인들은 예수 그리스도의 유일성과 성경의 권위를 믿는 사람들이다. 종교 다원 사회에서 기독교 세계관, 성경적 세계관의 독특성이 어떻게 드러날 수 있을까? 단지 현상학적 기술만으로 기독교의 독특성, 예수 그리스도의 유일성을 확보하는 것이 가능할까? 종교 연구가 단지 현상학적 기술에서 끝나고 만다면 복음의 독특성은 잘 드러나지 않을 것이다. 기독교 신앙은 많은 종교 중 하나로서, 종교학의 연구 대상 중 하나와 크게 다를 바가 없게 보일 것이다.

타종교에 대한 그리스도인의 태도는 공정하고 객관적이어야 한다. 그러나 동시에 진지하고 치밀한 탐구 없이 많은 종교가 동등한 가치를 가진다고 말하는 종교 다원주의자들도 공정성과 객관성을 가져야 한다. 그것은 진리를 말하려고 하는 것이 아니라 단순히 정치적인 타협과 같은 것이 될 수 있다. 그리스도인의 태도는 "사랑 가운데 진리를 말하는 것"이어야 한다(엡 4:15). 사랑은 곧 상대방을 존중하는 것으로 표현된다. 타종교의 주장이라고 해서 무조건 틀렸다고 말해서는 안 된다. 타종교 안에도 부분적으로는 진리가 있을 수 있다. 모든 인간은 하나님의 형상을 가진 동료 인간으로서, 그들도 하나님의 일반 계시에 대해서 반응하기 때문이다. 그리고 종교들 안에는 인간의 죄성과 반역성, 사단의 역사와 영향력도 섞여 있다. 그러므로 타종교를 바라볼 때 세 가지 측면을 모두 볼 수 있어야 한다.

그리스도인들은 종교 다원 사회에서 복음을 전할 때 "능력과 성령과 큰 확신으로"(살전 1:5) 전해야 하지만, 타종교를 대할 때 "온유함과 존중함"(벧전 3:15)의 태도를 보여야 한다. 타종교의 주장을 경청하되 먼저 그들의 세계관적 틀 안에서 이해해야 한다. 기독교 세계관의 관점에서 평가하는 것은 이러한 공정한 이해를 거친 다음에 이루어져야 더욱 설득력을 가질 수 있다.

4. 세계관 구조 분석의 필요성

'세계관 분석'(worldview analysis)이라는 용어는 니니안 스마트(Ninian Smart)가 사용했는데,[7] 내가 의도하는 의미와는 조금 차이가 있어서 '세계관 구조의 분석'이라는 용어로 재정의해서 사용하고자 한다. 세계관 구조의 분석은 나의 방법론에서 중요한 개념인데, 기독교의 독특성과 예수 그리스도의 유일성은 종교들의 세계관 구조를 분석해서 비교할 때에 확연히 드러난다는 것이다. 종교들은 서로 다른 세계관들을 제시하는데 이러한 세계관들은 구조적으로도 여러 가지 다른 양상을 보여 준다. 나는 종교적 세계관들이 구조적으로 어떤 양상을 가지고 있으며 어떤 역할을 하는지를 살펴보려고 하는 것이다.

현상만 놓고서는 기독교가 세계 종교들 중에서 유일한 권위를 가지는 종교라고 명백하게 납득시키기는 쉽지 않아 보인다. 기독교에 나타나는 현상은 다른 종교에서도 거의 나타나는 것으로 보이기 때문이다. 다른 종교도 경전을 가지고 있고, 그 안에는 유익한 구절이 많이 있다. 다른 종교에서도 신유나 축귀와 같은 것이 있다. 다른 종교도 세계관과 종교적 체험들을 제공한다. 다른 종교에서도 예언이나 방언과 유사한 현상이 나타나기도 한다. 게다가 기독교인들의 도덕성이 타종교인들의 도덕성보다 압도적으로 우월해 보이지도 않는다. 그렇다면 현상적으로 봐서, "기독교가 다른 종교와 비교해서 도대체 뭐가 다르냐?"라는 질문이 제기되는 것은 어쩌면 당연하다.

이처럼 기독교의 독특성은 현상학적 접근으로는 잘 드러나지 않는다. 그러나 종교들의 세계관을 구조적으로 분석해 들어가면 성경적 세계관이 매우 독특하다는 것을 발견하게 된다. 어떤 의미에서는 모든 종교가 저마다 독특한 면을 가지고 있다고 주장할 수도 있다. 그러나 필자가 말하려는 독특성은 단순히 특징으로서의 독특성이 아니라, 종교들이 공통적으로 가지고 있는 특성과 다른, 기독교만이 가지고 있는 특성이다. 그러므로 오늘날 종교 다원 사회에서 정말로 필요한 것은 세계관에 대한 구조적 분석이라고 할 수 있다.

내가 말하는바 세계관 구조 분석은 인식론적으로 정합주의(coherentism)의 관점에 서 있다. 나는 기독교 세계관이 다른 세계관과 비교했을 때 구조적으로 전 포괄적이고 균형 잡힌 것이어서 많은 종교 현상을 설명해 줄 수 있을 뿐 아니라, 인간과 세상의 문제를 균형 있게 더 잘 설명해 주는 것임을 보여 주고자 한다. 기독교 세계관은 그 구조에 있어서 죄 사함의 구속 사건을 중심으로 자아의 문제, 사회의 문제, 영적 세력의 문제를 포괄적으로 다루고 있음을 보여 주려는 것이다.

5. 세계 종교와 비교 종교학

나는 이 책에서 단순히 종교들을 하나씩 소개하는 것을 넘어서 기독교와 타종교들을 비교하려고 한다. 그런데 '비교 종교학'이라는 단어 대신에 '세계 종교'라는 단어를 취한 것은 비교 종교학이라는 개념에 따라오는 어떤 역사적 전제가 있기 때문이다.

종교학이 하나의 분과 학문의 영역으로 형성되기 시작한 것은 19세기 후반에 와서다. 16-17세기부터 시작된 로마 가톨릭의 선교, 그리고 18-19세기에 본격화된 개신교의 선교를 통해서 서구는 비서구 지역의 문화와 종교에 대한 많은 정보와 지식을 축적하게 되었다.[8] 그러나 19세기 후반에 진화론이 나타나기 전까지 이러한 자료는 상당히 산만한 상태로 축적되어 있었다. 진화론은 이러한 자료를 꿸 수 있는 틀을 제공했다. 종교학, 심리학, 문화 인류학, 사회학 등 대부분의 사회 과학 분과 학문들이 19세기 후반에 형성되었다. 진화론이 등장하면서 진화 과정의 틀에 입각해서 이런 종교와 문화의 현상들을 진화론적 관점에서 정리하고 배열하게 되었다.

19세기 후반의 시대정신은 진보와 진화였다. 종교도 진화하고, 문화도 진화한다는 문화 진화론이 지배적인 이론이었다. 진화된 순서대로 문화와 종교들을 배열하는 것이 주관심사가 되었다. 이를 위해서는 사회들과 종교들의 진보 혹은 진화의 정도를 비교하는 것이 필수적으로 요구되었다. 문화도 마찬가지였다. 서구 문화는 비서구 문화와 비교해서 진화의 단계상 앞서 있는 것으로 이해되었다. 그래서 종교학이 처음 시작될 때, 그것은 비교 종교학과 거의 동일한 의미를 가지고 있었다.[9] 복음주의자든 자유주의자든, 기독교가 타종교보다 진보한 종교 형태라는 점에 대해서는 의심의 여지를 두지 않았다. 비교 종교학의 목적은 종교들을 비교해서 기독교가 가장 진화한 종교임을 입증하는 데 있었다. 비교 종교학이란 개념은 문화 진화론이라는 전제를 깔고 서구 문명의 우월성을 확인하려는 서구인의 욕구와 분리되지 못한 것이다.

    1, 2차 세계 대전은 진화와 진보에 대한 의문을 불러일으켰다. 과연 서구 문명은 가장 진보한 문명인가? 가장 진보한 문명에서 어떻게 이렇게 야만스러운 살육이 일어날 수 있는가? 서구 문명에 대한 비판이 일어났고, 역사가 진보한다고 주장하는 역사 철학도 도전받게 되었다. 20세기 전반에는 문화 인류학의 영역에서도 문화 진화론은 후퇴하고 문화적 상대주의가 득세하기 시작했다.[10] 종교학에서도 어떤 종교가 다른 종교보다 우월하고 더 진화된 종교라는 관점보다는 종교 다원주의적인 관점이 20세기 중반쯤에 가서 힘을 얻기 시작했다. 포스트모더니즘 현상과 함께 종교 다원주의는 오늘날 기독교에 대한 가장 중대한 도전이 되었다.

    이 책에서 비교 종교학이라는 개념 대신에 세계 종교라는 개념을 사용하려는 것은 기독교가 진화론적 관점에서 더 진보했다는 전제에 대해서는 동의하지 않기 때문이다. 우리는 어떤 종교가 더 우월한가에 대해서 성급하게 평가부터 내리기 전에 먼저 세계 종교들에 대한 객관적이고 공정한 이해와 평가부터 시작해야 한다. 그러나 종교들을 연구할 때 비교하는 것을 전적으로 중단할 수는 없다. 의도하든 안 하든 종교들을 연구할 때 비교하게 되는 것은 피할 수 없다. 어떤 가치판단도 없이 종교들을 나열하는 것은 그냥 종교학 사전이 될 뿐이다. 어쩌면 종교학 사전조차도 저자의 관점이나 가치판단을 완전히 배제하기 어렵다. 그럼에도 불구하고, 가능한 한 각 종교에서 드러나는바 그대로 세계관을 분석해 보고, 이를 통해서 복음, 기독교 세계관의 독특성을 살펴보고자 한다.

6. 다원주의와 세계화

세계 종교라는 용어를 이 책에서 사용하는 또 하나의 이유는 이 책에서 다루려는 주요 종교들이 오늘날 세계화된 종교들이기 때문이다. 오늘날 종교들에 일어나는 독특한 현상 중 하나는 세계화(Globalization)라고 할 수 있다. 이른바 큰 종교들(great religions)이라고 할 수 있는 주요 종교들이 세계화되고 있다. 기독교는 물론 이슬람, 불교, 힌두교 등이 세계화 현상과 함께 전 세계로 확산되고 있다. 종교들은 이전에 자신들의 전통적인 주 무대였던 지역과 문화권을 넘어 이제는 급격히 세계화되는 모습을 보여 주고 있다.

세계화와 다원주의는 불가분의 관계에 있다. 흔히 다원주의라고 할 때에는 기술적(descriptive) 다원주의와 규범적(prescriptive) 다원주의로 나뉜다.[11] 기술적 다원주의는 다원적 상황을 기술하는 표현이다. "오늘날은 종교 다원주의 사회다"라고 말할 때 여기서 다원주의는 오늘날의 상황을 서술하는 의미일 뿐이다. 그러나 규범적 다원주의는 다원주의를 하나의 중요한 가치로 받아들이는 것을 의미한다. "오늘날 많은 사람이 종교 다원주의를 받아들이고 있다"라고 말할 때에는 사람들이 종교의 영역에서 다원주의적 사고 방식을 규범적으로 가지고 있다는 의미다.

그러나 다원주의라는 개념도 서구 상황을 반영하고 있는 것이라고 할 수 있다.[12] 다원주의라는 말은 일원주의적인 것을 탈피했다는 의미를 함축한다. 서구는 기독교 왕국(Christendom) 하에서 일원주의적 사회를 경험했다. 신정(theocracy) 사회는 국가와 종교와 문화가 하나로 함께 가는 것이다. 기독교 신정 사회는 기독교 국가이면서, 기독교가 국교이면서, 기독교 문화가 저변에 깔린 사회였다. 서구는 기독교 왕국이 와해되면서 국가와 종교가 분리되었지만, 문화적으로는 여전히 기독교 문화가 토양으로 강하게 자리 잡고 있었다. 그러나 20세기 후반에 들어와서 북미나 유럽이 비서구 지역의 이민을 받아들이게 되면서 문화적 다양성이 더욱 심화되었다. 사람들이 이민을 올 때는 단지 사람만 오는 것이 아니라 그들의 문화와 종교도 함께 가지고 오기 때문이다.

지구 전체를 놓고 보았을 때, 지구는 한 번도 다원주의 세계가 아닌 적이 없었다. 그런데 왜 하필 지금 와서 다원주의란 말인가? 그것은 서구 사회가 문화적으로, 종교적으로 다양성을 갖는 다원 사회로 변해 갔기 때문이다. 그전에도 지구 전체는 다원 사회였지만 각각 따로 살고 있었다. 힌두교는 힌두교도들끼리, 불교도는 불교도들끼리, 무슬림은 무슬림들끼리, 기독교인은 기독교인들끼리 살고 있었다. 힌두교도를 만나기 위해서는 인도에 가야 했고, 무슬림을 만나기 위해서는 중동에 가야 했고, 불교도를 만나기 위해서는 동남아시아에 가야 했다. 그러나 이제 그들이 바로 지근한 거리에 와서 같은 사회 안에 섞여 살아가고 있는 것이다.

그전에는 종교를 연구하는 학자나 선교사, 종교에 심취한 엘리트들만 종교에 대한 정보와 지식을 가지고 있었다. 그런데 이제는 교통, 통신 수단과 대중 매체의 발달로 인터넷이나 해외여행 등을 통해 대중들도 다양한 종교에 쉽게 접근할 수 있는 시대가 되었다. 대중들은 자기 방의 컴퓨터 앞에 앉아서 다른 종교의 가르침을 동영상으로 시청할 수도 있고, 다른 종교의 인터넷 웹사이트에 들어가서 정보를 얻을 수도 있으며, 검색을 통해 다른 종교에 관해서 차고 넘치는 지식을 쉽게 얻을 수 있다. 세계는 분명히 좁아졌고 지구촌이 되었다. 다양성은 이전보다 훨씬 쉽게 인지되고 있다. 종교 다원주의는 "종교적 다양성이라는 사실"뿐 아니라 "종교적 다양성에 대한 자각"에 의해서 확대되고 있다.[13]

다양성에 대해서 눈을 뜨게 될 때 사람들은 쉽사리 상대주의로 가게 된다. 획일적이고 절대적인 '진리'(truth) 대신에 다양하고 상대적인 '취향'(taste)이라는 사고방식이 자리 잡게 되는 것이다.[14] 내 기억에 1960년대만 해도 우리나라에 치약이라고는 단 한 종류밖에 없었다. '바로 그 치약'을 통하지 않고서는 치아가 구원받을 길이 없었다. 그러나 오늘날 슈퍼마켓에 가면 수없이 많은 종류의 치약이 진열장에서 선을 보이고 있다. 이 많은 치약 중에 어떤 특정 치약을 유일한 치약이라고 주장하는 것은 매우 어리석고 부적절한 고집처럼 보인다. 치약을 선택하는 것은 전적으로 개인 취향의 문제이기 때문이다.

다양성에 대한 자각은 오늘날 자본주의 시장 안에서 상품의 다양성에 대한 자각과 관련되어 있다. 사람들이 슈퍼마켓에서 상품을 쇼핑할 때 그들은 진리의 문제를 생각하지 않는다. 자신의 욕구를 채우기 위해서 자신의 취향에 맞는 상품을 구매할 뿐이다. 이러한 소비자 선택주의는 부지불식간에 종교의 영역에도 침투해 들어온다. 사람들은 진리를 찾아서 종교에 귀의한다기보다는 자신의 정신적, 영적 욕구를 채워 줄 종교적 상품을 찾아서 배회하는데, 이것은 종종 '구도'(求道)라는 말로 표현된다. 자신의 정신적, 영적 취향에 따라서 종교를 선택할 수 있는 것으로 생각하는 것이다. 교회도 공동체라기보다는 부지불식간에 슈퍼마켓과 같은 것으로 인식된다. 자신의 영적 욕구를 채워 줄 종교적 상품을 갖추고 그것을 판매하는 곳으로 간주하는 것이다. 교역자는 종교적 상품의 생산자이며 공급자이고, 자신은 소비자라고 생각한다. 더 질 좋고, 값싸고, 다양한 상품을 갖춘 초대형 슈퍼마켓으로 소비자들이 이동하는 것처럼, 교회도 다양한 종교적 상품을 갖춘 초대형 교회가 선호 대상이 된다. 본래 마켓은 공동체와 달리 충성과 헌신의 대상이 아니다. 값도 비싸고, 질도 나쁘고, 다양하지도 못한 상품을 갖추고 있는 집 앞 구멍가게에는 충성하지 않는다. 마켓의 사고방식에

익숙해지면, 교회도 쇼핑(shopping)의 대상이 되고, 교회를 자주 옮겨 다니는 호핑(hopping)이 빈번해진다.

이처럼 오늘날 21세기의 문화적 경향성은 다원주의, 상대주의가 확대되어 가는 모습으로 나타난다. 윤리적 다원주의, 문화적 다원주의, 종교적 다원주의가 더 타당한 것으로 간주된다. 이제 서구에서는 다양성에 대한 관용(tolerance)이 타당성 구조(plausibility structure)가 되어 버렸다.[15] 그 결과, 관용이 가장 중요한 도덕적 기준인 것처럼 인식되고 있다. 타당성 구조는 쉽게 말하자면 시대의 사조, 문화적 토양과 같은 것이다.[16] 이러한 다원주의 풍토 속에서 어떤 근거로, 어떻게 복음의 독특성과 유일성을 설명하고 설득할 수 있는가는 서구에서뿐만 아니라 비서구 지역에서도 매우 도전적인 과업이 되었다.

세계화에 대해서 아직 여러 가지 학문적 논의가 진행 중이지만, 분명한 사실은 지구가 좁아졌고 서로 연결되고 있다는 것이다. 오늘날 세계는 어떤 오지라 할지라도 2-3일이면 도착할 수 있는 곳이 되었다. 경제적, 정치적, 문화적 차원에서 지구촌은 서로 연결되어 있고, 그 연결성에 대한 자각에 의해서 사건들이 진행되기도 한다.[17] 사람들은 인터넷이나 소셜 네트워크 서비스(SNS)를 통해 실시간으로 지구 반대편에 있는 사람과 소통을 시도한다. 위성 방송을 통해 지구 반대편에서 일어나고 있는 일을 실시간으로 볼 수 있다. 다국적 기업은 정치적 국경을 넘어서 자신들의 조직을 구성하고 글로벌 마켓을 타깃(target)으로 삼는다. 한 지역의 경제적 위기의 파장은 다른 지역까지 널리 퍼져 나간다.

세계화는 문화적으로도 동질성을 증가시킨다.[18] 비록 그것이 주로 서구 대중문화인 경우가 대부분이지만, 인터넷을 통해 쉽게 확산되면서 동질성을 증가시킨다. 인터넷에 올려놓은 동영상은 전 세계 사람들이 조회할 수 있고, 그것을 공감하고 공유하면서 동질성이 확대된다. 문화적 동질성은 특히 국제공항에서 잘 관찰할 수 있는데, 지역 언어의 문자들만 아니라면 공항의 모습은 거의 천편일률적으로 동일한 모습을 보여 주어서 어느 나라 공항에 있는지 구별하기 쉽지 않을 정도다.

하지만 이러한 세계화에 대한 저항으로 반세계화(anti-globalization) 현상도 나타난다. 그래서 세계화에 대한 지역화(localization), 특수화(particularization) 현상도 주목해야 한다. 지역의 문화와 종교들에 대한 자각 또한 이전보다 강하게 일어나고 있으며, 문화적 민족주의와 종교들의 근본주의 현상이 더욱 두드러지게 나타난다. 세계화와 지역화가 동시에 발생하는 이러한 역설적 현상을 영국의 사회학자 롤랜드 로버트슨(Roland Robertson)은 "글로컬라이제이션"(glocalization)이라고 불렀다.[19] 이런 관점에서 보면, 한편으로 오늘날 종교들이 근본주의적인 형태로 과격화되는 현상을 이해할 수도 있다. 그래서 이런 질문이 떠오른다. "종교적 근본주의와 종교적 다원주의의 도전 앞에서 기독교는 어떻게 복음의 독특성과 유일성을 설명하고 설득할 수 있을까?"

7. 복음주의 종교 신학

오늘날 종교 다원주의의 도전 때문에 종교 신학은 이전보다 훨씬 중요해졌다. 사실, 1990년대 이전에는 복음주의 진영에서 종교 신학이 비중 있게 거론되지 않았다. 한국의 경우만 해도 자유주의 진영은 이미 1960년대부터 종교 신학을 다루어 왔다. 복음주의 진영은 종교 다원주의의 도전에 기민하게 대응하지 못하다가 1990년대가 되어서야 본격적인 대응을 시작했다고 할 수 있다. 복음주의 진영에서도 뒤늦게나마 종교 신학의 주제를 다루는 책이나 논문들이 지속적으로 나오고 있다. 이제 종교 신학은 21세기 신학에서 가장 중요한 이슈가 되었다.[20]

복음주의 진영에서는 신학의 기초가 성경, 즉 하나님의 계시에 있다고 본다. 신학은 성경에 대한 인간의 이해와 해석을 조직하고 체계화한 것이다. 종교 신학은 종교들의 기원, 위상, 본질, 종교 현상의 성질 등에 대해서 성경이 어떻게 말하고 있는가를 이해하고 해석하며, 나아가 그 해석학적 결과물을 가지고 신학적으로 조직화하고 체계화한 것이다.

그렇다면, 그리스도인들은 타종교의 본질을 무엇으로 이해해야 할까? 타종교는 전적으로 타락한 천사의 기만과 억압의 어둠이 지배하는 영역인가? 그렇지 않으면 일반 은총 내지 선행적 복음의 영역인가? 타종교는 전적으로 책망의 대상인가?[21]

일반적으로 개신교 자유주의 진영과 로마 가톨릭은 타종교를 우호적으로 보는 경향이 강하다. 그들은 타종교 안에 있는 부분적인 진리, 즉 일반 계시에 대한 반응으로서의 일반 은총적인 면을 강조한다. 포용주의자들은 타종교를 선(先) 복음으로 보는 경향이 강하다. 포용주의(inclusivism)의 관점에서 종교들은 하나님이 예비하시고 심어 놓으신 것이며, 복음은 타종교들을 완성시키고 성취하는 것이다. 반면에 근본주의자들은 타종교 안에 있는 인간의 죄성과 반역성, 사단의 역사와 영향력을 훨씬 강조하는 경향이 있다. 타종교는 대결의 대상 혹은 책망의 대상이 된다. 타종교에 대한 이러한 견해 차이는 종교 신학의 스펙트럼을 반영하고 있다.

그렇다면 타종교는 전적으로 사단의 역사와 영향력의 산물인가? 타종교에는 전적으로 인간의 죄성과 반역성만이 반영되어 있는가? 타종교에 일반 계시에 대한 반응의 면은 없는가? 오늘날 종교 다원주의의 확산으로 인하여 복음주의 진영에서도 종교 신학 분야의 논의가 더욱 활발해지고 있다. 그 결과 이전보다 좀 더 균형 잡힌 종교 신학적 탐구의 결과물들이 나오고 있다. 타종교의 본질에 대해서도 좀 더 균형 있게 볼 필요가 제기된다. 종교들 안에는 일반 계시에 대한 반응, 인간의 죄성과 반역성, 사단의 역사와 영향력이라는 세 가지 측면이 모두 뒤섞여 있다고 할 수 있다. 하비 칸(Harvie Conn), 크리스토퍼 라이트(Christopher Wright), 헤롤드 네틀란드(Harold Netland) 등이 이러한 견해를 표명하고 있다.[22] 그리스도인들은 극단적인 견해를 피하고 더 균형 잡힌 관점에서 종교 신학을 정립해야 한다.[23]

그 외에도 중요한 종교 신학적 질문들이 제기되고 있다. 기독교와 타종교 사이에는 어떤 연속성과 불연속성이 있는가? 타종교에도 구원의 가능성이 있는가? 성령은 타종교 안에서도 역사할 수 있는가? 복음을 들어 볼 기회조차 없었던 사람들의 운명은 어떻게 되는가? 기독교는 타종교에서도 배울 것이 있는가?

타종교 안에 일반 계시에 대한 반응의 측면이 있기 때문에 타종교 안에서도 부분적으로 진리가 발견되고, 이러한 것들에서 그리스도인들은 배울 것이 있다. 제럴드 맥더모트(Gerald McDermott)가 말한 것처럼 복음주의는 타종교에서 배울 것들이 있다.[24] 사실, 타종교로부터 배울 것이 있는 이유는 성경이 뭔가 결여되어서가 아니다. 타종교로부터 배울 수 있는 것들은 이미 성경 안에 다 구비되어 있다고도 할 수 있다. 그런데 왜 타종교로부터 배우게 되는가? 그것은 성경이 불충분하기 때문이 아니다. 기독교가 우리 시대의 문화와 시대정신에 의해서 왜곡된 렌즈를 가지고 성경을 잘못 해석하거나 축소해서 중요한 뭔가를 빠뜨릴 때, 오히려 타종교는 일반 계시에 대한 반응으로 그러한 부분을 지키고 있기 때문에 배울 것이 생기는 것이다.

칼뱅은 모든 인간은 하나님의 형상을 가지고 있으며, 따라서 종교성으로서의 신의식(sensus divinitatis)을 가지고 있다고 말한다. 그리고 이러한 신의식이 왜곡되고 호도된 형태로 나타난다 할지라도 그것은 하나님 형상의 발로라고 말한다.[25] 그러므로 종교들 안에서 인간의 죄성과 반역성, 사단의 역사와 영향력이 어떻게 신의식을 호도하고 있는가를 보아야 한다. 한편으로, 하나님의 형상을 가진 인간은 사랑, 거룩, 의에 대해서 갈망하는 존재다. 인간은 에덴동산에서 타락하지 않았다면 누렸을 그 무엇들, 예컨대 기쁨, 평안, 자유, 공의, 사랑과 같은 것들을 갈망한다. 그러므로 세계 종교들 안에서 이러한 것들에 대한 열렬한 추구를 발견한다고 해도 전혀 이상한 일이 아닐 것이다. 그러나 종교들이 사용하는 이러한 개념들이 피상적 차원에서는 유사하게 보일지라도, 그들의 세계관 구조 안에서 좀 더 자세히 들여다보면 서로 다르다는 것을 발견하게 된다. 그리고 이러한 것들을 추구하는 실천 방식들도 다르게 나타난다.

모든 사람은 하나님의 형상을 가진 동료 인간들이 갈망하고 추구한 것들이 어떻게 오직 복음 안에서만 진정으로 성취되는지를 보아야 한다. 여기서 말하는 성취는 칼 라너(Karl Lahner)나 존 파쿼어(John Nicol Farquhar, 1861-1929)가 흔히 말하는 포용주의 관점에서의 성취를 의미하는 것이 아니다.[26] 그들은 타종교를 선복음(pre-Gospel)으로서 하나님 섭리의 산물로 간주한다. 분명한 것은 타종교가 하나님의 섭리의 산물은 아니지만, 하나님의 형상을 가진 인간이 일반 계시에 반응해서 나타내는바 보편적 갈망과 부분적 진리를 드러낸다는 것이다. 복음은 인간의 보편적 갈망을 성취하고 부분적 진리를 온전히 성취한다는 의미에서 완성적이다.

8. 종교들의 분류

이 세상에 많은 종교가 있는 것으로 보이지만 이러한 종교들을 유형에 따라 분류할 수 없는 것은 아니다. 존 힉(John Hick)은 비트겐슈타인(Wittgenstein)의 용어를 차용해서 '가족 유사성'(family resemblance)이라는 개념으로 종교들을 실용적으로 분류하려고 했다.[27]

나는 종교들의 핵심 문제의식에 따라 분류를 시도해 보려고 한다. 종교들은 각자 다른 세계관 혹은 교리를 표방하지만, 한 가지 공통점을 가지고 있다. 그것은 "뭔가 잘못되었다"는 것이다. 내면의 자아에 문제가 있든지, 외부 세계에 문제가 있든지, 어쨌든 뭔가 잘못되었다는 것이다. 그래서 종교들은 그 잘못된 상태를 극복하고 올바른 상태를 지향할 것을 촉구한다. 그런데 올바른 상태는 어떤 상태인가? 나는 종교들이 올바른 상태에 대한 관점에 따라서 세 가지 형태로 분류할 수 있다고 본다.

첫째, 어떤 종교들은 올바른 상태는 올바른 인식의 상태라고 생각한다. 현재 인간의 인식에는 문제가 있다는 것이다. 인식이 잘못되어서 우주의 실상을 잘못 이해하기 때문에 문제가 발생한다는 것이다. 따라서 인식의 전환, 의식의 혁명으로서의 깨달음과 같은 것이 필요하다고 주장한다. 여기에 해당하는 종교가 힌두교나 불교와 같은 인도의 종교들이며 범신론적이거나 유신론적인 신비주의들이다.

둘째, 어떤 종교들은 올바른 상태는 올바른 질서의 상태라고 생각한다. 인간의 문제는 질서, 특히 신적(神的) 질서를 깨뜨린 것이다. 따라서 신이 부여한 율법과 같은 것을 지키는 것이 필요하다고 주장한다. 유대교의 토라, 이슬람의 샤리아, 유교의 예(禮)가 이런 율법에 해당할 것이다.

셋째, 올바른 상태는 올바른 관계의 상태라고 보는 것이다. 인간의 문제는 무엇보다도 신과의 관계를 깨뜨린 것이고, 연쇄적으로 나 자신과의 관계, 타인과의 관계, 다른 피조물과의 관계가 깨어진 것이다. 따라서 관계의 회복이 필요한데, 올바른 관계의 상태에 있는 것이 샬롬(shalom)이다. 기독교가 이 유형에 해당한다.

오늘날 예수의 이름 자체를 들어 보지 못한 사람은 그리 많지 않을 것이다. 오늘날 세계 종교들은 자신들의 종교 체계 안에서 예수에게 한자리를 내어 주어 자신들의 종교적 이상을 따르는 전형적인 인물 중 하나로 재해석하고 싶어 한다. 그래서 힌두교에서는 예수가 구루(guru) 혹은 비쉬누 신의 아바타(avatar)가 되고, 불교에서는 보살(菩薩)이 된다. 유교의 관점에서 예수는 성인(聖人), 철인(哲人)으로 보일 수 있고, 노장 및 도교에서는 진인(眞人) 혹은 신선(神仙)으로 간주될 수 있다. 이슬람에서 예수는 위대한 선지자 중 한 사람이다. 애니미즘이나 샤머니즘에서 예수는 주술사나 샤먼으로 해석된다. 예수께서는 제자들에게 질문하셨다. "사람들이 나를 누구라고 하느냐"(막 8:27). "너희는 나를 누구라 하느냐"(막 8:29). 헤롤드 네틀란드의 말대로, 종교 다원 사회에서 이 질문은 모든 인간에게 던져진 가장 중요한 질문이다.[28] 성경이 말하는 예수는 성육신하신 하나님이며, 인간의 죄 사함을 위해서 대속하신 메시아이고, 궁극적으로 하나님 나라를 도래케 할 왕이다.

2장

복음의 유일성

1. 복음_ 지식이 아닌 사건

기독교에서는 복음이라는 단어를 많이 사용한다. 복음을 전하는 것이 교회의 사명이라고도 말한다. 그리스도인들은 자신이 복음이 무엇인지 잘 알고 있다고 생각한다. 하지만 "복음이 무엇인가요?"라는 질문을 받으면 시원하게 답하지 못하는 경우도 적지 않다. 교회사적으로 살펴보면 시대마다 복음에 대한 이해가 같지 않았고, 오늘날도 복음에 대한 이해가 사람마다 조금씩 차이가 날 수 있다. 데이비드 보쉬(David Bosch)가 말한 것처럼 복음에 대한 이해는 시대마다 달랐고, 그 결과 선교 방법도 달라졌다.[1] 그렇다면 도대체 복음이란 무엇인가? 이 질문은 매우 새삼스럽게 보일 수 있지만 그다지 쉬운 질문이 아니다. 하지만 다른 종교와 기독교를 비교하고 복음의 독특성과 유일성을 주장하기 위해서는 복음이 무엇인지를 분명히 해두어야 한다. 내가 이 책의 제목을 '기독교와 세계 종교' 대신에 '복음과 세계 종교'라고 붙인 것도 복음의 독특성과 유일성을 강조하기 위해서다. 기독교라는 개념은 기독교를 단순히 많은 종교 중 하나로 보이게 하는 면이 있다. 또

한 역사적으로 봤을 때, 복음을 드러내는 데 성공적이지 못했고 인간의 죄성을 드러냈던바 제도적 교회가 만들어 낸 인간적 종교라는 이미지가 배어 있기도 하다.

'복음'(福音)은 직역하면 '복된 소리'라는 뜻이다. 영어로 'Good News'는 좋은 소식이다. 매우 단순한 이야기 같지만 복음은 뉴스다. 우리는 텔레비전에서 뉴스를 시청하는데, 뉴스는 주로 일어난 사건들을 전한다. 지식을 전하는 것은 주로 교양 프로그램에서 한다. 복음이 뉴스라고 할 때 이것은 좋은 일이 일어났다는 것이다. 그것은 하나님이 행하신 사건이며, 초월자가 역사 가운데 직접 행하신 사건이다. 그래서 그것은 하나님이 행하신 큰 일(행 2:11), 대(大)사건이다. 기독교는 사건의 종교인데, 이 사건의 핵심은 십자가와 부활이다. 이 사건은 인간 구원을 위한 하나님의 행위이기 때문에 구원을 위한 어떠한 인간의 행위도 배제한다. 복음은 사건이기 때문에 그 사건 발생의 역사성이 중요하다. 이 사건이 역사적으로 실제 발생한 사건이 아니면 복음은 아무것도 아닌 것이 되기 때문이다.

다른 종교들의 특징은 지식(knowledge)을 전하는 데 있다. 그러므로 다른 종교들은 가르침, 교훈의 종교라고 할 수 있다. 이 말은 기독교에 가르침이 없다는 의미가 아니다. 기독교의 핵심, 본질은 지식이 아니라 사건이라는 말이다. 타종교의 창시자들은 어떤 지식을 가르치고, 그 지식을 몸소 성취하는 것을 보여 주는 것을 주된 임무로 삼았다. 타종교의 창시자들뿐 아니라 이단 교주들도 지식을 가르친 것 외에는 한 것이 없다. 예컨대 불교를 창시한 석가모니를 생각해 보자. 그는 깨달음의 경지라는 것이 있고, 어떻게 그 경지에 도달할 수 있는지를 가르쳤다. 그리고 몸소 그 깨달음에 도달함으로써 추종자들이 동일한 경험을 할 수 있도록 본을 보였다. 그는 깨달음에 대한 지식을 가르쳤지만, 그가 다른 사람을 대신해서 깨달아 줄 수는 없었다. 깨닫는 것은 가르침을 들은 각자가 수행 행위를 통해 성취해야 할 것이었다. 이슬람의 창시자인 무함마드를 생각해 보자. 그는 어떤 율법을 지켜야 신의 심판을 피할 수 있는지에 대한 지식을 가르쳤다. 그러나 무함마드가 이 율법을 대신 지켜 줄 수는 없었다. 그것은 가르침을 받은 각자가 율법을 준수하는 행위를 통해 성취해야 할 것이었다. 이처럼 다른 종교들은 궁극적으로 구원을 위해서 인간의 행함을 요청한다. 기독교는 역설적으로, 하나님이 다 행하셨기 때문에 구원을 위해서 인간이 행할 것이 없다고 말한다. 우리는 그냥 하나님이 행하신 사건을 믿고 그것을 나에게 적용시켜 받아들이기만 하면 된다.

    그러면 신적-역사적 사건으로서의 십자가와 부활이 의미하는 바는 무엇인가? 십자가는 한마디로 하나님이 자기 피로 자기 백성을 사신(행 20:28) 사건이다. 초대 교회 당시 로마 제국은 노예제 사회였으므로 '샀다'는 것이 무엇을 의미하는지 금방 사람들에게 와 닿았을 것이다. 그것은 소유권이 바뀌었다는 것, 주인이 바뀌었다는 것을 의미한다. 죄와 사망의 노예 상태에서 해방되어 하나님이 주인 되었다는 것이다. 그렇다면 하나님은 왜 우리를 사신 것인가? 더 혹독하게 부리고 억압하기 위해서가 아니라 오히려 자유와 해방을 주고, 양자 삼기 위해서다.

2. 원죄

십자가의 의미를 분명히 알기 위해서는 인간의 죄의 본질이 무엇인지 알아야 한다. 원죄 사건, 타락 사건의 본질은 무엇인가? 혹자는 불순종이라고 말한다. 맞는 말이다. 하지만 불순종이라는 말은 좀 애매한 면이 있다. 불순종에는 두 가지가 있는데, 하나는 반항이고, 다른 하나는 반역이다. 이 두 가지는 비슷해 보이지만 구분되어야 한다. 반항은 권위는 인정하지만 권위자의 뜻을 따르지 않는 것이다. 반역은 권위를 인정하지 않는 것, 권위 그 자체에 대한 도전이다.

예를 들어 조선 시대를 생각해 보자. 여기에 주권자, 왕권자가 있다. 신하 중 하나가 자신이 주권자, 왕이 되기 위해서 반란을 일으켰다. "내가 지존(至尊), 왕이다." 그런데 반란에 실패했고 도망을 다닌다. 도망 다니면서 나름 착한 일, 의롭다고 하는 일을 엄청 한다. 하지만 끝내 잡히고 말았다. 그의 운명은 어떻게 되는가? 거의 모든 나라에서 반역죄는 사형에 처해진다. 고대에는 당사자만 사형당하는 것이 아니라 심지어 삼족(三族)을 멸했다. 모든 선행을 합친다 하더라도, 설사 개국공신(開國功臣)이었다 할지라도 반역죄에 걸리면 사형을 면치 못했다.

왜 인간은 선행을 통해서는 구원받지 못하는가? 인간의 타락 사건이 단순한 범죄 사건이 아니라 반역 사건이기(호 5:6) 때문이다. 따라서 인간에 내재된 죄성의 본질은 반역성이다. 사단은 인간을 이렇게 유혹했다. "너희가 그것을 먹는 날에는 너희 눈이 밝아져 하나님과 같이 되어 선악을 알 줄 하나님이 아심이니라"(창 3:5). 인간은 스스로 하나님이 되려고 반역심을 품고 타락했다. 자신이 하나님 노릇, 주인 노릇, 왕 노릇 하기 위해서 타락한 것이다. 인간 죄성의 본질은 이 원초적인 교만, 반역성이다.

인간은 주인이 되길 원한다. 이것이 지구상의 모든 인간, 거의 모든 종교가 씨름하는 자아의 문제다. 인간은 하나님, 주인, 왕이 되길 원했지만, 피조물의 본질상 결국 그렇게 될 수는 없는 일이었다. 주인은 자신의 뜻대로, 계획대로, 생각대로, 소원대로 하지만 그 결과에 대해서도 책임을 져야 한다. 불행하게도 타락한 피조물인 인간은 자신의 뜻대로 하고자 하나 결과를 책임질 능력과 지혜가 없다. 그래서 근심과 염려가 떠날 날이 없고, 두려움을 떨치지 못하는 것이 타락한 인간의 모습이다. 능력과 지혜가 부족하고 자원이 부족해서 자신의 뜻대로 되지 않으면 실의에 빠져 비참한 마음으로 인생을 비관하고 남의 탓을 하며 살게 된다. 자신의 뜻을 포기하지 못하고 억지로 무리하게 잔머리를 써서 성취하려고 하기 때문에 이런저런 자범죄를 짓게 된다. 인간은 죄 가운데 고통 받으며 염려와 두려움 속에 살아가다가, 가장 두려워하는 죽음을 맞이해야 하는 비참한 상태에 놓여 있다. 이것이 모든 인간이 처한 실존적 상황이다.

인간의 반역성을 다른 예로 설명해 보자. 아들이 아버지의 권위에 도전해서 맞서 싸운다고 가정해 보자. 아버지의 이름을 막 부르고, 상스러운 욕을 하고, 주먹질을 하고, 발길질을 한다고 가정해 보라. 이것은 단지 아버지가 정해 놓은 가정의 규율을 몇 개 어기는 것과는 차원이 다르다. 아버지의 권위 그 자체에 도전하고 맞먹는 것이기 때문이다. 그렇게 되면 어떤 일이 일어날까? 그것은 관계를 깨뜨린 것이다. 아버지가 이렇게 말할지도 모른다. "당장 이 집에서 나가! 너는 더 이상 내 아들이 아니다!" 우리말에서 '의절'(義絶)이라는 표현이 참 적절하다. 관계가 끊어지는 것, 부모자식 관계가 끊어지는 것을 보통 의절이라고 표현한다. 이 표현은 옳음, 즉 의(義)가 무엇보다도 관계적임을 나타낸다. '옳다'는 것은 무엇보다 관계적으로 옳아야 한다는 것이다. 하나님의 형상대로 지음 받은 인간은 원래 모든 피조물 중에 구별되어서 하나님이 자녀 삼기로 작정되어 있었다. 사실 인간이 하나님의 형상으로 지음 받았다는 것도 성경의 독특한 사상임을 알아야 한다. 인간은 영이신 하나님처럼(요 4:24) 영적 존재가 되었고 자유 의지를 갖게 되었다. 인간의 타락 사건은 곧 하나님과의 의절 사건이며, 원죄는 하나님의 권위에 도전한 반역죄다.

3. 의

의롭다 함을 얻는 것, 즉 칭의는 법정적인 것과 관계적인 것을 모두 포함한다. 자녀라는 신분은 법적일 뿐 아니라 관계적이다. 정말로 부모와 자식의 관계가 깨지면 법적 권리도 바뀐다. 의절을 하면 단지 관계만 끊어지는 것이 아니라 법적 권리도 박탈당한다. 그리고 관계가 회복되면 법적 권리도 회복된다. 어느 것이 먼저인가 하는 질문은 중요하지 않다. 그것은 거듭나는 순간 동시에 일어나는 사건이기 때문이다. 하나님의 자녀가 되었다는 것은 법정적, 관계적 의를 회복했다는 의미다. 반역죄는 군신(君臣) 관계를 깰 뿐 아니라 법적으로도 처형을 면치 못한다. 그러나 은혜로운 왕은 반역죄를 진심으로 회개하고 백기를 들고 항복했을 때 군신의 관계를 회복시킬 뿐 아니라 법적으로도 사면(赦免)해 준다. 하나님과의 관계가 회복되기 위해서는 하나님의 권위를 다시 인정해야 하고, 반역죄를 용서받게 하기 위해 하나님이 십자가에서 행하신 사건을 믿고 받아들여야 한다. 구원은 자녀로서의 법적 신분의 회복일 뿐 아니라 아버지와의 관계 회복이다. 구원은 하나님의 자녀가 되는 법적, 관계적 특권을 누리게 된 것이다(요 1:12).

여기서 잠깐 칭의에 대한 신학적 논의로 넘어가려고 한다. 전통적으로는 법정적 칭의를 중요시해 왔다. 심판의 관점에서 보면 법정적 칭의가 중요해 보인다. 한편, 인격적인 하나님과의 관계 회복, 교제의 관점에서 보면 관계적 칭의가 중요하게 보일 수도 있다. 타락 사건은 언약을 깨뜨린 것이므로 무엇보다도 관계를 깬 것이고 결과적으로 법적인 지위와 권리도 상실하게 된 것이다. 나는 법정적 칭의와 관계적 칭의를 대립적으로 보지 않는다. 그것은 동시에 일어나는 사건이기 때문이다. 그러므로 법정적 칭의는 전통적 관점이고, 관계적 칭의는 이른바 '새관점'이라고 분류하는 기계적인 도식은 잘못된 것이다. 나는 관계적 칭의가 '유보'된다거나,[2] 언약에 '머물기'(staying in)[3] 위한 어떤 인간적 노력이 구원의 조건으로 더해져야 한다는 주장에는 동의하기가 어렵다. 왜곡된 이신칭의에 대한 이해로 말미암아 '무슨 짓을 해도 구원받는다'는 식의 값싼 복음이 되는 것에 대한 대응으로서 이런 주장이 호응을 얻는 것 같다. 그러나 어느 누가 감히 자신이 구원받기에 합당할 만큼 언약에 '머무르는' 삶(행위)을 살고 있다고 자신할 수 있을까?

내가 말하고자 하는 관계의 회복은 본질적인 회복이다. 물론 반역죄를 회개하고 하나님의 주권에 항복한 후에 또다시 반역한다면 관계가 끊어질 것이다. 그러나 진정으로 반역죄를 회개하고 돌이켜서 하나님의 권위에 진정으로 항복하게 되었다면 다시는 반역죄를 짓지 않을 것이다. 그런 자가 있다면 처음부터 진정으로 항복한 것은 아닐 것이다. 자범죄를 범하는 것으로 본질적인 관계가 깨어지는 것은 아니라고 생각한다. 아버지가 정해 놓은 집안의 규율을 몇 개 어겼다고 부자 관계가 의절되지는 않는다. 그러나 하나님을 만홀히 여기며 서슴지 않고 자범죄를 저지르는 사람이 있다면 그가 진정으로 반역죄를 회개한 것인지 의심해 보아야 한다.

한편 나는 전통적 관점에 서 있는 사람들이 '관계'라는 개념만 가지고 의심스럽게 보는 것은 피상적인 안목이라고 생각한다. 기독교의 하나님은 인격적인 하나님이고, 인격적이란 관계적인 것이다. '관계적'이라고 할 때는 기독교에서 말하는 '인격적 관계'와 불교나 과정 철학에서 말하는 '인과 관계'의 차이를 구분할 수 있어야 한다.

하나님은 관계의 하나님이고 질서의 하나님이다. 아버지는 가정에 규율을 세울 수 있다. 자녀가 그 규율을 지키는 것은 마땅한 것, 즉 옳은 것이다. 신적(神的) 질서, 즉 율법을 지키는 것은 율법적 의라고 할 수 있다. 올바른 아버지라면 가정에 규율을 세울 때 자녀를 괴롭히기 위해서 그렇게 하지 않는다. 규율에는 아버지의 선한 의도와 성품이 반영되어 있다. 그러므로 성경은 율법을 신령하고(롬 7:14) 선한 것이라고(롬 7:12) 말한다. 그런데 성경은 율법 외에 다른 의에 대해서 말한다(롬 3:21). 그것은 관계적 의라고 할 수 있다. '관계적 옳음'이라는 의미다. 관계적 옳음은 마땅히 인정해야 할 권위를 인정하는 것이다. 타락 전에는 영적 권위의 원리에 따라서 인간은 하나님께, 자연계의 생물들은 인간에게 순종, 순복하고 있었다. 그러나 타락으로 말미암아 힘의 원리에 따라 권위에 도전하게 되었다. 힘 있는 자는 군림, 지배, 착취, 남용하게 되었고, 힘없는 자는 굴종, 굴복하게 되었다.

관계적 옳음은 올바른 관계적 위치로 돌아가는 것에서 출발한다. 인간이 타락했을 때 하나님이 타락한 인간에게 처음으로 하신 말씀이 무엇이었던가? "아담아!" "네가 어디 있느냐?"(창 3:9). 하나님은 공간적 위치를 질문하신 것이 아니라 관계적 위치를 질문하신 것이다. 주인 노릇, 하나님 노릇, 왕 노릇 하기 위해 반역한 인간에게 원래 있어야 할 관계적 위치를 질문하신 것이다. 그러므로 어긋난 관계를 바로잡고 올바른 관계적 위치로 되돌아가는 것이 회개의 본질이라고 할 수 있다. 예수도, 세례 요한도 말했듯이 복음은 "회개하라! 천국이 가까이 왔느니라!"(마 3:2, 4:17)로 요약될 수 있다. 여기서 회개는 단순히 부도덕한, 비윤리적 행위를 한 것에 대한 참회 정도가 아니라, 좀 더 본질적인 돌이킴이다. 그것은 하나님 노릇, 주인 노릇, 왕 노릇이라는 반역죄에서 돌이켜 하나님의 통치 앞에 다시 항복하는 것이다. 천국은 하나님이 통치하시는 곳이다. 반역죄를 돌이키지 않으면 하나님이 통치하시는 하나님 나라에 들어갈 수 없다. 그런데 하나님은 힘으로 제압해서 우리를 항복시키려 하시지 않는다. 인간의 영혼은 사랑에 감동되어서만 진정으로 항복한다. 십자가는 예수께서 십자가에서 우리 죄를 뒤집어쓰셨기 때문에 우리의 죄가 용서받았고 우리가 심판받지 않게 되었다는 것을 의미한다. 그러나 이를 넘어서, 십자가는 진정한 마음의 항복을 요구하시는 하나님의 극진한 사랑의 표현이다.

관계적 의는 반역죄에 대한 회개로 말미암아 관계를 회복한 상태를 말한다. 의절당했다가 자녀의 신분을 다시 획득한 상태인 것이다. 관계란 기본적으로 신뢰를 기초로 한다. 신뢰란 인격적 존재끼리의 관계 속에서 상대방에 대한 믿음을 의미한다. 하나님을 믿음에 있어서 가장 중요한 것은 십자가로 보여 주신 하나님의 사랑을 믿는 것이다. 하나님의 사랑은 느끼기 전에, 무엇보다도 믿어야 하는 것이다. 믿음은 하나님의 존재와 선하심을 믿을 뿐 아니라(히 11:6), 그 하나님의 사랑을 믿는 것이다. 인간 편에서 관계적 의는 하나님을 믿는 것으로 나타나며, 하나님은 믿음을 의로 여기신다(롬 3:26). 하나님 편에서 관계적 의는 사랑과 용서로 나타난다(롬 3:25). 기독교의 하나님은 인격적인 분이다. '인격적'이란 '관계적'이라는 의미이며, 관계를 떠난 인격은 그 자체로는 무의미하다. 거룩함을 본질로 하는 하나님의 인격은 기본적으로 그 관계에 있어서 사랑을 또한 본질로 하신다. 하나님의 본성은 사랑이며(요일 4:16), 그 사랑의 극치가 곧 십자가 사건이다.

4. 율법

칭의는 회복된 관계의 법적 선언이며, 관계적 의인임을 확언하는 것이다. 하지만 질서의 관점에서 여전히 우리는 신적 질서를 온전히 준수하지 못한다. 율법적 의라는 면에서 여전히 우리는 불의한 죄인이다. 그러나 질서를 지키는 행위를 통해 관계가 유지되는 것은 아니다. 관계 속에 머무르기 위해서 질서를 지키는 것은 아니다. 질서를 지키는 것은 중요하지만, 관계를 유지하기 위한 조건으로 질서 준수가 요구되는 것은 아니다. 진정으로 반역죄의 본질이 무엇인지, 그 죄의 결과가 얼마나 비참한 것인지를 알고 회개하였다면, 즉 하나님의 주권에 항복했다면, 다시 관계가 깨지는 일은 없을 것이다. 관계가 깨질 것이 두려워서, 관계에 머무르지 못하게 될까 봐 질서를 지키는 것은 율법주의로 되돌아가는 것이다. 아버지가 정해 놓은 규율을 지키는 이유가 다시금 의절당할까 봐 두려워서라면 그것은 복음의 본질을 잘못 이해한 것이다. 관계를 깨뜨리는 것은 아버지와 맞서고, 맞먹고, 대등하게 여기는 반역이다. 자신의 반역죄가 얼마나 심각하며 어떻게 용서받았는지를 안다면 아버지가 정해 놓은 규율도 기꺼이 지키게 될 것이다.

성경에서 말하는 가장 핵심적인 죄, 원죄는 본질상 반역죄, 즉 관계를 깨뜨린 죄라고 했다. 다른 종교에도 죄라는 개념이 있으며, 참회, 회개와 같은 개념도 없지 않다. 다만, 다른 종교에서 죄라고 할 때에는 질서를 깨뜨린 것을 말하며, 회개란 질서를 깨뜨린 죄에 대한 회개일 뿐이다. 다른 말로 하면, 다른 종교에서 말하는 죄는 자범죄라고 할 수 있다.

복음은 언약 사상과 연관되어 있다. 관계를 설정하는 것이 언약이다.[4] 하나님은 아브라함과 언약을 맺으셨다. 그리고 500년 뒤에 모세에게 율법을 주셨다. 율법은 하나님과 관계를 맺은 언약 백성이 하나님의 영광을 위해, 이 세상과 구별되기 위해서 마땅히 지켜야 할 의무로 주어진 것이다. 율법은 하나님이 원하시는 하나님 나라의 질서가 무엇인지를 보여 준다. 하나님 나라는 가장 이상적인 사회이고 문화다. 하나님 나라 문화의 행동 양식, 가치 체계, 세계관을 담고 있는 것이 율법이다. 회복된 관계적 의를 법적으로 선언하는 것이 칭의이고, 율법적 의를 삶에서 회복해 가는 과정이 성화라고 할 수 있다.

5. 십자가

십자가는 하나님이 자기 피로 자기 백성을 사신 사건이라고 했다(행 20:28). 예수 그리스도는 "자기를 단번에 제물로 드려 죄를 없이 하시려고 세상 끝에 나타나셨[다]"(히 9:26). 하지만 기독교는 관계를 회복하고, 자녀의 신분을 얻고, 심판을 받지 않게 된다는 것이 다가 아니다. 도대체 관계를 회복하는 이유가 무엇인가? 부모 자식의 관계가 회복되면 법적으로도 회복되는 것이 많다. 상속받을 법적 권리도 갖게 된다. 그러나 관계를 회복하는 이유가 오직 상속을 위해서는 아닐 것이다. 관계를 회복하는 이유는 관계 그 자체를 누리기 위해서다. 관계란 사귐이다. 오랫동안 만나지도 않고, 전화도 하지 않으면서 서로 사귄다고 말할 수는 없다. 복음의 특권은 우리가 하나님과 사귀게 되었다는 것이다(요일 1:6). 우리가 대통령이나 왕과 사귀는 사이라면 그것을 엄청 자랑할 것이다. 하나님과 사귀는 것은 어떤가! 복음은 하나님과의 일상의 교제를 포함한다. 교제란 쌍방적인 것이다. 다른 종교에도 기도가 있지만 대체로 자신의 소원을 일방적으로 비는 것이다. 다른 종교에서는 신과의 일상적 교제가 가능할까? 기독교에서 기도는 나의 뜻, 나의 계획, 나의 소원을 관철시키는 것이 아니라, 주인이신 하나님의 뜻과 계획을 받들기 위해서 자신을 드리는 것을 의미한다.

우리는 십자가 대속 사건의 공로로 구원받는 것이 분명하다. 그런데 종종 그 구원을 단순히, 죽고 난 다음에 지극히 내세적이고 장소적인 의미의 천국에 가는 것으로만 이해한다. 물론 복음이 말하고자 하는 구원에 이런 내세적인 차원이 없다고 말해서는 안 된다. 유한자로서 인간이 죽음을 얼마나 두려워하는가를 생각한다면, 사후의 문제에 대해서 답을 주는 것이 중요하지 않다고 결코 말할 수는 없을 것이다. 그럼에도 복음을 이처럼 사후에 닥칠 영혼의 영원한 운명에 대한 교리로만 축소시키는 것은 많은 문제를 만들어 낸다.

한번은 어느 교회의 전도 집회에 참석해서 전도 메시지를 들은 적이 있다. 메시지의 골자는 한마디로, 복음을 받아들이면 죽어서 천국에 가게 된다는 것이다. 절대로 맞는 말이다. 이런 복음은 죽음이 가까운 60대 이후 사람들에게는 그런대로 잘 들린다. 그런데 20, 30대 청년들이 들으면 어떨까? 물론 청년들도 언제 죽을지 모르기 때문에 이런 복음이 들릴 수도 있다. 그러나 어떤 청년들은 마음속으로 이렇게 생각할지도 모른다. '참 좋은 말씀입니다만, 우리는 살날이 아직 많습니다. 지금 우리는 학자금도 갚아야 하고, 취직도 해야 하고, 결혼도 해야 하고, 아이들도 길러야 하고……. 도대체 복음이 현세를 팍팍하게 살아가야 하는 우리에게 어떤 의미가 있나요? 어떻게 능력이 되나요?'

복음의 능력(롬 1:16)이라는 표현을 많이 사용하는데, 도대체 복음의 능력은 어떤 능력이란 말인가? 복음의 능력이 단지 죽고 난 후에 개개 영혼이 처하게 될 영원한 운명을 위한 보험 정도로만 이해된다면 그 복음은 지나치게 축소된 것이다. 보험이란 본래 일이 터지기 전에는 그 능력이 작동하지 않는 법이다. 복음이 내세적, 장소적 의미의 천국으로만 이해된다면 현세에서는 별로 중요한 의미를 갖지 못할 수 있다. 이처럼 현세가 진공 상태가 되면 그 빈자리에 세속주의나 기복 신앙이 치고 들어온다. 그리스도인들은 세상 사람들과 별로 구별되지 않고, 세상 문화의 가치를 좇아 살아가게 된다. 그런데도 어쨌든 십자가를 믿었기 때문에, 죽으면 천국에 간다는 것이다. 이런 주장은 한편으로는 많은 오해를 불러일으킨다. 세상 사람들이 보면 기독교인들은 참 이기적으로 보인다. 복음은 개인 영혼의 영원한 운명을 위한 교리밖에 되지 않는 것이 되어 버린다. 복음에 대한 이런 이해는 근대성이 불러온 개인주의와 전혀 무관하지는 않겠지만, 차라리 자기중심주의에 가깝다. 결과적으로 복음은 이 세상, 이 사회와는 무관한 것이 되어 버린다.

십자가 사건은 지구상에 만연한 모든 동물 희생 제사 제도를 성취한다. 그것은 돈 리차드슨(Don Richardson)이 말하는바 "구속적 유비"(redemptive analogy)라고 할 수 있다.[5] 마치 나침반이 북쪽을 가리키는 것처럼, 지구상의 문화 안에는 예수 그리스도를 가리키는 문화적 유비가 있다는 것이다. 동물의 피를 흘리는 희생 제사 제도는 지구상 도처에 만연하다. 아시아, 아프리카, 오세아니아, 아메리카 어디든 희생 제사 제도가 있다. 힌두교권, 불교권, 유교권, 이슬람권, 정령 숭배권 등 모든 종교권에 희생 제사 제도가 존재한다. 이러한 종교들은 그들의 공식 종교 차원에서, 왜 동물의 피를 흘리는 제사가 요청되는지 교리적 필연성을 가지고 있지 않다. 오직 기독교만 이러한 동물의 희생 제사가 단번에 드려질 예수 그리스도의 영원한 대속의 그림자 사건임을 말한다(히 9:24-26).

한국어 성경의 '대속'(代贖)이라는 번역어도 좋은 상황화의 예라고 할 수 있다. 선교사들이 조선에 들어왔을 때 조선 사회는 사도 바울이 살았던 로마 제국처럼 신분 사회였다. 노비들은 로마 제국의 노예와 마찬가지로 사람이라기보다는 사고파는 것이 가능한 물건처럼 취급되었다. 노비들이 면천(免賤)하려면 여러 방식의 '속'(贖)을 지불해야 하는 법적 규정들이 있었다. '속'을 지불하고 양민이 되는 것이 속량(贖良)이었다. 일방적 용서인 '사'(赦)와 달리 '속'은 '등가로 맞바꾸어진다'는 의미를 가졌다.[6] 하나님은 우리의 죄를 사(赦)하시기 위해 예수가 십자가에서 대속(代贖)하도록 하신 것이다.

6. 부활

십자가 사건이 복음의 핵심 사건임은 틀림없다. 우리의 죄가 십자가 대속의 공로로 사함을 받기 때문이다. 그런데 부활은 십자가만큼 강조되지 않는 것으로 보인다. 마치 십자가의 액세서리처럼 여겨진다. 십자가 찬송은 교회에서 일 년 내내 불러도 어색하지 않지만 부활에 관한 찬송은 부활절에만 불러야 하는 것처럼 생각한다. 부활절이 아닌데 부활 찬송을 부르면 뭔가 좀 어색하다고 여긴다. 부활은 과연 십자가의 액세서리에 불과하단 말인가? 어떤 의미에서 우리는 예수가 부활한 일요일을 주일로 지키고 있지 않은가! 기독교는 매주 부활을 기념하는 종교가 아닌가! 십자가와 부활은 서로 뗄 수 없는 동전의 앞뒷면과 같은 것이다. 부활을 말할 때 종종 예수의 부활이 아니라 우리의 부활에 대해서 말한다. 장례식장에서는 위로 차원에서 부활을 말한다. 우리의 부활이 아니라, 예수의 부활이라는 신적 사건이 어떤 의미를 갖는지에 대해서는 잘 생각하지 않는 경향이 있다. 하지만 복음이 단지 내세 용도의 보험이 되지 않기 위해서도 부활의 의미를 분명히 이해해야 한다.

부활은 무엇보다도 십자가를 확정한다. 십자가에 달리신 분이 누구신지를 확정한다. 오늘날 우리는 그 구속사적 함의를 믿기 때문에 십자가가 의미 있는 사건으로 다가오지만, 당시의 사람들에게는 어떻게 보였을까? 그것은 그냥 단순한 처형 사건으로 보였을 수 있다. 하지만 부활은 누가 보더라도 기적이다. "예수는 누구인가?" 그가 하나님이라면, 그리고 그 사실이 인류 구원을 위해서 매우 중요한 진리라면, 누구보다도 하나님 편에서 증거를 적극적으로 보여 주시려는 것이 마땅하다. 그것이 부활이다. 부활은 모든 사람이 예수를 하나님으로 믿을 만한 증거가 된다(행 17:31). 부활을 통해서 예수는 하나님의 아들로 입증된다(롬 1:4).

사도행전에서도 의외로 부활의 증인이라는 말이 자주 등장한다(행 1:22, 2:32, 4:33, 13:31, 17:18). 십자가를 확증하는 것이 부활이기 때문이다. 십자가에 달리신 분이 하나님이 아니라면 십자가는 아무 효력도 없는 것이기 때문이다. 어떻게 단순히 한 인간이 다른 인간의 죄를 모두 담당할 수 있겠는가? 그것은 오직 하나님만이 하실 수 있는 일이다. 그러므로 알리스터 맥그래스(Alister McGrath)의 말대로, 부활이 없다면 "예수의 '유일성'과 '우월성' 역시 근거 없는 독단이 된다."[7]

십자가 사건에서 오순절 사건까지는 불과 50여 일 정도밖에 되지 않는다. 십자가는 당시에 제자들에게 용기를 불러일으키지 못했다. 그들에게 십자가 사건의 의미를 이해할 수 있는 구속사적 시각이 아직 형성되지 못했기 때문이다. 낙심한 제자들은 낙향하려 했는데 부활한 예수께서 엠마오로 가는 길에 나타나 성경을 풀어서 설명해 주었고, 제자들은 구속사적 시각을 갖게 되었기 때문에 마음이 뜨거워졌다(눅 24:13-32). 예수의 부활이 아니고서는 채 두 달도 안 되는 시간에 그 지질하던 제자들이 사도행전에 나타나는바 그 담대하고 확신에 가득 찬 제자들로 급변한 것을 설명하기 어렵다.

예수 당시에도 그렇고 오늘날도 그러하듯이, 부활을 의심하는 자는 많았다. 예수의 부활과 예수의 신성이 예수 제자 공동체에 의해서 만들어진 이야기라는 것은 새삼스러운 주장이 아니다. 하지만 제자들이 서로 짜고 죽은 예수가 살아났다고 하는 교리를 만들어 냈다고 가정해 보자. 이렇게 조작한 거짓 교리에 목숨을 걸고 순교할 사람이 얼마나 있겠는가! 더군다나 바울은 부활하신 예수께서 500여 명에게 일시에 보였고, 그중에는 당시에 살아 있는 사람도 많다고(고전 15:6) 증언한다. 만일 의심이 가거든 그들에게 가서 물어보라는 것이다. 사실 소수의 제자들이 서로 짜고 입단속 하기는 쉬울 수 있지만, 가짜 이야기로 500여 명의 입을 단속할 수는 없을 것이다. 어떤 사람은 부활한 예수를 본 것이 집단 환상이라고 주장하기도 한다. 하지만 부활 이후 40일 동안 제자들에게 보이시며 하나님 나라의 일을 말씀했기 때문에(행 1:3) 환상이 그렇게 오랫동안 지속되리라고 주장하는 것은 상식적이지 않다.

이른바 '역사적 예수'를 탐구한다는 학자들 가운데에는 이러한 신약 성경 기록의 신빙성을 의심하는 사람도 적지 않다. 역사학적 방법으로 부활을 확증할 수는 없다. 심지어 부활하는 장면을 직접 목도하고 기록해 놓았다 할지라도 그것을 환상으로 치부해 버리면 반증할 방법도 없기 때문이다. 역사서에 기록된 초자연적 경험은 후대에서 받아들이기를 거부하면 입증할 방법이 없다. 그러나 후대의 역사가는 초자연적 현상이 일어나지 않았다는 것 역시 증명할 수 없다. 역사학이란 결국 타임머신을 타고 그 시간으로 돌아가지 않는 한, 기록물이나 유적을 보고 해석할 수밖에 없는 것 아닌가! 그러므로 역사적 예수를 탐구하는 학자들이 부활의 역사성을 확증할 수 없다고 주장하더라도 결코 놀랄 만한 일은 아니다. 그렇다고 해서 그들이 부활이 일어나지 않았다는 것을 증명할 수 있는 것도 아니다. 분명한 것은 부활을 경험한 제자들의 삶에 급작스럽고 놀랄 만한 변화가 일어났다는 것이다.

본래 계시란 이성의 합리적 추론이 더는 갈 수 없는 지점에서 시작되고, 믿음이란 증명이 불가능한 지점에서 시작되는 법이다. 성경은 하나님의 말씀이고, 살아 계신 하나님을 만난 사람들의 경험을 그 안에 담고 있다. 그러나 하나님은 성경의 텍스트에 갇혀 해석만 기다리는 분이 아니라, 살아 계셔서 지금도 우리를 만나시고 우리 삶에 자신을 나타내시는 분이다. 마찬가지로 부활은 역사적 사실로서의 해석만 기다리는 것이 아니라, 성령을 통해 우리 삶에서 믿어지고 그 부활 생명이 경험되는 것이다.

7. 그리스도와의 연합

부활은 십자가에 달리신 예수가 하나님이라는 것, 즉 그분의 신성을 확증하는 증표일 뿐 아니라 그리스도와의 연합을 보증한다. 우리는 부활하신 예수 그리스도의 영, 성령과 연합하며(롬 8:9) 성령의 통치를 받아 성화되어 간다. 부활은 예수 그리스도께서 다시 살아나셔서 지금 살아 계실 뿐 아니라 우리와 연합하여 함께 계신다는 것이다. 그래서 예수의 또 다른 이름이 임마누엘이다.

하나의 비유를 들어 그리스도와의 연합을 설명해 보자. 미천한 집안의 여성이 있었다. 그 여성의 집안은 정말 내세울 것이라고는 아무것도 없었다. 이 여성은 무식하고, 학교도 다니지 않았고, 교양도 없다. 아름다운 외모를 가진 것도 아니고, 입을 열면 상스러운 욕을 한다. 그런데 어느 날 왕의 눈에 뜨였다. 어찌된 영문인지는 모르지만 왕이 이 여인을 사랑하게 되었고 청혼했다. 왕과 결혼한 여인은 갑자기 왕비가 되었다. 이 여인 자신은 아무것도 바뀐 것이 없지만 왕과 결혼했기 때문에 존귀한 자가 되었다. 왕의 권력과 재물이 그 여성이 누릴 수 있는 것이 되었다. 이처럼 연합은 전이(轉移)가 일어나게 한다. 그리스도의 의가 우리의 의가 되고, 그분의 능력이 우리의 능력이 되고, 그분의 지혜가 우리의 지혜가 되는 것이다. 그분의 모든 부요함이 우리의 부요함이 된다. 이러한 전이는 반대 방향으로도 일어날 수 있다. 미천한 여인에게는 빚이 1억 있었다. 그 여인에게는 갚을 수 없을 정도로 큰돈이지만 왕에게는 아무것도 아니다. 이 빚을 누가 갚겠는가! 당연히 남편인 왕이 갚을 것이다. 이처럼 우리의 죄는 그리스도가 담당할 죄가 되고, 우리의 부족함은 그분이 채워 줘야 할 것이 되고, 우리의 지질함은 그분이 덮어 줘야 할 것으로 전가(轉嫁)된다. '떠넘김'이 바로 연합의 특권이다.

하지만 그리스도와 우리의 연합을 대등한 일대일의 연합으로 생각한다면, 그것은 오해다. 그분이 주인이고 왕이시라는 것을 알아야 한다. 우리는 그리스도의 통치, 성령의 통치를 받는다. 결혼은 언약이다. 언약은 관계 맺음이다. 하나님의 주권, 통치권에 항복함으로써만 우리의 반역죄는 용서받고 주군(主君)과의 언약 관계에 들어간다.

내가 그 미천한 여인이라면 어떤 마음이 들까? 남편인 왕이 베풀어 준 사랑과 은혜에 몹시 감사할 것이다. "내가 뭐라고! 내게 뭐가 있다고! 이 미천한 자에게 이런 사랑과 은혜를!" 이렇게 감사하면 어떻게 하게 될까? 사랑하는 남편인 왕의 이름에 먹칠하지 않기 위해서, 왕의 영광을 가리지 않기 위해서 교양을 쌓기 시작할 것이다. 공부도 좀 할 것이다. 행실도 단정히 하고, 상욕도 하지 않을 것이다. 궁궐 예절도 배울 것이다. 물론 이런 것들을 하지 않아도 이혼당하거나 쫓겨나는 일은 없을 것이다. 처음부터 내가 교양이 있어서, 지식이 많아서, 외모가 아름다워서 왕이 나와 결혼한 것이 아니기 때문이다. 내가 그런 노력을 하는 것은 이혼당하지 않기 위해서가 아니라 순전히 왕을 사랑하기 때문이다. 율법의 용도는 마치 이와 같다. 이스라엘은 구원받기 위해서가 아니라, 하나님의 통치를 받는 언약 백성으로서 하나님을 사랑하기 때문에 하나님의 영광을 위해서 율법을 지켜야 했다. 성령의 통치를 받고 성화와 영적 성숙의 길을 가는 것은 왕을 사랑하기 때문이다.

연합을 또 다른 비유로 생각해 보자. 아들이 아버지와 함께 여행을 떠났다. 사실상 아들은 아버지와 연합되어 있는 것만으로도 충족되어 있다. 무엇을 먹고, 어디서 잘지 걱정하는 것은 아들의 몫이 아니다. 아들의 염려와 근심, 두려움은 자신이 여행의 주인이 되어서 모든 것을 책임지려 하기 때문이다. 책임을 질 수 있는 능력과 지혜가 부족하기 때문에 두려움과 염려가 떠날 날이 없다. '하나님이 우리와 함께 계신다'는 것이 임마누엘의 의미다(마 1:23). 하나님과의 동행이 형통의 본질이다(창 39:2, 수 1:8-9). 하나님이 동행하시면 어디로 가야 형통하거나 무엇을 해야 형통하는 것이 아니다. 어디를 가든지, 무엇을 하든지 형통하는 것이다(왕상 2:3). 내가 가는 곳, 내가 하는 일에 하나님이 함께하심으로 형통케 하는 것이 더 높은 차원의 형통이다.

8. 기독교의 역사성의 의미

앞서 복음이 사건이라고 말했다. 복음은 하나님이 일으키신 역사적 사건이다. 기독교 외에도 유신론 종교들이 있다. 이러한 종교들은 '십자가와 부활'이라는 복음 사건만 배제한 채 유신론 종교로서 기독교와 유사한 면을 보인다. 하지만 복음이 역사적 사건이기 때문에 기독교 유신론은 다른 유신론 종교와 달리 역사성을 본질로 한다. 복음은 하나님의 성육신, 십자가, 부활, 승천, 재림, 이 모두가 역사적 사실이고 신적 사건임을 전제로 한다.

역사성이 이렇게 중요하다 보니, 기독교에 대한 공격 포인트는 거의 이 역사성에 맞춰져 있다. 역사성이야말로 기독교의 아킬레스건처럼 여겨진다. 기독교는 지식이 아니라 사건 그 자체에 기초하고 있기 때문에, 이 사건들이 역사적으로 일어난 일이 아니라면 효력을 잃어버린다. 역사성을 상실한 기독교는 신비주의나 도덕 종교나 사회 운동으로 재해석될 수밖에 없는데, 그것은 성경이 말하는 복음이 아니다. 오늘날 우리 시대에도 적지 않은 다른 복음(갈 1:6-9)들이 있다. 예수는 길을 보여 주고, 진리를 알려 주고, 생명을 얻는 방법을 알려 주러 온 분이 아니다. 길, 진리, 생명에 대한 지식을 알려 주러 온 분이 아니라는 말이다. 예수는 신적 사건을 통해 그분 자신이 길이요, 진리요, 생명이 되신다(요 14:6).

예수 신화론

기독교를 공격하는 사람들은 대체로 예수의 역사성을 공격한다. 그들의 논지는 아주 단순하고 분명하다. 첫째, 예수는 역사적 실존 인물이 아니라는 것이다. 이 부류의 사람들은 이른바 예수 신화론을 주장하는데, 예수는 당시 중근동의 여러 신화에 나타나는 주제(motif)들을 가지고 만들어 낸 가공 인물이라는 것이다.[8] 그들은 예수를 신화로 보는 것이 아니라 신화로 만들고 싶은 것 같다. 그렇게 함으로써 불트만(Rudolf Bultmann)과 같이 역사성에서 벗어나고 실존주의적 차원에서 신앙을 유지할 수 있다고 생각한다. 그러나 예수의 역사성을 믿지 않는다는 것은 결국 성육신을 믿지 않는다는 것이며, 죄 사함의 복음도 믿지 않는다는 것이다. 예수 신화론자들은 고대 그리스나 이집트의 신화들, 즉 디오니소스와 오시리스 등의 신화들과의 유사성을 주장한다. 이들은 종교들에 나타나는바 보편적 유사성을 들면서 기독교가 마치 이러한 요소들을 짜깁기한 종교인 것처럼 간주한다.[9]

하지만 이러한 유사성은 피상적인 유사성임을 르네 지라르(René Girard)가 잘 해명하였다. 디오니소스와 오시리스의 죽음과 부활은 반복적 재생으로 순환론과 연관되어 있다. 그것은 예수의 역사적 부활 사건과는 매우 다른 것이다.¹⁰ 또 신화에 나타나는 신들은 폭력, 간음, 풍요와 다산 등에 관련되어 있다. 신화의 신들은 폭력, 다신론, 남신과 여신의 구조 등과 연관되어 있으며 신들끼리의 싸움은 능력 대결이다. 신화의 신들은 신들 자신이 죄를 짓는다.¹¹ 그러나 예수는 죄가 없으신 분이다. "십자가의 승리는 폭력의 결과가 아니라 완전한 포기의 결과다."¹² 신화들은 폭력을 숨기고, 십자가는 폭력을 폭로한다(골 2:15).¹³

나는 십자가를 신적 폭력으로 표현하는 것이 부당하다고 생각한다. 십자가에 달리신 분이 하나님이기 때문이다. 하나님은 삼위일체이신데, 여기서 '일체'라는 사실을 소홀히 여겨서는 안 된다. 성부 하나님이 예수를 십자가에 못 박은 것이 아니다. 성자 하나님이 대속을 위해서 자발적으로 목숨을 버리신 것이다(요 10:17-18). 하나님이 폭력을 행하신 것이 아니라, 정반대로 대속을 위해서 죄인, 인간들의 폭력을 받아들이신 것이다.¹⁴

우리나라의 박혁거세나 고주몽의 난생설화처럼 신화에서는 영웅의 탄생조차도 인간의 정자와 난자의 결합을 넘어서는 특별한 탄생 설화를 동반한다. 신의 죽음과 부활도 마찬가지다. 신의 특징은 불멸성에 있으므로 죽어도 다시 살아나야 한다. 탄생과 죽음에 관련한 인간의 사고는 몇 가지 유형 안에서 생각될 수 있으며, 종교들의 유사성이란 인간 사고의 유사성일 뿐이다. 문제는 이러한 신화들에서 신들은 어떤 속성을 가졌고, 이 신들이 무엇 때문에 죽었으며 왜 다시 살아났느냐다. 피상적 유사성이 아니라 세계관의 구조 안에서 그 차이를 봐야 한다는 뜻이다.

피상적으로 유사한 신화나 개념이 있다고 해서, 기독교가 그런 것들을 채택하고, 짜깁기하고, 종합해서 하나의 이야기를 만들어 냈다고 하는 주장은 타당성이 있는가? 예컨대 중국에서는 황제를 천자(天子)라고 불렀다. 번역하면 천의 아들, 즉 신의 아들이라고 할 수도 있다. 그렇다면 기독교는 중국 천자 사상의 영향을 받았단 말인가! 중국에도 하늘에 대한 희생 제사 의식이 있는데 기독교가 중국의 희생 제의와 천자 사상을 모방하기라도 했다는 말인가!

예수 신화론자들은 실존하지도 않은 예수에 대한 종교적 경험을 설명하기 위해서 가현설을 채택할 수밖에 없다. 역사성을 부정하면, 결국 불교의 보신불(報身佛), 예컨대 역사적 구체성을 결여한 아미타불과 같은 가현적 존재를 경험할 수밖에 없다. 결국 역사적으로 존재하지도 않은 예수를 신비주의적으로 경험했다는 말이다. 이런 것은 힌두교에 나타나는 것과 다를 바 없는 영지주의다. 성경은 성육신을 인정하지 않는 것은 거짓의 영이며 적그리스도의 영(요일 4:1-3)이라고 말한다. 육체를 입지 않았다면, 즉 역사적 실존성이 없다면 결국은 어떤 영에 촉발되어서 신비주의적으로 경험했다는 말이다. 예수 신화학파는 결국 도마복음서에 나타나는 영지주의 세계관을 채택할 수밖에 없다. 영지주의는 역사를 거부하고 신앙을 신화와 신비주의적 경험으로 만들어 버리기 때문이다. 영지주의자들은 예수의 역사적 실존이 자신의 신비주의적 경험을 제한할 수밖에 없기 때문에 역사성을 부정하고 싶어 하는 것 같다.

역사적 예수학파

둘째 부류는 설사 예수가 역사적 실존 인물이라고 할지라도 하나님의 성육신은 아니라는 것이다. 이들이 이른바 '역사적 예수' 학파다. 역사학적으로 예수를 연구한다고 해서 모두 역사적 예수 학파라고 하는 것은 아니다. 이 부류에 속하는 사람들은 1세기 팔레스타인 지역에 실제로 살았던 예수를 역사적으로 복원한다고 하면서 예수의 신성을 배제시킨다. 만일 그들의 주장이 사실로 입증된다면, 복음 사건은 의미를 상실하게 되고, 기독교가 허

물어지는 것은 시간문제가 될 것이다. 그러므로 복음 사건의 역사성은 기독교의 근간이고 핵심이라고 할 수 있다. 물론 역사적 예수를 탐구한다고 해서 무조건 신앙적 예수를 거부하는 것은 아니다. 역사적으로 예수를 연구함으로써 오히려 우리가 믿고 고백하는 예수 그리스도에 대한 신앙을 지지할 수 있다. 제임스 던(James Dunn)이 항의했듯이, "신앙의 그리스도"(Christ of faith)가 "역사적 예수"를 왜곡한 것이라는 전제는 잘못된 것이다.[15] 역사적 연구는 '역사적 예수'(historical Jesus)가 아니라 '역사적으로 의미 있는 예수'(historic Jesus)를 보게 해줄 수 있다.[16]

학문의 방법론으로서 역사학적 탐구의 한계를 명백하게 인식해야 한다. 역사적 탐구는 현재에 남겨진 사료들을 통해 과거를 복원하려는 것이다. 그것은 필연적으로 사료에 대한 해석이 들어가며 인간 해석자의 관점이 개입될 수밖에 없다. 그러므로 이른바 '역사적 예수'가 곧 '진정한 예수'(real Jesus)는 아닐 수 있다.[17] 얼마 남아 있지 않은 제한된 사료로 복원한 역사적 예수가 진정한 예수는 아닐 것이다. 예컨대 동정녀 탄생은 역사적 탐구를 통해서 사실로 확정할 수 있는 것이 아니다. 십자가의 죽음이 역사적 사실로 확정된다고 해도 그 죽음의 의미는 결코 역사적 탐구로 확정될 수 없다. 그런데도 역사적 예수를 탐구하면 그것이 예수의 참모습일 것이라고 생각하는 것은 방법론적 자연주의자에게나 가능한 일이다.

역사란 결국 인간이 재구성하는 것이다. 뭔가 사실들이 있지만 해석은 결국 인간의 몫이다. 하나님이 진정으로 역사 가운데 성육신했다고 해도 인간의 역사 해석은 초자연을 개입시키지 않는다. 역사학은 초자연을 확정할 수 없기 때문이다. 동정녀 탄생, 대속적 죽음이란 하나님의 실재이지 인간이 확인할 수 있는 실재가 아니다. 역사적 예수학파는 결국 다른 역사학처럼 방법론적 자연주의를 취할 수밖에 없으며, 역사적 사실들에 대해서 초자연적 설명을 가할 수는 없다. 더군다나 부활처럼 그 자체로 초자연적인 사실은 역사적 사실로 확정하기가 어려울 것이다. 모든 가능한 자연주의적 설명 방식을 동원할 것이기 때문이다. 결국 역사적 예수학파는 역사적 사실에 대한 초자연적 해석을 할 수 없고, 초자연적인 사건의 발생도 인정하기 어렵다. 이렇게 초자연을 모두 부정하면, 그것은 더 이상 기독교 신앙이라고 할 수 없을 것이다.

역사적 예수를 탐구하는 사람들은 예수를 1세기의 역사적 인물로 가두어 놓고 설명하고 싶어 한다. 그러나 예수가 부활했다면, 그래서 지금도 살아 계신 하나님이라면, 그분은 지금도 기도와 말씀 가운데 나와 교제하는 분이다. 그러므로 진정한 예수는 과거와 현재 모두의 경험으로 찾을 수 있지 과거에만 국한해서 찾을 수 있는 분이 아니다. 하나님은 1세기에만 국한되신 분이 아니라 지금도 역사하신다. 부활한 예수를 만난 1세기 사람들의 경험만 중요한 것이 아니라, 21세기에 만난 나의 경험도 중요하다.

오늘날 종교 다원주의 시대에 신학의 관건은 이것이다. 예수는 하나님인가, 아닌가? 예수가 하나님이 아니라면 죄 사함은 성립하지 않는다. 죄 사함의 복음은 예수가 하나님일 때에만 성립된다. 죄 사함의 복음을 믿지 않고 다른 복음으로 가는 자들은 사실상 예수가 하나님임을 믿기 어렵기 때문에 그렇게 하는 것이다. 알리스터 맥그래스의 말대로 "그리스도의 신성은 여분의 첨가물이 아니라 기독교적으로 현실을 제대로 이해하는 데 있어 핵심이자 필수불가결한 부분"이다.[18]

9. 타종교와 역사성

오늘날 종교 다원주의자들도 십자가와 부활 사건을 부정하거나 다른 의미로 해석하려고 한다. 십자가와 부활을 빼야만 기독교가 다른 종교처럼 가르침과 교훈의 종교가 되고, 그래야만 종교들이 대등하다는 종교 다원주의의 주장이 설득력을 얻기 때문이다. 십자가와 부활을 빼고 나면, 예수는 신비주의 수행자이거나, 소아(小我)의 이기심을 극복하고 이상적 인간의 삶을 살아 낸 성인(聖人), 혹은 도덕 교사가 된다. 십자가와 부활을 빼고 나면, 예수는 단순히 약자, 가난한 자 편에 서서 하나님 나라 운동을 일으킨 사회 운동가가 된다. 어떤 형태가 되든 간에, 예수는 단순히 우리가 모방하고 따라야 할 전형적이고 이상적인 인간일 뿐이다. 물론 우리는 예수를 닮아 가야 하지만, 예수가 단순히 이상적 인간의 모델이라고 주장하는 것은 복음이 말하는 바가 아니다. 예수가 단순히 우리가 본받아야 할 이상적 인간 모델에 지나지 않는다면, 그분이 굳이 하나님의 성육신일 필요도 없다. 하나님은 단지 선지자나 교사를 보내셔서 얼마든지 그런 역할을 하게 하실 수 있다. 하지만 십자가가 죄의 대속을 의미하고 부활이 영원한 생명을 말한다면, 이러한 사건과 사역을 일으킬 수 있는 분은 하나님 말고는 없다.

기독교가 기초하고 있는 것은 가르침이나 교훈이 아니라 역사적 사실이다. 그렇기 때문에 사도 바울도 예수 그리스도의 대속적 죽음과 부활이 역사적 사실이 아니라면 우리가 믿는 것은 다 헛되다고 말하는 것이다(고전 15:12-19). 기독교의 핵심 교리는 모두 역사적 사실과 관련된다. 어느 것 하나도 역사적 사실이 아니라면 기독교는 성립하기 어렵다. 불교는 석가모니의 가르침에 기초하고 있기 때문에 설사 석가모니가 역사적 실존 인물이 아니어도 그의 가르침, 즉 불법(佛法), 다르마(dharma)만 있으면 전혀 문제될 것이 없다.[19] 이슬람 역시 무함마드가 실존 인물이 아니어도 샤리아(sharia) 법만 있다면 전혀 문제 되지 않을 것이다. 유교도 공자가 실존 인물이 아니라 해도 예(禮)라는 율법 체계만 있다면 전혀 문제가 안 될 것이다. 하지만 기독교는 예수의 대속적 죽음과 부활이라는 역사적 사실 그 자체에 기초하고 있다. 기독교는 예수께서 알려 주신 어떤 교훈이나 방법에 기초하고 있는 것이 아니다. 예수 자체가 곧 방도인 것이다. 기독교와 다른 종교를 비교했을 때 가장 큰 차이는 바로 여기에 있다.

기독교의 역사성을 논할 때 또 한 가지 빠뜨릴 수 없는 것은 다른 유신론 종교의 역사성과의 차이다. 대체로 유신론 종교들은 인식론적으로 말하자면 실재론의 입장을 취하고 있으며, 따라서 역사성을 강조한다. 유신론에서 신은 역사의 배후에서 역사를 섭리하는 존재다. 그러나 신이 직접 역사에 뛰어들어서 역사적 사건을 일으키지는 않는다. 그런 면에서 기독교의 역사성은 유신론 종교 중에서도 가장 급진적(radical)이다. 신이 역사에 직접 뛰어든다는 것은 신이 역사를 종결 짓고 완성하려는 의도를 가지고 있다는 것이다. 기독교의 역사성은 역사의 완성으로서의 하나님 나라 도래에 초점이 모아진다. 다른 유신론에서는 종말론이 있어도 그것이 역사의 완성으로서의 묵시적 성격을 갖지는 않는다. 기독교에서 역사의 완성이란 하나님의 통치, 하나님 나라가 실제적으로 구현된다는 것을 의미한다. 이슬람에도 종말론이 있지만 그것은 역사의 완성보다는 심판을 향한 일련의 과정이 될 뿐이다.

유교도 역사성을 중요시하지만, 신이 역사의 배후에 섭리한다는 관념은 유대교-기독교-이슬람 계통의 선지자적 유신론만큼 강하지는 않다. 상제(上帝)는 왕조 교체의 주권자이며, 왕들에 대해 자연 현상을 통해서 경고하는 방식으로 인간사에 개입하기는 하지만, 선지자들을 보내서 말하지는 않는다. 기본적으로 유교는 인본주의적이어서 인간의 책임을 강조한다. 유교에서 상제는 역사에 직접 뛰어들지도 않고 역사를 완성하는 주체가 되지도 않는다.[20] 유교의 역사성은 후대의 역사적 평가를 의식하는 역사의식으로 나타난다. 그것은 춘추필법(春秋筆法)과 같은 데서 나타나는바 대의명분(大義名分)을 논하는 역사의식이다.[21]

10. 기독교의 인격성의 의미

복음은 하나님과의 관계를 회복하는 길이 열렸다는 은혜로운 소식이다. 관계가 회복되었기 때문에 하나님과 인격적 교제가 가능하게 되었다는 것이다. 기독교 신앙은 인격적인 하나님을 믿는 것을 전제로 한다. 하나님이 비인격적인 원리나 힘이 아니라 인격적인 존재라는 것이다. 인격적 존재란 흔히 지정의를 갖춘 존재라고 정의내리지만, 존재론적 의미에서 더 나아가 관계를 맺는다는 의미에서 '인격적'이라는 개념을 규정할 수 있다. 따라서 기독교는 하나님과의 인격적 만남이나 인격적 교제를 강조한다. '인격적'이란 말은 도대체 무엇을 의미하는 것일까?

  인격이라는 말을 이해하기 위해서는 영화 〈캐스트 어웨이〉(Cast Away)를 보면 좀 도움이 된다. 운송 업체 직원인 주인공은 화물 비행기에 동승해서 여행하다가 비행기가 추락하는 바람에 어떤 무인도에 다다르게 된다. 이 영화는 주인공이 그곳에서 혼자 몇 년 동안 살아남는 이야기를 다루고 있다. 처음에는 무인도 해안에 떠내려 온 택배 물건들을 가지고 이런저런 도구를 만들어서 살아가는 법을 터득한다. 사실 이 부분도 문화가 어떻게 발생하게 되었는지에 대한 문화 인류학적 통찰을 던져 주기 때문에 재미있다. 그런데 또한 이 영화에서는 '인격'에 대한 통찰을 제공해 준다. 이 무인도에서 인격체는 주인공밖에 없다. 먹고사는 문제는 이제 그럭저럭 해결되었는데 몹시 외롭다. 그러던 어느 날, 택배 물건 중에서 배구공을 하나 발견한다. 그 배구공에 묻어 있는 핏자국이 마치 사람 얼굴처럼 생긴 것 같아서 주인공은 그 배구공에 인격을 부여하고 이름을 붙인다. 그리고 매일 그 배구공과 대화를 한다. 물론 자문자답이지만, 어쨌거나 주인공은 대화할 상대를 얻은 것이다. 주인공은 배구공을 정말 인격체처럼 생각하고, 배구공은 진정으로 유일한 친구가 된다. 결국 무인도를 탈출하기로 결심하고 탈출을 위한 여러 준비를 끝낸 뒤 섬을 빠져나간다. 그런데 파도가 쳐서 배구공이 떠내려간다. 배구공을 구하려 했으나 실패한 주인공은 정말 간절하게 절규한다. "윌슨! 정말 미안해!"(Wilson! I'm sorry!) 어떻게 보면 웃긴 장면 같지만 사람들은 이 장면에서 웃지 못한다. 정말 공감되기 때문이다. 이처럼 이 영화는 인격이 무엇인지를 말해 준다.

우리는 지정의를 가진 존재를 인격체라고 말하지만, 이 세상에서 자기 혼자 인격체인 것은 아무 의미가 없다. 인격의 본질은 관계적인 것이고, 교제 없이는 관계도 무의미하다. 인격적 교제를 통해서 서로를 알아 가는 것이다. 하나님이 인격적인 하나님이라는 것은 그분이 관계하시는 하나님이고 교제하시는 하나님이라는 뜻이다. 하나님이 관계를 맺으실 때에는 하나님의 인격, 즉 성품이 반영된다. 하나님은 거룩하시고(사 6:3, 계 4:8) 사랑이시다(요일 4:16). 하나님은 우리와 관계를 맺으실 때에 우리를 거룩하게 대하시고, 사랑으로 대하신다! 전지전능하신 하나님이 우리와 관계하시는데 그 방식이 거룩과 사랑이 아니라고 생각해 보라. 이 얼마나 두려운 일인가! 거룩하지 않고 사랑이 아닌 방식으로 대하는 것은 진정한 관계라고 할 수 없다. 하나님의 형상을 가진 인간에게도 하나님은 거룩과 사랑을 요구하신다

(레 19:2, 벧전 1:15, 요 13:34). 비록 타락한 존재이긴 해도 하나님의 형상을 가진 인간들은 여전히, 정말 사심 없는 깨끗한 사람이나 희생적으로 사랑을 실천하는 사람에게 감동한다.

하나님이 인격적인 분이고 인격적 교제를 한다고 할 때, 그 말은 우리를 도매금으로 단체로 대우하시는 것이 아니라 개별적인 인격체로 대하신다는 뜻이다. 하나님은 우리를 개별적으로 아시고(시 139:1) 개별적으로 교제하신다. 따라서 개별적 자아의 소멸을 주장하고 개별적 자아의 존재를 환상으로 보는 범신론적 혹은 유신론적 신비주의는 받아들이기가 어렵다. 신비주의 사상에서 신과의 합일, 신과의 사랑을 아무리 주장해도 그것은 성경이 말하는 인격적 교제가 아니다.

존 힉(John Hick) 같은 신 중심적인(theocentic) 종교 다원주의자들은 궁극적 실재에 관해서 종교마다 관점이 다르다고 주장한다.[22] 힌두교의 아드바이타 베단타학파에서는 궁극적 실재는 비인격적인 브라만으로, 대승 불교에서는 공(호)으로, 그리고 성리학에서는 리(理)와 같은 비인격적인 궁극자로 나타날 수 있다는 것이다. 반면에 인격적인 궁극자로 나타날 수도 있는데, 이슬람의 알라라든지, 유신론적 힌두교의 크리쉬나라든지, 기독교의 하나님으로 나타날 수 있다. 존 힉은 궁극적 실재는 종교에 따라서 인격적으로 나타날 수도 있고 비인격적으로 나타날 수도 있다고 본다. 그렇기 때문에 궁극자를 중립적으로 표현하기 위해 알파벳 대문자를 사용해서 "the Real"이라고 표시하자고 주장한다.[23] 존 힉은 동일한 실재(reality)에 대해서 인식론적으로 다른 관점을 가지고 있기 때문에 비인격적이거나 인격적인 궁극자로 보인다고 주장한다.

이러한 신 중심적인 다원주의자들의 문제는 인식론과 존재론을 구별하지 않는다는 것이다. 다시 말하자면, 인식론적인 차원에서는 인간의 인식이 유한하고 제한되어 있으니까 궁극적 실재가 인격적으로 보일 수도 있고 비인격적으로 보일 수도 있다고 치자. 하지만 존재론적 차원에서 궁극적 실재의 존재가 인격자이면서 동시에 비인격자일 수 있겠느냐는 것이다.[24] 존재론적 차원에서는 인격적 존재이면서 동시에 비인격적 존재일 수는 없다. 그것은 모순율을 범하는 것이다. 궁극자는 인격적이거나 비인격적이거나 둘 중 하나여야 한다.

힌두교는 의식의 단계에 따라서 우주의 궁극적 실재인 브라만을 비인격적인 니르구나 브라만(Nirguna Brahman)으로 보기도 하고, 인격적인 유일신으로서 사구나 브라만(Saguna Brahman)으로 보기도 한다. 또 인격적인 유일신의 속성들이 각각 인격화되면 다신론적인 신들로도 나타날 수 있다고 본다. 그런데 우주의 궁극적 실재는 과연 비인격적 존재인가 아니면 인격적 존재인가 하는 질문이 우리에게 남는다. 과연 이런 질문에 대해 의식의 단계로 설명하는 것으로 해결이 될까? 가장 높은 의식의 단계에서 비인격적인 궁극자로 보인다면, 결국 우주의 궁극적 실재는 비인격적인 궁극자로 간주해야 하지 않을까?

궁극적 실재를 비인격적인 것으로 보는 세계관은 주로 범신론적인 종교에서 나타난다. 우주 자체가 곧 신적 존재라는 것이다. 범신론은 우주 혹은 자연이 곧 신이기 때문에 우주 안에 있는 만물 속에 신성, 궁극성, 절대성이 있다고 말한다. 즉 '모두가 신'이라는 의미다. 반면에 유신론은 우주를 초월한 인격적 신이 있다는 것을 전제한다. 유물론 혹은 자연주의는 신성, 궁극성, 절대성과 같은 것이 없고, 오로지 물질세계만 존재한다고 본다. 초자연을 인정하지 않는다는 의미에서 유물론은 다른 말로 자연주의라고도 부를 수 있다.

11. 복음의 세 가지 차원

복음은 세 가지 차원에서 연속적으로 일어난다. 죄책(罪責)과 관련해서, 믿음으로 구원받는 것은 분명하다. 죄성(罪性)과 관련해서, 믿음으로 구원받은 자는 성령의 통치를 받아야 한다. 죄 세력(罪勢力)과 관련해서는, 성령의 통치를 받는 자들은 구별된 하나님 나라 공동체인 교회가 되어 이 땅에서 하나님 나라의 표지로 존재해야 한다. 그제야 복음의 능력이 온전히 나타나고, 하나님께 영광을 드러낼 수 있다. 그러므로 온전한 복음은 구원론, 성령론, 교회론을 모두 포함하여야 한다.[25]

복음의 세 가지 차원

죄책: 믿음 - 구원(구원론)
죄성: 통치 - 성령(성령론)
죄 세력: 구별 - 교회(교회론)

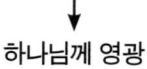

하나님께 영광

복음이 구원론적 차원에서 개개인 영혼의 영원한 운명에 관련되어 있는 것은 맞다. "하나님이 세상을 이처럼 사랑하사 독생자를 주셨으니 이는 그를 믿는 자마다 멸망하지 않고 영생을 얻게 하려 하심이라"(요 3:16)고 성경은 말한다. "죄 사함으로 말미암는 구원"(눅 1:77)은 개개인의 영혼에게 닥칠 영원한 운명을 포함한다. 그런데 도대체 영생은 무엇을 의미하는가? 그것은 단지 삶의 시간적 지속성만을 의미하지는 않을 것이다. 영생은 하나님이 통치하시는 천국에 들어가서 살게 될 영원한 복된 삶이다. 천국의 개념에서 내세적, 장소적 의미를 배제해서는 안 된다. 하지만 동시에 천국을 내세적, 장소적 의미로만 축소하면 오해가 발생한다. 부분적인 진리는 오류를 발생시킨다. 오늘날 교회에 나타나는 많은 문제는 온전한 복음에 대한 이해의 결여 때문이다. 복음의 축소는 구원의 개념을 축소하는 것과 연관된다. 개인 영혼이 처할 운명의 문제가 구원에서 중요하지만, 더 나아가 구원은 하나님 형상의 회복, 그리고 이 세상에서 하나님 통치의 실현까지(마 6:10) 포함하는 것이다. 죄의 결과, 즉 심판으로부터의 구원도 필요하지만, 죄 그 자체로부터의 구원도 중요하다.

온전한 복음은 죄책의 문제를 해결하는 것에서 출발한다. 예수의 대속의 공로로 하나님은 우리의 죄에 대한 책임을 더 묻지 않으시며 우리를 심판하지 않으신다. 복음은 죄책의 문제가 해결되었을 뿐 아니라 죄성의 문제도 처리되었다고 말한다. 사실, 하나님이 우리가 지은 죄의 열매 문제만 처리해 주시고, 죄의 뿌리는 그대로 두셨다고 생각하는 것은 불합리해 보인다. 우리의 영은 죄성으로 말미암아 기능적, 관계적으로 죽어서 하나님께 반응하지 않고, 하나님과 관계하지 않았다.[26] 그러나 우리의 옛 사람, 옛 자아는 그리스도와 함께 십자가에 못 박혔다(갈 2:20, 롬 6:6). 따라서 우리는 죄에 대하여 죽은 자로 간주해야 한다(롬 6:11). 우리는 그리스도와 연합한 자가 되었고, 성령이 우리 안에 거하신다. 우리는 그리스도 안에서 새로운 피조물이 되었으므로(고후 5:17) 이제 성령의 소욕을 좇아 행하면, 육신의 소욕을 따르지 않고(갈 5:16-17) 성령의 통치를 받는 존재가 된다.

또한 복음은 죄 세력의 문제를 처리했다고 말한다. 죄 세력은 죄가 문화와 사회 안에서 조직화되고 구조화된 것을 의미한다. 죄의 세력 뒤에는 정사와 권세들이 역사하고 있다(엡 6:12). 그리스도는 십자가에서 정사와 권세를 무력화하여 드러내시고 십자가로 승리하셨다(골 2:15). 교회를 세우셔서 음부의 권세, 죄와 사망의 권세에 대항하도록(마 16:18-19) 하셨다. 교회는 대안적 공동체(alternative community), 대조적 공동체(contrast community)[27]로서 세상 문화와 구별되도록 부름 받았다. 믿는 자가 들어가서 영원히 살게 될 하나님 나라는 또한 새 하늘, 새 땅, 새 예루살렘으로 도래할 나라이기도 하다. 교회는 도래할 하나님 나라를 이 세상에서 앞당겨 살아 내는 하나님 나라의 표지다. 교회는 하나님의 통치를 받는 신적 공동체로, 하나님 나라의 도래를 가리키는 표지가 된다. 교회는 세상과 다름을 보여 주는 것이 중요하다. 교회가 소금과 빛으로 세상에 존재할 때(마 5:13-16), 사람들은 하나님 나라의 표지인 교회를 통해 장차 도래할 하나님 나라에 대한 소망을 품고 하나님께 나아오게 되는 것이다.

12. 복음의 전 포괄성_ 죄 사함, 자아, 사회, 영적 세력에 대하여

복음의 유일성은 하나님의 인격성, 복음 사건의 역사성, 그리고 구원의 전 포괄성과 관련되어 있다. 복음은 죄 사함의 구원을 중심으로 자아, 사회, 영적 세력의 전 포괄적 차원에 관련된다. 죄 사함은 복음의 중심에 있다. 존 스토트(John Stott)의 말대로 예수 그리스도는 무엇보다도 구세주이시다.[28] 나는 죄 사함의 복음을 결코 가볍게 여겨서는 안 된다고 생각한다. 이신칭의에 대한 왜곡된 이해와, 지나치게 내세적이고 장소적인 의미의 천국 개념에 대한 반작용으로, 죄 사함의 복음 자체가 가볍게 여겨지는 것은 잘못된 것이다. 하나님 나라 복음은 예수의 피로 죄 사함 받는 복음과 전혀 다르거나 대립되는 것이 아니다. 예수의 피로 죄 사함 받은 사람들이 하나님 나라에 들어가게 되고, 또 하나님 나라의 가치를 이 땅 위에 앞당겨서 실현해야 하는 것이다.

우리는 무엇보다도 예수 그리스도의 십자가 대속으로 말미암아 죄 사함을 받고 죄에 대한 심판에서 구원받는다. 그러나 죄로부터의 구원은 단순히 죄의 결과로부터의 구원만을 의미하지 않는다. 죄 그 자체로부터의 구원도 포함된다. 다시 말하자면 우리가 죄를 짓지 않는 거룩한 존재로 변화되는 것도 구원인 것이다.

죄 사함의 복음

기독교는 죄 사함의 종교다. 그런데 죄 사함은 죄를 인정할 때에나 간절히 원하게 된다. 죄가 사람들에게 문제 되지 않기 때문에 죄 사함이 은혜가 되지 않는다. 그렇다면 왜 죄가 문제가 되지 않는가? 죄가 경험되고 문제 되는 것은 하나님을 경험할 때다. 그런데 과연 인간은 죄를 용서받아야 할 만큼 죄가 있는가? 성경은 모든 인간이 죄인이라고 말한다(롬 3:23). 그러나 대체로 그 말씀은 사람들 마음에 와 닿지 않는다. 인간이 고해(苦海)에서 허우적거리며 고통 받고 있다고 주장하는 불교와 힌두교는 보다 실제적인 문제를 다루는 것처럼 보인다. 고통의 문제는 사실(fact)의 문제로 보이지만 죄의 문제는 관념의 문제로 보인다. 고통은 인간에게 현실적인 문제로 다가온다. 인생을 사는 것은 팍팍하고 고달프다. 고통은 실제적이다. 그러나 죄의 문제는 대부분의 사람에게 실제적으로 와 닿지 않아 보인다. 도스토옙스키의 소설「죄와 벌」에 나오는 라스콜니코프처럼 큰 죄를 짓고 죄책감에 시달리는 사람 외에 죄는 사람들에게 추상적인 것으로 보인다. 비록 죄로 인하여 이 세상에 많은 비극이 일어나고 있다 할지라도, 그것은 죄의 문제라기보다는 고통의 문제로 보인다. 사람들에게 죄는 일상적이지도, 현실적이지도 않아 보인다. 세상의 죄가 나의 죄로 인식되지도 않는다. 죄의 문제를 해결하는 것은 절실해 보이지 않는다.

그러나 정말 그런가? 이 세상은 고통으로 가득 차 있을 뿐 아니라 죄로 가득 차 있다. 죄가 실제적으로 보이지 않는 것은 죄가 없거나 관념적인 것이어서가 아니라, 인간이 '죄'라는 어젠다(agenda)에 관심이 없기 때문이다. 죄는 하나님의 어젠다이다. 하나님의 거룩하심에서 출발하는 하나님의 어젠다인 것이다. 하나님은 거룩하시며 의로우시므로 하나님께는 거룩과 의가 가장 중요한 어젠다이다. 그러므로 인간에게 죄는 종종 현실적인 것으로 와 닿지 않는다. 인간은 자기 의 때문에 자신의 죄, 불의를 잘 보지 못한다. 인간이 죄의 실상과 죄에 대한 자각을 하지 못하는 것은, 역설적이지만 죄 때문이다. 인간의 죄성, 즉 자기중심성과 자기 주장성은 달리 말해서 자기애(自己愛)와 자기 의(自己義)다. 이기심과 교만은 자신의 죄를 실제적인 것으로 보지 못하게 방해한다. 그래서 사람들은 자신이 용서받아야 할 죄인임을 자각하지 못하며 자신의 죄를 인정하지 않는다. 자신이 주인 노릇, 하나님 노릇, 왕 노릇 하려는 반역성을 자각하지 못한다. 자신의 이기심과 교만이 자각되지 않는다. 죄란 다름 아니라 이기심과 교만의 열매다. 이 세상은 이기심과 교만으로 가득 차 있다. 고통이라는 인간의 어젠다에 묶여 있는 한, 죄라는 하나님의 어젠다는 보이지 않는다.

죄에 대한 자각은 하나님의 거룩하심에 대한 자각과 밀접하게 연관되어 있다. 죄가 실제적이 되기 위해서는 하나님을 만나야 한다. 거룩하신 하나님 앞에 서야 한다. 하나님의 거룩하심 앞에 직면하게 될 때에만 인간은 심각하게 죄의 문제를 생각하게 된다. 이사야처럼 "화로다! 나여! 망하게 되었도다!"(사 6:5)라고 말하게 된다. 베드로처럼 "주여! 나를 떠나소서! 나는 죄인이로소이다!"(눅 5:8)라고 말하게 된다. 성경은 하나님의 거룩하심에 대한 언급으로 가득 차 있다. 인간을 성결하게 하고 거룩하게 하고자 하시는 하나님의 열정으로 가득 차 있다. 그 열정의 연장선상에서만 십자가의 죄 사함을 이해할 수 있다. 십자가는 하나님의 거룩케 하심의 결정체다. 성령이 오신 이유도 우리를 거룩하게 하시기 위해서다. 거룩을 다른 말로 표현하면 의(義)다.

죄의 문제는 죽음의 문제와 연관되어 있다. 죽음에 대한 두려움의 실체는 심판에 대한 두려움, 죄책감과 연관되어 있다. 죽음은 미지의 영역이기 때문에 두렵지만, 도대체 인간은 미지의 영역에 대해서 왜 두려워하는가? 인간은 사후에 심판, 보응, 소멸 등을 두려워한다. 죄의 대가는 사망이요, 영생은 하나님의 선물이다(롬 6:23). 영생은 단순히 고통 없는 존재의 지속을 넘어 하나님의 통치 아래 누리는 영원한 지복의 삶이다. 이는 "멸망치 않고 영생을 얻게 하려"(요 3:16) 하시는 하나님의 은혜로 말미암은 것이다. 영생은 죄 없는 거룩한 존재의 지속이다. 하나님의 형상을 가진 인간은 하나님처럼 전지전능하지는 않지만 거룩하게 지속적으로 존재한다. 거룩한 존재가 되기 위해서는 과거의 죄를 용서받아야 하며, 현재의 죄성은 성령의 통치를 받아야 한다.

개인의 죄도 문제지만, 죄로 가득 찬 세상이 더 큰 문제다. 하나님 나라는 죄로 가득 찬 세상을 회복하고자 하시는 하나님의 구원 계획이다. 하나님이 우리의 죄를 사하신다는 것도 복음이고, 하나님이 죄 없는 세상, 즉 하나님 나라를 도래케 하신다는 것도 복음이다. 이것을 굳이 개인 구원과 사회 구원으로 나눌 필요도 없다. 인간은 사회적 존재이며 모든 죄는 결국 사회적 관계 속에서 짓는 것이기 때문이다. 모든 죄의 뿌리, 즉 원죄는 하나님을 대적하는 높아진 마음, 반역성 때문이다. 죄 사함의 십자가 대속이 없는 하나님 나라는 가능하지 않다. 제레미 트리트(Jeremy Treat)가 잘 지적했듯이, 하나님 나라는 "십자가 형상의 하나님 나라"(the cruciform kingdom of God)다.[29]

십자가의 은혜로 죄 사함을 받은 하나님의 백성이 하나님 나라의 가치대로 살아가지 않는다면 그것도 허망한 것이다. 죄 사함으로 구원받는 이신칭의가 자기 영혼의 영원한 운명에만 관심을 두는 비사회적인 영적 이기주의가 되어서는 안 된다. 또 내세적, 장소적 의미의 천국 개념에 집착해서 이 세상을 포기하거나 이 세상에서 분리되어서도 안 된다. 복음이 내세적인 것이 되는 순간, 이 세상을 초월하는 삶을 사는 것이 아니라 오히려 이 세상에서의 현세적 삶에 세상과 전혀 구별되지 않는 기복 신앙과 세속주의가 자리 잡게 된다. 하나님 나라에 대한 열망 때문에 죄 사함을 가볍게 여긴다면, 그것은 단순히 사회 운동으로 전락할 위험이 있다.

이 세상은 죄로 가득 차 있지만, 죄에 대한 자각이 없는 이 시대에 죄 사함이 어떻게 삶의 실제에서 복음이 되는가? 나는 폴 투르니에(Paul Tournier)의 책 「죄책감과 은혜」(IVP 역간)를 보면서 인간이 하루에도 얼마나 많이 죄책감에 시달리는 존재인가 다시 한 번 확인했다. 하나님에 대한 반항심이란 하나님의 은혜를 거부하고 회개하지 않은 자의 죄책감이다. 반항심의 뿌리는 죄책감이다.[30]

나는 선악과의 의미를 세 가지로 생각해 보았다. 첫째, 금지 명령을 부과하는 주권자가 있음을 우리에게 알려 준다. 즉 나는 세상의 주권자가 아니다. 둘째, 영생은 피조물의 본질에 속하는 것이 아니라 창조주에 대한 순종을 전제로 조건부로 주어진다. 즉 영생은 선물이다(롬 6:23). 셋째, 선악과를 먹음으로 죽게 되는 것은 안전장치다. 선악과 없이도 자유 의지를 가진 존재는 하나님께 반역하고 타락할 수 있다. 그러나 죄 가운데 영생하는 것은 영원한 저주가 되므로, 선악과를 먹으면 차라리 죽는 것이 낫다.

복음은 좋은 소식인데, 하나님이 은혜를 베푸셨다는 소식이다. 그러나 인간은 이 은혜를 받아들이지 못하고, 스스로 대가를 지불하고 고통스럽게 함으로써 죄책감을 달래려고 한다. 모든 정신적인 고통과 자기방어 기제들은 '셀프(self) 대속'의 노력이다.[31] 그래서 그리스도의 대속을 받아들이려 하지 않는다. 자기 합리화와 양심을 달래기 위한 노력들은 자기 속죄와 율법주의로 나타난다. 금욕과 고행도 결국 자기 속죄의 노력이다. 복음은 내가 대가를 치르는 것이 아니라 하나님이 대가를 치르신 것을 받아들여야 한다고 말하는 것이다.

인간은 죄책감을 달래기 위해 누군가를 희생양으로 삼는다. 그에게 나의 죄를 전가한다. 그러나 그것은 진정한 전가가 되지 못하고 죄책감은 해소되지 않는다. 우리는 무의식 가운데 잘못된 전가에 대한 죄책감을 가지고 있다. 잘못된 전가는 나의 죄를 인정하지 않고 타인의 탓으로 돌리는 것이다. 그러나 나의 죄를 인정하지 않기 때문에 죄책감이 해소되지는 않는다. 하나님이 나의 죄를 전가하도록 예비하신 유일한 진짜 희생양은 거부한다. 예수 그리스도에게 나의 죄를 전가하고 그분을 나의 죄를 위한 희생양으로 받아들여야 한다. 그러기 위해서는 먼저 나의 죄를 인정하는 것이 필요하다. 죄 인정 없이는 죄에 대한 책임을 전가할 수 없다.

복음을 받아들이기 어려운 이유는 이것이다. 나의 죄를 인정하는 것은 자존심이 상하는 일이다. 더군다나 나의 행위에 대해서 다른 이가 대가를 지불하게 하는 것은 더욱 자존심이 상한다. 그래서 나의 잘못된 행위를 인정하지 않고 다른 사람의 잘못으로 전가하는 것이다. 그것이 잘못된 희생양 만들기다. 주인 노릇 하고 싶은 인간의 알량한 자존심은 자신의 잘못에 대한 대가는 자신이 치러야 한다고 생각하게 한다. 더 나쁜 자존심은 자신의 잘못이 아닌 것도 자신이 책임지려는 과도한 책임감으로 나타난다. 그래서 민감한 양심을 가진 것처럼 자기를 위장하고 자신을 매우 도덕적인 사람으로 위장하여 자기 의를 만족시키려 한다.

나는 르네 지라르의 희생양 이론이 폴 투르니에의 주장에 의해서도 잘 설명될 수 있다고 본다. 신화들에 나타나는 가짜 희생양들은 사람들의 죄를 숨겨 주고 죄악 된 '모방 욕망'(mimetic desire)을 긍정해 주기 위한 기제로 작동한다.[32] 그러나 진짜 희생양이신 예수 그리스도는 이러한 왜곡된 희생양 삼기에 감추어진 인간의 죄악 된 욕망을 폭로하여 우리의 죄악을 회개하도록 요청한다. 예수 그리스도는 인간의 죄악을 감추는 방식이 아니라 회개케 하시는 방식으로 진정한 희생양이 되신다.

세계 종교 중 기독교 외에 어떤 종교도 죄 사함과 대속을 말하지 않는다. 죄 사함 없이 인간은 구원받을 수 없으며 대속 없이는 죄 사함도 없다. 인간의 죄책과 죄책감은 모두 용서받아야 한다. 구원은 완벽함의 선언이 아니라 죄 사함의 선언이다. 성화란 완벽함이 아니라 은혜에 머물러 있음이다. 하나님의 사랑을 잃을까 봐 두려워할 필요가 없다. 사실, 문제는 하나님이 나를 사랑하는가가 아니다. 내가 하나님을 사랑하는가다. 하나님이 나를 사랑하시는 것은 나의 완전함과 선행 때문이 아니라 나의 비참함과 죄 때문이다.[33] 회개란 용서받은 사람의 마음 상태를 묘사하는 것이다. 용서를 받으면 사람들은 돌이킨다. 죄 사함, 용서의 복음이 은혜로 임하면 사람들은 회개하게 된다.[34]

인간의 근본 문제는 무엇인가? 사람들은 죄의 결과인 고통과 죽음에 초점을 맞춘다. 종교와 철학은 여기에 사로잡혀 있다. 그러나 정작 고통과 죽음을 불러온 죄에 대해서는 무관심하다. 죄는 하나님의 어젠다이며 하나님의 관점을 획득했을 때에만 보인다. 죄에 대해서 무관심하기 때문에 죄 사함에 대해서도 무관심하다. 죄 사함이 은혜로 다가오지 않는 것이다. 은혜로 다가오지 않기 때문에 감사함도, 겸손함도 없다. 은혜 받은 사람의 특징은 감사와 겸손이다. 내가 어떻게 심판받을 자였는지를 아는 사람은 불만과 교만을 특징으로 가질 수 없다.

　죄책감은 자신의 신념대로 하지 못했을 때 느끼는 양심의 가책이다. 책임감이 큰 사람일수록 죄책감도 크다. 자신의 책임도 아닌 것에 책임을 느끼고, 일이 잘못되거나 실현되지 못했을 때 자책하며 죄책감을 표현한다. 사람은 죄책감과 수치심의 감옥에 갇혀 산다. 십자가는 마음의 감옥 문을 열어젖히는 하나님의 은혜의 손길이다. 그러나 인간은 그 마음의 감옥에서 빠져나오지 못한다. 그래서 인식론적 차원에서 마음의 실체가 없다는 식으로 마음의 감옥을 깨뜨려 보려고 한다. 마음의 두려움과 염려는 죄책감과 연관되어 있다. 죄책감은 하나님의 보호와 동행을 확신하지 못하게 한다. 죄책감에서 벗어나기 위해 하나님의 손길을 뿌리치고 자신의 방법을 사용하는 것이 자책이요, 율법주의다. 그래서 죄책감은 강하지만, 참으로 죄를 깊이 자각하게 하는 죄의식은 가지지 못한다. 나는 여기서 죄의식을 하나님께 대한 회개로 인도하게 하는, 죄에 대한 깊은 자각이라고 정의 내림으로써 죄책감과 구분하려고 한다. 가룟 유다는 자살로 인도하는 죄책감을 가졌지(마 27:3-5), 회개로 인도하는 죄의식을 가진 것은 아니다.

　죄의식은 하나님의 거룩하심에 비추어진 마음이다. 거룩하신 하나님에게 거울처럼 비추어졌을 때 경험하는 자기 존재의 위기의식이다(사 6:5, 눅 5:8). 자기 존재의 위기는 하나님의 은혜를 구하고 하나님께 항복하는 것으로 나아가야 한다. 그러나 인간은 하나님의 거룩하심에 자신을 비추지 못하고 하나님의 얼굴을 피해서 동산 나무 사이로 숨는다(창 3:8). 그리고 죄책감을 해소하기 위한 자신의 방법에 교묘하게 매달린다(창 3:7). 타인을 학대하거나 자신을 자학하며, 혹은 낮은 자존감과 율법주의 등으로 죄책감을 달래 보려고 한다. 그러나 이러한 방식은 죄책감을 더할 뿐이다.

　죄 사함의 구원은 실제로 죄책에서 우리를 구원할 뿐 아니라 죄책감에서 우리를 해방시킨다. 마음의 감옥에서 해방시켜 기쁨을 회복시킨다. 죄는 단순히 우리가 심리적으로 경험하는 죄책감을 넘어 실체다. 죄책감은 죄의 실체에서 나오는 결과물일 뿐이다. 죄는 하나님의 심판을 초래하며 자신과 타인을 파괴한다. 죄는 실제적으로 누군가에게 손해를 끼치거나 상처를 주는 것이다. 그러므로 죄의 결과, 즉 심판뿐 아니라 죄 그 자체에서도 구원받아야 한다.

오늘날은 죄책은 있으나 죄책감이 없는 시대다. 죄책감이 없는 이유는 죄를 죄로 보지 않고, 죄에 대한 책임을 느끼지 못해서다. 죄가 죄로 보이지 않는 것은 마음이 높아져서 하나님의 거룩하심을 보지 못하기 때문이다. 교만한 자는 하나님을 보지 못한다. 하나님의 거룩하심을 본 자는 상한 마음, 겸손한 마음으로 자신의 죄를 애통하게 된다. 자신의 죄가 애통하지 않는 사람은 영적 교만의 상태에 있는 것이다.

인간은 매일 부지불식간에 죄책감에 시달리지만 자신이 죄인이라는 것은 자각하지 못한다. 인간은 죄에 절어 있을 뿐 아니라 죄책감에도 절어 있다. 매일 양심의 고발을 당하고, 타인의 책망, 즉 타인의 고발을 당한다. 그 책망은 종종 간접적이고 은밀해서 자신이 책망받고 있음조차 인식하지 못한다. 고발, 참소당한 인간의 마음은 죄책감을 느낀다. 그리고 죄책감을 해소하기 위해서 자신을 책망하거나 타인을 비난한다. 죄책감에 대한 잘못된 처리 방식, 잘못된 반응도 죄라고 할 수 있다. 죄가 죄책감을 불러올 뿐 아니라 고장 난 양심의 오작동, 즉 왜곡된 죄책감이 죄를 짓게 하기도 한다.

'내가 옳지 않았다'는 생각은 '나'라는 자기중심성과 '옳음'이라는 자기 주장성이 결합된 것이다. 불교는 죄책감을 달래기 위해서 옳고 그름의 기준 자체를 소멸시키려고 한다. 옳고 그름의 기준을 세우는 분별지(分別智)가 무지라고 말한다. 죄책감을 느끼는 개별적 자아는 실체가 없는 망상일 뿐이라고 한다. 그렇게 해서 죄책감을 일으키는 주체를 없애 버려 죄책감을 달래려는 것이다.

　타락한 인간의 양심은 옳고 그름의 절대적 기준을 상실했다. 그래서 어떤 사람은 과도하게 죄책감을 가지고, 어떤 사람은 마땅히 죄책감을 느껴야 하는 데도 양심이 무뎌서 이를 느끼지 못한다. 사람들이 율법주의에 빠져드는 이유는 그것이 편하기 때문이다. 율법을 외적으로, 형식적으로 지키기만 하면 죄책감을 달래 줄 수 있기 때문이다. 신비주의는 자아를 소멸시켜서 양심을 무디게 한다. 신과의 합일을 통한 자아의 소멸과, 신의 사랑으로 착각되는 황홀경과 같은 변성 의식이 죄책감을 달래 주기 때문이다. 신과의 합일은 죄책감의 주체인 개별 자아를 없애 줄 뿐 아니라 옳고 그름의 구별도 없애 준다.

　죄와 죄책감의 문제를 자아의 문제로만 축소시키는 것도 문제다. 고통의 문제 역시 단순히 자아의 문제가 아니다. 죄와 고통은 밀접한 연관성이 있다. 나의 죄는 누군가를 고통스럽게 하며, 내가 고통스러우면 누군가에게 죄를 짓기 쉽다. 나의 고통은 그냥 고통의 문제일 수 있지만, 세상의 고통, 타인의 고통에 대한 나의 반응은 죄의 문제가 될 수 있다. 죄란 적극적으로 나의 행위에 의해 일어나는 것도 있지만 나의 무행위로 인해서 일어날 수도 있다. 그런 관점에서 보면 이 세상은 또한 얼마나 죄악으로 가득 차 있는가!

　사람들은 책임을 다하지 못했다고 생각할 때 죄책감을 느낀다. 어떤 사람은 지나치게 책임감을 느끼고, 어떤 사람은 어이가 없을 정도로 무책임하다. 마땅히 해야 할 일, 당위를 하지 못한 것은 죄다. 마땅히 해야 할 일을 하지 못했을 때 책임감을 느끼는 것은 마땅한 죄책감이다. 일이 잘못되거나 고통스러운 상황이 발생하면 사람들은 책임 소재를 묻게 마련이다. 나에게 맡겨진 책임을 다하지 못했을 때, 문제가 발생하면 책임감을 느낀다. 그러나 좀 더 원천적으로 물어볼 필요도 있다. 나에게 맡겨진 일인가? 내가 책임져야 할 일인가? 내가 책임을 다하지 못했기 때문에, 전적으로 나 때문에 이러한 고통스러운 일이 일어났는가? 과도한 책임감과 무책임감 둘 다 타락으로 말미암아 고장 난 양심이 잘못된 방식으로 작동한 결과다. 십자가는 잘못된 죄책감과 과도한 책임감의 짐에서 우리를 해방시킨다. 수고하고 무거운 짐을 진 자들은 예수 앞으로 나아와야 한다(마 11:28).

자유케 된 자아_ 새사람

성령은 우리를 거듭나게 하고 새로운 자아를 가진 새사람이 되게 한다(엡 4:24). 십자가는 옛 사람, 옛 자아의 죽음을 가져오는 근거가 된다(롬 6:6). 새사람은 하나님과 새로운 관계에 들어간 사람이며, 새 자아는 하나님에 대해서 반응하고 성령의 통치에 반응하되, 죄에 대해서는 반응하지 않는 자아다(롬 6:10-11). 새로운 자아는 성령의 통치권 하에 들어감으로써 죄와 사망의 법에서 해방된(롬 8:2) 자아이며, 진리로 자유케 된(요 8:32) 자아다.

인간의 죄성은 자기중심성(자기애)과 자기 주장성(자기 의)으로 나타난다. 원죄는 인간의 자아에 문제를 일으켰다. 그것은 육신(flesh), 죄성, 옛 자아의 문제이며, 다르게 말하면 자기 숭배의 문제다. 이것이 모든 구체적인 자범죄의 뿌리가 된다. 하지만 사람들은 원죄의 문제를 해결하려고 하지 않고 곧바로 자아의 문제를 다루려고 한다. 그래서 대부분의 종교가 자아의 문제를 다루지만, 어떤 종교들은 자아의 문제가 가장 중요한 주제라고 생각한다. 자아에 초점을 맞추는 종교들은 자아가 경험하는 고통의 문제에 집중한다. 힌두교, 불교, 신비주의 등은 자아의 욕심과 고통을 인식론적인 무분별로 해결하려고 한다. 개별적 자아를 부정하고, 옳고 그름의 기준을 부정하는 방식으로 고통의 문제를 해결하려고 한다. 개별적 자아를 부정하는 대신 아트만(Ātman)이나 불성(佛性)과 같은 보편적인 대자아를 제시하고, 그것을 우주와 일치시킴으로써 범신론적 신비주의의 형태를 띠게 된다.

자아의 문제는 범신론만큼은 아니더라도 유신론 종교들에서도 중요한 주제가 된다. 그렇다면 십자가, 부활이라는 신적, 역사적 사건의 유무(有無)가 유신론 종교들 안에서 어떤 차이를 만들어 내는가? 십자가 없는 유신론의 길은 두 가지로 나타난다. 하나는 신비주의이며 다른 하나는 율법주의다. 다시 말해서 자아의 해탈이 중심이 되거나 도덕의 실현이 핵심이 된다. 하지만 성경이 말하는바 하나님의 사랑을 경험하는 것은 신비주의적 수행을 통한 자아 상실을 경험하는 것과 다르다. 하나님의 사랑은 단순히 명상을 통해서 경험할 수 있는 의식과 인식의 전환 상태를 의미하지 않는다. '하나님의 사랑'은 거듭난 새로운 자아가 하나님과 인격적 관계를 경험했을 때 표현하는 말이다.

십자가 없는 유신론은 죄의 문제를 소홀히 한다. 회개 없이 받는 신의 사랑, 회개 없는 신과의 화목, 회개 없는 신과의 합일을 추구한다. 하지만 복음이 던지는 질문은 바로 이것이다. "십자가 없이 신과의 진정한 화목, 즉 관계 회복이 가능한가? 십자가 없이 진정으로 신과 사랑의 관계에 들어갈 수 있는가? 관념과 의식의 조작이 아니라 관계로서의 사랑이 가능하겠는가?" 십자가 없는 모든 유신론은 단순히 창조주의(creationism)일 뿐이다.

십자가는 하나님이 역사 가운데 들어오셔서 하나님의 사랑을 나타내 보이신 것이다. 그것은 관념이 아니라 역사적 실제다. 그리스도와의 연합도 단순히 인식적 차원이 아니다. 실제로 성령이 오심으로써 교회는 역사적으로, 구체적으로 성령과 연합한다. 오순절 사건은 단순히 자아에서 일어나는 인식 차원의 전환이 아니라 역사적 사건이다. 우리가 성령과 연합하

것도 오순절 사건을 기초로 한 구체적 사건이다.

　복음이 역사적 사건으로 되어 있다는 것은 단순히 개인의 자아 문제가 아니라 이 사회를 향한 것이기도 하다는 것을 함축한다. 하나님이 섭리하시는 역사는 그것의 완성을 향해 나아간다. 역사의 완성은 이 세상의 회복이며, 하나님의 통치, 곧 하나님 나라의 도래를 의미한다. 유신론의 형태를 띠는 신비주의는 종종 이 세상을 신의 몸으로 보는 범재신론(panentheism)을 주장한다. 유신론적 신비주의는 이 세상의 문제도 자아의 해방, 즉 해탈의 문제로 환원시킴으로써 인식적 차원을 벗어나지 못한다. 하지만 이 세상의 문제는 인식 차원의 전환으로 해결되는 것이 아니라, 하나님 나라의 종말론적 구현에 의해서 역사적으로 완성된다.

　유신론 신비주의나 뉴에이지에서 말하는 '항복'(surrender)의 개념은 단순히 개별적 자아의식을 버리는 인식적 차원의 전환과 관련된 것이다.[35] 그것은 기독교에서 말하는 하나님에 대한 전적 항복과 다르다. 항복은 기본적으로 전쟁에서 사용하는 용어로, 저항을 포기하고 통치권을 받아들이는 행위다. 즉 나의 삶을 전적으로 하나님께 양도하는 것이다.[36] 기독교에서 말하는 항복은 반역죄를 전제한다. 인간의 원죄는 인간이 스스로 주인 노릇, 왕 노릇 하려는, 하나님에 대한 반역죄임을 앞에서 말했다. 복음은 하나님에 대한 항복을 요구하고 주인 노릇, 왕 노릇에 대한 원초적 회개를 요구한다. 따라서 회개가 결여된 항복은 뉴에이지에서도 널리 주장하는바, 단순히 개별적 자아를 버리고 이른바 대자아(大自我), 더 높은 자아(higher self)의 실현을 의미할 뿐이다. 유신론적 신비주의는 실제로는 모든 것을 자아의 문제로 환원시켜서 자아 중심적, 자기중심적, 인간 중심적이 되게 한다. 인간의 해방, 평안, 자유, 희락 등이 목표가 될 때, 그것들 자체는 좋은 것이지만, 인간이 중심이 되고 목적이 된다. 그렇게 되면 하나님의 영광, 하나님 나라는 주목의 대상이 되지 못한다. 복음이 요구하는 항복은 십자가라는 역사적, 신적 사랑 앞에 우리의 자아가 항복하는 역사적 사건이다.

온전한 사회_ 하나님 나라, 새 예루살렘

복음이 요구하는 항복은 우리의 개별적 자아에 대해서뿐 아니라 사회를 향해서도 마찬가지로 적용된다. 이 세상은 하나님의 통치를 대적하는 불의와 죄로 가득 차 있다. 복음은 이 세상이 예수의 이름에 항복하고 그리스도의 통치에 복종하는 때가 이를 것을 말한다(빌 2:10). 교회는 이 세상 안에 존재하면서 이 세상 문화의 세계관, 가치 체계, 행동 양식에 속하지 않는 방식으로 세상과 구별되어, 도래할 하나님 나라의 표지가 되어야 한다. 교회는 세상의 불의와 악에 대항해서 하나님 나라의 문화를 드러내는 선지자적 사역을 해야 한다.

죄 사함의 복음과 하나님 나라의 복음은 양립할 수 없는 것이 아니며 별개의 것이 아니라는 것은 이미 언급했다. 죄 사함은 하나님 나라로 연결됨으로써 개인적 차원의 구원을 넘어선다. 하나님 나라 복음은 죄 사함과 연결됨으로써 단순한 사회 운동 차원을 넘어선다. 죄 사함 없는 하나님 나라는 그저 사회 운동이 될 뿐이다.

자유주의 신학자들 중에 하나님 나라 복음을 외치는 사람들은 굳이 죄 사함을 배제하려고 하는 경우가 종종 있다. 그들이 볼 때에는 죄 사함의 복음이 왜곡되고 제한된 의미의 이신칭의 교리와 연관되고, 사람들을 내세적인 신앙으로 끌고 가는 것으로 보이기 때문이다. 이런 교리가 신앙을 개인화, 사유화하고, 그 결과 사회 문제에 무관심하거나 사회 문제에 대해 부당하고 몰상식한 방식으로 반응하게 하는 원인이라고 생각한다. 복음주의 진영은 이런 비판에 대해서 진지하고 심각하게 반성해야 한다.

하지만 그렇다고 해서 십자가의 죄 사함의 메시지를 포기하는 것은 성경의 핵심을 버리는 것이며, 올바른 길이 아니다. 예수를 단순히 하나님 나라 비전을 선포하고 하나님 나라의 가치에 따라 모범적으로 산 선생이나 선지자나 사회 운동가 정도로 생각해서는 안 된다. 십자가를 단순히 세상적 가치와 폭력에 대항해서 비폭력을 보여 준 모범 정도로 전락시켜서는 안 된다. 부활을 단순히 하나님 나라의 가치를 추구하는 새로운 삶의 방식 정도로 전락시켜서는 안 된다. 이런 주장을 하는 사람들에게 예수는 성육신하신 하나님이 아니라, 우리가 살아 내야 할 하나님 왕국적 삶의 모본을 보여 준 선구자일 뿐이다. 그렇게 되면 예수는 스승일 수는 있어도 진정한 주(主)가 될 수 없다. 하나님 나라와 그 비전은 정말 중요하고 훌륭한 것이지만 예수와 십자가의 대속과 죄 사함이 빠진 하나님 나라는 사실 하나님 나라가 아니다. 십자가는 "하나님 나라의 기초"이며 "십자가 형상의 나라"(a cruciform kingdom)다.[37]

인간은 이상적 사회와 문화, 이상적 통치를 갈구한다. 다른 종교에도 이상 사회, 이상 왕국 사상은 많이 있다. 유교는 대동(大同) 사회나 왕도 정치가 구현되는 이상 사회를 꿈꾼다. 불교는 부처가 다스리는 불국토(佛國土)나 미륵불이 다스릴 용화 세계(龍華世界)를 꿈꾼다. 도교에는 무릉도원(武陵桃源)이 있다. 세속주의자인 마르크스주의자도 공산 사회와 같은 이상 사회를 꿈꾸었다. 나는 하나님 나라에서 십자가와 대속을 빼면 다른 이상 사회론과 무엇이 다를까 싶다. 그래서 자유주의자들은 기꺼이 종교 다원주의를 받아들이는지도 모르지만 말이다.

죄는 개인적인 것일 뿐 아니라 사회적이고 구조적인 것이기도 하다. 죄 사함은 개인적으로 일어나겠지만, 사회적이고 구조적 차원에서 죄의 세력을 이겨 내는 것은 하나님 나라를 앞당겨서 실현하며 하나님이 통치하시는 삶을 이미 살고 있는 하나님 백성의 공동체, 즉 교회를 통해서다. 십자가와 부활을 통해 죄 사함을 받고 죄의 지배에서 해방된 하나님의 자녀들은 성령의 통치를 받는 공동체로서, 이 세상의 죄 세력과 싸우고 하나님 나라의 가치를 드러내어 대조적이고 대안적인 하나님 나라의 표지 공동체가 된다.

영적 세계_ 새로운 영적 질서

성경은 영적 세계의 문제를 다룬다. 이 세상에는 권력과 통치의 문제가 있으며, 사회 구조, 정치 제도, 문화 등의 문제 배후에 역사하고 있는, 정사와 권세로 불리는 영적 세력과 영적 전쟁이 있음을 성경은 말한다(엡 6:12). 복음은 모든 것을 개인의 문제로 환원시키지 않는다. 십자가와 부활은 인류의 사회와 역사를 완성하고 종결하기 위한 것이지, 단지 개인 영혼과 자아의 문제만을 해결하기 위한 것은 아니다. 이런 면에서 복음은 불교나 힌두교와 다른 것이다. 예수께서 말씀하신 것처럼 우리는 열매로 진리성을 판단할 수 있다(마 7:16). 힌두교의 카스트 제도처럼, 종교 그 자체에 의해서 정당화되는 사회 구조는 단순히 자아와 인식의 문제만으로는 설명되지 않는다. 복음은 하나님의 통치권이 역사적, 사회적으로 구현되는 날이 도래함을 말한다. 그것은 단순히 마음의 통치권 문제로만 환원되어서는 안 된다.

복음은 영적 세력에 대한 승리이기도 하다(골 2:15). 인간의 타락 사건에 사탄의 개입이 있었고(창 3:1-5), 하나님을 대적하는 인간의 활동 배후에 악의 영들이 역사한다(엡 6:10-17). 베드로가 예수의 대속 사역에 대해서 인간적으로 반응했을 때 예수께서는 사탄을 꾸짖으셨다(마 16:23). 가룟 유다가 예수를 배반할 마음을 품을 때에도 사탄의 역사가 있었다(눅 22:3, 요 13:2, 27). 이 외에도 신약 성경에서 예수와 사도들이 귀신을 쫓아낸 사건은 얼마든지 찾아볼 수 있다. 그러나 귀신이 쫓겨나는 것은 단순히 개개인들을 구원하는 차원에 국한되지 않는다. 그것은 하나님 나라가 임했다는 표지다(마 12:28). 하나님의 통치가 임했기 때문에 귀신의 지배를 받는 사람들이 해방될 수 있는 것이다. 성령이 오심은 '새 영적 질서'(new spiritual order)를 세우신 것을 의미한다.[38]

하나님의 아들이 나타나신 것은 마귀의 일을 멸하기 위해서다(요일 3:8). 예수를 시인하지 않는 것은 적그리스도의 영이며(요일 4:3) 미혹의 영이다(요일 4:6). 성경은 우리에게 여전히 남은 영적 전투가 있음을 말한다(엡 6:10-18). 싸움에서 승리하기 위해서는 근신하고 깨어 있어야 하며(벧전 5:8) 하나님께 순복하고 마귀를 대적해야 한다(약 4:7).

영적 승리의 관건은 통치권에 있다. 하나님의 통치를 받는 자는 마귀의 지배에서 해방될 수 있다. 모름지기 항복이란 대상이 있게 마련이고, 누구에게 항복하는가가 중요하다. 샤먼은 잡신에게 항복하고 잡신의 뜻을 따른다. 복음이 요구하는 항복은 반역죄에 대한 회개를 요구한다. 반역죄를 회개하지 않고서는 하나님의 통치를 받아들일 수 없다. 회개한 자가 천국에 들어갈 수 있다(마 4:17). 하나님 나라가 완전히 도래해서 하나님의 통치가 온전히 구현되면 사탄은 영원히 패망하게 된다(계 20:10).

정령 숭배(animism) 지역에서는 사람들이 영들의 활동을 매우 실제적으로 경험한다. 오늘날에는 포스트모더니즘의 사조와 함께 세계적으로 애니미즘과 샤머니즘의 부흥 현상이 관측되고 있다. 여러 형태의 길흉화복을 점치려는 행위가 성행한다. 사탄, 마귀, 귀신이 단순히 의인화된 악을 의미한다는 근대주의적 주장은 차츰 사라지고 있다. 예수의 이름으로 귀신이 쫓겨나고 사람들이 회복되는 역사는 오늘날에도 일어나고 있다. 악의 영들은 분명히 실체가 있다. 그러나 루이스(C. S. Lewis)가 지적했듯이 영적 전투를 지나치게 의식하거나, 정반대로 전혀 무시하는 양극단은 피해야 한다.[39]

복음은 이처럼 죄 사함의 구원을 중심으로, 자아, 사회, 영적 세력에 대하여 하나님의 통치를 선포하므로 전 포괄적이라고 할 수 있다. 세계 종교들은 이 세 가지 영역 중 하나에 치우치는 경향이 있다. 어떤 종교의 문제 의식을 보면 그 종교가 어느 영역에 초점을 맞추는지 알 수 있다. "인간의 문제가 어디서 발생했는가?"라는 질문에 대한 종교들의 답이 그 종교의 초점이 어디에 있는지를 말해 준다. "문제를 해결하기 위한 방법이 무엇인가?"에 대한 답 역시 그 종교의 초점을 말해 준다. 불교, 힌두교 등의 종교는 자아의 문제에 초점을 맞추고, 유교, 노장 사상, 이슬람 등은 사회 문제에 초점을 맞추며, 애니미즘, 샤머니즘은 영적 세력에 초점을 맞춘다.

복음의 전 포괄적 성격

자유케 된 자아: 새사람
→ 불교, 힌두교 등
자아 문제 중심적 종교에 대하여
↑
죄 사함: 복음의 핵심
↙ ↘
온전한 사회: 새 예루살렘   **영적 세력: 새 영적 질서**
→ 유교, 노장, 이슬람 등   → 애니미즘, 샤머니즘 등
사회 문제 중심적   영적 능력 중심적
종교에 대하여   종교에 대하여

하나님 나라: 하나님의 통치
새 하늘 새 땅: 새 창조

3장

힌두교
예수는 구루? 비쉬누의 아바타?

1. 힌두교는 어떻게 생겨났는가

앞에서 나는 종교들을 세 가지 형태로 분류하였는데, 힌두교는 올바른 의식 상태, 인식 상태를 지향하는 종교다. 올바른 의식 상태는 예컨대 깨달음과 같은 의식 상태이며, 올바른 인식 상태는 개별자들에 집착하지 않는 인식 상태다. 힌두교는 자아와 고통의 문제에 초점을 맞추고 있는 종교다. 힌두교는 고통의 문제를 의식과 인식의 차원에서 해결하는 것을 궁극적 과제로 삼는다. 그 말은 고통의 문제를 사회적으로 해결하는 데 있어서는 취약하다는 것을 함축한다. 고통의 문제를 인식과 자아의 문제로만 접근한다는 것은 현재의 부조리한 사회적 상황들에 대해서 침묵하거나 동조하기 쉽다는 뜻이다. 힌두교는 카스트 제도에 기초한 차별과 배제의 사회를 위해서 오히려 이론적 토대를 제공하고 있기조차 하다.

힌두교는 세계 종교 중에서 가장 흥미로운 종교라고 해도 과언이 아니다. 우선, 힌두교는 고등 종교 가운데 창시자를 갖지 않은 유일한 종교다. 힌두교는 오랜 시간에 걸쳐서 자연 발생적으로 형성되었다. 힌두교에서 가장 흥미로운 점은 그 안에 범신론, 유신론, 다신론, 심지어 무신론까지 포함한다는 것이다. 그러다 보니 어디까지가 힌두교인가에 대해서도 의견이 일치하지 않는다. 힌두교의 범위를 넓게 잡는 사람은 인도 안에 있는 모든 종파, 학파가 다 힌두교라고 생각한다. 이런 관점은 물론 힌두교를 지나치게 광범위하게 보는 것이다. 학자들이 대체로 합의하는 관점은 베다(Veda)를 주 경전으로 하는 모든 정통 학파(āstika)를 힌두교에 포함시키는 것이다. 그러므로 독자적인 자기 종교의 경전을 갖고 있는 종파들, 예컨대 불교나 자이나교, 시크교 등은 힌두교에서 배제시킨다. 인도 철학에서는 이런 종교들을 비정통학파(nāstika)로 분류한다.[1] 아무튼, 힌두교가 궁극적 실재에 대한 다양한 관점을 포괄한다는 것은 곧 힌두교 세계관이 존재론적이라기보다는 인식론적으로 초점이 모아져 있다는 것을 의미하기도 한다.

그렇다면 힌두교는 어떻게 시작되었는가? 캅카스(코카서스) 지역, 즉 지금의 아제르바이잔 지역에서 아리아족이 기원전 2000년경부터 민족 이동을 시작했다. 한 부류는 지금의 이란 지역, 즉 페르시아 쪽으로 내려왔고 또 한 부류는 인더스강 유역까지 진출했다. 아리아족은 이들 지역에 선주하고 있던 드라비다족과 같은 종족들을 정복하면서 이 지역의 고유 문화와 종교들과 혼합된 종교를 발전시켰다. 산스크리트(Sanskrit)라는 언어를 중심으로 베다(Veda)라고 하는 경전이 형성되었다. 이렇게 해서 기원전 1500년경부터 베다 문명이 형성되기 시작했다.

힌두교가 기원전 15세기에 처음 시작되었을 때에는 브라만교(Brahmanism)로 불렸다. 그런데 제사장의 권력이 굉장히 강해지고 매우 권위주의적이었기 때문에 도전에 직면하게 되었다. 그래서 기원전 6세기에 들어오면 브라만의 권위주의에 반발한 신흥 종교 운동이 발생하게 된다. 불교나 자이나교 같은 종교들이 이때 발생한 신흥 종교다. 두 종교 모두 브라만 계급이 아닌 크샤트리아 계급에서 창시자가 나왔다는 것으로도 탈권위주의적 성격을 가졌다는 것을 알 수 있다. 불교의 창시자인 고타마 싯다르타(Gautama Siddhārtha), 즉 석가모니(Śākyamuni, 석가족의 성자), 그리고 자이나교의 창시자인 바르다마나(Vardhāmana), 즉 마하비라(Mahāvīra, 위대한 영웅)도 크샤트리아 계급 출신이다.

이러한 종교 개혁적 도전에 응전하면서 브라만교가 새로이 재정립하여 나간 것이 힌두교다. 그것은 마치 서양에서 종교개혁 후에 반동 종교개혁으로서 로마 가톨릭이 자신들을 재정비해 나간 것과 대비될 수 있다. 브라만교와 힌두교의 차이 중 중요한 것이 주된 신들이다. 브라만교에서는 주신이 불의 신 아그니(Agni), 하늘과 전쟁의 신 인드라(Indra), 우주 질서의 수호신 바루나(Varuṇa) 등이었다면, 힌두교에서는 브라마(Brahmā), 비쉬누(Viṣṇu), 쉬바(Śiva)라는 삼신(triad)에 대한 신앙이 두드러진다. 또 한 가지 중요한 차이는 동물 희생 제의 중심적이던 브라만교가 푸자(pūjā, 예배)와 고행과 수행 중심의 힌두교로 바뀐 것이다. 그것은 아마도 불살생, 즉 아힘사(ahimsā) 사상이 나타나면서 그 영향을 받은 것으로 보인다.

19세기에 들어오면 힌두교에 또 다른 변화가 일어나게 된다. 영국의 식민주의 시대 동안 힌두교에 대한 서구의 도전이 있었다. 이에 대해 힌두교 엘리트들이 대응하면서 힌두교를 다시 새롭게 정비한 것이 네오 힌두이즘(Neo-Hinduism)이다. 오늘날 우리가 보고 있는 힌두교는 이러한 과정을 거쳐 변화를 겪으면서 형성된 것이다.

힌두교의 종파들은 세계관 차원에서는 다양성을 보이지만 카스트 제도라고 하는 독특한 계급적 구조를 수용한다는 공통점이 있다. 그러나 이런 계급 구조 때문에 힌두교가 보편 종교로서 세계화되는 것은 쉽지 않아 보인다. 그럼에도 힌두교의 세계관만큼은 뉴에이지의 형태로 세계화되는 것을 볼 수 있다.

힌두교는 범신론과 유신론과 다신론을 모두 포함하는 매우 독특한 종교다. 힌두교는 궁극자에 대한 다양한 관점이 의식의 경지의 차이 때문인 것으로 이해한다. 그래서 힌두교에서는 범신론과 유신론과 다신론이 서로 모순이 아니다. 그것은 동일한 실재(reality)에 대한 다른 인식 혹은 관점을 나타내 보일 뿐이다. 다양한 종교의 양상은 서로 모순이 아니며, 오히려 실재에 대한 이해를 풍성하게 해준다고 생각한다. 힌두교 세계관은 종교 다원주의와도 잘 통하는 면이 있다. 종교 다원주의로 유명한 학자들, 예컨대 스탠리 사마르타(Stanley Samartha)나 라이문도 파니카(Raimundo Panikkar) 같은 신학자들이 인도 출신이다. 종교 다원주의 신학자들은 기독교와 세계 종교들을 평행시켜서 비교 신학적 차원의 여러 주제를 다루기도 한다.[2] 이제는 기독교 신학 외에도 이슬람 신학, 힌두교 신학 등의 개념이 통용되고 있다.

2. 힌두교는 계시의 종교인가

힌두교 경전은 크게 스루티(Śruti)와 스무르티(Smṛti)로 나누어진다. 스루티는 '계시된 것'이라는 뜻을 가지고 있는데, 베다(Veda) 경전이 스루티다. 스무르티는 '전승된 것'이라는 의미인데, 베다보다 권위가 떨어지는 경전이다. 경전에 있어서 권위의 차이는 힌두교에만 나타나는 것이 아니다. 경전을 가진 거의 모든 종교에서 나타나는 보편적 현상이다. 이를테면 이슬람과 같은 종교에서도 꾸란(Qur'an)은 계시로서의 권위를 갖지만 하디스(Ḥadīth)는 전승된 것으로서 꾸란보다 권위가 약하다. 기독교도 경전의 권위에 있어서 차이가 있다. 정경(canon)이 있고, 외경이 있으며, 또한 위경이 있다. 그리고 경전을 가지고 있는 모든 고등 종교는 나름 해석학적 방법론을 발전시켰음을 볼 필요가 있다.

경전이 주로 어떤 내용들을 담고 있는지가 그 종교의 세계관적 성격을 말해 준다. 베다에는 네 가지 종류가 있다. 우선 리그(Ṛg) 베다가 있고, 싸마(Sāma) 베다가 있으며, 야주르(Yajur) 베다가 있고, 아타르바(Atharva) 베다가 있다.

베다의 구조를 보자면, 우선 쌈히타(Saṃhitā)라고 불리는 본집(本集), 즉 메인 텍스트(main text)가 있다. 쌈히타는 신에 대한 찬가와 기도문을 기록해 놓은 것이다. 그 다음에 제의 방식과 의미를 논의하는 산문체인 브라흐마나(Brāhmaṇa)가 있고, 그 다음에 아라냐카(Āraṇyaka), 마지막에 우파니샤드(Upaniṣad)가 있다. 아마도 원래는 쌈히타밖에 없었는데 점점 추가로 갖다 붙기 시작했을 것이다. 우파니샤드는 베다의 꽃이라고도 할 수 있다. 우파니샤드에는 철학적 내용이 풍부하게 담겨 있으며 힌두교 사상의 정수를 보여 준다.³

스무르티 중에 대표적인 것은 라마야나(Rāmāyaṇa)다. 라마야나는 라마라는 영웅의 이야기를 기록하고 있는 서사시다. 마하바라타(Mahābhārata)는 바라타족의 전쟁 이야기를 담고 있는 대서사시다. 마하바라타의 일부분인 바가바드기타(Bhagavad Gītā)는 사회적 의무, 즉 다르마(dharma)의 수행을 강조하고, 또 비쉬누 신에 대한 열렬한 박티(bhakti, 信愛)를 강조한다. 하리방샤(Harivaṃśa)는 비쉬누의 전설, 신화, 찬가 등을 한데 모아 편집한 것이다.⁴

힌두교가 계시에 관해서 말한다면 계시 종교임을 주장하는 기독교인들은 좀 당황할 수 있다. 그러나 유신론 종교들은 종종 자신의 신에게서 온 계시에 대해 말한다. 예컨대, 이슬람의 경우 꾸란은 알라의 계시다. 그렇다면 힌두교에서 생각하는 계시와 기독교에서 말하는 계시의 의미는 동일한 것일까? 우리가 세계 종교들을 연구할 때 명심해야 할 것은 동일한 용어를 사용한다고 해서 동일한 의미를 가진 것이 아니고, 동일한 정도의 중요성이 함축되어 있는 것도 아니라는 사실이다. 공식 종교 차원에서 힌두교 세계관은 기본적으로 고통과 자아의 문제에 초점이 맞추어져 있다. 힌두교에서는 인간과 사회와 우주를 향한 신의 뜻을 나타내는 계시보다는, 자아의 문제를 해결하기 위한 수단으로 신과 관련된 실천이 중요하다.

물론 이 말은 힌두교 세계관이 사회 현상, 사회 문제에 대해서 전적으로 침묵한다는 의미는 아니다. 심지어 힌두교는 스스로를 사나타나 다르마(Sanātana Dharma), 즉 "영원한 법칙"이라고 부른다. 힌두교는 경전과 그 안에 나타나는 신화를 통해서 카스트 제도와 같은 사회 구조를 정당화하는 세계관을 제공한다. 힌두교는 다르마의 개념으로 카스트 제도 안에서의 사회적 규범을 말하지만, 더 정의로운 이상 사회에 대한 열망은 강해 보이지 않는다. 힌두교에서 이 세상은 인과업보의 우주적 도덕률 보상 체계를 구현하는 장(場)인바, 이 세상을 변혁시키는 것은 결국 도덕률 보상의 체계를 흩뜨러 놓는 것이 된다. 사나타나 다르마란 결국 이 보상 법칙은 영원하다는 의미가 아닌가 하는 의문이 떠오른다.

힌두교에서 말하는 '계시'의 의미를 파악하기 위해서는 인도인, 서구인, 중국인의 사고방식을 비교하는 것이 도움이 된다. 데이비드 헤셀그레이브(David Hesselgrave)는 타문화권에서 의사소통을 하기 위해 고려해야 할 일곱 가지 요소를 말했는데, 그중 하나가 인지 과정(cognitive process)이다. 헤셀그레이브는 문화마다 인지 과정이 다르다고 하면서, 서구와 중국과 인도의 세 가지 인지 모델을 제시한다.[5]

먼저 서구인들의 인지 과정을 살펴보자. 서구인들은 '개념'(concept), '구체적 관계'(concrete relationship), '심령적, 심리적, 감성적 체험'(psychical experience)

의 순서를 거쳐서 인지한다. 서구인들에게는 무엇보다 개념이 잡혀야 한다. 무엇을 진리로 인식하기 위해서는 우선 개념이 파악되어야 하는 것이다. 그후에 그 개념이 어떤 식으로 적용되는지, 사물과의 구체적인 관계를 살펴본다. 그런 다음에야 심령적, 심리적, 감성적 체험이라고 할 수 있는 어떤 체험이 따라온다는 것이다. 이러한 인지 과정은 서구인의 진리관과 연관되어 있다. 서구인의 진리관은 실체, 즉 사물이 가지고 있는 속성과 본질들을 엄밀하고 정확하게 규명하고, 개념의 정의를 내리는 것이다. 그들은 사물의 속성과 본질을 조사하고 연구해서 하나씩 쌓아가는 것이 곧 학문이라고 생각한다.

그렇다면 중국인들은 어떤가? 중국인들은 '사물과의 구체적인 관계'를 가장 중요하게 생각한다. 그런 점에서 중국인들은 개념적이라기보다는 관계적이다. 중국인들은 개념이 구체적으로 어떻게 사용되는지를 관계의 사례들을 통해서 인지한다. 이렇게 축적된 사례를 통해서 개념이 잡히고, 그 다음에 체험이 따라오는 것으로 생각한다. 중국인들은 개념에 대한 정의를 따라서 사고를 진행하는 것을 선호하지 않으며, 더군다나 추상적인 개념을 잘 사용하지 않는 경향이 있다. 추상적인 개념도 종종 구체적으로 사물과 관계 지어서 표현한다. 예를 들면 '영원'이라는 개념은 다소 추상적이다. 그래서 영원히 오래오래 살라는 말을, "만세(萬世) 만세(萬世) 만만세(萬萬世)!"라고 표현한다. 문자적으로는 만 년을 살라는 의미지만 실제로는 '영원하라'는 의미다.

중국인들의 진리관은 우주를 어떤 흐름, 즉 프로세스(process)로 보는 것과 연관되어 있다. 중국인들은 세계를 늘 변화하는 것으로 보았고, 따라서 변화의 원리를 규명하려고 했다. 우주는 계속해서 변하고 있으며, 변하지 않는 속성이나 본질은 없다는 것이다. 중국인들은 현상 세계의 사물이 어떤 시점에서 서로 어떻게 관계하는지, 관계의 변화와 흐름에 관심을 가지고 있다. 중국적 사고방식에서는 사물에 대한 개념적 정의를 내리는 사람은 현자가 아니다. 세계의 변화의 흐름 가운데 어떤 상황에서 적절한 말을 던져 사람을 깨우치게 하고 사고의 지평을 넓혀 주는 자가 현자다.

헤셀그레이브가 제시한 인지 과정 모델 중에 세 번째는 인도인의 모델이다. 인도인은 서구인이나 중국인과 또 다르다. 인도인에게 가장 중요한 것은 심령적, 심리적, 감성적 체험이다. 예컨대 '범아일여'(梵我一如), 즉 '우주와의 합일'이라는 체험이 중요하다. 사물과의 구체적 관계나 개념 등은 이러한 체험을 불러오는 보조 수단에 지나지 않는다. 명상을 통한 직관적인 깨달음과 같은 것이 중요하다. 이 세계에 존재하고 있는 사물들의 개념이나 사물들의 관계는 깨달음에 도움을 주지 않는다고 생각한다.

인도인의 진리관은 서구처럼 실체를 탐구하는 것도 아니고, 중국처럼 변화 속에서의 관계를 통찰하는 것도 아니다. 인도인들에게 진리는 우주의 궁극자와의 합일을 직관적으로 체험하는 것이다. 다양한 사물들의 집합으로 보이는 세계는 사실상 인간의 관념이 만들어 낸 환상과 같은 것이다. 따라서 사물들의 본질, 속성, 그리고 사물들의 관계와 같은 것들은 중요하지 않다. 우주의 궁극자와의 합일과 같은 체험이 더 중요하다.

다시금 계시라는 개념의 함축성이라는 주제로 돌아가 보자. 힌두교나 불교처럼 깨달음을 중시하는 종교에서는 이단 문제가 별로 심각하게 제기되지 않는다. 정경에 대한 논쟁도 기독교만큼 심각하지 않다. 경전은 체험을 위한 보조 수단에 지나지 않기 때문이다. 힌두교와 불교는 정경과 교리(dogma)보다는 체험 중심적이다. 어떤 것도 깨달음이라는 체험 자체를 방해해서는 안 된다고 생각하지만, 이렇게 되면 어떤 체험이 정통적인 것인지를 규제하는 내적 규범도 거의 없게 된다. 기독교도 체험을 중요시하지 않는 것은 아니지만, 기독교에서는 정경과 교리가 체험을 제어해 주는 규범이 된다.

　기독교에서 체험과 경전 혹은 체험과 교리가 충돌하면 무엇을 포기해야 하는가? 물론 체험을 포기해야 한다. 반대로 체험에 교리를 끼워 맞추게 되면 이단이 된다. 이단은 자신의 체험에다가 끼워 맞춘 교리를 만들어 내고, 자의적인 성경 해석으로 자신의 교리를 정당화한다. 기독교에서는 성경 해석의 권리가 개인에게 있지 않다. 성경 해석의 주체는 교회 공동체다. 기독교에서 정통 교리와 정통적인 성경 해석은 개인이 만들어 내는 것이 아니다. 성령이 역사하는 해석학적 공동체인 교회 안에서 만들어지는 것이다. 그것은 개인의 체험과 개인의 성경 해석이 공동체 안에서 견제된다는 것을 의미한다. 교회사를 보면, 기독교 안에서도 체험을 지나치게 강조하면 성경의 권위가 약해졌고, 종종 이단이나 자유주의 신학에 길을 내주었던 것을 볼 수 있다.

　힌두교나 불교 같은 종교에서는 경전의 권위가 기독교에서처럼 절대적이지 않다. 불교의 경우에도 정경(正經)이 없기 때문에 경전이 계속 늘어난다. 경전이 체험의 보조 수단이기 때문에 깨달음이라는 체험에 도움이 된다면 경전의 반열에 오를 수 있다. 그런 점에서 기독교에서 말하는 계시와 힌두교에서 말하는 계시는 그 함축적인 의미가 같지 않다. 힌두교에서 말하는 계시보다 기독교에서 말하는 계시가 훨씬 절대적 의미를 갖는다. 기독교는 계시에 전적으로 의지한다는 면에서 진정한 계시 종교라고 할 수 있다. 성경의 계시는 단순히 진리에 대한 계시만 있는 것이 아니다. 성경은 신적 사건에 대한 계시를 포함하고 있다. 그러므로 성경의 권위를 훼손하는 도전은 무엇이든 사실상 기독교를 도덕 종교나 신비주의 종교로 몰고 가는 것이다. 그것은 신적 사건의 역사성을 부정하는 것이 되기 때문이다.

3. 우주의 질서_ 르타, 카르마, 다르마

어떤 종교든 질서에 대해서 언급하게 마련이다. 종종 우주의 질서와 사회의 질서는 연관성을 갖는다고 생각한다. 힌두교에는 르타(Rta)라는 개념이 있다. 이것은 우주의 질서라는 의미를 가지고 있는데, 이는 도교나 유교 등의 중국 종교들에 나타나는 도(道) 개념과 유사하다. 르타와 연관되어 나온 개념이 카르마(karma)와 다르마(dharma)다. 중국에서 카르마는 인과업보라고 할 때의 업(業), 다르마는 법(法)으로 번역되었다. 힌두교에서는 르타, 즉 우주의 질서 아래 신들이 존재하고 있으며, 따라서 신들도 어찌 할 수 없는 법칙이 있다.

힌두교의 세계관에서는 자연 법칙이든 도덕 법칙이든, 법칙은 예외가 없는 절대적인 것이다. 자연 법칙이라는 면에서 보면 힌두교는 기적의 종교가 아니다. 비록 불가사의한 일을 언급하지만 불가사의가 곧 기적은 아니다. 불가사의는 초자연 현상이라기보다는, 단지 평범한 사람들이 행할 수 없는 비상한 현상이다. 수행하고 깨달음을 얻어 불보살(佛菩薩)이 되면 누구든지 육신통(神通, abhijña)과 같은 불가사의한 일을 행할 수 있다고 여긴다.[6] 그것은 힌두교나 불교의 형이상학 안에서 설명할 수 있는 것이며, 자연적 법칙 안에 있는 것이다. 유신론 종교에서 기적이란 초월적이고 인격적인 신의 능력 외에는 어떤 법칙적 설명이 불가능한 것이다.

도덕 법칙의 차원에서도 힌두교는 예외가 없다. 카르마(karma)는 기계적인 도덕적 인과율의 시스템이기 때문에 신들도 어떻게 할 수 없다. 반드시 심은 대로 거두어야 하는, 인과업보의 도덕률이 우주에 함축되어 있다는 것이다. 신들은 인간이 그들의 업보를 해소하는 데 도움을 줄 수 있겠지만, 업보 자체를 탕감하거나 용서해 줄 수 있는 권리를 가지지는 못한다.

반면에 기독교 세계관은 힌두교와 전혀 다르다. 인격적인 신이 법칙 위에 있다. 인격적인 신이 법칙을 창조했고 법칙을 붙들고 있기 때문에, 언제든지 예외가 가능하다. '인격적'이라는 말은 자의성과 융통성이 있다는 것을 함축한다. 따라서 자연 법칙에도 예외가 발생하고, 도덕 법칙에도 예외가 발생할 수 있다. 자연 법칙에서의 예외는 기적이고, 도덕 법칙에서의 예외는 용서다.

그렇다면, 우주의 질서 개념이 어떻게 '범아일여'(梵我一如)라는 범신론적 사상으로 발전해 갔을까? 원래 '제사는 신에 대한 감사', 그리고 '신들의 후의(厚意)를 기원하는 신 중심적 행위'였다. 그런데 "제사 의식이 점점 전문화되고 정교해짐에 따라 제사 자체가 관심의 대상"이 되었다.[7] 신들과 인간의 관계는 상호의존적인 것으로 간주되었다. 신들은 인간이 바친 공물(供物)에 의해서 신의 힘을 유지할 수 있으며, 반대급부로 인간에게 은총을 베풀 수 있는 것으로 생각했다. 그리하여 공물을 집행하는 사제 계급이 중요시된다. 르타는 원래 제사에서의 올바른 행위와 연관되어 있었다고 한다. 올바른 제사 행위는 우주의 질서를 유지하는 우주적 힘을 가진 것으로 간주되었다. 사람들을 통제하는 것도 신들의 규율이 아니라 우주 전체의 질서라고 생각했다. 이리하여 행위의 법칙인 카르마와 행위를 규제하는 법인 다르마(사회적 의무)의 개념이 르타와 연관되게 된 것이다.[8]

브라만(Brahman)은 원래 송가, 기도, 주술의 말, 혹은 그 말에 들어 있는 신비한 힘을 의미했다. 그것은 곧 사제들이 사용하는 말을 의미하게 되었고, 제사의 핵심을 뜻하게 되었다. 더 나아가서 브라만은 힘의 근원이라는 의미를 갖게 된다. 결국 브라만은 만유와 신들의 배후에 있는 근원적 실재, 힘을 의미하게 되었다. 이제 브라만은 우주의 궁극자 개념으로 발전하였다. 브라만은 우주의 통일적 원리로서 우주의 질서인 르타와 동일시되었다. 다양한 자연 현상 배후에 통일적 원리가 존재하므로, 다수의 신은 유일신의 다양한 모습이라는 사상이 나타나게 된 것이다.[9]

한편, 제사 의식이 신을 강제하는 힘을 가진다는 생각이 나타나고, 제사 의식 없이는 신들도 무기력해진다는 생각이 등장하면서, 제관은 점점 스스로를 신이라고 생각하게 되었다. 아트만(ātman)은 원래 제사를 주관하는 자를 의미했는데, 제관이 제사를 통하여 신성하고 멸하지 않는 존재로 완성된다는 생각이 발생했다. 그리하여 대자아로서의 아트만(Ātman) 개념이 생겨났다. 이어서, 힌두교의 핵심 사상이라고 할 수 있는, '브라만이 곧 아트만'이라고 하는 범아일여(梵我一如) 사상이 생겨난 것이다.

4. 힌두교의 아드바이타 베단타학파의 세계관

힌두교는 학파나 교파가 워낙 다양하다. 창시자도 따로 없고 자연발생적으로 만들어졌기 때문에, 어떤 것이 힌두교의 정통 교리라고 말할 수는 없다. 따라서 힌두교에서는 무엇이 이단이라는 관념도 거의 발생하지 않는다. 기독교에는 정통 교리(orthodoxy)가 있다. 그렇지만 실천에 있어서는 다양성을 인정한다. 기독교의 경우, 신앙 색깔에 따라서 사회 참여에 관심이 있을 수도 있고, 선교에 관심이 있을 수도 있고, 자연 보호에 관심이 있을 수도 있다. 그러나 힌두교는 정반대다. 다양한 학파와 종파들의 사상은 종종 상호 모순되는 것으로 보이기도 하지만 힌두교 안에 수용된다. 반면에 힌두교에는 정통 실천(orthopraxis)이 있다. 자기가 속한 자티(jāti) 공동체 안에서 따라야 할 다르마, 즉 사회적 규범과 행동이 있는 것이다. 힌두교에서는 생각은 마음대로 해도 좋지만, 행동은 마음대로 하면 안 된다.[10]

힌두교 사상을 가장 잘 보여 주는 것이 우파니샤드다. 우파니샤드는 베다의 맨 마지막 부분에 있는 것이다. 특별히 우파니샤드에 나타난 세계관을 잘 보여 주는 것이 아드바이타 베단타(Advaita Vedānta)학파다. 베단타라는 말은 '베다(Veda)의 끝(anta)'이라는 뜻이다. 우파니샤드가 베다 맨 끝에 나오기 때문에 그런 이름이 붙여졌지만, 베다의 극치라는 의미를 가질 수도 있다. 아드바이타는 '둘(dvaita)이 아닌(a)'이라는 의미다. 우리나라에서는 '불이론적(不二論的) 베단타학파'라고 번역하기도 한다. 힌두교의 학파와 종파 가운데 아드바이타 베단타학파는 종종 가장 수준이 높다고 인정받는다. 아드바이타 베단타학파의 대표적 사상가가 샹카라(Śaṅkara)라는 8세기 사람이다. 여기서, 이른바 최고의 의식의 단계에 있는 사람들이 신봉한다는 아드바이타 베단타학파의 세계관에 대해서 살펴보자.

아드바이타 베단타학파에서는 우주의 궁극자를 비인격적인 것으로 본다. 이 비인격적인 궁극적 실재(ultimate reality)가 곧 브라만(Brahman)이다. 비인격적인 브라만을 언급할 때에는 니르구나(Nirguṇa) 브라만이라고도 부른다. 니르구나는 구나(guṇa), 즉 속성이 없다는 의미다. 우주에는 오직 브라만만이 존재하기 때문에 브라만은 다른 것들로부터 구분되는 속성을 가질 수 없다. 그렇지만 힌두교의 모든 학파가 우주의 실재를 비인격적인 궁극자로만 이해하는 것은 아니다.

힌두교의 재미있는 면이 여기에 있다. 힌두교에서는 비인격적인 궁극자를 신봉하는 범신론적인 세계관과 인격적인 유일신을 신봉하는 유신론적인 세계관, 그리고 다신론적 세계관이 서로 모순되지 않는다고 생각한다. 의식의 단계에 따라서 이처럼 다양한 모습으로 보일 수 있다고 생각하기 때문이다. 예컨대 최고의 의식의 경지에서는 비인격적인 궁극자로 보이겠지만, 의식이 조금 낮은 단계에서는 우주의 궁극자가 인격적인 유일신으로 보일 수 있는 것이다. 의식의 단계가 더 낮은 사람에게는 인격적인 유일신이 가진 다양한 속성이 각각 인격화되어서 다신론적으로 보이게 된다.

아드바이타 베단타학파는 우파니샤드에 나타나는 사상을 어떻게 이해하고 있는가? 앞서 말했듯이 아드바이타 베단타학파에서는 비인격적인 우주의 궁극적 실재를 브라만이라고 부르며, 우주에는 오직 브라만만이 존재한다고 본다. 인식 주체인 인간에게 내재되어 있는 대자아(大自我), 우주적 자아를 아트만이라고 부른다. 그런데 존재하는 것은 브라만밖에 없기 때문에 아트만도 결국은 브라만이라는 것이다. 이렇게 해서 힌두교의 유명한 핵심 명제인 '브라만이 곧 아트만'이라는 주장이 나온다. 중국에서는 브라만을 '범'(梵), 아트만을 '아'(我)라고 음역하여 이 명제를 '범아일여'(梵我一如)라고 불렀다.

범아일여는 브라만과 아트만은 하나이며 동일하다는 뜻이다. 우주에 오로지 존재하는 것은 사실 브라만밖에 없기 때문에, 내 안에 있는 인식 주체인 대자아도 결국 브라만의 연장선상에 있는 브라만이다. 아트만은 누구에게나 있는, 보편적이고 몰개성적인 대자아다. '나는 누구'라는 개체성을 느끼는 자아, 즉 다른 사람과 나를 구별 짓는 개별자들의 자아를 지바(jīva)라고 부른다. 이 개별적 자아는 사실 다른 개별적 사물들과 마찬가지로 마야(māyā), 즉 환상에 지나지 않는다. 이처럼 아드바이타 베단타학파의 사상 중심에는 자아에 대한 논의가 있다. 인간의 문제는 환상에 불과한 개별적 자아가 만들어 내는 것이며, 대자아, 즉 아트만을 직시할 수 있어야 한다.

"존재하는 것은 브라만밖에 없다"고 하는 아드바이타 베단타의 사상은 언뜻 이해하기가 좀 어렵다. 아드바이타 베단타에서 잘 사용하는 금의 예화(Kanakakundala-Nyāya)를 가지고 설명해 보자.[11] 여기 있는 모든 것이 금으로 되어 있다고 생각해 보자. 금으로 된 마이크, 금으로 된 책상, 금으로 된

칠판, 금으로 된 의자 등등 모든 것이 금이다. 존재하는 것은 금밖에 없으며, 금의 연속체(continuum), 금 일자(一者)의 과정(process)일 뿐이다. 그런데 금을 보는 것이 아니라, 무지(無知)로 인하여 책상, 의자, 마이크, 칠판 등의 개별적인 사물들, 즉 개체들을 보는 것이다. 아드바이타 베단타학파에서는 무지를 아비댜(avidyā)라고 부른다. 우주를 브라만 일자가 아닌 개별적 사물들의 집합으로 인식하기 때문에 개체들에 대한 집착이 일어난다고 본다.[12] 개별적 사물에 대한 집착이 일어나면 욕구가 발생한다. 그리고 욕구가 좌절되기 때문에 고통이 생기는 것이다.

여기서 힌두교의 문제의식이 어디 있는지 보아야 한다. 모든 종교에는 핵심적인 문제의식이 있다. 해결해 주겠다고 약속하는 가장 중요한 문제가 있는 것이다. 힌두교의 핵심 문제는 고통이다. 어떻게 하면 고통을 없앨 수 있는가? 인간이 겪는 고통의 문제가 우파니샤드에 나타난 가장 궁극적인 문제의식이다.

힌두교에서는 고통이 어떻게 발생하는가를 관찰해 보았을 것이다. 그리고 고통은 욕구의 좌절과 연관되어 있다는 것을 보게 되었다. 욕구의 좌절이 고통을 가져온다는 사실은 금방 관찰된다. 심리적, 생리적으로 봐도 그 사실은 타당해 보인다. 예를 들어 지금 강의를 듣고 있는데 굉장히 피곤하고 졸리다고 가정해 보자. 마음 같아서는 강의고 뭐고 어디 가서 한숨 자고 싶은데, 그 욕구를 좌절시키고 앉아 있다고 생각해 보라. 어떤가? 고통스럽지 않겠는가?

힌두교는 거기서 질문을 멈추지 않는다. 계속 파고들면서, 의식을 거슬러 올라가면서 질문을 던지고 의식을 관찰한다. 욕구의 좌절이 고통을 가져온다면 왜 욕구가 좌절되는가? 욕구가 있기 때문이다. 그렇다면 왜 욕구가 있는가? 사물에 집착하기 때문이다. 그렇다면 왜 사물에 집착하는가? 사물을 개체로 인식하기 때문이다. 아드바이타 베단타에서는 이처럼 개체로 인식할 때 사물을 나마루파(nāmarūpa)로 인식하게 된다고 말한다. 나마(nāma)는 영어로 하면 네임(name), 즉 이름이라는 뜻이다. 루파(rūpa)는 질료(matter)라는 뜻이다. 질료라는 말이 철학적 용어로 어렵게 여겨지지만, 아주 단순화시켜 쉽게 말하자면 물질, 재료라고 할 수 있다. 중국 불교에서는 나마루파를 명색(名色)이라고 번역했다. '색'(色)이라는 단어는 번역하자면, 현상세계, 물질세계라고 할 수 있다. 우리가 사물의 이름을 붙일 때 무엇에 따라 붙이는가? 대체로 형상과 기능에 따라 붙인다.

나마루파라는 말은 아리스토텔레스의 형상과 질료에 가까운 말이다. 사물을 형상과 질료를 가진 개체로 인식하기 때문에, 그 사물에 대한 집착이 일어나게 된다는 것이다. 개체로 인식하기 때문에 집착이 일어나고, 집착이 욕구를 만들어 내고, 욕구가 좌절되기 때문에 고통이 발생한다. 하지만 우주를 나마루파를 가진 개별적인 사물들의 집합으로 인식하는 것은 환상, 즉 마야에 지나지 않는다.

원래 우주는 브라만의 연속체이고 브라만밖에 없는데, 무지 때문에 브라만 일자(一者)만을 보는 것이 아니라 개별적인 사물들을 보게 되고, 거기에 집착하게 되고, 그래서 욕구가 좌절되고, 고통이 생겨난다는 것이다. 아드바이타 베단타에서 잘 사용하는 '밧줄과 뱀의 비유'(Rajjusarpa-Nyāya)로 설명해 보자. 어떤 사람이 해 질 녘에 밧줄을 밟았는데 뱀인 줄 알고 소스라치게 놀라서 소리를 질렀다. 사람들이 불을 들고 와서 보니 뱀이 아니라 밧줄이었다. 밧줄인 줄 아는 순간 두려움은 사라졌다. 밧줄이 실재(reality)다. 무지 때문에 밧줄을 뱀으로 본 것이다. 뱀은 실재가 아니라 환상, 즉 마야일 뿐이다. 환상을 보고 집착하기 때문에 고통이 발생하는 것이다.[13]

실재라는 것이 철학적인 개념이어서 어렵게 생각하는 사람들이 있지만,

쉽게 말해서 실재는 우주가 실제(實)로 존재(在)하는 모습이다. 그래서 한자로 '實在'라고 한다. 영어로는 'reality'다. 이 우주가 "리얼리(really) 리얼리(really) 어떻게 존재하는가?" 하는 것이다. 실재(reality)는 우주의 실제(actual) 모습이라고 할 수 있다. 힌두교는 우주의 실제 모습은 다양한 개별자의 집합이 아니라, 브라만 일자의 연속체(continuum)라고 본다. 개별자들은 실재가 아니라 환영에 불과하다는 것이다. 오직 존재하는 것은 브라만 일자밖에 없기 때문에 브라만만이 유일하고 궁극적인 실재다. 모든 것이 브라만이고 브라만의 연속체라면, 인식 주체인 자아도 마찬가지로 브라만일 수밖에 없다. 그래서 '브라만이 곧 아트만'이라는 논리가 성립된다. 대자아, 우주적 자아만이 존재하며 개별자들의 자아는 환영일 뿐이다. 대자아, 즉 아트만은 곧 브라만과 다름이 아니다.

무지 때문에 착각이 일어나서, 환상에 불과한 개별자들을 실재로 간주하기 때문에 집착이 일어난다고 본다. 집착은 욕구를 불러오는데, 욕구 때문에 의지가 발동해서 어떤 행동을 하게 되면, 그것이 바로 카르마(karma), 즉 업(業)이다. 원래 카르마란 행위를 의미한다. 행위는 결과를 일으키고, 인과관계의 연쇄는 윤회, 즉 삼사라(saṃsāra)를 일으키는 힘이 된다. 카르마의 힘(karma power)은 인과관계가 만들어 낸 결과의 영향력이 완전히 해소될 때까지 환생을 반복하게 한다. 과거의 업에 따라서 다음 생애에 자기가 무엇으로 태어날지가 결정된다고 보는 것이다.

아드바이타 베단타 세계관은 한마디로 범신론적 신비주의다. 우주 자체가 곧 궁극자인 브라만인데, 내 안에 있는 대자아인 아트만이 곧 브라만이라는 사실을 깨닫기만 하면, 내가 곧 우주의 궁극자임을 알게 된다는 것이다. 브라만이 곧 아트만이기 때문에, 아트만은 태어나지도 죽지도 않으며, 시작도 끝도 없고, 외부 변화에 영향을 받지 않으며, 움직이지 않은 채로 머무르는 대자아다.[14] 아드바이타 베단타에서 아트만은 거울에 비친 얼굴에 비유되기도 한다.[15] 개별적 자아인 지바는 무지의 거울에 비춰진 아트만이며 본질상 아트만과 다르지 않다.[16] 거울이 먼지에 의해 더럽혀지고, 깨어져서 반영을 왜곡시킬 수 있지만 본래 모습은 그대로인 것처럼, 대자아인 아트만은 아무런 오염도 변형도 없다고 본다.

힌두교의 여러 논의는 결국 고통의 문제를 해결하기 위한 것이다. 고통은 욕구와 집착에서 오는 것이므로 집착의 주체와 대상 두 가지 모두를 다루어야 한다. 집착의 주체인 자아에 대해서, 힌두교는 개별자로서의 자아의식인 지바를 인정하지 않는다. 개별자인 '나' 자신에게 집착하기 때문에 고통이 생긴다는 것이다. "날 우습게 봐? 날 뭐로 보는 거야!"라고 하면서 나 자신에게 집착한다는 것이다. 힌두교는 오직 대자아, 우주적 자아만이 존재하기 때문에 나와 타인의 구분을 없애려고 한다. 고통과 욕구와 집착은 나와 타인을 구별하는 분별심에서 나온다고 보는 것이다. 따라서 우주적 대자아만을 인정하자는 것이다.

또 한 가지는 집착의 대상이다. 힌두교는 집착의 대상인 개별자들을 인정하지 않는다. 개별자들은 환영에 지나지 않으며 오로지 브라만 일자만이 존재한다. 이 개별자와 저 개별자를 분별하는 것을 넘어서야 집착을 떨쳐버릴 수 있고 욕구를 떨쳐 버릴 수 있다. 또한 집착의 주체와 대상의 분별도 넘어서야 하는데, 그것이 곧 '브라만이 아트만'이다.

인간의 본성에 대한 힌두교의 범신론적 동일 철학의 입장은 기독교와 상반된다. 이들 동일 철학에서는 대자아와 개별적 자아를 구별하고, 개별적 자아를 부정적으로 간주하는 경향이 있다. 범신론적 신비주의는 항상 개별성(개별적 자아) 대신에 보편성(보편적 대자아)을 강조한다. 개별 자아를 부정하고 대자아로 나아가야 한다고 말한다. 기독교에서 말하는 '하나님의 형상'을 대자아와 상응시키는 것은 옳지 않다. 기독교에서 하나님의 형상은 인간이 영적 존재가 되었음을 의미한다. 하나님이 영이시기(요 4:24) 때문에 하나님의 형상을 가진 인간도 영적 존재가 된다. 하나님은 개별적 자아를 가진 개개인을 영적 존재로 창조하셨다. 개별적 자아는 환상이나 부정당해야 할 무엇이 아니다. 하나님은 인격이시다. 인격이시라는 것은 하나님이 개별적 관계를 맺으시는 분임을 의미한다. 인격체가 혼자 인격인 것은 아무 의미가 없다. 인격은 다른 인격이 있어야만 한다. 하나님이 인격적이라는 것은 하나님이 개별자들, 개별적 자아들과 관계한다는 의미다.

기독교에서 하나님은 개별자들을 아신다(렘 1:5). 성경에 나오는 족보들을 보라. 히브리서에 나타나는 믿음의 선진들을 보라. 하나님은 그들을 도매금으로 넘기지 않으신다. 하나님은 개별자들을 지으신다(사 43:1). 목자는 양들의 이름을 각각 불러낸다(요 10:3). 하나님이 인격적이란 것은 나를 도매금으로 대하시지 않는다는 의미다. 하나님은 개별적인 인간을 사랑하신다. 그러므로 개별적 자아를 요청하신다. 포괄적인 대자아의 개념은 진정한 인격적 사랑을 가져올 수 없다. 사랑은 개별적으로 대하는 것을 의미한다. 인격적 대우란 개별적 대우다. 하나님은 한 사람 한 사람을 위해 죽으신 것이지 인류를 위해 죽으신 것이 아니다. 참된 부모는 자녀 하나하나를 위해서 기꺼이 자기 목숨을 버릴 수 있을 것이다. 그러나 모두를 위해서 자기 목숨을 버릴 때조차도 부모의 마음에는 자녀 하나하나가 있다.

인간은 타락으로 말미암아 하나님과 관계하는 영적 기능을 상실했다. 상실된 영적 기능은 예수 그리스도로 말미암아 회복되었다. 타락한 인간은 하나님의 형상을 빌미로 인간의 영과 하나님의 영을 혼동하고, 자신이 하나님이 된 것으로 착각하는 존재가 되었다(창 3:5, 22). 하나님을 닮은 어떤 능력과 특별한 지위가 주어졌다고 해서, 스스로를 하나님으로 혼동해서는 안 된다. 하나님 형상의 회복은 단순히 타락한 인간 자아의 고통 문제를 해결하는 것만을 의미하지 않는다. 그것은 원래 하나님이 부여하신 올바른 능력과 사명을 회복하는 것이다.

힌두교는 왜, 언제부터 개별적 자아에 집착하는 무지가 발생했는지 설명하지 못한다. 기독교는 개별적 자아를 하나님의 인격성과 창조의 다양성의 관점에서 설명한다. 개별자의 정체성을 상실하는 합일은 기독교에서 말하는 인격적 교제와는 확실히 다른 것이다. 인간 자아의 문제를 무지의 문제로 간주할 때, 그것은 결국 인식과 의식의 문제로 환원시키는 것이다. 반면에 인간 자아의 문제를 죄의 문제로 간주할 때는 관계와 교제의 회복이 중요해진다. 그리고 인간의 마음속에서 일어나는 영적 통치권의 문제가 중요해진다. "개별적 자아의식을 소멸시키는 깨달음을 위한 명상이냐? 아니면, 회개와 성령의 통치를 위한 인격적 교제로서의 기도냐?" 이것이 힌두교와 기독교 사이에 던져진 질문이다.

기독교에서는 회개와 죄 사함이 중요하다. 그것은 하나님과의 개별적 관계 때문이다. 하지만 신비주의에는 회개가 없다. 회개는 관계적인 것이며, 죄 사함은 개별적인 것이다. 신비주의에는 개별적 자아의식을 포기한다는 의미에서의 항복이 있으나, 그것은 하나님의 주권에 대한 개별 자아의 인격적 항복을 의미하는 것이 아니다. 기독교의 자기 부인은 개별적 자아를 부정하여 소멸시키고 사라지게 하는 것이 아니라, 개별적 자아가 그리스도의 통치를 받게 하는 것이다. 개별적 자아의 주인이 그리스도가 되게 하는 것이다. 개별적 자아의 마음 중심에 그리스도를 모셔 들이는 것이다. 인격적 관계는 깨달음 같은 것이 아니라, 하나님이 영으로 찾아오는 것이다. 만남이 있어야 하는데 그 만남의 주도권이 하나님께 있다는 것이다. 하나님이 개별자인 나를 찾아오는 것이다. 기독교는 인격적인 하나님과 인격적인 개별자를 배제한 채, 인식 차원의 '깨달음'을 추구하지 않는다. 기독교는 개별적 인간이 인격적인 하나님과의 인격적인 교제 가운데 '깨우침'을 받는 신앙이다.

5. 아드바이타 베단타의 논리_ 무지와 언어

힌두교에서는 의식의 경지 혹은 인식의 단계에 따라 인식 내용이 달라질 수 있다고 보기 때문에, 비인격적인 궁극자와 인격적인 궁극자 사이에 서로 모순이 없다고 본다. 아드바이타 베단타학파에 따르면, 니르구나 브라만은 속성이 규정될 수 없기 때문에 브하다라냐카 우파니샤드(Bṛhadāraṇyaka Upaniṣad)에 나타나는 것처럼, '네티…… 네티……'(neti…… neti……) 형태의 부정 진술문으로 규정된다.[17] 네티는 '……도 아니고'라는 뜻인데, 영어로 표현하면 'is not'(……이 아니다)이다. 즉 'A도 아니고, B도 아니고'라는 방식으로만 설명된다는 것이다. 우주의 궁극자, 궁극적 실재는 오로지 부정 진술문의 형태로만 설명될 수 있다는 것이다. 그것은 'is'(……이다)와 같은 긍정 진술문을 발전시킨 헬라적 사고방식과는 다르다. 예컨대, 삼단논법 중 하나인 'A는 B다(is), C는 A다(is), 그러므로 C는 B다(is)'와 같은 진술을 보면, 'is'라는 긍정 진술문의 논리가 발달했다는 것을 알 수 있다. 영어에서는 부정 진술문을 '아포패틱(apophatic)하다', 긍정 진술문을 '카타패틱(cataphatic)하다'고 말한다.[18]

이러한 논리적 유형은 진리관과 밀접한 연관이 있다. 아포패틱한 논리는 주로 범신론적 신비주의에서 잘 나타난다. 우주의 궁극자는 인간의 말로 설명될 수 없고 규정될 수 없다는 것이다. 우주의 궁극자인 브라만이 A

도, B도, C도, D도 아니면 도대체 무엇이란 말인가? 언어로 규정하려고 하지 말라는 것이다. 브라만은 오로지 명상에 의해서 직관적으로만 포착된다. 그것이 곧 '깨달음'이다.

중국의 노자(老子) 사상에서도 비슷한 것이 나타난다. 노자의 「도덕경」(道德經)도 언어에 대한 불신을 나타내는 것으로 시작한다. "도를 가히 뭐라고 말할 수 있다면, 그것은 영원불변한 도는 아니다. 이름(名)도 가히 뭐라고 이름을 짓는다면, 그것은 영원불변한 이름(常名)은 아니다."[19] 이름은 인간의 문화 안에서 약속된 상징에 지나지 않으므로 영원한 이름이 될 수 없다는 것이다. 궁극적 실재는 인간의 언어로 묘사될 수 있는 어떤 것이 아니다. 궁극적 실재는 신묘한 것이어서 오로지 직관적으로만 포착된다. 노자는 그 신묘함을 현묘(玄妙)라고 표현한다.[20]

반면에 헬라 철학은 카타패틱한 논리를 발전시켰다. 헬라 사람들이 이러한 논리를 발전시킨 것은 그들이 가지고 있는 진리관 때문이다. 헬라 사람들에게 진리는 불변의 것이다. 진리는 변화하고 있는 현상계에 관한 것이 아니라 현상계 배후에 있는 본체(本體)에 관한 것이다. 헬라 사람들은 진리 탐구란 사물이 가지고 있는 불변의 속성과 본질을 정확하게 언어로 규명하는 것이라고 생각한다. 예를 들어 생각해 보자. 헬라 사람들은 본질적 경계 집합의 사고방식을 가지고 있다.[21] 삼각형이거나 삼각형이 아니거나 둘 중 하나로 경계가 확연히 나누어진다. 이러한 경계 집합의 사고방식은 종종 'A 아니면 ~A'(either A or ~A)의 양자택일적 논리로 나타난다. 삼각형이면서 동시에 삼각형이 아닌 것은 존재하지 않는다. 따라서 A와 ~A에 모두 소속할 수 있는 중간자를 배제하는 배중률로 나타난다.

헬라적 사고방식에서 본체의 속성과 본질은 불변의 것이고, 고유의 것이며, 독립적인 것이다. 삼각형의 속성은 5,000년 전이나 5,000년 후나 동일하다. 삼각형의 내각의 합은 언제나 180도여야 한다. 삼각형의 속성은 불변이다. 그러한 속성은 삼각형에만 속한 고유의 것이다. 삼각형의 속성은 삼각형이 독립적으로 가지고 있는 것이며 다른 것에 의존하지 않는다. 이처럼 헬라적 사고방식에서 진리는 본체의 속성과 본질을 정확하게 인간의 언어로 규정하고 정의(definition) 내리는 것이다. 헬라적 진리관은 사물의 속성과 본질을 긍정 진술문으로 규정하는 카타패틱의 방식이 주를 이루게 된다.

헬라적 카타패틱의 논리는 요청과 귀결을 특징으로 한다. 'A는 B이고, C는 A이면, C는 B'라는 결론으로 귀결되고, 또 그러한 결론이 요청되는 것이다. 요청과 귀결의 방식은 서구의 라틴 신학에서도 잘 나타난다. 라틴 신학은 로마 가톨릭과 개신교를 모두 포함한 서방 교회의 신학이다. 라틴 신학은 헬라의 카타패틱한 논리를 받아들였기 때문에 요청과 귀결의 방식으로 신학적 교리를 형성한 것이 적지 않다. 이것이 중세에는 토미즘(Thomism)식의 스콜라 신학을, 개신교에 와서는 스콜라주의적인 형태의 신학을 형성한다.

그렇다면 성경은 카타패틱일까, 아포패틱일까? 성경은 좌로나 우로나 치우치지 않는다. 하나님은 기본적으로 불가해(不可解)적이고, 불가설(不可說)적인 존재이시다. 그런 면에서 인간의 언어로 하나님을 다 규정할 수 있다고 생각해서는 안 된다. 동시에 하나님은 인간적인 언어로 묘사되지 않고 오직 직관적으로만 이해되는 분도 아니다. 하나님은 본질적으로 아포패틱하지만, 하나님이 성경을 통해 계시한 범위 내에서 카타패틱하다. 성경이 우리에게 계시한 범위 내에서 '하나님은 사랑이시다'(God is love) 혹은 '하나님은 거룩하시다'(God is holy) 등과 같이 긍정 진술문으로 묘사될 수 있는 분이다. 그러므로 성경적 균형을 따라가는 것이 중요하다.

극단적으로 아포패틱한 사고방식은 신비주의로 나아간다. 힌두교나 불교에 나타나는 것처럼, '깨달음'이 어떤 상태인지는 인간의 언어로 정의되지 않는다. 그것은 오직 직관에 의해서 알 수 있는 것이고, 다른 사람이 진정한 깨달음에 도달했는지 분명하게 규정할 수도 없다. 따라서 매우 주관적인 경험이 될 수 있다. 그런 의미에서 기독교는 신비주의가 아니다. 기독교는 경험을 통제하는 객관적인 기준을 갖는다. 그것이 정경과 교리다. 기독교에서는 경험과 교리가 충돌하면 무엇을 포기해야 하는가? 경험 대신 정경과 교리를 포기하면 이단이 된다. 하지만 힌두교나 불교에서는 주관적 경험이 더 중요하다. 경험을 통제하는 교리 같은 것은 상대적으로 중요하지 않게 된다.

한편, 기독교는 극단적인 카타패틱의 사고방식으로 나아가는 것도 조심해야 한다. 긍정 진술문으로 계속해서 규정하려다 보면 다른 신학적 문제를 낳고, 그 문제를 해결하려고 요청과 귀결에 의해서 또 긍정 진술문으로 규정하려다 보면 또 다른 문제를 낳는다. 그리하여 아주 번잡한 스콜라주의가 되고, 신앙의 활력을 잃어버리는 원인이 된다. 오늘날 서방 신학자들이 동방 교회의 신학에 관심을 갖는 이유 중 하나가 바로 이 때문이 아닌가 싶다. 동방 교회는 상대적으로 아포패틱한 면이 적지 않기 때문에 이를 통해서 균형을 맞추려고 하는 것 같다.

사도 바울도 이러한 균형을 가지고 있었다. 성경을 보면 사도 바울은 누구보다도 선교에 열정적이었지만, 한편으로는 예정론적인 발언을 한 것을 발견할 수 있다(롬 9:11-23). 예정론과 자유 의지의 긴장 관계는 오래된 논쟁이다. 신학에서뿐만 아니라 철학에서도 결정론과 자유 의지의 문제는 철학사를 관통해서 오랫동안 이슈가 되어 왔다. 그러나 사도 바울은 헬라적인 카타패틱 논리로 요청과 귀결에 근거해서 무리하게 선교 무용론과 같은 신학적 주장을 하지는 않았다.[22]

6. 라마누자의 유신론적 신비주의

힌두교의 정통 6파 가운데 현재까지 강력한 영향을 끼치는 것이 베단타학파다. 베단타학파 중에서 샹카라의 아드바이타 베단타의 철학이 범신론적이라면, 라마누자(Rāmānuja, 1017-1137)의 베단타 철학은 유신론적이다. 라마누자의 제한불이론적(viśiṣṭādvaita) 베단타학파에서는 우주의 궁극자를 인격적인 유일신으로 본다. 이 경우에는 사구나(saguṇa) 브라만이라고 한다. 사구나는 '속성을 가진'이라는 뜻이다. 인격신인 브라만은 완전한 속성을 가지고 있기 때문이다. 라마누자의 철학은 오늘날도 힌두교에서 박티, 즉 신애의 이론적 근거로 중요한 역할을 한다. 라마누자는 샹카라의 철학에서 말하는바 니르바나(nirvāṇa, 열반)가 지나치게 추상적이라는 이유로 이를 거부했다. 그 대신 라마누자는 바가바드기타에 근거해서 비쉬누 신에 대한 박티를 해탈의 중요한 방법으로 삼았다. 신에 대한 사랑과 헌신, 그리고 신의 은총으로 해탈에 도달하게 된다는 것이다. 하지만 라마누자의 유신론은 사실상 범재신론(panentheism)에 가까운 발상이다. 이것은 세계(acit)나 개인의 자아(cit)를 신의 몸으로 이해한다. 범신론(pantheism)이 신을 세계 및 자아와 동일시한다면 범재신론은 세계 및 자아를 신의 일부분으로 생각한다. 범신론에서는 신과 세계 및 자아가 동일하다면(신=세계=자아), 범재신론에서는 신이 세계 및 자아보다 크다(신〉세계·자아).

라마누자에게 비쉬누는 사구나 브라만이다. 모든 아름다운 속성을 갖추고 있되, 그 속성 중에서 가장 중요한 신의 속성은 인격이다. 인격신으로서 비쉬누는 이쉬바라(Īśvara), 즉 주님이다. 샹카라의 철학에서 이 세계는 환상(māyā)이며 브라만의 가현(假現)일 뿐이다. 하지만 라마누자는 마야를 실체가 없는 환상으로 보기보다는 창조력으로 보았다. 이 세계도 가현이라기보다는 브라만으로부터의 전변(轉變)이다. 이 세계와 개인의 자아는 허상이라 기보다는 사구나 브라만, 비쉬누, 이쉬바라의 몸이다. 이러한 주장은 일종의 유출설(流出說)이라고 할 수 있다. 세계와 개인의 자아는 모두 인격신에서 흘러나온 것이다. 이것은 기독교의 창조론과는 차이가 있고, 차라리 고대 그리스의 플로티누스(Plotinus, 204-270)의 유출설과 유사하다.

라마누자의 유신론은 기독교를 포함해서 유대교, 이슬람교 등 여타 다른 유신론에서도 나타나는 유신론적 신비주의에 가깝다. 궁극적으로 박티의 목적은 삼매 혹은 열반에 이르는 것이다. 박티는 기독교에서 말하는 절대 의존이라기보다는 관상에 가깝다.[23] 여타의 유신론 신비주의에서처럼 라마누자의 철학에서도 신에 대한 항복, 신과의 사랑의 관계를 말하지만, 라마누자에게 있어서 구원받아야 할 상태는 죄의 문제보다는 개인 자아의 속박 상태다.

라마누자가 자아의 해방을 말할 때에는 개인적, 현실적 자아를 초월한 자아가 전제된다. 이것은 샹카라의 철학에서 말하는 아트만이나 불교의 불성(佛性)과 유사한 것이다. 항복이란 개별적 자아를 포기하는 것을 말하지만, 초월적 자아는 곧 신의 몸이다. 신의 몸도 신이라고 할 수 있기 때문에 범재신론의 사고방식은 범신론의 사고 범주에서 벗어나지 못한다. 해탈에 도달한 영혼은 의식, 환희라는 점에서 브라만과 동등한 특성을 갖기 때문에 브라만과 유사하지만, 존재라는 측면에서는 브라만과 차이가 있다.[24] 라마누자의 유신론에서 존재론적으로는 해탈한 영혼을 브라만과 동일시하지 않는다. 이 부분이 범신론적인 아드바이타 베단타와 차이가 나는 면이다.

범신론적이든 범재신론적이든, 어쨌거나 신비주의는 개별적 자아의 소멸을 주장한다. 하지만 베단타 신비주의에서 말하는 초월적 자아와 하나님의 형상을 동일시하는 것은 상당한 무리가 있다. 하나님의 형상은 곧 하나님의 일부나 하나님이 아니다. 하나님의 형상이 말하려고 하는 바는 하나님의 인격적 특성이 인간에게도 부여되었다는 것이다. 기독교의 주장은 개별적 자아들이 하나님의 형상을 따라(창 1:26) 만들어졌다는 것이지, 개별적 자아를 소멸시키고 초월적 자아로서의 하나님 형상을 발견해야 한다는 뜻이 아니다. 개별적 자아는 궁극적으로 죄성을 걷어 내고 하나님의 형상을 드러내야 한다. 베단타 사상의 관점에서 보면 개별적 자아의식은 성경에서 말하는 '육신'(flesh), 즉 죄성과 유사해 보인다. 하지만 성경적 관점은 개별적 자아의식 자체가 육신이라고 보지 않는다. 개별적 자아가 육신, 즉 죄성에 통치받는 것은 맞지만, 개별적 자아 자체를 부인하는 것이 성경에서 말하는 자기 부인은 아니다. 성경에서 말하는 자기 부인은 죄성, 즉 자기중심성과 자기 주장성의 지배를 부인하고 성령의 통치를 받아들이는 것이다.

그렇다면, 유신론 신비주의는 기독교와 어떻게 다른가? 유신론 신비주의에서 나타나는바, 십자가를 통하지 않은 신과의 합일을 어떻게 이해해야 하는가? 그러한 합일의 본질은 무엇이며, 그것은 복음이 말하는 바와 어떻게 다른가? 십자가는 역사적인 동시에 초월적, 신적 사건이다. 예수는 하나님과 진정으로 연합할 수 있는 길이다(요 14:6). 십자가는 통치권의 전환을 일으킨다. 죄와 사망의 통치권에서 생명의 성령의 통치권으로 해방시킨다(롬 8:2). 십자가는 역사성이 결여된, 불교에서 말하는 "보살의 방편"과 같은 것이 아니다. 십자가는 자아의 해탈을 위한 방편이 아니다. 유신론 신비주의의 문제는 모든 것을 자아의 해방, 즉 해탈의 문제로 환원시킨다는 것이다. 소자아의 극복으로 인한 자유, 해방, 무집착 등을 추구한다. 신비주의에서 죄의 문제는 핵심이 아니며, 따라서 역사성도 중요하지 않다. 그러나 죄의 문제는 기본적으로 자아의 문제에만 관련된 것이 아니다. 복음은 죄 없는 세상, 하나님이 통치하시는 영생의 삶을 약속한다. 죄는 단지 개인 자아의 문제가 아니라, 사회와 문화의 문제이기도 하다. 유신론 신비주의는 개별 자아의 정체성 상실을 동반한 합일 사상으로 귀결되며, 그 결국은 표면적 유신론이지만 내면적으로는 범신론적 일원론(monism)이 된다. 그리고 그 목적은 범신론적 합일에서 오는 것과 같은 변성 의식으로서의 희열감이다.

비기독교적 유신론은 신비주의와 율법주의, 그리고 기복 신앙으로 나아간다. 유신론적 신비주의는 결국 개별 자아의 상실을 통한 신과의 합일로 나아간다. 그것은 모든 것을 단순히 자아의 문제로 환원시킨다. 유신론은 신비주의와 율법주의의 양극단을 가지고 있지만, 기독교는 그 어느 쪽으로도 기울어지지 않는다. 신비주의는 인격적 신을 말하지만, 사실상 탈아적 합일을 추구하므로 자신의 인격을 상실하는 방식으로 동시에 신을 비인격화한다.

신비주의는 개별 자아를 소멸시켜서 양심이 가지는 죄의식을 무디게 한다. 신과의 합일을 통한 자아의 소멸과, 무아경과 같은 변성 의식으로 경험되는 신의 사랑이 죄책감을 달래 주기 때문이다. 신과의 합일은 죄책감의 주체인 개별 자아를 없애 줄 뿐 아니라 옳고 그름의 구별도 없애 준다. 그러므로 힌두교의 박티는 아가페가 아니라 에로스다. 힌두교에서는 남신과 여신의 사랑이 신비주의적 에로스로 표현되며, 신과의 합일도 종종 에로스에 관련된 용어로 표현된다.

타락한 인간의 양심은 옳고 그름의 기준을 상실했다. 어떤 사람은 과도하게 죄책감을 느끼고, 어떤 사람은 마땅히 죄책감을 느껴야 하는 데도 양심이 무뎌서 느끼지 못한다. 율법주의가 편한 이유는 율법을 외적으로, 형식적으로 지키기만 하면 죄책감을 달랠 수 있어서다. 율법주의는 인격적 신을 말하지만, 신과 진정한 인격적 관계를 맺지 않고 신의 계율에 집착하는 방식으로 신을 비인격화한다.

한편 유신론은 신을 조종의 대상으로 생각하는 기복 신앙의 형태를 띤다. 그러나 기독교 유신론은 신비주의도 아니고, 기복 신앙도 아니다. 하나님은 개별적 자아와 인격적 관계를 맺으시고, 하나님의 형상이 회복되기까지 우리와 동행하시며 성화시키신다. 하나님은 우리의 기도를 들으시고 필요를 공급하시지만, 우리에게 조종당하지는 않으신다. 하나님은 기복 신앙을 허용하지 않으신다. 기복 신앙은 하나님을 수단으로 삼기 때문이다.

복음은 자아의 문제와만 관련된 것이 아니다. 복음은 자아, 사회, 영적 세계에 모두 관련된다. 하지만 기독교 안에서도 치우침이 나타날 수 있다. 신비주의 전통은 복음을 자아의 문제로 환원시켜 버리며, 그 결과 개인주의나 주관주의로 흐른다. 사회에 관련해서는 예언자적 전통이 있지만, 이것도 극단으로 가면 단순히 사회 운동으로 전락하고 만다. 영적 세계에 관련해서는 은사주의 전통이 있지만, 이것이 극단적으로 흘러가면 모든 것을 초자연의 영적 대결로 생각하는 영적 전투와 은사주의로 치우칠 수 있다. 그렇게 되면 기독교가 자칫 '기독교적 이교주의'(Christo-paganism), 즉 애니미즘적인 기독교로 왜곡되어 버릴 위험이 있다.[25]

인간의 자아 문제는 자기중심성과 자기 주장성, 다르게 표현하면 자기애와 자기 의를 그 핵심으로 한다. 기독교는 옛 사람, 옛 자아와 같은 개념을 통해서 타락한 인간의 죄성, 즉 타락한 인간의 자아 문제를 다룬다. 거의 모든 종교가 자아의 문제를 다룬다고 해도 과언이 아니다. 기쁨, 자유, 평안, 해방 등은 모든 종교가 추구하는 것이다. 두려움과 염려의 극복을 다루지 않는 종교는 거의 없을 것이다. 그것은 인간의 자아가 경험하고 있는 고통스러운 현실이기 때문이다.

관건은 자아의 문제를 진정으로 처리할 수 있는 방법이 무엇이냐다. 십자가 없는 다른 종교의 자아 처리 방식과, 복음이 말하는 자아 처리는 어떻게 다른가 하는 것이다. 문제의 핵심은 개별적 자아의 정체성을 부정하는 방식을 넘어서 신과의 진정한 인격적 교제가 가능한가다. 인격적 교제란, 개별자의 인격과 교제하는 것을 말한다. 라마누자도 "신과 인간의 관계 회복"이라는 표현을 쓰지만[26] 그것은 신비주의적 합일을 의미하는 것이지 날마다의 인격적 교제는 아니다. 기독교에서 말하는바 하나님의 통치에 복종된 마음은, 힌두교나 불교에서 말하는바 본래 청정한 초월적 자아의 실현과 같은 내용이 아닌 것이다. 우주의 궁극적 실재와 동일한 초월적 자아라는 전제는 범신론적 신비주의 동일 철학의 핵심이다.

들뢰즈(Gilles Deleuze)가 말한 것처럼 사랑에 빠진다는 것은 개별화하는 것이다.[27] 개별화하지 않는 것은 사랑이 아니다. 인격적 관계란 개별적인 것이어야 함을 의미한다. 하나님의 사랑은 개별화된 인격적 사랑이지 도매금 사랑이 아니다. 기도 또한 개별적인 것이다. 기독교 유신론의 특징은 하나님이 개별적 인간과 동행하고 사귄다는 것이다. 그것은 단순히 자아의 상실과 같은 신비주의적 경험이 아니다. 하나님과 동행하는 삶은 매우 실제적이고 구체적이며 개별적이다. 하나님은 우리와 집단으로 관계하시는 것이 아니라 개별적으로 관계하신다. 하나님이 나를 아시고, 내가 하나님을 안다는 것이다.

7. 우주의 질서 르타와 카스트 제도

힌두교를 구성하는 두 가지 기둥이 있다. 하나는 힌두교의 세계관이고, 또 하나는 카스트 제도다. 힌두교가 세계적인 보편 종교가 되기 어려운 것은 카스트 제도 때문이다. 그래서 힌두교의 세계관만 강력한 운동으로 확산된 것이 이른바 뉴에이지(New Age) 사상이다. 여하튼, 20세기에 들어오면서 지구상 대부분의 지역에서는 계급 제도가 사라졌다. 한국의 경우도 갑오경장(甲午更張) 이후에 반상(班常) 제도가 폐지되었다. 그런데 왜 인도에는 21세기가 되도록 카스트라는 계급 제도가 여전히 존속하는 것일까? 그것은 카스트 제도가 단순히 사회 계급 제도가 아니라 종교적 세계관과 밀접하게 연관되어 있기 때문이다.

힌두교에서 르타(Ṛta)라는 개념은 우주의 질서라는 의미를 가지고 있다. 르타와 관련된 것이 카르마와 다르마라는 개념이다. 카르마는 비인격적이고 기계적인 도덕적 인과율 시스템이다. 다시 말해서 심은 대로 거두고, 뿌린 대로 거둔다는 것이다. 마누 법전(Manu smṛti)은 카르마를 피할 수 없는 불가침의 법칙이라고 본다.[28] 마누 법전은 카스트 제도의 기원을 이야기하고 있으며, 구체적으로 어떤 카스트에 속한 사람이 어떤 다르마, 즉 의무를 지니게 되는지를 규정하고 있다. 마누 법전에서는 카르마, 즉 전생의 업에 따라서 그 보응으로 이생에서의 계급이 결정된다고 본다.[29]

카스트(caste)라는 말은 라틴어의 카스투스(castus)에 기원을 둔 포르투갈어 '카스타'(casta)에서 왔는데, 부족, 종족 등의 의미로 사용되었다.[30] 하지만 인도에서는 카스트 대신 '바르나'(varṇa)라는 단어를 사용한다. 바르나라는 개념은 원래 색깔, 빛의 의미를 가지고 있다.[31] 카스트 제도의 성립은 아리아족 정복 전쟁의 결과인 것으로 보인다. 피부색이 검은 피정복민들이 수드라와 같은 하층 계급이 되었을 것이다.

브라만, 크샤트리아, 바이샤, 수드라, 불가촉천민으로 나누어지는 바르나 안에는 각각 수많은 자티가 존재한다. 자티는 직업, 결혼, 식사에 있어서 배타성을 띠는 가문과 같은 것이다. 자티마다 준수해야 하는 사회적 규범이 있는데, 그것이 곧 다르마다. 이 개념은 불교에 들어오면서 사회적 규범보다는 보편적 규범, 즉 진리(眞理)의 의미로 사용되었다. 다르마는 중국에서는 진리, 즉 법(法)으로 번역되거나 달마(達磨) 등으로 음역되기도 했다. 힌두교에서 다르마는 복합적인 의미를 가지고 있다.[32] 힌두교는 스스로를 '사나타나 다르마'(sanātana dharma)라고 부르는데, 이는 다르마의 종교로서 힌두교의 정체성을 보여 준다.[33]

여하튼 자티는 왜 다르마, 즉 사회적 규범을 지켜야 하는가? 카스트라는 계급 제도는 단순히 사회적 질서가 아니라 카르마라는 우주의 도덕 법칙을 반영하고 있는 우주적 질서로 간주된다. 따라서 계급 차이에 따른 사회적 규범은 우주적 법칙의 정당성을 담고 있는 우주적 규범이다. 이런 이유로 인도 사회에서는 계급 상승의 기회가 없다. 이번 생애에 부여받은 계급은 전생의 카르마의 결과이며 이번 생애에서는 바꿀 수 없는 것이다. 불가촉천민은 비록 권력과 재물 등에서 사회적 성취를 이루었다고 해도 여전히 불가촉천민으로 대접받는다. 우주적 질서의 테두리 안에 모든 사회적 기능이 들어 있기 때문에 신분 상승의 기회가 없는 것이다. 우리나라의 경우, 조선 시대에도 신분 변화의 기회가 전혀 없지는 않았다. 전쟁에서 공을 세우면 노비에서 평민이 될 수 있었고, 양반도 역모죄에 걸리면 노비로 전락했다. 조선의 사회 계급은 그 자체로는 주자 성리학에서 말하는바 천도(天道), 즉 우주적 질서를 반영한다고 보았지만, 개개인의 신분이 전생 행위의 결과로 간주되지는 않았다.

카스트의 의무인 다르마를 준행하는 것은 단순히 사회적 규범을 준수하는 것 이상의 의미를 가지고 있다. 그것은 사회적 질서뿐 아니라 우주적 질서를 지키는 것이다. 반대로 다르마를 어기는 것은 단지 사회적 규범을 어기는 것이 아니라 우주의 질서를 깨뜨리는 것으로 간주된다. 이런 이유 때문에 힌두교 사회에서는 사회적 불평등을 개선하고, 신분 상승을 꾀하려는 시도들, 즉 혁명, 봉기, 반란 등이 잘 일어나지 않는다. 이러한 불평등과 차별로 받는 고통은 자신의 전생의 업에 대한 보응이고, 결국은 자기 자신이 잘못한 결과이기 때문이다. 그러므로 자기가 아닌 누구를 탓하거나 사회 구조나 질서를 탓하려는 시도는 인과업보의 우주적 도덕률에 저항하는 것이기 때문에 부당하고 부도덕한 것으로 간주된다.

힌두교의 카르마와 다르마는 또 다른 형태의 율법주의라고 할 수 있다. 일반적으로 유신론에서는 규범의 근거가 신의 명령에 있다. 신이 정해 놓은 규범을 어기면 그에 대한 신의 보응, 즉 심판이 따라온다. 이슬람이 이러한 경우에 해당된다. 하지만 힌두교에서는 우주의 법칙 밑에 신들이 있기 때문에, 보응은 신에게서 온다기보다는 법칙 그 자체에서 온다. 그것이 인과응보, 즉 카르마의 법칙이다. 그렇다면 어떤 행위가 보응을 불러오는가? 무엇보다도 사회적 규범인 다르마를 어기는 행위다. 유교의 예(禮)가 계급에 따라 규정되어 있는 규범인 것처럼, 다르마도 계급에 따라 의무 지워진 규범이다. 플라톤의 사주덕설(四主德說)처럼 계급에 따라 부여된 덕목인 것이다. 유교의 예도 일종의 율법 체계이지만 힌두교의 다르마만큼 우주의 질서로 강요되지는 않는다. 유교의 예도 의(義)를 추구하고 힌두교의 다르마도 의를 추구하지만, 이 종교들은 계급 제도 자체를 불의한 것으로 생각하지 않는다.

8. 힌두교의 신관과 구원관

힌두교에서 구원은 카르마를 해소하여 윤회에서 해방되는 것이다. 바가바드기타는 세 가지 길을 언급한다.[34] 바가바드기타는 마하마라타의 일부분으로, 사람들에게 널리 애송되고 깊이 존경받는 힌두교 최고의 경전이다. 바가바드기타에서는 철학적 지식과 비쉬누 신에 대한 열렬한 헌신, 즉 박티를 강조하고 있는 것을 볼 수 있다.

첫 번째 길은 카르마 마르가(karma mārga)다. 이것은 보상을 바라는 사심이 없는 선행이나 의무의 수행, 즉 다르마를 행하는 행위를 수반한다. 다르마 중에서 특별히 중요한 것은 신들에 대한 제사 등의 종교적 의례를 준수하는 것이다. 두 번째, 즈나나 마르가(Jñāna mārga)는 사물의 본질을 꿰뚫는 지식과 통찰력에 의한 길이다. 요가와 같은 수행을 통해 궁극적인 지식에 도달하는 것이 바로 즈나나 마르가다. 세 번째는 박티 마르가(bhakti mārga)인데, 헌신의 길이라고 말할 수 있다. 즈나나 마르가만 해도 엘리트 중심적이기 때문에 일반 대중이 행하기가 쉽지 않다. 대중에게 가장 손쉬운 것이 박티 마르가다.

박티는 신에 대한 사랑 혹은 신에 대한 헌신을 통한 길이다. 특히 비쉬누 신의 화신 중 하나인 크리쉬나(Kṛṣṇa)가 가장 인기 있는 박티의 대상이다. 힌두교인들은 기독교인들을 만나면 "당신의 박티 대상은 예수인가?"라고 묻기도 한다. 예수를 박티의 대상으로서 비쉬누 신의 화신(avatāra) 중 하나라고 여기는 사람도 있다. 그들은 박티 마르가의 관점에서 기독교를 이해한다. 하지만 기독교는 구원받기 위해 신에게 헌신하고 신을 사랑하는 종교가 아니다. 오히려 구원받았기 때문에 감사해서 신에게 헌신하고 신을 사랑하는 종교다.

박티는 단순히 대중적일 뿐 아니라 깨달음을 추구하는 신비주의적 수행의 방법이기도 하다. 신비주의는 고통의 문제에 초점이 맞추어져 있으며 죄의 문제를 소홀히 다룬다. 심지어 죄의식은 신의 사랑을 경험하는 것을 방해한다고 이해하기도 한다.[35] 신비주의에는 십자가와 회개 없는 신과의 사랑만 있을 뿐이며, 개별적 자아의식의 포기를 강조하는 항복만 있을 뿐이다. 개별성을 포기하고 만물과의 일체성 혹은 전체성의 관점에서 염려와 두려움을 극복하려고 한다. 신비주의는 개별적 자아를 포기하고 신과의 합일을 추구하는데, 그것은 기독교에서 말하는 연합과는 다르다. 기독교는 신과의 연합을 통해서 염려와 두려움을 극복하려 하며, 개별적 자아를 부정하지 않는다. 신비주의에서 개별적 자아는 무지의 소산이 되고, 초점은 신의 뜻보다는 자아의 문제에 맞추어진다. 기독교에서 신의 뜻은 우주적, 사회적, 개인적 차원을 모두 가진다.

그러면 힌두교에서는 어떤 신들을 주로 숭배하는가? 힌두교의 전신(前身)이라고 할 수 있는 브라만교에 나타나는 초기 베다의 신들은 후기에 나타나는 힌두교의 삼신(triad)과 다르다. 초기 베다에서는 불의 신 아그니(Agni), 하늘과 전쟁의 신 인드라(Indra), 폭풍의 신 루드라(Rudra), 그리고 우주의 질서를 수호하는 바루나(Varuna) 등이 주로 찬양과 경배의 대상이 되는 신이었다. 아그니는 제사와 정결 의식에서 불이 중요하기 때문에 브라만 계급의 숭배 대상이었고, 인드라는 전쟁을 수행하는 크샤트리아가, 루드라는 농사를 짓는 평민이 숭배했을 것이다.

하지만 후대로 가면서 주된 경배 대상은 브라마(Brahmā), 비쉬누(Viṣṇu), 쉬바(Śiva)의 삼신이 된다. 이 삼신은 삼신 일체적인 요소를 가지고 있어서 트리무르티(trimūrti)라고 불린다. 힌두교는 삼신을 다신론적 관점에서 보지는 않는다. 비인격적인 궁극적 실재는 인격적인 궁극적 실재인 유일신으로 나타날 수 있고, 인격적인 유일신은 세 가지 형태의 신, 즉 트리무르티로 나타난다고 본다.

트리무르티 중에 브라마는 창조신으로 간주된다. 힌두교는 우주가 계속 반복되며 시작도 끝도 없이 순환된다고 이해한다. 리그베다는 세계 발생에 대한 신화를 담고 있다. 태초에 무한하고 형태가 없는 원시 대양이 있었는데 창조신 브라마가 황금씨로 변하여 대양에 스며들자 우주가 창조되기 시작했다는 것이다.[36] 황금씨는 태양신 신화의 모티프를 보여 준다. 이러한 신화를 보면 조물주와 피조물의 구분이 약해진다. 창조신이 변하여 우주가 발생하기 시작했다는 유출설적인 사고를 드러내는데, 오늘날 과정 신학자(process theologian)들의 범재신론(汎在神論)적인 생각과 비슷하다. 범재신론에서는 우주가 신의 몸이며 신은 우주보다 크다. 신이 우주를 초월하지만, 동시에 우주가 신의 일부이기 때문에 우주에 신이 내재하는 것이다.[37]

힌두교의 신들은 남신과 여신의 짝으로 되어 있다. 창조신 브라마의 파트너 여신은 사라스바티(Sarasvatī)로, 지식과 진리의 여신이며 강(江)의 여신이다. 이러한 남녀신관은 가나안의 바알 종교와 같은 형태를 띠고 있음을 보여 준다. 가나안의 바알 종교를 보면 하늘에 남신이 있고 땅에는 여신이 있는데, 여신은 주로 땅의 신, 즉 지모신(地母神)으로 여겨졌고, 남신은 주로 태양신이나 폭풍의 신이었다. 대지가 태양 빛과 비를 잘 받으면 풍요와 다산을 가져온다고 생각했는데, 그것은 신들의 성적 결합으로 간주되었다. 이 때문에 바알 종교에서는 신들의 성적 결합을 자극하고 재현하기 위한 신전 창녀 제도가 나타났다. 그 결과 가나안 종교는 영적으로 음란했을 뿐 아니라 실제로도 음란했다. 이러한 신관과 신전 창녀 제도는 힌두교에서도 그대로 나타난다. 힌두교의 신들은 남녀 신의 짝으로 되어 있고 신전 창녀 제도가 여전히 성행하고 있다.

힌두교의 남녀 신관이 성과 관련된 신비주의로 흘러간 것이 탄트리즘(tantrism)이다. 탄트리즘은 힌두교에서 시작되었지만 자이나교와 불교에도 들어갔다. 불교 탄트리즘이 티베트에 들어가서 티베트 불교가 되었고, 몽골에 들어가서 라마 불교가 되었다. 탄트리즘은 성(性)적 결합과 신(神)과의 합일, 그리고 성적 희열과 종교적 희열은 밀접한 연관성이 있다는 생각을 전제로 한다.

트리무르티의 두 번째 신은 비쉬누다. 비쉬누는 보존의 신으로서, 미와 행운의 신으로 간주되는 락쉬미(Lakṣmī)라는 여신을 짝으로 두고 있다. 비쉬누는 특별히 10개의 화신을 갖고 있는 것으로 알려져 있는데, 물고기, 거북이, 멧돼지, 사자 등과 같은 동물로도 나타나고, 바마나(Vāmana), 라마(Rāma), 파라슈라마(Paraśurāma), 크리쉬나(Kṛṣṇa), 붓다(Buddha) 등 인간으로도 나타난다고 생각한다. 앞으로 나타날 화신은 백마를 탄 기사인 칼키(Kalki)다.[38]

트리무르티의 세 번째 신은 쉬바다. 쉬바는 파괴, 풍년, 번식, 생식의 신으로 알려져 있다. 쉬바는 생명의 파괴자이며 재창조자로 간주된다. 쉬바의 여성 파트너 신은 칼리(Kālī)인데, 심판과 죽음을 상징하며 '위대한 어머니'로 불린다.

성경은 하나님이 그분의 형상대로 남자와 여자를 창조했다고 말한다(창 1:27). 반대로 힌두교는 남자와 여자라는 인간의 형태를 신에게 투영하여 신을 남신과 여신으로 만든다. 신에게 인간의 형상을 부여하는 것은 인본주의적 결과를 가져온다. 인간의 욕망이 투영되어 종교 형태를 띤 것이 풍요와 다산의 기복 신앙, 그리고 성과 관련된 신비주의다.

힌두교의 신관은 단일신론(單一神論, henotheism)적이다. 단일신론은 여러 신이 있다는 것을 인정하되, 그중에 한 신을 선택하여 숭배하는 것을 말한다. 힌두교는 여러 신이 존재한다는 다신론적 관념과 한 신만 숭배한다는 유일신론적 관념을 함께 가지고 있다고 할 수 있다.

힌두교의 전신인 브라만교에서 의례의 중심은 신들에게 바치는 희생 제사, 즉 야즈냐(yajña)였지만, 힌두교에 오면 신상에 대한 예배, 즉 푸자(pūjā)가 중심이 된다. 초기 베다에는 희생 제의에 대한 기록이 풍성하게 나타나지만, 후대에 이르러 불살생 사상, 즉 아힘사(ahiṃsā)의 개념이 등장하면서 점점 푸자의 형태로 바뀌어 갔을 것으로 본다. 인류의 고대로 갈수록 희생 제사가 전 세계적인 현상으로 존재했다는 것을 보여 준다. 성경대로 노아의 홍수를 역사적 사실로 믿는다면 그것은 전혀 이상한 일이 아니다. 노아가 방주에서 내려 맨 처음 한 일은 희생 제사를 드리는 것이었다(창 8:20). 생명이 피에 있으므로 피가 죄를 속하고(레 17:11), 피 흘림 없이는 죄 사함이 없다는(히 9:22) 구원의 가르침은 이미 원시 복음에 나타난 것으로(창 3:21), 노아는 이 사실을 분명히 알고 있었을 것이다. 비록 민족들이 노아에서 갈라져 나가 지역으로 흩어졌지만, 희생 제사는 매우 중요한 것이어서 전 세계의 많은 민족 가운데 풍습으로 남아 있는 것을 볼 수 있다.

9. 힌두교의 화신과 기독교의 성육신

여기서 힌두교의 화신의 성격을 살펴볼 필요가 있다. 힌두교의 화신(化身)은 산스크리트어로 '아바타라'(avatāra)다. 불교에도 화신 사상이 있다. 불교의 삼신불(三神佛)은 법신불(法身佛), 보신불(報身佛), 응신불(應身佛)인데, 응신불을 다른 말로 화신불(化身佛)이라고도 한다. 힌두교의 화신이든 불교의 화신불이든, 영어로는 기독교의 성육신(成肉身)과 마찬가지로 'incarnation'으로 번역된다. 그러나 단어가 같다고 해서 내용도 같은 것으로 단순하게 생각해서는 결코 안 된다. 먼저 각 종교의 문맥 안에서 이해해야 한다.[39] 그리고 세계관 분석(worldview analysis)을 통해 화신과 성육신의 차이가 무엇인지 규명해 보아야 한다.

우선 힌두교의 화신은 인간뿐 아니라 동물로도 나타나며, 단회적이 아니라 열 번이나 출현한다. 반면에 성육신은 단회적이다. 화신과 성육신의 가장 큰 차이는 그 목적에 있다. 힌두교에서 화신은 악을 격파하고, 공의를 세우며, 깨달음과 가르침을 베풀기 위해 출현한다. 그러나 기독교 성육신의 목적은 무엇보다도 대속 사역에 있다. 기독교는 교훈과 가르침과 깨달음의 종교가 아닌 대속의 종교다. 다른 종교들은 창시자의 가르침에 기초한다. 예수의 많은 아름다운 교훈과 가르침과 깨닫게 하심에도 불구하고, 기본적으로 예수께서 오신 목적은 그런 것들을 우선으로 하기 위해서가 아니다. 교훈과 가르침을 베풀기 위해 하나님이 직접 사람이 되셔서 오실 필요가 있을까 싶다. 하나님이 사람이 되신다면, 그것은 인간으로서는 할 수 없는 일을 하기 위해서다. 예수께서는 대속을 위해 오셨기 때문에 그 성육신은 유일하고 단회적이어야 한다. 반면 힌두교에서는 악이 난무할 때마다, 공의가 깨어질 때마다, 가르침과 교훈이 흐려질 때마다 아바타라가 와야 한다. 힌두교에서는 화신의 목적이 그러하기 때문에 화신은 단회적일 수 없다.[40]

힌두교와 기독교의 가장 큰 차이는 역사성의 문제에 있다. 기본적으로 힌두교는 관념론(idealism)적이다. 무지(無知)의 소산이든 환상(māyā)이든, 우리가 보고 있는 우주의 사물들은 인간의 관념이 만들어 낸 결과라는 의미에서 관념론이다. 기독교는 우리의 관념이나 인식과는 별개로 우주의 사물들은 실재한다고 보기 때문에 실재론(realism)이다.

힌두교와 같이 관념론적이고 범신론적인 세계관에서는 역사성이 중요하지 않고, 오직 궁극적 실재의 초월성만이 중요하다. 이 세상은 어차피 환상이기 때문에 이 세상에서 일어나는 일로서의 역사는 그다지 중요하지 않다. 또 이 세상은 윤회 과정에서 살게 되는 장소 중 하나이며 가급적 벗어나야 할 장소이므로, 역사는 그다지 중요하지 않다. 궁극적 실재로서 브라만은 사물의 다양성을 초월한 일자(一者)이며, 깨달음과 같은 초월의식에 의해서만 경험된다.

반면에 기독교는 초월성과 역사성 모두 중요하다. 기독교의 하나님은 초월적인 하나님이자 역사적인 하나님이다. 하나님은 초월적인 하나님이지만 깊은 기도와 같은 인격적 관계를 통해서 경험된다. 또한 하나님은 역사적인 하나님이어서 아담과도, 노아와도, 아브라함과도, 다윗과도, 바울과도, 그리고 우리와도 관계를 하신다. 역사의 배후에서 역사의 완성을 향하여 역사를 섭리하시고 간여하신다. 대체로 유신론적 세계관의 종교에서 신은 역사의 배후에서 역사를 섭리한다. 예컨대, 중국의 상제나 천(天)도 상고(上古) 시대에는 인격적이고 초월적인 유일신으로서 역사를 섭리하는 것으로 간주되었다. 기독교의 역사성은 모든 유신론 종교 중에서도 가장 급진적이다. 하나님은 단순히 배후에서 역사를 섭리하고 간여하시는 정도가 아니라 역사 속으로 뛰어드셔서 자신의 뜻을 이루신다. 하나님이 인간의 역사에 뛰어드신 사건, 이것이 바로 성육신이다.

인도에 간 선교사들이 힌두교의 엘리트들을 개종시키는 데 그다지 성공적이지 못한 이유 중 하나는, 예수의 성육신과 힌두교에서 말하는 화신이 어떻게 다른지를 명확하게 이해시키지 못했기 때문이다. 그들은 단지 인카네이션을 믿기 위해 힌두교에서 기독교로 개종해야 할 필요를 느끼지 못했다.[41] 그렇기 때문에 세계관 분석이 필요하다. 힌두교 엘리트들이 기독교로 개종하기 위해서는 우선 관념론자에서 실재론자로 전환되어야 한다. 이 우주가 환상이 아니라 실재한다는 것을 받아들여야 한다. 그래야만 역사가 중요해지고 역사성이 의미를 갖게 된다. 그 다음에 화신의 목적과 성육신의 목적이 어떻게 다른지를 구별해야 한다. 또 힌두교에서는 화신조차도 궁극적으로 환상에 지나지 않지만, 기독교의 성육신은 역사적인 사실임을 이해해야 한다.

　힌두교에서 화신은 오늘날에도 종교적, 정치적 용도로 활용된다. 간디의 추종자들은 간디가 비쉬누 신의 화신이라고 주장하기도 했다.[42] 힌두교는 매우 포용력이 큰 종교인지라 자신들의 종교 틀 안에서 다른 종교에 한 자리를 내어 주어 그 종교를 흡수하고 혼합하려고 한다. 예컨대, 불교의 창시자인 붓다는 비쉬누 신의 아홉 번째 화신이 되었다. 어떤 사람은 예수도 비쉬누 신의 한 화신으로 영입하려고 시도한다. 하지만 힌두교의 화신과 기독교의 성육신의 차이를 통찰한다면 그런 시도는 단순히 혼합주의라는 사실을 알게 될 것이다.

　오늘날 종교 다원 사회에서는 힌두교의 세계관이 다원주의와 잘 부합되는 것처럼 보인다. 동일한 실재를 다양한 관점 혹은 다른 의식 단계에서 보았기 때문에 다양한 신관이 나타난다고 하는 주장은 다원주의자들의 구미에 잘 맞는다. 오늘날 선교는 예수를 자기들의 종교 틀 안에서 나름대로 이해하고 있는 사람들에게 성경이 묘사하고 있는 예수가 왜 진짜 정통적인 예수인지를 변증해야 한다.[43]

10. 고통의 문제

기독교의 핵심적인 문제의식이 죄에 맞추어져 있다면, 힌두교는 고통에 초점이 맞추어져 있다. 사실 모든 종교는 고통의 문제를 다룬다. 고통의 문제를 다루지 않으면 종교의 역할을 하지 못한다. 인간의 타락으로 말미암아 생존(survival)과 안전(security)의 문제가 발생했다. 인간의 생존과 안전을 위협하는 예기치 못한, 통제할 수 없는 일들이 생긴다. 인간은 어떻게든 미래에 닥칠지도 모르는 일들을 예기해 보려고 하고, 자신의 통제 아래 두고자 노력한다. 인간에게는 고통의 문제에 대한 설명 체계가 필요하다. 고통을 설명할 수 있을 때에는 꽤나 극심한 고통도 이겨 내지만, 반대로 고통에 대한 합당한 설명을 찾을 수 없을 때에는 작은 고난도 이겨 내기가 쉽지 않다.

기독교도 물론 고통의 문제를 다룬다. 욥기는 고통의 문제에 대해서 많은 내용을 함축하고 있다. 그 외에도 성경은 고통과 고난을 적지 않게 다루고 있다. 그러나 기독교는 고통과 고난을 무조건 부정적으로 보지는 않는다. 예수께서 재림하시고 새 하늘, 새 땅, 새 예루살렘이 도래하면, 그곳은 틀림없이 고통이 없는 곳일 것이다. 그럼에도 성경은 이 세상에서 살아가는 동안 고통과 고난이 가져다주는 긍정적인 면도 언급하고 있다. 고난은 주의 율례를 배우게 하기 때문에 유익한 것이라고 시편 기자는 말한다(시 119:71). 현재 받는 고난은 장차 나타날 영광에 이루 비길 수 없다고(롬 8:18) 사도 바울은 그의 소망을 피력하고 있다.

우리에게는 고통에 대한 성경적인 신학이 필요하다. 힌두교나 불교가 고통을 설명하는 방식 중 하나는 인과업보다. 인과업보라는 개념은 인간이 만들 수 있는, 고통에 대한 가장 손쉬운 설명 방식이다. 예수 당시에도 인과업보와 같은 사고방식이 널리 퍼져 있었음을 볼 수 있다. 예수께서 제자들과 길을 갈 때 날 때부터 맹인인 사람을 만난다. 그때 제자들은 이 맹인이 겪는 고통에 대하여 '이 사람의 죄 때문인지, 아니면 그 부모의 죄 때문인지' 질문한다(요한복음 9장 1-3절 참조). 고통에 대한 설명 체계를 요구한 것이다. 여기서 고통에 대한 기독교 신학을 엿볼 수 있다. "이 사람의 죄 때문인가?" 이것은 인과업보의 설명 방식이다. 날 때부터 맹인이라면 전생의 죄 말고 무슨 죄를 논할 수 있을까? "그 부모 죄 때문인가?" 이것은 가계에 흐르는 저주 사상인데, 애니미즘의 세계관을 반영하고 있다.

인과업보의 논리는 어쩌면 가장 설득력 있는 설명 방식이다. 날 때부터 맹인인 사람의 처지에서 생각해 보라. 매우 억울하고 분통 터지는 일일 것이다. 그런데 인과업보의 관점에서 설명하면 좀 덜 억울해진다. "당신이 날 때부터 맹인인 이유를 설명해 주겠다. 당신이 열 번째 전(前), 전생에 동생의 오른쪽 눈을 때려서 실명시킨 적이 있다. 다섯 번째 전, 전생에서는 원숭이의 왼쪽 눈을 찔러서 실명시켰다. 이 같은 업보로 인해 당신이 이번 생애에서는 맹인으로 태어난 것이다!" 이런 설명을 들으면 꽤나 납득이 될 수 있다. 결국은 십 원 주고 십 원 받은 셈이 된다. 그래서 덜 억울하게 느껴진다. "모든 것이 내 잘못이었구나!" 하면서 체념할 수 있게 된다. 이번 생애는 대강 포기하고, 다음 생에서 좋은 세상에 태어날 것을 소망하면서 살 수 있다.

힌두교의 세계관은 결국 고통의 문제에 초점이 맞추어져 있다. 카스트 제도는 타락으로 인한 인간의 불평등과 고통스러운 현실을 정당화해 주는 설명 체계 위에 서 있다. 힌두교에서 인과업보나 윤회 등의 개념은 고통에 대한 설명 체계의 핵심을 이룬다. 지금 고통 받고 고달픈 삶을 살고 있는 사람에게 인생이 일회(一回)로 끝난다면, 매우 아쉽게 여겨질 것이다. 다음 생애와 다음 기회가 있다는 생각은 아쉬움을 어느 정도 해소해 준다. 동시에 꽤나 유복한 삶이라 할지라도 인간의 삶은 고달프게 마련이다. 그래서 윤회가 없는 상태, 다시 태어남이 없는 상태를 꿈꾸는 것도 이해가 된다.

인과업보는 고통과 형통의 문제에 관련된 난제들도 어느 정도 설명해 주는 것으로 보인다. 인생은 노력한 대로 이루어지지는 않는다. 도덕적으로 올바르게 사는 사람이 결과도 항상 좋아 보이지는 않는다. 반대로 악인이 형통하는 곤란한 현상에 대해서도 설명해야 한다. 이런 경우에도 인과업보가 중요한 개념으로 역할을 하게 된다. 악인이 형통하는 것은 전생에 쌓은 선업(善業)의 결과일 수 있으며, 지금의 악은 다음 생애에서 보응받을 수도 있다. 이러한 설명을 통해서 지금 고통 받고 있는 사람들에게 상당한 위로를 제공해 준다.

　욥의 친구들이 가지고 있던 고통관도 인과업보와 동일하다. 그러나 기독교는 이러한 인과업보식의 설명 방식을 거부한다. 욥기를 보면 엘리후의 강화(講話) 다음에 하나님이 직접 나타나셔서 욥의 친구들을 책망하신다(욥 42:7-8). 날 때부터 맹인인 사람에 관해서도 예수께서는 "이 사람이나 그 부모의 죄로 인한 것이 아니라 그에게서 하나님이 하시는 일을 나타내고자 하심이라"(요 9:3)고 말씀하신다. 기독교의 고통관은 인과업보의 설명 방식을 따르지 않는다. 애매한 고난이 있지만, 그것도 "하나님을 생각함으로 슬픔을 참으면 이는 아름[답다]"고 말한다(벧전 2:19). 애매하다는 말은 부당하다는 뜻이다. 이 세상에는 자신이 지은 죄에 정확하게 보응하는 고난만 있는 것이 아니다. 타락한 세상에는 불의가 가득하고, 이로 인해 온당치 못하고 억울한 고난이 많다. 왜 자신이 그러한 고난을 받아야 하는지, 인식 능력이 제한되고 왜곡된 인간으로서는 그 원인을 다 추적할 수 없다. 원인을 추적할 수 없다는 의미에서는 욥의 고난도 욥이 보기에 애매한 고난이었을 것이다. 욥은 극심한 고난을 겪었지만, 욥에게 가장 고통스러운 것은 무엇보다도 자신에게 일어난 고난의 원인을 전혀 알 수 없다는 것이었다.

　힌두교나 불교에서 고통은 궁극적으로 무지에서 온다고 생각한다. 고통은 욕구의 좌절 때문인데, 욕구는 집착에서 오고, 집착은 무지에서 온다는 것이다. 무지 때문에 사물에 대한 집착이 일어나고 욕구가 생기는데, 이 욕구가 좌절되기 때문에 고통이 온다. 고통이 욕구의 좌절 때문이라는 것은 심리적으로 관찰해 볼 때 맞는 말이다. 욕구라는 것은 개별 사물의 다양성에 집착하기 때문이며, 인식상의 무지가 사물의 다양성을 포착하게 한다. 그래서 고통을 해결할 수 있는 방법은 무지를 깨뜨리는 것이라고 주장한다. 인식의 전환, 의식의 혁명이 필요하다. '의식의 혁명'이라는 개념이 뉴에이지의 단골 개념이 된 것은 전혀 이상한 일이 아니다. 인식의 전환, 의식의 혁명으로 무지를 깨뜨려야 하는데 그것이 바로 '깨달음'이다. 그래서 집착 없이 자유로워지는 것이 '해탈'이다. 그 결과 번뇌의 불꽃이 꺼져서 재가 되어 버린 상태가 바로 니르바나(nirvāṇa), 즉 열반(涅槃)이다. 열반은 고통이 없는 상태다. 힌두교 세계관을 '고통'이라는 주제 중심으로 요약하면 '무지-고통-깨달음-열반'이라고 할 수 있다.

기독교 세계관은 고통이 원죄 때문에 발생했다고 본다. 인간이 타락했을 때 세 가지 문제가 발생했다. 첫째, 인식 능력의 전락이다. 인간은 죄로 인하여 왜곡되고 제한적인 인식 능력을 갖게 되었다. 이렇게 전락된 인식 능력 때문에, 하나님과의 교제뿐 아니라 인간끼리의 관계에도 문제가 발생하게 되었다. 인간 사회에서 일어나는 인간관계의 갈등, 마음고생은 인식 능력의 전락과 상당한 관계가 있다. 둘째, 타락으로 말미암아 일어난 도덕적 능력의 전락, 양심의 전락이다. 죄성이 생겨나게 되었고, 부당한 욕구가 발생했다. 부당한 욕구이기 때문에 좌절되어야 한다. 욕구가 좌절되면 고통스럽지만, 부당한 욕구를 실현시키면 더 많은 고통이 그 주위에 생겨나게 된다. 셋째, 자연계의 전락이다. 자연계의 전락은 정당한 욕구도 좌절시킬 수밖에 없는 열악한 환경을 가져왔다.[44]

고통이 원죄 때문에 생겨난 것이라면, 고통의 문제를 해결하기 위해 먼저 죄 문제를 해결해야 한다는 것은 자연스러운 논리다. 죄 문제를 해결하려면 회개를 해야 한다. 죄 문제가 해결되어 눈물도, 슬픔도, 아픔도 없는 곳이 바로 천국이다(계 21:4). 기독교 세계관을 고통이라는 주제 중심으로 요약하면, '원죄-고통-회개-천국'으로 단순하게 도식화할 수 있다. 그래서 세례 요한도, 예수께서도 복음을 전파하면서 "회개하라 천국이 가까이 왔[다]"

(마 3:2, 4:17)고 말씀하신 것이다.[45] 여기서 힌두교 세계관과 기독교 세계관이 어떻게 다른가? 고통의 문제에 대해서 힌두교와 기독교는 접근 방식이 다르다. 우선 죄 대신 무지, 회개 대신 깨달음으로 바뀐 것을 볼 수 있다. 이것은 세계관 차원에서 나타나는 인간의 죄성과 반역성을 보여 준다.

세계관과 수행법은 병행한다. 수행법은 세계관이 목적하는 바를 이루기 위해 존재하기 때문이다. 힌두교는 인간의 문제를 잘못된 의식 상태, 즉 무지로 본다. 그렇기 때문에 명상처럼 의식, 인식 차원에서 수행하게 된다. 반면에 기독교는 인간의 문제가 잘못된 관계, 하나님과의 깨어진 관계라고 본다. 회개란 본질적으로 잘못된 관계를 돌이키는 것이 우선이고, 잘못된 행동을 돌이키는 것이 그 뒤에 따라온다. 회개, 순종, 기도, 말씀 읽기, 성령 충만 등 기독교의 수행법은 모두 관계적이다.

성령 충만은 에너지 충만이 아니라 통치권의 충만이며, 성령께서 나를 온전히 통치하시는 상태를 나타내는 말로, 관계적 개념이다. 나의 죄성, 옛사람이 성령의 통치를 방해하지 않기 위해서는 자기를 부인해야 한다. 자기 부인과 성령 충만은 동시적인 사건이다. 성령이 나를 온전히 통치하시게 되면, 나를 통해서 성령의 능력과 지혜와 인내가 나타난다.

기독교가 힌두교에 던지는 도전은 분명하다. "과연 인간의 문제는 반역의 문제인가, 무지의 문제인가?" 기독교는 단호히 인간의 문제는 반역, 하나님과의 관계를 깨뜨린 것이라고 말한다. 회개는 하나님께 반역한 것을 돌이키는 것이며, 하나님과의 관계 회복이 시작되는 출발점이다. 진정한 부흥의 표지는 죄에 대한 각성, 즉 회개로 나타난다. 힌두교 세계관에서는 죄 대신에 무지, 회개 대신에 깨달음이 강조되므로 죄의 문제가 소홀히 다루어진다. 이렇게 죄를 은폐하는 것이 세계관 차원에서 나타나는 인간의 죄성과 반역성이다(창 3:10).

4장

불교
예수는 보살?

1. 불교와 기독교의 상호 작용

한국 사회에서 기독교와 불교는 양대 종교로 상호 작용해 왔다. 1980년대 중반쯤에 기독교에 대한 불교의 도전이 있었다. 기독교가 불교의 아류라고 주장하는 책들이 출판되었는데, 「불제자였던 예수」(나무 역간)라든지, 「인도에서의 예수의 생애」(고려원 역간)와 같은 책들이다.[1] 요즘은 인터넷에도 이런 영상들이 적지 않게 올라와 있다. 이 책들은 예수의 공생애 전, 청소년기와 청년기가 성경에 기록되어 있지 않은 것을 빌미로 자신들의 주장을 전개한다. 예수께서 이 기간에 인도와 페르시아와 이집트를 두루 거쳐 온갖 비의(秘儀, occult) 종교들을 섭렵하고 돌아와 새로운 종교를 창시하였다는 것이다. 주로 도마복음서 등의 위경들과 티베트에서 발견되었다는 비밀스러운 책 등에 근거하고 있다. 이러한 영지주의 계통의 위경들은 주로 2-3세기경에 기록된 것으로, 이것들이 1세기 전에 기록된 정경(正經)보다 정통성이 있다는 주장은 허황돼 보인다. 사도적 정통성이 영지주의적 계통을 통해서 이어졌다는 주장은 성경 신학과 교회사를 조금만 알아도 결코 할 수 없는 주장이다. 나는 예수께서 인도에 가지 않으셨다고 굳이 반박할 필요조차도 느끼지 않는다. 설사 인도에 갔다 왔다고 할지라도, 왜 예수께서 해외여행을 하시면 안 되는가? 우리가 태국으로 해외여행을 갔다고 해서 반드시 불교도가 된다는 것은 어불성설이지 않은가!

기독교가 대승 불교의 영향을 받았다고 주장하거나, 기독교의 사상이 불교의 보살 사상과 통한다는 주장들도 있다. 이러한 주장을 하는 사람들은 예수를 보살과 동일시하면서 예수 그리스도의 십자가 공로 사상을 보살의 공덕 사상으로 이해하려고 한다.[2] 언뜻 피상적으로 보기에는 유사성이 있어 보이지만, 사실 세계관을 분석해 보면 대승 불교의 보살 사상과 기독교의 대속은 상당한 차이가 있다. 대승 불교에서 말하는 중생 제도(衆生濟度)를 굳이 '구원'이라는 개념으로 표현한다고 해도, 보살 사상은 다신론적 구원론이다. 보살 사상은 인간을 구원할 수 있는 유일한 보살을 전제로 하지 않는다. 뿐만 아니라 불교에서 보살이 되는 길은 모두에게 열려 있다. 원칙적으로 모든 사람은 구원자가 될 수 있다. 기본적으로 불교의 보살은 죄의 문제를 처리해 주는 것이 아니다. 보살의 공덕은 예수 그리스도의 대속적 공로와는 다르다. 보살의 공덕은 중생들이 정토에 태어나게 하고, 성불(成佛)하도록 도와주는 것이다. 인과업보는 기계적인 도덕적 우주의 메커니즘이어서, 수행을 하고 공덕을 쌓아 악업을 해소하는 것은 스스로 해야 할 일이며 누가 대신해 줄 수 있는 것이 아니다. 보살의 공덕은 도움이지 대속은 아니다. 보살은 중생의 업을 대신 져 주지 않는다.

어쨌거나 기독교가 불교의 영향을 받은 아류(亞流)라는 주장은 복음에 대한 영지주의적 해석에 의해서만 가능한 것이지 정통 기독교의 틀 안에서는 불가능하다. 기독교와 불교가 종교들의 '가족 유사성'(family resemblance)[3] 이라는 관점에서 봤을 때 얼마나 유사성이 없는 다른 종교인지를 직시하지 못한 주장이다. 불교와 기독교는 세계관의 유형이라는 관점에서 볼 때 차이가 많은 종교들이다. 무엇보다도 예수께서는 매우 강한 유일신 종교인 유대교의 토양 가운데서 하나님과 자신을 동일시하였고 하나님 아들이 되심을 주장했다.[4] 반면에 석가모니는 힌두교라는 매우 범신론적, 다신론적인 토양 가운데서 불교를 창시했다. 석가모니는 자기 자신을 우주의 궁극적 실재 혹은 하나님과 동일시하지도 않았다. 초기 불교는 석가모니의 신성(神性)과 같은 형이상학적 주장에 전혀 관심이 없었고, 오로지 "어떻게 고통을 벗어날 수 있는가?"라는 심리학적 관심이 강했다. 대승 불교로 가면 법신불 사상이 나타나면서 부처를 우주의 궁극적 실재로 간주하는 주장이 나타나지만, 이 또한 유신론적이라기보다는 범신론적 차원에서의 주장이다. 힌두교의 토양에서는 석가모니가 설령 자기 자신을 신과 동일시했다고 해도 아무도 놀라거나 돌로 치려고 하지 않았을 것이다. 범아일여(梵我一如)를 주장하는 힌두교의 범신론적 동일 철학에서는 석가모니 부처뿐 아니라 모든 존재는 우주의 궁극적 실재, 즉 신적 존재이기 때문이다.

　기독교는 예수 그리스도의 대속적 죽음과 부활 사건에 기초한 반면, 불교는 고통에서 벗어나기 위한 수행 방법을 가르친다. 대속과 깨달음은 매우 다른 주장이다. 전자는 인격적 관계와 관련된 것이고, 후자는 의식 혹은 인식과 관련된 것이다. 물론 종교들 사이에는 공통점들이 있다. 대부분의 종교는 참된 평안, 기쁨, 자유, 해방 등을 추구한다. 이런 것들은 아마도 인간이 타락하지 않았다면 에덴동산에서 누렸을 그 무엇들이다. 인간이 놓여 있는 실존적 조건이 비슷하기 때문에 종교들이 비슷한 것을 추구하는 것은 당연한 일이다. 다만 문제의 원인에 대한 설명이 다르고, 문제를 해결하는 방식이 다를 뿐이다. 기독교는 인간이 추구하는 올바른 존재 상태는 올바른 관계 상태와 관련된다고 본다. 반면 불교는 올바른 존재 상태는 올바른 인식 상태와 관련된다고 본다.

내가 「세계관・종교・문화」(죠이선교회)에서 언급한 것처럼 불교는 마음 공부에 초점을 맞추고 기독교는 하나님 공부에 초점을 맞춘다.[5] 기독교에서는 하나님을 아는 것이 지식의 근본이라면, 불교는 마음과 우주의 실상을 아는 것을 지식의 근본으로 생각한다. 기독교도 마음에 대해서 적지 않은 이야기를 하지만 인간의 마음의 실체는 하나님에 대한 지식과 하나님의 계시에 의해서 명확하게 드러난다.

2. 불교의 현대화, 대중화

한국에서 불교는 조선 왕조의 억불(抑佛) 정책에 의해 500년간 매우 위축되어 있었다. 1980년대까지만 해도 서점 불교 코너에는 주로 출가자 중심의 경전이나 어려운 내용의 불교 서적이 대부분이었다. 그러나 요즘에는 아주 다양한 불교 서적이 출판되어 있음을 볼 수 있다. 경전에 대한 해설서뿐 아니라 쉬운 말로 된 승려들의 에세이집에 이르기까지 다채롭다.

불교 서적이나 불교 방송을 보면 불교도 현대화나 상황화를 시도하고 있는 것을 쉽게 발견할 수 있다. 대중이 읽기 쉽고 접근하기 쉬운 방식으로 불교가 다가가고 있는 것을 본다. 이러한 대중화의 한 방식이 '마음 수련'이다. 대표적인 예는 틱낫한(Thick Nhat Hanh)이라는 베트남 승려다. 틱낫한은 베트남 승려로 반전 운동을 하다가 프랑스로 망명했고, 그곳에서 아쉬람을 세우고 불교를 보급했다. 틱낫한의 책들은 우리나라에도 들어와서 베스트셀러가 되었는데, 그중에 「화」(火[Anger], 명진출판사 역간)라는 책이 있다. 이 책의 내용은 간단하다. 우선 통제할 수 없는 것은 통제하지 말라는 것이다. 예컨대 다른 사람의 평가나 미래는 내가 통제할 수 없다. 내가 통제할 수 없는 것을 통제하려고 하기 때문에 마음의 평안을 잃어버린다는 것이다. 두 번째는 관조법이다. 자기 안에서 일어나는 생각과 감정을 직면하고 그 흐름을 관조하라는 것이다. 그렇게 하면 생각과 감정이 아무런 실체가 없는 것임을 알게 되고, 그런 것들에서 자유로워진다. 세 번째는 집중법이다. 호흡이든, 사물의 한 지점이든, 신체의 일부분이든, 집중하여 마음을 비우라는 것이다. 특히 틱낫한은 보행 명상이라는 것을 수행했는데, 걸음에 집중하는 명상법이다.[6]

사실 틱낫한 수준의 불교 승려는 우리나라에도 많다고 생각한다. 그런데 왜 하필 틱낫한일까? 틱낫한의 책은 어려운 한문 투의 불교 용어로 되어 있지 않다. 그의 책은 먼저 서구의 언어로 쓰였고, 그것을 한국어로 풀어서 번역했기 때문에 대중이 읽기 쉽다. 또한 이런 책은 어려운 불교 용어로 된 승려들 위주의 책이 아니지만, 그렇다고 흔히 불교의 대중에게 나타나는 현세 기복적인 형태도 아니다. 이런 책은 스트레스가 심한 현대 사회에서 마음을 다스릴 필요가 있는 대중의 절실한 요구에 부응하는 주제를 다룬다.

오늘날 서구에서도 기독교의 퇴조와 맞물려 불교가 인기를 모으고 있다. 북미, 유럽, 호주 등에도 서양인 불교 신자가 적지 않다. 그중에 리처드 기어(Richard Gere)라는 할리우드 영화배우가 있는데, 그는 티베트 불교에 심취했고 달라이 라마와도 교분이 있다. 불교 방송에서 리처드 기어가 인터뷰한 것을 보면, 그가 불교의 용어와 가르침에 상당히 정통했음을 알 수 있다. 한국의 승려 중에 숭산(崇山)은 미국 보스턴에 건너가 대학가에서 포교 활동을 하였다. 그 결과 이들 엘리트 출신 중에는 한국 선불교에 심취해서 출가하고 한국까지 와서 참선을 수행한 사람들도 있다.

한국의 승려들도 대중에게 친근하게 다가가고 있다. 텔레비전 방송에 종종 출현하기도 한다. 대중과의 소통을 시도해서, 즉석에서 문답하는 방식으로 사람들의 고민에 곧바로 답을 주기도 한다. 젊고, 지적이고, 대중적 감각을 가지고, 탈권위적인 소탈한 모습을 보여 준다. 이런 노력으로 불교는 산사(山寺)에서 고고하게 수행하는 권위주의적 종교의 이미지를 조금은 벗어 버리고, 친밀하게 대중의 삶에 파고드는 이미지를 형성하고 있다.

3. 불교의 창시자

불교의 창시자는 우리가 잘 알다시피 석가모니다. 석가모니는 산스크리트의 샤키아무니(Śākyamuni)를 음역한 것으로, 샤키아족의 성자라는 뜻이다. 샤키아족은 스스로를 태양의 친족이라고 부른다고 한다. 샤키아족은 아마도 농업을 주로 하는 종족으로, 태양신을 숭배하는 종족이었던 것 같다.[7] 석가모니의 본래 이름은 고타마 싯다르타(Gautama Siddhārtha)인데, 부처나 불타(佛陀)와 같은 이름은 모두 '깨달은 자'라는 의미를 가진 붓다(Buddha)의 음역(音譯)이다.

석가모니가 태어난 시기에 대해서는 정설(定說)이 없으며 학자에 따라서 차이가 나지만 대체로 기원전 6세기경으로 의견이 모아지고 있다. 석가모니가 태어난 곳은 룸비니(Lumbinī)라는 곳으로 인도와 네팔 국경에 가까운, 네팔 영토에 속하는 마을이다. 석가모니가 성장한 카필라(Kapila) 바스투(vastu, 城)의 위치에 대해서는 학자들 간에 논란이 있지만, 인도와 네팔의 국경에서 가까운 곳인 것만은 분명해 보인다. 불교 설화에서는 석가모니가 코살라국의 카필라성 왕자로 태어났다고 묘사하고 있다.

석가모니의 탄생 설화에 따르면 석가모니의 어머니 마야(Māyā) 왕비가 태몽을 꾸었는데 코끼리가 옆구리를 들이받고 들어오는 꿈이었다. 아시타(Asita)라는 예언자가 해몽하기를 "이 사람은 장차 붓다가 되거나 전륜성왕(轉輪聖王)이 될 것이다"라고 예언한다. 전륜성왕은 산스크리트의 '차크라바르틴'(cakravartin)을 번역한 것이다. 차크라는 수레바퀴를 의미하는데, 이는 왕권을 상징한다. 전륜성왕은 가장 이상적인 도덕적 자질과 능력을 가진 통치자로서, 강력한 권력으로 아무런 저항 없이 평화롭게 전 세계를 평정하고 정법(正法, dharma)으로 백성을 평화롭게 잘 다스리는 왕을 의미한다.[8] 원래 전륜성왕에 대한 복잡한 관념은 불교 고유의 것이 아니며 불교의 보호자인 아쇼카(Aśoka) 왕 이후에 발전해 간 것으로 보인다. 중국으로 불교가 전래된 이후에는 왕즉불(王卽佛) 사상이 나타나면서 왕권을 강화하는 데 사용되기도 했다.[9] 불교는 원래 개인의 해탈과 자아의 문제에 초점을 맞추는 종교였지만, 불교 신정 국가를 꿈꾸는 왕들이 자신의 불교 신앙과 권위를 결합하려는 시도를 한 것으로 보인다. 종교로 세속 정치권력을 정당화하고 강화하려는 현상은 신정 정치에서 보편적으로 나타나는 현상이다. 한편, 인간은 보편적으로 이상 사회, 이상적 통치자에 대한 갈망이 있는데, 이를 드러내는 것이 전륜성왕의 관념이라고 할 수 있다.

석가모니의 아버지인 숫도다나(Śuddhodana, 淨飯王) 왕은 아들 싯다르타가 이왕이면 붓다보다는 전륜성왕이 되기를 바랐다고 한다. 그래서 출가하여 붓다가 되지 못하도록 온갖 노력을 아끼지 않았다. 불교에서 붓다가 되는 것을 전륜성왕이 되는 것보다 중요하게 생각하는 것 자체가 불교의 세계관이 사회 문제보다는 자아의 문제에 본질적으로 더 관심을 두고 있음을 보여 준다. 하여간 부왕의 노력에도 어느 날 석가모니는 성 밖으로 외출했을 때 병든 자, 늙은 자, 죽어 가는 자를 만나게 된다. 석가모니는 마음에 번민이 일어나서 출가를 결심한다. 물론 바로 출가를 단행한 것은 아니다. 그후에 그는 결혼을 하고, 라훌라라는 아들도 하나 둔다. 그리고 29세에 출가를 단행한다. 아들 라훌라는 나중에 석가모니의 십대(十大) 제자에 속하게 된다. 석가모니의 출가 이야기 자체가 불교의 문제의식이 무엇인지를 잘 말해 준다. 불교가 해결하고 싶은 문제는 생로병사의 고통인 것이다.

출가를 단행한 석가모니는 인도 전통을 따라서 두 종류의 선생, 즉 구루(guru)를 찾아갔다고 한다. 하나는 죽은 다음에도 불멸하는 자아가 있다고 생각하는 상견(常見)이고, 또 하나는 죽으면 아무것도 없다고 하는 단견(斷見)이었다. 석가모니는 두 군데 모두에서 답을 얻지 못했다. 그래서 불교는 비상비단(非常非斷)의 중도(中道) 사상이라고 주장한다. 하여간 석가모니는 혼자서 수행하여 깨달음을 얻기로 결심하고 부다가야(Bōdh Gayā)라는 곳에 가서 보리수 밑에서 일주일 동안 명상한 끝에 깨달음을 얻고 붓다가 되었다고 한다.

35세에 깨달음을 얻고 난 다음, 석가모니는 갠지스강 중류에서 네팔에 이르는 북인도 지역을 다니며 깨달은 바를 설법한다. 불교에서는 진리를 불법(佛法)이라고 하는데, 힌두교의 다르마가 불교에서는 보편적 규범으로서의 진리가 된다. 불교에서는 전도라는 말 대신에 전법(傳法)이라는 말을 쓴다. 석가모니는 80세에 공양받은, 잘못된 음식을 먹고 죽게 되는데 공양한 사람의 잘못을 탓하지 않고 오히려 위로하며, 고통 가운데 의연하게 죽음을 받아들인다. 불교에는 카르마를 발생시키는 것이 의지적으로 행한 행동이며, 의지가 들어가지 않은 행동은 업보를 낳지 않는다는 사상이 있다.

불교에서는 승려들의 죽음을 열반(涅槃)이라고 부른다. 원래 열반은 산스크리트의 니르바나(nirvāṇa)를 음역한 것으로, 깨달음을 얻어 번뇌의 불꽃이 꺼져서 재가 되어 버린 상태를 말한다고 한다. 그러나 깨달음을 얻었지만 육체가 살아 있는 상태에서는 여전히 타인의 인과업보에 연루될 수 있기 때문에 육체라는 찌꺼기가 남아 있다고 할 수 있다. 그런 의미에서 살아생전에 깨달음을 얻는 것은 유여열반(有餘涅槃)이고, 죽음으로 찌꺼기조차 없어지는 것은 무여열반(無餘涅槃)이라고 부른다.

석가모니가 불가피하게 자신에게 닥쳐온 죽음을 의연하게 맞이하고 초연하게 받아들인 것만큼은 분명해 보인다. 하지만 석가모니의 죽음은 인과법칙에 따라 소멸할 수밖에 없는 인간 존재의 유한성과 죽음에의 종속을 보여 준다. 불교에서 죽음은 극복할 가능성이 있거나 극복할 가치가 있는 것으로 생각되지 않는다. 만물은 변화하는 과정에 있으며, 인간 존재도 예외는 아니기 때문이다. 석가모니의 죽음은 예수의 죽음과는 확연히 다르다. 예수의 죽음은 선지자들의 예언을 따라 하나님의 뜻을 이루기 위해 계획된 죽음이었다. 그의 대속적 죽음은 예수의 사역의 절정이며 목적이기도 하다. 기독교에서 죽음은 자연적 인과율에 따른 변화의 문제라기보다는 죄로 말미암은 결과다. 예수는 죽음에서 부활함으로써 죄와 죽음을 이기신 분이 된다.

처음 나타났을 때 불교는 매우 혁명적인 사상으로 간주되었다. 기본적으로 불교는 힌두교의 카스트 제도를 부정하고 나온 면이 있었다. 우선, 힌두교에서 말하는바 인생의 네 단계인 아쉬라마(āśrama)에 따르면 수드라 계층은 경전을 읽거나 해탈(mokṣa)을 추구할 수 없는 일생족(一生族)이다. 그런데 석가모니는 수드라 계층에서도 승려로 출가하는 것을 받아 주었다. 또 아쉬라마에 따르면 50세가 지나야 해탈을 추구할 수 있는데 석가모니는 50세 이전에 청년들이 출가하는 것도 받아 주었다. 그리고 또 힌두교에서 여성은 해탈을 추구할 수 없는 존재로 간주되었는데 석가모니는 여성의 출가를 받아 주었다. 원래는 석가모니도 여성의 출가를 생각하지 않았는데 계모의 요청에 의해서 비구니(bhikkhunī)로 받아 주었다고 한다. 불교의 이런 면들은 카스트 제도의 근간을 흔들어 놓는 굉장히 혁명적인 것이었기 때문에 강한 반대에 부딪혔을 것이다. 불교가 카스트 제도를 부정하고 나온 또 하나의 표지는 샹가(saṃgha)라고 불리는 석가모니 제자의 공동체다. 샹가는 중국에서 음역하여 승가(僧伽)로 표시되었다. 샹가는 상당히 평등한 공동체였던 것 같다.

오늘날에도 힌두교의 불가촉천민들이 불교로 집단 개종을 하는 이유가 여기에 있다. 불교의 세계관이 사회 문제와 사회 변혁에 초점이 맞추어진 것은 아니다. 하지만 사회적 의무를 나타내는 힌두교적 다르마 개념이 보편적 규범으로서의 불교적 다르마 개념으로 바뀌어 사회사상에 영향을 끼칠 수 있는 가능성을 내포하고 있다. 예컨대 한국에서 민중 불교 운동은 정토를 이 세상에서 구현하고자 하는 의도를 가지고 사회 운동으로 나타났는데, 이는 공 사상에 입각해서 정토(淨土)와 예토(穢土)를 하나로 보는 관점을 전제로 하고 있다.[10]

4. 불교의 연기설

모든 종교는 자기들의 종교를 신봉하면 해결해 주겠다고 약속하는 핵심적인 문제의식이 있다. 석가모니의 출가 사건은 불교의 핵심적인 문제의식이 무엇인지를 아주 분명하게 보여 준다. 불교에서는 나고, 늙고, 병들고, 죽는 것, 즉 생로병사(生老病死)를 고통으로 보았다. 불교는 "어떻게 하면 고통의 문제를 해결할 것인가"에 초점을 맞추고 있다. 불교는 궁극적으로 고통의 문제를 해결하고자 한다. 불교는 인생을 고해(苦海), 즉 고통의 바다로 본다.

힌두교와 불교는 고통의 문제에 초점을 맞추는, 가족 유사성이 큰 종교다. 그러나 초기 불교는 힌두교와 달리 형이상학적 질문을 회피하고 심리학적 질문에 초점을 맞춘다. 불교에서 여러 가지 형이상학적 논의는 대승불교에 가야 생겨난다. 하지만 힌두교와 마찬가지로 불교도 고통이 욕구의 좌절과 관계가 있다고 본다. 욕구는 집착에서 오고, 집착은 인간 존재와 사물에 대한 잘못된 인식에 기인한다고 본다. 즉 무지가 집착을 가져오고, 집착이 욕구를 불러일으키고, 욕구가 좌절되기 때문에 고통스럽게 된다는 것이다. 불교에서는 무지를 무명(無名), 산스크리트로는 아비댜(avidyā)라고 부른다.

석가모니가 보리수 밑에서 깨달은 내용은 과연 무엇일까? 그것은 한마디로 연기설(緣起說)이라고 부르는데, 연기(緣起)라는 말은 원인과 결과의 인과관계가 끊임없이 일어난다는 뜻이다. 연기설은 아함경(阿含經)에 잘 나타나는데, 아함이라는 말은 산스크리트로 '아가마'(āgama)를 음역한 것으로, '전승된 가르침'이라는 뜻이다. 아함경은 하나의 경전이라기보다는 초기 불교 시대에 성립된 경전의 전집(全集)과 같은 것이다. 석가모니의 가르침을 기억하기 쉽도록 운(韻)이 있는 시가나 짧은 산문 형태로 만든 것이다.

잡아함경(雜阿含經)에는 다음과 같은 말이 있다. "이것이 있는 고로 저것이 있다(此有故彼有). 이것이 일어나는 고로 저것이 일어난다(此起故彼起)."[11] 중아함경(中阿含經)에서도 말한다. "이것으로 인하여 저것이 있고, 이것이 없으면 저것도 없다(因此有彼 無此無彼). 이것이 생겨나기 때문에 저것이 생겨났고, 이것이 멸하면 저것도 멸한다(此生彼生 此滅彼滅)."[12] 무엇을 말하려고 하는 것일까? 만물은 시간적으로 공간적으로 상의상관(相依相關), 즉 서로 의지하고 서로 관계하고 있다는 것이다. 따라서 어느 하나도 독립됨 없이 서로가 원인이 되고 결과가 되면서 끊임없이 발생하고 변화한다.

여기서 잠깐, 불교 경전과 용어에 대해서 언급해야겠다. 우리는 지금 한문으로 된 경전과 불교 용어를 접하고 있지만, 초기 불교 경전은 팔리어(Pāli)로 기록되었다. 초기 불교는 매우 혁명적이고 대중적이어서 보통 사람들이 쓰는 팔리어를 사용하였다. 그러나 대승 불교에 들어오면 불교도 제도화 과정을 거치면서 승려의 권위주의가 발생했다고 본다. 그래서 불경을 천박한 팔리어로 기록해서는 안 되고, 힌두교의 베다 경전처럼 산스크리트로 기록해야 한다는 주장이 나오게 된다. 그 결과 소승 경전은 주로 팔리어로, 대승 경전은 산스크리트로 기록되어 있다.

불교가 중국에 전래된 시기에 대해서는 학자마다 의견이 다르지만, 적어도 1세기경 후한(後漢) 시대에는 불교가 중국에 들어가 있었다고 본다. 불경은 후한 시대 때부터 한문으로 번역되기 시작했으나 구마라집(鳩摩羅什, Kumārajīva, 344-413)에 와서야 번역의 완성도가 높아졌다. 중국에서는 4세기부터 7세기까지 불경 번역이 활발히 이루어졌고, 7세기에는 현장(玄奘)에 의해서 대대적인 불경 번역이 이루어졌다. 산스크리트와 한문은 꽤 다른 언어 체계임에도 의역과 음역 등을 적절히 활용해서 번역을 시도했다.[13] 오늘날 불교학자들은 팔리어본과 산스크리트어본, 그리고 티베트어본 등을 대조하며 볼 수 있다.

연기설에 관한 이야기로 다시 돌아가야겠다. 불교에서는 인연(因緣)이라는 말을 쓴다. 인은 직접적인 원인으로 동력인(動力因, primary cause)을 말하고, 연은 간접적인 원인으로 질료인(質料因, secondary cause)을 말한다. 예컨대 우유가 치즈로 바뀔 때, 변화의 동력인 발효 조건들, 온도나 습도 등은 인(因)이고, 재료인 우유는 연(緣)이다.[14] 따라서 인연이라는 말은 인과관계(causality)를 나타낸다.

우리는 상식적으로 '이것'과 '저것'이 별개의 사물로서 독립적으로 존재한다고 생각한다. 예컨대 A, B, C, D는 각각 고유의, 불변의, 독립적인 속성과 본질을 가지고 있는 존재라고 보는 것이다. 불교에서 자기 고유의 속성과 본질을 나타내는 용어는 자성(自性)인데, 만물은 고유의 속성과 본질, 즉 자성이 없다는 것이다. 서구인들은 헬라적 세계관의 영향으로, 고유의 속성과 본질을 가진 다양한 개체의 집합으로 우주를 이해한다. 그러나 불교에 따르면 우주의 본래 모습은 다양한 개체의 집합이 아니다.

불교에서는 우주의 본래 모습, 진짜 모습을 진면목(眞面目)이라고 부른다. 흔히 "너의 진면목을 보여 봐"라고 말할 때 진면목이라는 말은 불교에서 온 말이다. 진면목은 철학적 용어로 하면 실재(實在, reality)라고 할 수 있다. 불교에서 말하는 우주의 본래 모습은 독립적인 다양한 개체가 존재하는 것이 아니다. 모든 존재는 사실 서로가 서로의 원인이 되고 결과가 되면서 서로 의지하고 상관하고 있는 상태다. 그러므로 우주를 독립된 다양한 개체의 집합으로 보는 것은 인식 차원에서 무지가 만들어 낸 허상(虛像)이다. 기독교가 하나님을 알지 못하는 것(호 4:1)을 문제로 본다면, 불교에서는 우주의 실상을 알지 못하는 것을 문제라고 여긴다.

그런데 왜 불교에서는 우주가 존재하는 본래 모습에 대해서 이렇게 어려운 철학적인 이야기를 하는 것일까? 앞서 언급했지만 고통의 문제를 설명하기 위해서다. 고통은 욕구의 좌절 때문이고, 욕구는 사물에 집착하기 때문이라고 했다. 왜 사물에 집착하는가? 사물이 있기 때문이라는 것이다. 그런데 사물은 정말 내가 인식한 모습처럼 존재하고 있는가? 불교는 이런 질문을 던진 것이다. 불교는 우리가 사물이 존재하는 모습을 잘못 인식하고 있다고 말한다. 인식적 무지 때문에 사물이 독립적인 다양한 개별자로 보이고, 이에 대한 집착이 일어나고, 욕구가 일어나고, 욕구 좌절이 일어나고, 고통이 된다는 것이다.

불교의 핵심 개념은 인과율 사상에 있다. 모든 것은 원인과 결과의 관계로 서로 얽히고설켜 있다는 것이다. 인과업보(因果業報)도 인간의 의지적 행동인 업(業, karma)이 원인이 되어 대상의 필연적 반응인 보(報, vipāka)가 결과로 따른다는 말이다.[15] 언뜻 보면 모든 사물이 독립적인 개체로 보이지만, 사실 모든 사물은 한 덩어리로 복잡하게 서로 관계하고 의지하고 있는 상태로, 끊임없이 발생하고 변화하고 있다는 것이다. 불교에서는 이것을 '중중무진'(重重無盡)이라고 부른다. 즉 '겹치고 또 겹쳐서 다함이 없다'는 뜻이다. 예컨대, 6면이 모두 거울로 된 방에 들어가면 사람이 어떻게 보일까? 비친 것을 또 비추고, 다시 비친 것을 또 비추고 해서, 끝도 없이 서로 계속 비친 것을 또 비추고 있는 것을 볼 수 있다. 이것이 바로 중중무진이다.

또 한 가지 예를 들어보자. A라는 사람이 출발하려는 버스를 달려가서 억지로 잡아탔다. 얼마 못 가서 그 버스가 술에 만취하여 무단횡단 하는 B라는 사람을 치어 B가 사망했다. 누구의 잘못일까? 버스를 억지로 잡아탄 A의 책임일까? 버스 운전기사만의 책임일까? A가 달려가서 억지로 잡아타지만 않았어도 그렇게 타이밍이 맞지는 않았을 테니 A의 책임이 아니라고 말하기도 어렵다. 그러나 A 이전에도 많은 사람이 타고 내리면서 느직느직하기도 하고, 억지로 잡아타기도 했을 것이다. 그렇다면 B의 죽음을 알지 못하는 많은 사람도 책임이 있다고 말할 수 있을 것이다. 그런데 B는 왜 술을 마시고 무단횡단을 했을까? B는 회사 동료와 마찰이 있었고 하루 종일 기분이 우울했다. 그래서 퇴근하는 길에 술을 마시다 만취해서 무단횡단을 한 것이다. 그렇다면 이 사건에는 누가 연루되어 있는가? B의 직장 동료, 직장 동료를 낳은 부모, 이들을 중매한 사람……, 회사를 세운 사람, 회사를 세우도록 자금을 대출해 준 은행……, 버스에 치었으니까, 자동차를 발명하고 대중화한 사람들, 그들을 낳은 부모, 자동차 제조 회사 사장, 사장을 낳은 부모……, 술에 취했으니까, 술을 제조한 사람, 판매한 사람, 이들의 부모……. 이런 식으로 하면 모든 인류가 이 사건에 동참하고 있는 셈이다.

현대 물리학자 하이젠베르크(Heisenberg)의 주장처럼 부분에 전체가 함축되어 있다는 것이다. 그래서 요즘 신과학 운동(New Scientist Movement)을 하는 사람들 중에는 불교가 현대 물리학과 잘 맞는다고 주장하는 이들도 있다. 중중무진은 이처럼 독립적으로 보이는 사물이나 사건도 서로 원인과 결과의 연쇄적인 인과관계로 많은 사물과 사건이 얽히고설켜 있다는 것이다.

석가모니가 보리수 밑에서 깨달은 내용이 연기설이라고 했는데, 이 연기설을 자세히 설명한 것이 십이 연기설이다. 십이 연기설은 '무명(無名)-행(行)-식(識)-명색(名色)-육처(六處)-촉(觸)-수(受)-애(愛)-취(取)-유(有)-생(生)-노사(老死)'의 12가지 개념으로 설명된다. 이 연기설의 내용은 뒤에서부터 살펴봐야 이해하기 쉽다. 석가모니도 뒤에서부터 거슬러 가는 방식으로 명상을 했을 것이기 때문이다. 이렇게 뒤에서 앞으로 거슬러 올라가는 명상을 역관법(逆觀法)이라 한다.

노사(老死), 즉 늙어서 죽는 것이 고통인데, 늙어서 죽는 이유는 생(生)이 있기 때문이다. 태어나는 이유는 태어날 수밖에 없는 업(業)을 가지고 있는 존재, 즉 유(有)가 있기 때문이다. 그러면 왜 업이 발생하는가? 어떤 것을 취(取)하려는 마음, 즉 소유하려고 하는 욕망 때문이다. 왜 갖고 싶은 마음이 생기는가? 어떤 것을 좋아하는 마음, 즉 애(愛)가 있기 때문이다. 왜 좋아하는 마음이 생기는가? 사물에 대해서 어떤 느낌을 받기(受) 때문이다. 왜 어떤 느낌을 받게 되는가? 사물과 감각 기관이 접촉(觸)했기 때문이다. 왜 그런 접촉이 생기는가? 육처(六處), 즉 보고(眼), 듣고(耳), 냄새 맡고(鼻), 맛보고(舌), 접촉하는(身) 감각과, 그것을 통합하는 의식(意識)이라는 6가지 감각 기관이 있기 때문이다. 이런 감각 기관이 명색(名色), 즉 형상과 질료를 가진 개체와 접촉하는 것이다. 이러한 개체를 인식하게 되는 것은 개체들을 분별하려는 인식 주체인 식(識)이 있기 때문이다. 이러한 인식 주체가 발생하는 것은 집착된 대상을 실재화하려는 작용인 행(行)이 있기 때문이다. 그리고 궁극적으로는 실재가 아닌 것을 실재로 착각하는 무지, 즉 집착을 일으키는 원초적 작용이 있기 때문이다. 이 무지가 곧 무명(無名)이다. 이 12가지 범주 가운데 어느 하나라도 끊으면 번뇌가 끊어지는데, 다른 것은 끊어 버릴 수 없기에 무명을 깨뜨리면 된다는 것이다.

사실 불교의 난제는 무지에 관련된 질문에 있다. 즉 "도대체 언제부터, 무엇 때문에 무지라는 것이 생겨나게 되었는가?" 하는 것이다. 왜 인간은 우주의 본래 모습을 볼 수 없게 되었는가 하는 것이다. 서구에서는 존재론 중심으로 철학이 형성되었다. 존재자들의 속성과 본질 등을 탐구하려고 했다. 반면에 불교는 인식론 중심이다. 우주의 실상에 대한 올바른 인식이 중요하다. 개별적 존재자들은 사실상 변화 중에 있으며 다른 존재자들과 원인과 결과의 관계로 얽히고설켜 있다. 따라서 영원불변한 존재자는 없다. 존재자라는 것은 사실상 관계와 변화 속에 존재하는 것이므로 그것은 가유(假有)라고 말할 수 있다. 명칭(prajñapti)으로만 존재하는[16] 임시적 존재일 뿐이다. 존재자들은 임시적이지만 원인과 결과의 관계 안에서 변화하며 존재한다. 존재자들은 불변의 실체가 아니기 때문에 사실상 이름으로만 지칭될 수 있다. 관계와 변화 속의 존재라는 관념은 결국 개별적 존재자에 대한 부정이라는 결론에 이르게 한다. 만유가 모두 관계 속에서 계속 변화하기 때문에 개별 존재의 속성과 본질은 설정하기 어렵다. 그래서 대승 불교에서는 다양한 개별자 대신에 일자(一者)가 존재한다. 운동과 변화하고 있는 일자다. 만유는 일자로서 부처가 된다. 그리하여서 결국은 존재론적으로 일원론(monism)으로 되돌아간다.

기독교에서 말하는바 관계 속의 존재는 불교에서 말하는 것과 의미가 다르다. 불교는 인격을 배제한 원인과 결과의 관계를 말한다. 그러나 기독교는 인격적 관계성을 말한다. 인간은 비록 완전한 자유를 가진 인격은 아니지만, 인격 때문에 관계 속에 있는 존재가 된다. 인격적 존재란 관계를 맺는 존재다. 하나님과의 관계, 타인과의 관계, 다른 피조물과의 관계다. 인간의 본질이 인격인 것은 인간이 하나님의 형상을 가졌기 때문이다. 그렇다면 하나님의 형상은 인격성을 의미하는 것이 된다. 인간은 관계성을 본질로 하되, 특히 하나님과의 관계성을 본질로 한다. 따라서 하나님과의 교제 없이 인간은 그 본질을 실현시키지 못한다. 인간의 타락 사건은 하나님과의 관계를 깨뜨린 반역이었기 때문에 인간은 자신의 본질과 거리가 먼 비참한 삶을 살게 되는 것이다.

인격적 존재자들은 다른 인격적 존재자들과의 관계성 속에 있다. 하나님의 인격성은 사랑을 본질로 한다. 또한 인격성은 자유 의지를 본질로 한다. 인격은 자유 가운데 사랑하는 것이다. 인격의 본질이 타자를 향하며 사랑의 사귐을 지향한다면, 하나님의 형상, 곧 성품의 완성이란 결국 하나님과의 사랑의 사귐에 의해서만 가능하다.

5. 불교의 핵심 교리_ 삼법인과 사성제

불교의 핵심 사상을 가장 잘 보여 주는 것이 삼법인(三法印)이다. 불교에서 법은 다르마를 번역한 것으로 진리라는 의미이고, 인(印)이란 확실함을 의미한다. 즉 삼법인이란 확실한 세 가지 진리를 뜻한다. 그렇다면 무엇이 확실한 세 가지 진리일까? 첫째, 제행무상(諸行無常)이다. 즉 모든 존재는 무상,

'항상성'(常, constancy)이 없다는 것이다. 모든 존재는 서로 상관하고 의지하면서 계속 변화하는 과정에 있기 때문이다. 둘째, 제법무아(諸法無我)다. 모든 사물은 실체(實體, substance)로서의 속성과 본질, 즉 자성이 없다는 것이다. 우주의 본래 모습은 무상(無常)이고 무아(無我)인데, 무지 때문에 착각해서 유상(有常)과 유아(有我)로 보게 되어 집착이 일어나고, 욕구가 일어나고, 고통이 발생한다는 것이다.

집착에는 그것을 일으키는 주체와 그 대상이 있다. 사실 모든 집착 중에서 가장 큰 집착은 나 자신에 대한 집착이다. 우리가 고통스러운 것은 어쩌면 '나'라는 것이 있기 때문이다. "내가 누군데, 감히!", "나를 우습게 봐?", "나를 뭐로 아는 거야" 등등 나 자신에 대한 집착 때문에 고통이 생긴다. 인간에게는 존중받고, 존경받고, 인정받고 싶은 욕구가 있는데, 그것이 좌절되기 때문에 고통스럽다. 그런데 불교는 말한다. "너는 원래 존재하지 않아!" "무시당할 너 자신도 없어!"

또 한 가지는 집착의 대상이다. 예를 들어 여기에 큰 물방울 다이아몬드가 있다고 하자. 몹시 갖고 싶지만 돈이 없어서 욕구가 좌절되기 때문에 고통이 생긴다. 그런데 이것을 갖기 위해 도둑질을 하거나 강도질을 하면 업(業)이 발생한다. 업이 생기면 업이 가지고 있는 힘, 즉 업력(業力)에 의해서 윤회할 수밖에 없는 주체로서의 '유'(有)가 발생한다. 그런데 여기서 불교는 말한다. "네가 보고 있는 물방울 다이아몬드는 영원불변한 물방울 다이아몬드가 아니야!" "잠시 잠깐, 인연에 따라서 물방울 다이아몬드의 형태를 취하고 있을 뿐이야!" "그냥 탄소 덩어리에 지나지 않고, 그것조차 영원한 탄소도 아니야!"

불교에서 모든 사물은 변화의 흐름 가운데 잠깐 그 형태로 머무는 것이지 영원한 것은 아무것도 없다. 인식 주체인 나도 영원불변한 존재가 아니고, 인식 대상인 물방울 다이아몬드도 영원불변한 존재가 아니기 때문에 집착할 필요가 없다. 결국 고통의 문제를 해결하기 위해서는 인식, 집착, 고통의 주체인 개별적 자아와, 인식, 집착, 욕구의 대상인 개별적 사물 둘 다 처리하지 않을 수 없다. 인식의 주체든 대상이든, 우주는 우리가 상식적으로 인식하는 것처럼 존재하고 있는 것이 아니라는 말이다.

이렇게 우주의 본래 모습은 무아이고 무상인데, 유아와 유상으로 착각하면, 일체개고(一切皆苦), 즉 모든 것이 고통이 되어 버린다. 하지만 우주의 본래 모습을 깨닫고 집착을 버린 자에게는 열반적정(涅槃寂靜), 즉 모든 번뇌가 끊어지고 평온한 상태가 된다. 그래서 불교의 어떤 학파는 삼법인에 일체개고를 넣기도 하고, 또 어떤 학파는 열반적정을 포함시키기도 한다.

힌두교와 불교는 다양한 개별적 자아의 존재를 부정한다는 면에서 공통점을 가지고 있다. 그러나 힌두교 아드바이타 베단타학파는 우주적 자아, 즉 아트만의 존재를 말한다. 그리고 이 우주적 자아가 곧 우주의 궁극자인 브라만과 동일하다고 주장한다. 그러나 소승 불교는 우주적 자아의 존재조차 부정하고 무아(anātman)를 말한다. 따라서 우주와의 합일과 같은 형이상학적 주장도 하지 않는다.

사성제(四聖諦)는 삼법인과 조금 다른 방식으로 불교의 교리를 설명한 것이다. 사성제는 네 가지 성스러운 진리, 진실, 사실이라는 뜻이다. 그렇다면 무엇이 네 가지 성스러운 진리인가? 불교에서는 그것을 고(苦), 집(集), 멸(滅), 도(道)라는 네 가지 개념으로 요약한다. 고란 현실 세계에서 살아가는 중생들의 상태에 대한 설명이다. 불교에서는 고를 여덟 가지로 요약한다. 생로병사(生老病死)가 고통이고, 미운 사람과 만남(怨憎會)이 고통이고, 사랑하는 사람과 이별(愛別離)이 고통이고, 구하여도 얻지 못함(求不得)이 고통이고, 오온(五蘊)의 집착에 끌려다님(五取蘊)이 고통이다. 고통의 핵심 내용을 매우 잘

집어냈다는 것을 알 수 있다. 집은 고통스러운 현실의 원인을 설명한다. 즉 잘못된 인식 기능과 감각 기관의 작용이 결집하여 집착과 욕망을 불러일으키고, 이 때문에 고통이 생긴다는 것이다. 멸은 그릇된 인식 주관의 작용과 이로 말미암은 집착과 애욕을 끊어 버리면, 고통이 없어지고 열반의 경지에 이르게 된다는 것이다. 도는 열반에 이르는 방법을 말하는데 팔정도(八正道), 즉 올바른 8가지 방법을 제시한다. 팔정도는 결국 올바른 도덕적 행위와 올바른 수행적 행위로 요약할 수 있다.

기독교는 인간이 수행해야 할 행위에 대한 가르침이나 교훈의 종교가 아니다. 기독교는 하나님이 역사 가운데서 행하신 신적 행위, 사건에 대한 계시의 종교이며, 이에 대한 인간의 반응으로서 믿음을 요구하는 종교다. 불교가 영원한 고통의 굴레, 즉 윤회에서 벗어나기 위해 존재의 임시성을 말한다면, 기독교는 정반대로 고통의 임시성과 존재의 영원성, 즉 영생을 말한다. 만약에 영원과 영생이 없다면, 고통이란 무의미한 고생이 되고 말 것이다. 현재 받는 고난은 앞으로 우리가 영원의 삶에서 누리게 될 영광과는 비교조차 할 수 없다(롬 8:18). 그럼에도 이 잠깐의 고난조차 인간에게는 길고 고통스럽게 느껴질 수 있다. 여기서 십자가는 하나님의 마음을 웅변해 준다. 하나님이 사람이 되셔서 사람이 겪을 수 있는 가장 큰 고난을 겪으셨기 때문에 우리 고통의 무게와 아픔을 아신다는 것이다. 하나님은 인간의 고통을 공유하시고, 공감하시며, 고통 받는 사람들과 함께하신다. 예수는 "우리의 연약함을 동정하지 못하실 이가 아니요 모든 일에 우리와 똑같이 시험을 받으신 이로되 죄는 없으[신]" 분이다(히 4:15). 예수는 "그가 아들이시면서도 받으신 고난으로 순종함을 배워서 온전하게 되셨[다]"(히 5:8-9). 그래서 고통은 하나님을 만나고 영적 성장을 이루어 갈 수 있는 전화위복의 기회가 된다.

6. 인간의 구성 요소_ 오온

불교는 인간을 어떻게 이해하는가? 기본적으로 불교는 고유의, 불변의, 독립적인 개체성을 가진 '나'라는 존재는 없다고 본다. 모든 것은 만유의 흐름 가운데 잠시 잠깐 어떤 모습으로 나타난 것에 지나지 않는다. 인간을 이루는 기본 구성 요소를 오온(五蘊, upādāna-skandha)이라고 하는데, 그중에서 색(色, rūpa-skandha)은 물질적 요소(matter)이고, 나머지 네 가지는 비물질적 기능이다. 수(受, vedanā)는 감각 기관에 의해서 정보가 접수되는 기능, 상(想, saṃjñā)은 개념화되어 사물이 감각되지 않을 때에도 생각하는 기능, 행(行, saṃskāra)은 의지가 작용해서 사물을 향하는 기능, 식(識, vijñāna)은 어떤 사물과 다른 사물을 식별하는 기능을 의미한다. 색온을 바탕으로 개체들을 지속시키는 정신적 기능이 작용한다.

이러한 인간관은 사실 윤회 사상과 마찰이 생길 수밖에 없다. 초기 불교는 심지어 윤회와 같은 형이상학적 주장조차도 하지 않았다고 한다. 오로지 "고통에서 벗어나기 위해서 어떻게 해야 하는가"라는 심리학적 관심이 주된 것이었다. 그러나 불교가 발생할 당시, 인도에 널리 통용되고 있는 윤회 사상을 수용하지 않을 수 없었던 것이다. 그런데 윤회 사상을 수용하면서 "내가 존재하지 않는데 과연 누가 윤회하는가?"라는 질문이 제기되었다. 이것은 당연한 질문이다. 윤회는 그 주체로 실체적 자아를 요구하는 것처럼 보인다. 반면에 초기 불교의 인간관은 실체로서의 자아가 없다는 무아설을 바탕으로 한다. 이렇게 모순처럼 보이는 문제를 해결하기 위한 논의는 여전히 진행 중이다.[17] 그래서 불교가 선택한 것은, 실체로서의 자아 동일성은 부정하나 인과적 연속성은 인정하는 것이다. 상주론(常住論)적 자아관과 단멸론(斷滅論)적 자아관의 중도로서의 연속성이다. 불교는 윤회를 설명하기 위해서 흔히 촛불의 비유를 든다. A, B, C, D……의 촛불이 있는데, B는 A에서, C는 B에서, D는 C에서 옮겨온 것이지만, A라는 고유의 불변의 독립적인 개체성이 B, C, D로 이전된 것은 아니라는 것이다. 그래서 불교에서는 오로지 식(識, vijñāna 혹은 citta)만이 윤회한다는 사상이 나타났다. 식에 대한 연구에 집중해서 나타난 것이 유식(唯識) 사상이다.

유식 불교는 4세기부터 본격적으로 나타나기 시작한다. 안(眼), 이(耳), 비(鼻), 설(舌), 신(身)과 그것을 통합하는 의식(意識)을 육식(六識)이라고 한다. 의식은 분별하고 기억하는 역할을 한다. 우리가 사용하는 '의식'이라는 용어는 원래 불교에서 온 용어다. 의식보다 안쪽에 말나식(末那識)이 있는데 선악의 상대적 작용을 야기하고 업력(業力)을 조성하는 역할을 한다. 더 안쪽에 아뢰야식(阿賴耶識)이 있는데 선악의 업력을 보존하는 기능을 한다. 여기서 업의 종자로서의 아뢰야식만이 윤회한다고 한다.

하지만 윤회의 주체를 '식'으로 설명하는 것은 그 문제를 근본적으로 해결하기 어려워 보인다. '식'이 무엇이든 간에 무언가 지속적인 것이 있고 그것이 자기 동일성의 근거라면, 그것이야말로 진정한 자아(自我), 즉 개체성이라고 할 수 있다. 따라서 주체로서의 업의 종자, 아뢰야식의 존재가 불교의 근본 주장인 제법무아(諸法無我)와 양립할 수 있는지 의문스럽다.

7. 대승 불교와 소승 불교의 시작

학자들은 대체로 불교를 소승(小乘, Hīnayāna)과 대승(大乘, Mahāyāna)으로 나누지만, 소승이라는 말은 대승 불교보다 조금 못하다는 가치 판단이 들어 있는 개념이다. 목적지까지 가기 위해 수레를 타야 하는데, 큰 수레가 있고 작은 수레가 있다는 의미다. 소승은 대승 불교를 외치는 사람 입장에서 상좌부 불교를 낮추어 일컫는 명칭이다. 즉 소승 불교는 이론적, 독선적, 이기적이라는 것이다. 소승에서는 개인이 출가해서 수행하여 열반에 드는 아라한(Arhat)이라는 경지를 추구하는데, 그렇게 되면 불쌍한 중생들은 누가 구제하느냐는 것이다. 그래서 대승에서는 자기의 유익을 넘어 중생 구제를 실천하는 보살(菩薩)의 길(道)을 추구한다고 주장한다.

소승 불교에서는 자신들을 상좌부(上座部, Theravāda) 불교라고 부르는데, 상좌란 장로(elder)의 의미를 가지고 있다. 티베트 불교를 존숭하는 사람들은 대승 불교에서 티베트 불교를 떼 내어 금강승(金剛乘)이라고도 부른다. 하지만 티베트 불교의 핵심인 공(空), 중관(中觀) 사상 등은 대승 불교와 공유된다고 말할 수 있다. 티베트 불교는 대승 불교에 티베트의 샤머니즘이 혼합된 형태이며, 몽골에 들어가 라마 불교가 되면서 몽골의 샤머니즘도 혼합되었다. 티베트 불교는 탄트리즘 불교(Tantric Buddhism) 혹은 불교 탄트리즘(Buddhist Tantrism)이라고 할 수 있다.

대승과 소승이 나뉘게 된 계기는 석가모니 사후에 있던 종교 회의에서다. 불교에서는 종교 회의를 결집(結集)이라고 부른다. 첫 번째 결집은 석가모니 사후에 왕사성(王舍城, Rājagṛha)이라는 곳에서 석가모니의 제자 마하가섭(Mahākāśyapa)을 비롯하여 500명의 비구승이 불교의 교법, 즉 다르마를 확정하기 위한 것이었다. 두 번째 결집은 석가모니 사후 100년 후에, 비사리성(毘舍離城, Vaiśālī)에서 계율 문제를 정하기 위해서였다. 여기에서 장로들은 계율 문제에 대해 더 엄격한 견해를 내세웠고, 젊은 사람들은 좀 더 자유로운 대중적인 견해를 보였다. 그리하여 대중부(大衆部)와 상좌부(上座部)가 나뉘었는데, 대중부는 대승 불교로, 상좌부는 소승 불교로 발전해 갔다.

상좌부 경전은 팔리어로, 대승 경전은 산스크리트로 기록되었는데, 누가 썼는지는 추적하기 어렵다. 성경은 책별로 그 저자를 어느 정도 짐작할 수 있지만, 불경은 저자의 흔적을 전혀 남기지 않는다. 하여간 기원전 1세기에서 기원후 1세기 사이에 누군가에 의해 대승 경전들이 만들어지기 시작했다.

8. 불신관과 성불 사상

그렇다면 대승 불교와 소승 불교의 차이는 무엇일까? 우선 소승 불교는 열반을 목표로 하고, 대승 불교는 성불(成佛)을 목표로 한다. 대승 불교에서는 이 차이를 매우 중요하게 생각하는 경향이 있다. 사실 열반은 어떤 상태 개념에 가깝다. 즉 번뇌의 불꽃이 꺼져서 재가 되어 버린 상태인 것이다. 그런데 성불은 부처가 된다는 뜻이다. 이것은 대승 불교에 나타나는 불신관(佛身觀)과 연관되어 있다. 사실상 초기 불교에서는 부처의 몸에 관한 교리라고 할 수 있는 불신관이 없었다. 석가모니는 단지 깨달은 자, 즉 부처로 존경받았는데, 대승 불교에서 부처의 몸에 대한 삼신설(三身說)이 생겨나면서 궁극적 실재와 동일시되는 현상이 나타나게 된 것이다.

만유가 영원불변한 것이 아니고 부단히 변화하는 과정에 있다면, 부처의 가르침이나 부처의 존재도 불변하는 항상성(恒常性)을 가진 것은 아니지 않느냐는 질문이 발생했을 것이다. 이에 대한 대답으로, 진리의 항상 불변성을 의미하는 법주(法住) 개념과, 부처의 항상 불변성을 함축하는 불신(佛身) 개념이 생겨난 것으로 보인다. 부처가 영원하다면 부처의 몸은 어떤 방식으로 존재하는가 하는 질문에 대한 답이 요청된 것이다. 그리하여 초기 불교가 가지고 있던 탈형이상학적 특성을 포기하고 힌두교처럼 다시금 형이상학적 성격을 띠게 된 것이다.

부처는 세 가지 형태의 몸을 취한다는 것이 삼신불(三身佛) 사상이다. 삼신불이란 법신불(法身佛, dharmakāya), 보신불(報身佛, sambhogakāya), 화신불(化身佛, nirmāṇakāya)을 말한다. 법신불은 부처의 참된 몸이며 모든 부처에게 나타나는 불성(佛性) 그 자체다. 더 나아가 법신은 모든 존재의 궁극적 본성이기 때문에 만물은 근원적으로 하나다. 이런 주장은 범신론적 세계관을 그대로 보여 준다. 소승 불교는 실체관을 거부하기 때문에 모든 존재가 아무런 고유의 속성을 가지고 있지 않다고 본다. 그러나 대승 불교에 오면 고유의 속성을 나타내기 위해서 '자성'(自性)이라는 용어가 등장한다. 법신불은 부처의 자성인 진여(眞如), 즉 진리 그 자체라는 것이다. 모든 중생은 이 불성을 가지고 있기 때문에 깨닫기만 하면 법신불로 동화되고 일치된다. 보신불은 법신이 형태를 취하여 나타난 몸으로, 진리 자체의 모든 참되고 아름답고 깨끗한 속성이 그대로 나타난 몸이다. 대표적인 보신불이 아미타불(阿彌陀佛, Maitreya)이다.[18]

화신불 혹은 응신불(應身佛)은 현실 세계의 고통에서 중생을 구제하기 위해 인간의 몸과 동일한 몸을 가지고 역사상 출현하는 부처다. 화신불은 현재, 과거, 미래에 모두 있다고 생각한다. 부처가 깨달은 자를 의미한다면 과거에도 부처가 있었을 것이고 미래에도 있을 것이라고 생각할 수 있다. 석가모니불(釋迦牟尼佛)은 현재의 화신불이며, 미륵불(彌勒佛)은 미래에 나타날 화신불이다. 불교에서는 과거에 최소 6명의 화신불이 있었다고 믿는다. 그러나 삼신불 사상은 삼위일체의 개념과는 매우 다르고, 오히려 양태론적이라고 할 수 있다.

대승 불교와 소승 불교의 차이 가운데 가장 두드러진 것은 수행의 목표다. 소승 불교는 열반에 목표를 두는 반면, 대승 불교는 불성의 성취, 즉 성불에 목표를 둔다. 열반은 문자 그대로 번뇌가 끊어진 상태를 나타낸다. 반면에 성불은 문자대로 부처를 이룬다는 것이다. 성불은 궁극적 실재인 부처가 되는 것에 초점을 둔다. 대승 불교는 더 나아가 "모든 중생에게는 다 불성이 있기 때문에"(一切衆生悉有佛性) "범부가 곧 부처이고 부처가 곧 범부"라고 주장한다. 부처와 범부는 가능태와 실현태의 차이일 뿐 본래 하나이며, 깨닫기만 하면 모두 부처가 될 수 있다. 불성은 극악무도한 사람조차도 갖고 있는 것으로, 불성 자체는 아무런 손상이 없는 것으로 생각한다. 중생들에게는 자신이 이미 가능태로서의 부처임을 아는 인식론적 자각이 중요하며, 그것이 깨달음을 얻는 인식론적 전환을 가져온다는 것이다. 성불한다는 것은 곧 자신과 우주에 대한 무지를 깨뜨리고, 진리 자체인 법신불과 합일되는 것을 의미한다.

대승 불교에서는 개별자가 고유 불변의 속성이나 본질을 가지고 있지 않기 때문에 개별 자아에 대한 집착은 무지의 소산이고, 대자아이며 보편적 자아인 불성만이 존재한다고 본다. 만유는 모두 불성을 가진 부처다. 만유는 불성으로 통일된다. 이리하여 대승 불교의 성불 사상은 실제적으로 아드바이타 베단타 힌두 철학과 구분되지 않는다. 오로지 궁극적 실재인 브라만만이 존재하고, 개별적 자아인 지바는 무지의 소산이며 마야, 즉 환상일 뿐이다. 범아일여, 즉 브라만이 곧 아트만이라는 생각은 법신불과 불성을 일치시키는 범신론적 동일 철학과 다르지 않다. 법신불 자리를 브라만이, 불성 자리를 아트만이 대신한 것이다. 여기서 우리는 범신론적 합일 사상이 어떻게 대승 불교와 아드바이타 베단타 사상에서 재현되는지를 보게 된다. 그리고 신유교의 성리학에 들어오면 아트만과 불성은 '성'(性)이 되고, 브라만과 법신불은 '리'(理)가 된다. "브라만이 곧 아트만"이라는 힌두교의 명제는 성리학에서 "리가 곧 성," "성이 곧 리"가 된다. 성리학이라는 용어가 바로 성즉리학(性卽理學)을 의미한다.

9. 보살과 방편

소승 불교는 출가해서 홀로 수도하고, 계율을 중시하고, 개인이 아라한에 이르는 것을 목적으로 삼는다. 소승 불교는 이론적이고, 학문적이고, 개인주의적 성향이 있다. 반면에 대승 불교에는 보살 개념이 있다. 산스크리트의 보띠사트바(bodhisattva)를 음역하면 보리살타(菩利薩他)가 되는데, 그것을 줄여서 보살(菩薩)이라고 한다. 보살은 자신이 출가해서 수행하여 성불할 수 있지만 중생들을 구제하기 위해 성불을 보류하고 중생을 구제하기로 서원한 사람을 말한다.

중생을 구제하기 위한 모든 보살의 행위를 보살행(菩薩行)이라 한다. 보살이 서원을 하면 그 서원에 따라 힘이 발생하는데, 그것을 원력(願力)이라고 한다. 원력에 의해 형성되는 세계를 정토(淨土)라고 부른다. 여기서 정토란 깨끗한 땅이라는 의미다. 반면에 우리가 살고 있는 세상은 예토(穢土)라고 부른다. 여기서 예(穢)는 '더럽다'는 뜻이다. 정토 중에서 가장 유명한 정토는 서방정토(西方淨土) 극락(極樂)인데, 흔히 줄여서 극락이라고 한다. '서쪽에 있는 극도의 쾌락이 있는 정토'라는 의미다. 극락은 아미타불(Amitābha)이 보살 시절에 서원해서 생겨난 정토다. 극락은 불교에서 말하는 유일한 정토는 아니고, 많은 정토 가운데 하나라고 할 수 있다.

정토는 불국토(佛國土, buddha-kṣetra)라고 불리기도 한다. 문자 그대로 해석하면 '부처의 나라'라는 뜻이다. 불국토는 장엄하고 편안한 곳으로 보인다. 정토는 청정과 복락을 그 내용으로 한다. 대승 불교에는 다양한 정토가 있다. "「아촉불국경」의 아비라제(阿比羅提), 「아미타경」의 서방 극락(極樂), 「대반열반경」의 무승세계(無勝世界), 「약사여래본원경」의 동방 정유리세계(淨琉璃世界), 「문수사리불토장엄경」의 남방 리진구심(離塵垢心) 등이다."[19]

완전하고, 깨끗하고, 편안한 이상 세계에 대한 염원은 여러 종교에서 나타난다. 인간은 내적 갈등이나 외적 갈등이 없는 평화로운 사회, 그리고 죄가 없고 깨끗하며 거룩한 사회를 열망하는 마음이 있다. 이러한 열망이 여러 형태의 이상 사회, 유토피아 사상으로 나타난다. 그러나 불교의 정토, 불국토 사상에는 역사성이 결여되어 있다. 언제 어떻게 이러한 이상 사회가 도래하는가에 대한 종말론적 비전이 없다. 미륵불의 도래는 구체적인 역사성을 갖지 못한다. 정토는 불보살의 공덕으로 죽음 후에 그곳에 태어나서 갈 수 있는 곳이다. 사랑과 공의의 하나님이 다스리는 영원한 통치로서의 하나님 나라와 같은 사회적 성격은 두드러지지 않는다.

물론 기독교에서도 천국은 죽음 후에 가는 곳으로 생각된다. 그러나 기독교에서 천국, 하나님의 나라는 단순히 사후에 가는 좋은 장소 이상의 의미를 가진다. 천국은 하나님이 통치하는 곳, 즉 다른 말로 하면 신국(神國)이며 유일한 최종 목적지다. 하나님 나라는 죽음 후에 개인이 가게 되는 좋은 곳, 그 이상이다. 하나님 나라는 사회적이고 역사적이어서, 새 하늘과 새 땅으로 역사적으로 도래하게 될 나라다. 하나님 나라는 하나님이 통치하시기 때문에 부정, 부패, 불의, 부당함, 불공정이 없는 깨끗한 곳이다. 하나님이 통치하시기 때문에 자기중심성과 자기 주장성이라는 죄성이 처리되어서 어떤 갈등도, 분쟁도, 전쟁도 없는 곳이다. 하나님 나라는 죄가 없는 곳이다. 육체의 연약함, 질병이나 죽음도 없다. 그러므로 평안하고 편안한 곳이기는 하다. 그렇지만 하나님 나라의 본질은 하나님이 통치하시는 복된 삶의 지속이라는 것이다. 영생은 시간의 길이라기보다는 온전한 삶의 질을 뜻한다.

불교는 공 사상에 입각해서 예토와 정토를 일치시키기도 한다. 예토가 정토이며, 정토가 예토라는 것이다. 이 세상을 정토처럼 만들자는 것이다. 신라 시대에는 신라가 곧 불국토라는 사상이 강하게 일어나기도 했다. 대승 불교에는 이처럼 사회사상의 요소가 전혀 없는 것이 아니다. 하지만 기본적으로 소승이든 대승이든, 불교는 자아의 문제에 초점을 맞추고 있지 사회와 통치의 문제에 초점을 맞추고 있지 않다.

극락은 천국처럼 최종 귀착지가 아니다. 예토에서 성불하는 것은 여건이 매우 어렵기 때문에 일단 정토에 태어나 성불하겠다는 전략이다. 정토에 태어나기 위해서는 불・보살(佛・菩薩)에 귀의해서 그 도움을 받아야 한다. 그리하여 자력 구원의 종교로 시작한 불교는 정토 사상에 오면 아주 극단적인 타력 구원의 형태를 취하기도 한다. 정토종이 가장 발달한 곳이 일본이다. "나무아미타불"이라고 할 때 '나무'는 '귀의하다' 혹은 '의지하다'라는 뜻을 가지고 있다. 아미타불의 공덕에 의지해서 극락이라는 정토에 태어나게 된다는 것이다. 심지어는 아미타불의 이름을 한 번만 불러도 그 공덕의 혜택을 입는다고 하는 극단적인 염불(念佛) 사상도 나타났다.

대승 불교는 중생의 구제를 실천하는 구세 사상의 면을 갖고 있다. 출가자(出家者)가 아니라 재가자(在家者)도 이러한 보살의 삶을 살 수 있다고 생각한다. 중생을 구제하기 위해서는 악도(惡道)를 행하는 방편(方便)도 사용할 수 있다고 생각한다. 원래 방편이라는 말은 불교에서 온 용어다. 공(空)의 경지는 선악의 대립을 넘어선, 참된 무분별지(無分別智), 즉 반야지(般若智)의 상태다. 그래서 선한 방법이든 악한 방법이든 중생을 구제할 수 있다면 취할 수 있는 방법이라고 생각한다.

한국 불교의 역사를 보면 원효(元曉)라는 승려가 나온다. 원효는 요석(瑤

昔) 공주와 하룻밤을 자고 설총(薛聰)을 낳았다. 소승 불교의 관점으로 보자면 원효의 행위는 파계라고 할 수 있다. 그렇지만 대승 불교에서는 그를 공의 경지에서 자유자재한 방편을 사용한 고승(高僧)으로 보려는 경향이 있다. 원효 대사가 정욕에 빠져서 그런 파계를 한 것이 아니라, 정반대로 중생을 구제하기 위한 보살행을 했다는 것이다. 이처럼 불교에서는 중생을 구제하기 위해 순행(順行)뿐 아니라 역행(逆行)도 사용할 수 있다고 생각한다. 선악에 얽매이지 않는 자유자재의 방편 사용을 대승 불교에서는 무애행(无涯行)이라고 부른다. 무애란 장애가 없음, 걸림이 없음을 의미한다. 그러므로 선악의 구분에도 구애되지 않는다. 예컨대 성질이 아주 못된 사람이 있다고 하자. 이 사람의 버릇을 고치는 데는 두 가지 방법이 있다. 하나는 감싸 주는 것이고, 다른 하나는 본때를 보여 주는 것이다. 전자는 순행이고 후자는 역행이다. 물론 기독교는 후자의 방식을 취하지는 않는다. 기독교는 목적뿐 아니라 방법도 옳아야 한다고 보기 때문이다. 방법이 잘못되었으면 목적을 성취했다고 할지라도 잘된 것이 아니다.

역행의 또 한 가지 예는 선사(禪師)들에게서 나타난다. 중국에는 조동종과 같이 참선을 위주로 하는 묵조선(默照禪)이 있고, 임제종(臨濟宗)처럼 선문답을 위주로 하는 간화선(看話禪)이 있다. 간화선에서는 선생이 화두(話頭)를 주면 제자는 그 화두의 의미를 곱씹고 되씹는다. 그것을 "화두를 참구(參究)한다"고 한다. 선생은 종종 제자들의 의식의 지평을 전환시키기 위해 충격 요법을 사용한다. 언어적 충격을 주거나, 괴성을 지르거나, 심지어는 신체적 충격 요법을 사용할 때도 있다. 어떤 방법을 사용하더라도 깨닫고 성불하게 하는 것이 방편이다.

불교에서는 예수를 보살로 간주하면서 예수의 십자가를 일종의 불교식 '방편'으로 생각하는 경향이 있다. 그러나 이러한 주장은 예수의 하나님 되심을 반대하고 십자가의 역사성을 약화시키는 주장이다. 불교에서 말하는 방편은 깨달음에 이르게 하는 지혜, 방법이라는 의미인데, 불교에서 역사성은 그다지 중요하게 여겨지지 않는다. 방편이라는 말은 몇 가지를 전제로 한다. 첫째, 방편은 수준 낮은 사람들을 교화하거나 깨달음으로 인도하기 위한 장치로, 사실에 기초하지 않아도 무방하다는 것이다. 둘째, 의식에는 단계가 있는데 가장 높은 의식의 단계에서는 우주의 궁극자를 비인격적인 존재로 본다는 것이다. 이 전제들에 따르면 인격적인 신을 믿는 유신론은 낮은 의식 단계를 가진 사람을 위한 교화의 방편일 뿐이다. 결국 유신론은 교화를 위한 거짓말이 되어 버린다. 이처럼 방편이라는 말은 가장 불교적인 세계관을 반영하고 있다.

성경도 "그리스도는 하나님의 능력이요 하나님의 지혜"(고전 1:24)라고 말한다. 그러나 성경에서 말하는 하나님의 지혜란 인간이 이성으로 알 수 없는 하나님의 구속사적 지혜이며 "감추어졌던 것인데" 오직 성령으로만 알 수 있다는 의미에서 하나님의 지혜다(고전 2:1-12). 그러므로 십자가, 부활, 예수의 신성이 모두 불교적 의미의 방편으로 해석된다면 그것은 이미 기독교가 아니다. 기독교는 거짓에 기초한 방법으로 사람들을 구원하는 종교가 아니다. 비록 좋은 의도가 있다 할지라도 거짓은 진리를 담지할 수 없으며, 사람들을 구원할 수 없다. 하나님이 사람이 되실 수 있다면, 왜 평범한 사람이 자신을 하나님인 것처럼 조작해야 하는가? 그러므로 방편설은 불교적인 사고방식이고, 전능하신 인격적 하나님을 배제한 생각일 뿐이다. 하나님은 방편으로서 거짓을 행하실 필요가 없다. 하나님은 거짓을 행하지 않고서도 하실 수 있기 때문이다.

불교적인 사고방식으로서 방편이란, 어리석게도 무지와 고통에 빠진 자들을 구원하기 위한 보살의 지혜라는 의미다. 그러나 하나님의 지혜는 죄에 빠진 우리를 구원하려는 것이지 무지에 빠진 우리를 계몽시키려는 것이 아니다. 기독교는 죄 사함의 종교이지 깨달음의 종교가 아니다. 그렇다면 불교식의 방편으로 기독교를 이해하면 어떻게 되는가? 인간의 죄책감을 해결하기 위한 방편, 욕심을 버리기 위한 방편, 그래서 서로 분쟁하지 않고 평화롭게 지내기 위한 방편, 신에게 맡김으로 마음에서 두려움과 염려를 이기고 평안을 얻기 위한 방편이 된다. 그러나 이것은 결국 예수의 하나님 되심과 십자가 사건을 단순히 심리적 기제를 불러일으키기 위한 방편으로 보는 것이 되고, 그래서 불교와 다를 바 없는 것이 된다.

이러한 방편설의 전제는, 결국 깨달음이 가장 중요하다는 것이다. 모든 인간은 먼저 깨닫고 나서야 깨닫지 못한 자를 깨우치고 도와줄 수 있다는 것이다. 모든 인간은 깨달은 존재, 궁극자가 될 수 있다는 것을 전제로 한다. 그러나 예수가 참으로 하나님이라면 성육신의 목적은 무엇인가? 죄 사함일 수밖에 없다. 사람들을 깨우치기 위해 하나님이 사람이 되실 필요는 없다.

예수가 하나님이 아니고도 죄 사함을 위한 속죄 제물이 될 수 있는가? 속죄 제물이 되기 위해서는 흠 없고 죄 없는 존재여야 한다. 인간이 흠 없고 죄 없는 것이 가능한가? 깨달음을 얻어 흠 없고 죄 없는 존재가 될 수 있다고 가정하자. 하지만 깨닫기 전에 저지른 흠과 죄는 어떻게 할 것인가? 예수가 하나님이 아니면서도 속죄 제물이 될 수 있다는 생각은 결국 도를 터득한 도인(道人)이나 깨달음의 경지에 도달한 붓다 사상과 같은 것이 될 것이다. 깨달음을 얻은 자, 온전한 자는 누구나 속죄 제물이 될 수 있다는 의미가 된다. 그렇게 되면, 이것은 메시아의 가능성이 모든 사람에게 열려 있다는 뜻이 된다. 이단 교주들은 종종 자신이 성령을 받아서 메시아가 되었다고 주장한다. 본래 하나님이라고 감히 주장하지는 않지만, 성령을 받아

온전한 사람이 되어 메시아의 자격을 갖게 되었노라고 주장하는 것이다. 모든 사람에게 메시아가 될 가능성이 열려 있다는 것은 모든 사람에게 붓다나 보살이 될 가능성이 열려 있다는 생각과 전혀 다르지 않다. 그래서 예수의 유일성은 무시된다. 하지만 예수는 많은 보살 가운데 하나로 전락될 수 있는 분이 아니다. 예수 그리스도는 하나님의 유일하신 성육신으로서 하나님의 아들이시다.

10. 공의 개념

대승 불교의 핵심 사상을 한마디로 말하라고 한다면 단연코 공(空) 사상이라고 할 수 있다. 공은 대승 불교의 다른 개념 및 사상의 기초가 되는 사상이기 때문이다. 공 사상은 중국과 한국과 일본에 용수(龍樹)로 알려져 있는 나가르주나(Nāgārjuna, 150-250)에 의해서 완성되었다.

공은 산스크리트의 슈냐타(śūnyatā)를 중국에서 번역한 것이다. 공의 의미는 연기설과 크게 다르지 않다. 즉 모든 사물은 고유의 본질과 속성을 가진 실체가 아니라 서로 관계하고 의지하고 있는 임시적 존재자들이라는 것이다. 그러면 왜 공이라고 번역했을까? 공은 '비어 있다'는 의미다. 고유 불변의 속성이나 본질이 없다는 의미에서 비어 있다고 할 수 있다.

공에 대한 영어 번역은 공의 개념이 번역하기 쉽지 않음을 보여 줌과 동시에 공 개념의 특징을 드러내기도 한다. 공 개념이 가지고 있는 상호성에 초점을 맞추는 경우에는 'relativity'로 번역된다. 대체로는 실체가 없음을 나타내기 위해서 'nothingness' 혹은 'emptiness'라고 번역하기도 한다. 공의 의미는 절대적으로 아무것도 없음을 뜻하기보다는, 고유의 속성과 본질을 가지는 사물들이 존재하는 것이 아니라는 뜻이다. 공은 "존재(being)와 비존재(nonbeing)의 이분법 중 어느 한쪽으로 간주되는 것이 아니다."[20] 그렇다면 존재도 아니고 비존재도 아닌 것은 무엇인가? 존재(being)가 아니라 과정(becoming)인 것이다. 변화 중에 있는 임시적 존재들의 인과관계의 연쇄 과정이다. 공은 우주의 참된 양상을 표현하는 개념이다.

그렇다면 상좌부 불교의 핵심 사상인 연기설과 대승 불교의 핵심 사상인 공은 어떻게 다른가? 공은 현상세계가 실재(實在)하는 양상, 즉 우주의 실상에 관한 것이다. 현상세계가 존재하는 본래 모습은 고유 불변의 속성과 본질을 가진 개체들의 집합이 아니다. 현상세계에 존재하는 사물의 본래 모습은 공하다는 것이다. 반면에 연기설은 인과율의 관점에서 현상 세계가 다양한 개체로 인식되는 과정에 주목한다.[21]

인간을 포함한 현상세계의 모든 사물은 자신의 고유한 속성을 가진 독립적 실체가 아니다. 그들은 부단히 변화하고 있으며, 서로 관계하고 서로 의지하고 있다. 이처럼 공 사상은 불교의 핵심 교리인 삼법인 사상을 그대로 함축하고 있다. 세계의 모든 사물은 개체성도 없고(諸法無我) 항상성도 없다(諸行無常). 그런데 이러한 세계의 실상(實相)을 보지 못하기 때문에 모든 것이 고통이 되고 만다는(一切皆苦) 것이다.

대승 불교 경전 중에서 공 사상을 압축적으로 잘 보여 주는 것이 반야심경(般若心經)이다. 반야심경은 불경 중에서 가장 짧은 경전이다. 이 경전에서 가장 널리 알려진 구절이 "색즉시공 공즉시색"(色卽是空 空卽是色)이다. "색즉시공"(色卽是空)은 영화 제목이 될 만큼 유명하지만 영화의 내용은 그 본래 뜻과는 무관한 듯하다.

반야심경에서 색(色)은 산스크리트의 루파(rūpa)를 번역한 것으로 우리말로는 '물질', '물질세계', '현상계' 등으로 번역할 수 있다. 색은 우리가 상식적으로 경험하는 현상세계의 모습인데, 이 세계는 다양한 개체의 집합으로 보인다. 색즉시공이 의미하는 바는, 현상세계의 실제 모습은 인과관계로 복잡하게 얽히고설켜 계속 변화하는 중에 있는 임시적인 사물들의 연쇄 과정이어서 아무런 실체가 없다는 것이다. 하지만 공은 플라톤의 이데아 세계처럼 현상세계와 별개로 떨어져 있는 것이 아니다. 공은 현상세계에서 구현되고 있는 실상, 즉 진짜 모습(眞面目)이다. 반야심경은 연이어서 "색불이공 공불이색"(色不異空 空不異色)이라고 하는데, 그 말은 현상계는 공과 다르지 아니하고 공은 현상계와 다르지 않다는 뜻이다.

그렇다면 한 가지 질문이 제기된다. 왜 우리는 세계의 진짜 모습을 보지 못하는 것일까? 불교는 현상계를 개체들의 집합으로 잘못 보는 인식적 경향이 분별심(分別心, vikalpa) 때문이라고 본다. 이러한 잘못된 인식적 경향 때문에 '명색'(名色, nāmarūpa), 즉 사물의 형상과 질료에 집착하게 되고, 사물들을 개체로 분별하게 되는 것이다. 그리하여 나와 너, 선과 악, 좋음과 나쁨이 분별되면서, 집착이 일어나고, 욕구가 발생하고, 욕구가 좌절되면 고통이 발생하게 된다. 따라서 고통을 제거하기 위해서는 이러한 분별의 작용, 즉 분별망심을 끊어서 무분별지(無分別智)에 도달해야 하는데, 그것이 참된 지혜, 곧 반야(般若)다. 그런데 이러한 답변도 또 다른 질문을 불러일으킨다. 이러한 분별심, 무지는 애당초 왜 생겨나게 된 것일까? 범신론적 종교의 문제는 기원의 문제에 대해서 분명한 답을 제시해 주지 못한다는 것이다.

무분별지는 판단 중지를 가져오기 때문에 마음에 평안을 가져다주는 것으로 보인다. '내가 옳지 않았다'는 생각은 '나'라는 자기중심성과 '옳음'이라는 자기 주장성의 결합이다. 불교는 죄책감을 달래기 위해서 옳고 그름의 기준을 분별하지 말라고 요청한다. 또 죄책감을 느끼는 개별적 자아의식은 실체가 없는 망상일 뿐이라고 주장한다. 자기의식과 분별의식을 포기하여 죄책감을 달래려는 것이다. 타존재와의 관계에서 자기중심성을 극복하기 위한 불교의 방식은 무분별지를 추구하는 것이다. 반면에 기독교는 개별적 자아의식을 포기하지 않고, 오히려 인격성의 본질인 하나님의 형상을 회복하여 자기중심성을 극복하고 타존재에 대한 사랑을 추구하라고 말한다.

11. 만유는 하나?

그렇다면 공의 개념이 어떻게 범신론적 동일 철학과 관련되어 있는지 살펴보자. 공의 차원에서 A와 B 두 사물은 각각 스스로의 개체성이나 속성을 가지고 있지 않다. 그러므로 A와 B 두 사물은 서로 분별될 수 없으며, 서로 관계하고 의지하고 있는 하나다. 사물은 고유 불변의 속성과 본질을 가지고 있지 않으며, 따라서 개체성도 없다. 또한 사물들은 서로 원인과 결과의 관계로 복잡하게 얽히고설켜서 한 덩어리로 변화하는 과정에 있다.[22] 이처럼 우주의 만유가 하나라면, 우주에 포함되어 있는 인간도 그 복잡한 인과관계 망의 일부분으로 우주의 변화 과정에 포함된다고 할 수밖에 없다.

대승 불교에서는 공이 궁극적 실재다. 공을 초월한 신은 존재할 수 없으며 궁극적 실재인 공은 인간을 포함한 만물 안에서 발견된다. 우주의 실상은 공이며, 인간 존재의 실상도 공이다. 우주와 인간은 공으로 연속이므로 만물은 하나다. 만물이 하나라고 할 때 그 하나 됨을 방해하는 개별자들의 개체성은 부정되어야 하며, 동시에 만물에 내재해 있는 동일한 특성으로서 공이나 불성(佛性)이 요청된다. 깨달음이란 결국 이 동일성을 자각하여 분별심을 극복하고, 분별심이 일으키는 집착과 욕구를 해소하는 것이다.

기독교는 보편적, 우주적 대자아와 같은 개념을 가지고 있지 않다. 이런 개념들은 대체로 범신론적 신비주의의 기초가 되기 때문이다. 기독교의 창조 사상은 개별자를 중요시한다. 하나님이 창조하신 것은 개별자들, 개체들이다. 우주는 하나님이 창조하신, 개별적 특성을 가진 다양한 개별자로 가득 차 있다. 하나님은 이 개별자들, 만물을 그분의 권능으로 붙들고 계신다(히 1:3). 그러므로 비록 불교에서 말하는 것처럼 이 개별자들이 상호 연관되고 불가분적으로 상호의존하면서 부단히 변화하고 있다고 할지라도 개별자들은 여전히 의미를 갖는다. 하나님이 제한된 시간과 공간 내에서 이들을 존재하게 하며 그 존재의 목적을 부여하기 때문이다.

더구나 하나님이 '인격적'이라고 할 때, 하나님의 인격성은 개별자들과 관계하는 것을 말한다. 하나님은 독특한 개성을 가진 우리 개개인과 관계하시는 것이지 보편적인 인간과 관계하시는 것이 아니다(출 33:17, 시 139:1-4, 렘 1:5). 따라서 개별자들의 다양한 개체성을 부인하는 것은 하나님의 인격성을 부인하는 것과 연결될 수밖에 없다. 그래서 범신론적 세계관에서는 비인격적인 궁극적 실재가 인격적인 신을 대신하게 되는 것이다. 우주가 연속적 일자(一者)이며 만유가 개체성을 가지지 않는다는 것이 우주의 본래 모습이라면, 현상세계의 다양성이 창조의 결과가 아닌 무지의 소산으로 간주되는 것은 자연스러운 귀결이라고 하겠다. 그러므로 "유신론은 불교의 형이상학과 양립할 수 없다"는 평가는 타당해 보인다.[23]

공 사상에 나타나는 인도적 범신론은 도(道)나 기(氣)와 관련된 중국적 범신론과는 다른 형태를 보인다. 인도적 범신론은 사물의 개체성을 인간의 인식 혹은 관념이 만들어 낸 소산으로 본다. 그런 면에서 관념론적(idealistic)이라고 말할 수 있다. 대승 불교에서는 "일체유심조"(一切唯心造)라는 유명한 명제가 있다. '모든 것은 오직 마음이 만들어 낸 것'이라는 뜻이다.

반면에 도나 기와 관련된 중국적 범신론은 기본적으로 실재론적(realistic)

이다. 만물에는 동일한 도가 스며들어 있으며 만물은 모두 기로 구성되어 있다고 본다. 그렇기 때문에 우주는 도 혹은 기의 연속체(continuum)로서 일자(一者)다. 개체성은 인간의 인식 혹은 관념의 소산물이 아니라 실재하는 것이다. 두 종류의 범신론 모두 개별자를 순간성과 변화성이라는 관점에서 본다. 또 둘 모두 우주를 연속적 일자로 본다는 면에서 공통점을 가진다. 그러나 중국적 범신론에서는 비록 사물들이 지속적인 변화 과정에 있다 하더라도, 개별자의 개체성이 인도적 범신론에서처럼 부정되지 않는다.

인도든 중국이든, 우주의 일자성(一者性)을 주장하는 범신론적 형이상학은 단순한 이론적 주장으로 그치지 않는다. 우주의 실재에 대한 자각, 즉 깨달음을 위한 수행이 요청된다. 그래서 범신론은 신비주의적 수행과 불가분의 관계를 갖게 된다.

종교를 연구하는 데 주의해야 할 것은 개념의 피상적 유사성에 현혹되지 말아야 한다는 것이다. 그 이면에 있는 세계관을 분석해서 그 차이를 알아야 한다. 범신론적 신비주의에서 공통적으로 나타나는 '만물의 하나 됨'과 같은 개념이 한 예다. 피상적으로 보면, 성경에서 말하는 '만유의 통일'(엡 1:10, 4:6)도 그런 식으로 오해될 수 있다. 하지만 성경이 말하는 것은 범신론의 구조와 매우 다르다. 범신론에서는 종종 비인격적 궁극자, 예컨대 브라만, 공, 불성 등에 의해서 개별자들이 개체성을 상실하는 방식으로 만유의 통일을 말한다. 성경에서 말하는 만유의 통일은 인격적인 그리스도, 하나님을 중심으로 하는 것이다. 그러므로 '하나 됨'도 엄밀하게 구별해야 한다. 성경에서 말하는바 '연합'(聯合)으로서의 하나 됨은 범신론적 '합일'(合一)과 구분되어야 마땅하다. 성경이 말하는 하나 됨은 만물의 창조주인 하나님의 주권적 섭리 하에 만물이 하나로 묶여 있다는 의미다.[24]

기독교에서는 하나님의 초월성(transcendence)과 내재성(immanence)이 균형을 이룬다. 하나님은 "만유의 아버지이시며, 만유 위에 계시고, 만유를 통하여 일하시고, 만유 안에 계신다"(에베소서 4장 6절 참조). 초월성을 지나치게 강조하면 피조물과 어떤 인격적 관계도 갖지 않는 초절적(超絶的) 신이 되어 버린다. 반면에 내재성만 강조하면 범신론처럼 되어 버릴 위험이 있다. 기독교에서 말하는 하나님의 내재성은 범신론이나 범재신론적 동일 철학을 의미하는 것이 아니라 하나님이 피조물과 관계하심을 나타내는 표현으로 이해해야 한다. 즉 하나님이 임재하시고 섭리하심을 나타내는 말이다.

불교의 핵심 주장은 "우주의 참모습을 알라"는 것이다. 중생들은 이 본래 면목을 알지 못하기 때문에 고통 가운데 있다는 것이다. 기독교는 "하나님을 알[라]"고 말한다(호 6:3). 하나님을 알지 못하기 때문에 인간은 죄를 짓고 망한다(호 4:6). 불교가 우주의 진면목을 알라고 할 때, 그것은 인식의 문제이며 관념과 의식의 문제다. 불교는 의식, 인식의 단계에 따라 이 우주가 다르게 보인다고 주장한다. 한편, 기독교가 하나님을 알라고 할 때에는 관계의 문제다. 하나님을 인격적으로 경험하고 아는 것이 중요하다.

실재와 인식의 문제는 인간의 언어와 연관되어 있다.[25] 사람들이 우주의 실상을 깨닫지 못하는 것은 인간이 언어를 매개로 사물을 보기 때문이다. 그래서 실재론적 관점에서 개별자들을 보게 되는 것이다.[26] 하지만 기독교는 기본적으로 실재론적이다. 우리가 어떤 사물을 고유한 속성을 가진 개체로 이해한다고 할 때, 그것은 이미 제한된 시간과 공간에서 어떤 기능을 가지고 있다는 것을 전제로 한다. 예컨대 장롱이 해체되어 목재로 쌓여 있으면 더는 장롱이라고 부르지 않는다. 우리가 장롱이라는 개체를 인식하고 장롱이라고 부르는 것은 제한된 시간과 공간 안에서 장롱의 형상과 기능을 가지고 있기 때문이다. 기독교의 목적론적 관점에서 사물들은 불교에서 말하는 가유(假有)가 아니다. 사물들은 비록 유한하지만, 오히려 진짜로 존재하는 진유(眞有)다. 불교는 사물을 인식론적으로 접근해서 개별자들을 관념의 소산으로 보기 때문에 관념론이다. 기독교는 실재론에 바탕을 두고 사물을 목적론적 관점에서 이해한다.

무아와 무상이라는 불교의 가르침에도 부분적인 진리가 있다고 할 수 있다. 이러한 불교의 핵심 가르침들은 물리적 세계를 관찰하여 이끌어 낸 것이다. 불교는 사물의 인과관계에 초점을 두는 결정론적 세계관이기 때문에 목적론을 결여하고 있다. 그리고 목적론을 결여하는 순간 존재의 무상성은 허무주의로 연결될 수밖에 없다.

12. 공 사상과 윤리적 상대주의

공 사상은 대립자의 대립을 넘어선 인식의 단계를 강조한다. 서로 대립되는 것으로 인식되는 것은 개별자의 차별상을 보는 분별심 때문이다. 참된 지혜인 반야지(般若智), 즉 무분별지에서는 심지어 대립자로 인식되는 개별자들도 더는 대립되는 것이 아니다. 공 사상에서는 만유를 하나로 본다. 따라서 대립자(對立者)로 보이는 것들도 사실상 대립을 넘어 서로 관계하고 의지하고 있기 때문에 일자(一者)에 포함된다. 실체적 세계관에서는 'A=~A'가 모순율에 해당하지만, 불교의 동일 철학적 세계관에서는 'A=~A', '~A=A'도 가능한 것이 된다. 그러나 형이상학적으로 모순율을 무의미하게 만드는 것은 도덕적 상대주의의 토대가 된다는 것을 직시해야 한다.

불교는 이러한 논리를 적용하여 열반과 생사, 선과 악, 부처와 범부, 삶과 죽음, 천당과 지옥 등도 사실상은 대립하고 있는 것이 아니라 하나라는 것을 강조한다. 성철(性徹) 종정은 1993년에 충격적인 열반송(涅槃頌)을 남겼다. "…… 하늘에 두루 미치는 죄업이 수미산보다 높아서(彌天罪業過須彌), 산 채로 아비지옥에 떨어지니 한이 만 갈래나 되는구나(活陷阿鼻恨萬端)……." 여기서 수미산(須彌山)은 불교의 우주론에서 세계의 중앙에 가장 높게 솟아 있는 신성한 산을 말한다. 아비지옥은 무간지옥(無間地獄), 즉 쉴 사이도 없는 지옥으로, 불교에서 말하는 팔열팔한(八熱八寒)의 지옥 중에 가장 고통스러운 곳이다. 이 열반송도 극락과 지옥이라는 대립자의 대립을 넘어선 공(空)의 인식 경지를 충격 요법으로 말한 것으로 간주된다.[27]

여기서 한 가지 언급하고 넘어가야겠다. 성철 스님의 열반송은 한때 기독교 설교자들에 의해 자의적으로 해석되어 설교 시간에 활용되기도 했다. 이러한 자의적 해석에 대해 불교 쪽에서 많은 비판이 있었다. 다른 종교의 언행을 해석할 때는 우선 그 종교의 틀 안에서 해석해야 한다. 그 종교의 콘텍스트 안에서 일어난 언행을 앞뒤 자르고 가져와서 자기 마음대로 해석해서는 안 된다. 그것은 역지사지(易地思之)해서 황금률을 적용해야 할 문제다. 만일 타종교인이 기독교의 주장을 자기들의 틀 안에서 자의적으로 해석한다면 기독교인들도 매우 부당하게 느낄 것이다.

공 사상의 윤리적 상대주의 문제로 다시 돌아가 보자. 공 사상은 물리적 차원의 상대성에 대한 인식에서 시작되었다. 그러나 물리적 세계의 차원에서 관찰한 물리학적 개념을 윤리학에 적용하는 것은 논리의 비약을 가져온다. 공이라는 개념이 물리적 차원에서 상대성의 개념을 포함한다는 것은 부분적으로 진리라고 인정해 줄 수 있다. 만유가 상관상의하면서 변화하는 중에 있는 임시적 존재이기 때문에, 그 무상한 개별자들에게 집착할 필요가 없다는 주장은 마음의 집착과 욕망을 약화시키는 효과를 가져올 수도 있을 것이다.[28] 그러나 물리적 차원의 상대성을 윤리적 차원에 적용했을 때, 공은 바우어(Bower)가 지적한 것처럼 존재와 당위를 같은 것으로 만들어

버리며 윤리적 상대주의가 발생할 수 있다.[29]

그렇다면 불교에서는 왜 윤리적 상대주의가 나타났을까? 앞서 불교의 핵심 문제의식은 고통에 있다는 것을 언급했다. 그리고 고통을 가져오는 중요한 원인 중 하나는 자기 의(義)와 연관되어 있다. 자기 의란 무엇보다도 옳음에 있어서 자기 자신의 기준이다. 그리고 자기 기준으로 보기 때문에 자신은 항상 옳아 보인다. 이것이 자기 의다. 자기 의 때문에 다른 사람들을 판단하고 정죄하며, 분노하고 갈등한다. 그러므로 자기 의에서 오는 고통에서 벗어나기 위해서는 먼저 자기 의의 주체인 개별적 자아의식을 없애야 하고, 너와 나의 분별을 없애야 한다. 더 나아가 옳고 그름, 좋고 나쁨, 선과 악 등의 분별을 없애는 것이 필요하다. 하지만 이런 분별을 없애면 마음은 편해질지 모르지만 도덕적 상대주의에 도달하게 된다. 에피쿠로스(Epíkuros) 학파에서 평정심(ataraxia)을 추구한 방식이 바로 에포케(epoché), 즉 판단 중지였다.[30]

기독교적 관점에서 보면, 인간이 선악과를 따먹고 선악에 대한 자신의 기준을 설정하여 선과 악을 상대적인 것으로 만들어 놓기는 했어도(창 3:22) 하나님의 기준으로 선악이 상대적인 것이라고 할 수는 없다(사 5:20-21). 그러므로 성경이 말하는 지혜는 선악을 분별하지 않는 무분별지가 아니다. 오히려 하나님의 의(義), 하나님 나라의 가치 체계를 분별하는 것이다. 즉 "하나님의 선하시고 기뻐하시고 온전하신 뜻이 무엇인지 분별하도록"(롬 12:2) 해야 한다.[31]

13. 결정론과 목적론

성경의 전도서는 언뜻 불경과 비슷한 분위기로 시작하는 것처럼 보인다. 전도서는 만물의 헛됨을 말한다(전 1:1). 사실 현상세계의 변화성을 생각하면 누구든 인생무상을 느끼게 마련이다. 인생은 무상한데 하나님은 영원하시다. 그렇다면 인생의 무상함을 넘어서 영원성에 연결되는 방식은 무엇일까? 전도서 기자는 이 허무함을 뚫고 영원에 닿으려 한 것 같다. 현상세계에 있는 만물은 모두 허무해 보이지만 영원하신 하나님이 목적과 의미를 부여하기 때문에 인생이 의미와 목적을 갖는 것이다. 만물은 제한된 시간과 공간 안에서 형상과 질료와 기능을 갖고 변화하고 있다. 그러나 불교처럼 변화와 소멸에 초점을 두지 않고 목적과 의미에 초점을 둘 때, 유한자는 오히려 인생에서 영원한 의미를 발견하게 된다.

만물에는 하나님의 영원하신 능력과 신성이 반영되어 있으므로(롬 1:20) 만물이 하나님의 영광을 드러내는 목적을 이룰 때에만 존재의 의미를 실현할 수 있다. 만물의 허무함은 존재의 임시성 때문이 아니라 목적성의 상실 때문이다. 피조물의 아름다움은 영원한 하나님의 목적을 성취하는 데 있다. 그래서 전도서는 무상함을 떨치고, 끝부분에서 막판 뒤집기를 시도한다. "너는 청년의 때에 너의 창조주를 기억하라 곧 곤고한 날이 이르기 전에, 나는 아무 낙이 없다고 할 해들이 가깝기 전에"(전 12:1). 창조자가 어떤 목적과 의미를 부여했는지를 기억해야 한다. 만물의 인과관계에만 초점을 맞추는 결정론적 세계관은 허무주의에 도달할 수밖에 없다. 그 모든 인과관계에는 어떤 목적과 의미도 부여하지 못하기 때문이다. 불교가 존재의 임시성과 고통의 영원성을 말한다면, 기독교가 말하는 것은 정반대다. 고통의 임시성과 존재의 영원성이다.[32]

성경은 인간과 자연의 존재에 분명한 목적이 있다고 말한다. 그러나 서구에서도 이신론자(理神論者, Deism)들이 나타나면서 초자연과 자연의 연관성이 끊어졌다. 이신론자들은 초자연계에 신이 존재하지만 이 우주를 만들 때 시계처럼, 기계처럼 자동으로 돌아가도록 만들었다고 생각했다. 이제 자연은 초자연의 간섭이나 개입이 없는 폐쇄적인 시스템(close system)이 되었다. 자연에는 어떤 초자연적 목적도 없는 것으로 이해되었다. 이제 초자연의 간섭이 없는 자연은 A라는 현상과 B라는 현상을 합리적으로 탐구할 수 있는 탐구 대상이 되었다. A와 B 사이에 합리적 인과관계가 있다는 것은 재현성과 반복성으로 입증되어야 했다. 즉 동일한 조건에서는 누가 하더라도 동일한 결과가 재현되고 반복되는 것이 합리적으로 인과관계가 있다는 표시가 되는 것이다. 모든 원인을 알면 결과를 예측할 수 있는 것으로 간주되었다. 그렇게 해서 결정론적 세계관이 등장한 것이다.

기독교 세계관에서는 역사도 목적이 있다. 하나님의 섭리에 의해서 역사는 어떤 목적을 가지고 진행되고 있다. 그런데 결정론적 세계관이 생겨나면서 자연에 속한 인간의 존재 목적뿐 아니라, 인간이 만들어 내는 역사도 그 목적을 상실하게 되었다. 자연처럼 역사에도 어떤 법칙이 있지 않을까 탐구하게 되었다. 그렇게 해서 G. W. F. 헤겔(G. W. F. Hegel), 카를 마르크스(Karl Marx), 아놀드 토인비(Arnold Toynbee), 오스왈드 슈펭글러(Oswald Spengler)처럼 역사에서 어떤 법칙성을 찾으려는 역사 철학이 나타났다.

한편, 결정론적 자연관에서는 원하는 결과를 만들어 내기 위해서 원인을 조작하는 것이 가능해졌는데, 그것이 바로 기술이다. 기술은 기계의 효율성을 미덕으로 한다. 즉 적은 것을 원인으로 투입(input)해서 많은 것을 결과로 산출(output)하는 것이 효율적인 기계다. 예컨대 자동차 연비와 같은 것이다. 기계의 효율성은 자본주의 사회에서 자본의 효율성과 결합했다. 적은 자본을 원인으로 투입해서 많은 이윤을 결과로 산출하는 것이다. 오늘날을 과학 기술 시대라고 하는데, 우리는 의식하든 못 하든 우리 시대의 정신, 즉 합리성과 효율성의 가치에 지나치게 지배당하고 있다. 이런 시대정신은 교회와 선교 안에도 많이 들어와 있다.

하여간 자연은 무목적론적이고 결정론적인 기계처럼 이해되었다. 자연의 일부로 간주되는 인간이라는 존재도 무목적적인 우연한 존재가 되어 버렸다. 오늘날 목적론의 붕괴가 가져온 가장 큰 재난이 허무주의다. 인간은 인생의 목적을 잃어버리는 순간, 살 의미를 상실하고 허무할 수밖에 없게 된다. 목적론적 삶의 상실이야말로 인간을 비참하게 만든다. 성경도 인생이 무상하지 않다고 말한 적이 없다. 다만 허무를 극복하기 위해서는 하나님의 원래 계획을 기억해야 한다. 하나님이 우리를 어떤 특정한 시간과 공간에 두신 목적을 깨닫고 그 사명을 감당해야만 허무에서 벗어날 수 있다.

14. 자기애와 자기 의의 문제

기독교인이든 타종교인이든 모든 인간은 하나님의 형상을 가진 인간이며 동시에 타락한 인간이다. 이 말은 타종교인도 죄성의 문제로 고민했고, 고통 받았고, 나름대로 문제를 해결하려고 씨름했다는 것을 의미한다. 죄성은 자기애와 자기 의로 요약할 수 있다. 전자는 자기중심성(self-centeredness)이고 후자는 자기 주장성(self-assertiveness)이다.

자기애의 문제를 해결하기 위해서 많은 종교가 자기 부인에 대해 주장했다. 그러나 용어가 같다고 해서 내용도 같은 것은 아니다. 우리는 세계관 분석을 통해서 그 차이를 규명해야 한다. 성경이 말하는 자기 부인은 불교나 힌두교의 자기 부인과 매우 다르다. 불교의 자기 부인은 자기 개체성 혹은 정체성의 부인이다. 불교는 '집착하는 나', '고통 받는 나', '무시당하는 나', '욕망하는 나'가 없다고 말한다. 힌두교의 아드바이타 베단타학파도 개체성으로서의 자아, 즉 지바를 부인한다.

결국 모든 인간은 '자기'와 씨름한다. 모든 고통과 갈등의 근원이 자기다. 개별적 자아가 개별자로서의 대상에 집착하기 때문에 고통이 발생한다. 이 문제를 해결하기 위해서는 자아와 대상, 이 두 가지에 대한 작업이 필요하다. 그래서 개별적 자아는 원래 없거나 환상이라고 말해야 한다. 그리고 집착의 대상들도 임시적이거나 환상이라고 말해야 한다.

힌두교는 개별적 자아 대신 몰개성적 대자아인 아트만을 보아야 한다고 말한다. 그리고 그 아트만이 곧 우주의 궁극적 실재, 브라만임을 알라고 말한다. 그렇게 해서 '내가 곧 우주의 궁극자'이기 때문에 사람들이 아무리 무시해도 나는 우주의 궁극자라는 것이다. 이렇게 아드바이타 베단타는 자기를 한껏 고양시킴으로써 자기애의 문제를 해결하고자 한다. 대승 불교에서 이 아트만은 불성이 되는데, 개별 자아의식을 버리고 자신 안에 있는 몰개성적 대자아인 불성을 보아야 한다고 주장한다. '내가 곧 부처'이기 때문에 자기애는 한껏 고양된다.

물론 힌두교나 대승 불교가 우주적 자아, 대자아를 말할 때는 나뿐 아니라 다른 존재도 동일하게 궁극적 실재로 보기 때문에 타인을 존중하는 마음을 갖게 되는 면도 있다. 그럼에도 범신론적 동일 철학의 전제는 '인간이 곧 우주의 궁극자'라는 것이다. 그런데 기독교 세계관의 관점에서 보면 이것은 원초적 교만을 더욱 강화하는 결과를 만들어 내는 것이다.

성경이 말하는 자기 부인은 '나'라는 개체성을 부인하는 것이 아니라 죄성, 옛 자아, 옛 사람 등으로 불리는 육신(flesh)을 부인하는 것이다. 육신은 육체(body)와 다르며, 자기애와 자기 의로 규정할 수 있다. 육신이란 영혼과 육체 전체에 걸쳐 있는 인간의 죄성을 의미한다. 그런데 인간의 자기중심성은 무엇보다 육체에서 먼저 나타난다. 내가 배가 고프거나 몸이 아프면 다른 사람이 눈에 들어오지 않는다. 다른 사람과 나를 구별해 주는 외적 표지도 일차적으로는 육체에 있다고 할 수 있다. 그래서 대부분의 종교가 육체와 육신을 구분하지 못하고 헷갈려 한다. 육신을 쳐야 하는데 육체를 치는 것이다. 그렇게 해서 온갖 금욕과 고행이 나타나게 된 것이다. 그러나 기독교는 금욕과 고행의 종교가 아니다. 어쨌거나 종교들은 인간이 자기애의 문제를 해결하려고 얼마나 발버둥 쳤는가를 여실히 보여 주고 있다.

자기 의(自己義)의 문제도 마찬가지다. 옳고 그름, 선과 악, 좋고 나쁨을 분별하기 때문에 고통에 빠진다는 것이다. 사람들은 다른 사람을 판단하고 정죄하면서 분노를 발한다. 이러한 대립성이 공의 관점에서는 극복된다는 것을 알아야 하며, 자기 의가 가져오는 고통을 무분별지의 관점을 견지하여서 벗어나야 한다. 공 사상에 입각한 윤리적 상대주의는 바로 이러한 자기 의의 문제를 극복해 보려는 노력으로 보인다.

15. 깨달음과 회심

그렇다면 불교에서 말하는 깨달음은 어떤 체험일까? 깨달음이라는 체험은 주관적이어서 분명하게 묘사하기 어렵다. 하지만 깨달음의 결과는 설명할 수 있다. 깨달음을 얻은 자는 흔히 절대 자유, 절대 평안, 무집착의 경지에 있다고 말한다. 그러나 이러한 것들은 대부분의 종교에서 추구하는 것이다. 성경도 "진리가 너희를 자유롭게 하리라"(요 8:32)고 하고, "주의 영이 계신 곳에는 자유가 있느니라"(고후 3:17)고 말한다. 기독교에서 말하는 자유는 의식을 조정해서 나타나는 현상이 아니라 지극히 관계적이다. 즉 올바른 관계에서 오는 자유함인 것이다.

기독교의 회심도 마찬가지다. 그것은 단순한 인식적 차이를 말하지 않는다. 그리고 단순히 규율을 어긴 것에 대한 반성을 의미하지도 않는다. 회심은 하나님의 통치에 대한 반역으로부터 돌이키는 것이다. 그러므로 회심은 주권, 통치권의 전환을 의미한다. 내가 더는 하나님 노릇, 주인 노릇, 왕 노릇 하는 것을 포기하는 것을 의미한다. 회심은 하나님과의 관계 회복으로 말미암아 삶의 방향이 전환되는 것이다. 회심은 인식의 전환이라기보다는 존재의 전환이며, 통치권의 전환이다.

불교에서의 깨달음은 의식과 인식과 관념의 전환이기 때문에 '나'라는 인식 주체에 대한 조정 행위에 수행의 초점이 맞추어져 있다. 불교는 '나 자신은 원래 없다'고 하며 자신의 개체성을 원천적으로 부인하여 자유와 평안의 문제를 해결하고자 한다. 반면에 성경에서 말하는 기독교적 수행은 굉장히 관계적이다. 자기 부인과 성령 충만, 모두 관계적인 것이다. 그러므로 성경에서 말하는 자유와 평안은 의식 조정의 문제가 아니라 철저하게 관계적이다. 기독교의 체험은 관계 내에서 일어나는 것이라고 할 수 있다. 이것은 올바른 하나님과의 관계, 자연과의 관계, 나 자신과의 관계, 타인과의 관계와 관련되어 있다.

불교에서는 인식 주체인 나에게 모든 문제의 근원이 있다고 보기 때문에 가장 중요한 화두는 '나는 누구인가?'다. 그리스도인에게도 '나는 누구인가?'라는 정체성 질문은 매우 중요하다. 그러나 기독교는 정체성의 문제를 하나님과의 관계에서 풀어낸다. 아담이 타락했을 때 하나님께서 질문하신 내용은 "네가 어디 있느냐?"(창 3:9)였다. 그러므로 우리도 "나는 어디에 있는가?"라고 질문해야 한다. 이것이 올바른 정체성 질문이다. 우리가 누구인지 아무리 의식을 파고 들어가 보아야 나올 것이 별로 없다. 우리는 관계의 산물이고 관계 안에 있다. 우리는 올바른 자리에 있지 않았기 때문에 타락한 것이다. 인간의 타락 사건은 피조물로서 있어야 할 관리자의 자리에 만족하지 않고, 그 자리를 떠나 반역을 저지른 사건이다. 인간이 피조물의 자리를 떠나 창조주가 되려 하고, 종의 자리를 떠나서 주인이, 신하의 자리를 떠나 왕이 되려 했기 때문에 문제가 생긴 것이다. 그러므로 하나님과의 관계 문제가 해결되지 않으면 우리의 정체성 문제는 해결되지 않는다.[33] 기독교에서는 하나님을 아는 지식이 중요하지 나를 아는 지식이 중요한 것이 아니다. 하나님을 아는 공부가 마음공부보다 더 중요하다.

5장

유교
예수는 성왕, 철왕?

1. 여전히 살아 있는 종교

힌두교와 불교가 자아의 문제에 초점을 맞추고 있다면, 유교는 사회의 문제에 초점을 맞춘 현세적 이상주의라고 할 수 있다. 유교의 중요한 주제는 이상적 통치와 관계 윤리, 인격 수양이다. 종교 다원 사회에서 대부분의 나라가 종교적 갈등으로 인한 전쟁이나 테러 등의 종교 분쟁을 겪고 있다. 그러나 우리나라는 다행히도 종교로 인한 분쟁이 거의 없는데, 그 완충 역할을 한 것은 유교적 영향이라고 할 수 있다. 유교가 가지고 있는 가족주의와 친족주의 때문에 화목이라는 가치가 강조된다. 즉 화목이라는 미덕이 종교적 교리보다 중요시되는 것이다. 똑같이 가족주의와 친족주의를 가지고 있는 이슬람의 경우는 가족이나 친족보다 종교적 교리를 더 강조한다. 그래서 이슬람에서 다른 종교로 개종하면 명예 살인까지 일어날 정도로 종교 중심적이다. 이러한 배타성은 유신론 종교의 한 특징이라고 할 수 있다.

물론, 기독교도 유신론 종교로서 기본적으로 화목보다 진리를 중요시하는 경향이 있다. 예수께서도 "내가 세상에 화평을 주러 온 줄로 생각하지 말라 화평이 아니요 검을 주러 왔노라"(마 10:34)고 말씀하셨다. 예수와 복음을 위하여 가족이나 재산을 버린 자가 받게 될 보상을 언급하신다(막 10:29-30). 예수의 제자가 되기 위해서는 가족과 자기 목숨보다 예수를 더 사랑해야 한다는 것을 강조하신다(마 10:37, 눅 14:26). 기본적으로 기독교는 인간 사이의 관계나 화목보다 하나님과의 관계와 화목이 더 중요하다고 보는 것이다. 기독교에서 진리의 문제는 하나님과의 관계 문제이고 하나님과의 화목 문제다. 그렇다고 해서 기독교가 인간 사이의 화목을 중요시하지 않는다는 뜻은 아니다. 성경은 "할 수 있거든 너희로서는 모든 사람과 더불어 화목하라"(롬 12:18)고 권고한다. "자기 친족 특히 자기 가족을 돌보지 아니하면 믿음을 배반한 자요 불신자보다 더 악한 자"(딤전 5:8)라고 경고한다. 진리와 화목의 문제는 결국 우선순위의 문제인 것이다.

여하튼 한국과 같은 종교 다원 사회에서 큰 종교 분쟁 없이 평화를 누리는 것은 화목을 우선시하는 유교적 가치의 완충 역할 덕분이다. 오늘날 우리는 종교 다원 사회에서 그리스도의 복음을 담대하게 전해야 하지만, 다른 종교와 분쟁이나 전쟁을 하는 것은 하나님의 뜻이 아니다. 그것은 영적 전쟁을 혈과 육의 싸움(엡 6:12)으로, 육신적인 싸움으로 만들어 버리는 것이므로, 그 자체가 영적 전쟁에서 패배한 것이다. 그러므로 불필요한 분쟁 없이 어떻게 복음을 전할 것인지를 고민해 보아야 한다. 복음은 힘의 논리로, 십자군 정신으로 전해지는 것이 아니라 사랑의 논리로, 십자가 정신으로 전해지는 것이기 때문이다.

그런데 오늘날 유교가 종교로서의 형태를 유지하고 있는 곳이 있는가? 우리나라는 조선 왕조 500년 동안 유교 국가였지만, 일제 강점으로 조선이 멸망하면서 국가 통치 이념으로서의 유교도 그 수명을 다했다. 유교 엘리트를 양성하는 서원이나 향교, 서당은 거의 자취를 감추었다. 종묘 제례나 사직에 대한 제사 등 유교 국가에서 중요하게 여기던 행사도 단순히 문화 공연 차원에서 거행되고 있다. 중국과 베트남도 공산주의 정부가 들어서면서 유교의 영향력이 매우 축소되었다. 일본의 경우는 유교를 문화와 학문의 차원에서 받아들였지만 국가 통치 이념으로 삼은 적은 한 번도 없었다. 이처럼 20세기에 들어오면서 유교는 공식 종교로서의 기본 구조와 형태를 잃어버렸다.

그렇다면 "유교가 과연 종교로서 연구할 가치가 있을 만큼 비중이 있는가?"라는 질문이 제기될 수 있다. 우리가 유교를 연구하는 이유는 무엇보다도 우리 자신을 알기 위해서다. 유교는 한국인의 의식 구조를 지배하고 있는 핵심적인 사상이다. 문화는 금방 눈에 띄는 영역인 행동 양식 차원에서는 엄청난 속도로 변한다. 100년 전 한국과 지금의 한국을 비교해 보자. 건축 양식, 의복 양식, 음식 양식, 음악과 미술의 양식, 인사법 등에서 얼마나 많이 바뀌었는가? 그러나 가치 체계와 세계관의 차원으로 들어가면 매우 더디게 바뀐 것을 알 수 있다.

서구가 후기 기독교 왕국(post-Christendom) 시대를 살아가고 있다면, 한국은 후기 유교 왕국(post-Confuciandom) 시대를 살아가고 있다고 할 수 있다. 서구에서 기독교 왕국이 와해된 후에도 기독교적인 가치 체계와 행동 양식은 여전히 문화적 토양으로 널리 깔려 있다. 마찬가지로 유교 왕국이 와해된 후에도 유교적 가치 체계와 행동 양식은 한국 사회의 문화적 토양으로 널리 깔려 있다고 할 수 있다. 한국인들은 여전히 유교적이며, 한국의 기독교인들은 유교적 기독교인이라 해도 과언이 아니다. 그런 의미에서 유교는 화석화된 문화도, 고고학적 유물도 아니다. 오늘날에도 여전히 실체를 가지고 작동하고 있는 종교다.

유교가 종교냐 학문이냐 하는 논쟁이 있다.[1] 유교인가, 유학인가? 그러나 이러한 구분은 서구적인 분류법을 반영하는 것이다. 아시아에서는 철학과 종교, 학문과 종교를 엄격하게 구분하지 않는다. 이 논쟁은 무의미하다고 보는데, 그 이유는 종교든 철학이든 강력한 세계관으로 종교 다원 사회에서 여전히 진리 주장을 하고 있기 때문이다. 그러므로 우리는 좀 더 폭넓게 '세계관'이라는 관점에서 접근해야 한다. 그럼에도 굳이 말하자면, 유교에 종교적 요소가 전혀 없다고는 할 수 없다.

우선 유교는 천(天) 혹은 상제에 대한 믿음을 가지고 있었고, 천에 대한 제사를 지냈다. 통치자가 되기 위해서는 천명(天命)을 받아야 한다는 사상을 가지고 있었다. 또 한 가지, 유교에는 조상 숭배 의례가 있다. 물론 조상 숭배는 정령 숭배 지역에서 나타나는 보편적인 현상이다. 그런 점에서 유교가 조상 숭배의 원조는 아니다. 유교는 단지 조상 숭배에 유교적 의례를 제공했을 뿐이다. 종묘와 사직에 대한 제사도 종교적 면이라고 할 수 있다. 유교는 원래 정치 철학에서 출발했다. 세계 다른 지역의 고대 왕국에서도 그러했지만, 통치 행위는 신들에 대한 신앙과 밀접한 관계가 있었다. 그러므로 유교가 초자연적 존재에 대한 제사 의식들과 연관되어 있는 것은 전혀 이상한 일이 아니다.

2. 유교적 자본주의_ 아시아적 가치

유교가 성행하던 지역은 한국, 일본, 중국, 대만, 싱가포르, 베트남 등이다. 이 지역의 공통점은 후발 산업화 국가로서 성공적으로 발전하고 있는 나라라는 것이다. 그렇다면 왜 유교 지역에서 이러한 산업화의 성공이 가능했을까? 유교적 자본주의를 주장하는 사람들은 그 이유를 유교적 특징에서 찾는다. 우선 유교는 정치 철학에서 출발했고, 보다 살 만한 사회, 이상적 사회에 대한 열망을 가지고 있었다. 그래서 유교에서는 역사의식이 중요하다. 유교는 힌두교나 불교와 달리 실재론적 세계관으로, 이 세상의 실재성을 믿는다. 즉 이 세상은 관념이 만들어 낸 허상이 아니다. 유교 지역에서는 이 세상을 적극적으로 변화시켜 더 나은 사회를 만들어 보려고 하는 열망들이 나타난다. 이것이 곧 유교적 가치 혹은 아시아적 가치(Asian Value)라고 할 수 있다. 물론 아시아적 가치가 유교적 가치만 포함하는 것은 아니다.

서구인들이 아시아적 가치에 처음 관심을 가지고 연구하게 된 것은 일본 때문이었다. 1980년대에 일본 경제가 전성기에 올랐을 때 미국인들은 위기감과 위협감을 느꼈다. 서구인들은 일본 경제를 탁월하게 만드는 원동력이 무엇인지에 관심을 갖게 되었고, 그것이 곧 유교적 가치라는 사실을 발견하였다. 유교적 가족주의에 입각해서 일본의 기업들은 사원을 평생 책임져야 할 가족으로 생각했고, 사원들도 기업을 자신이 평생 헌신해야 할 공동체로 생각했다는 것이다. 그래서 연공서열이 존중되고 기업을 위한 야근도 불사하는 헌신으로 나타났다는 것이다. 물론 지금은 일본에서도 이러한 풍조가 많이 변했다고 한다.

이러한 아시아적 가치에 대한 평가는 세계적 동향에 따라 시소처럼 오르락내리락하기도 했다. 일본의 거품 경제가 붕괴되면서 장기 침체를 겪게 되자, 역시 유교적 자본주의는 실패할 수밖에 없다고 하면서 아시아적 가치를 폄하하는 경향도 있었다. 미국의 금융 위기가 왔을 때에는 서구의 금융 자본주의가 만들어 낸 재난을 꼬집으면서 도박장이 되어 버린 월 스트리트(Wall Street)와[2] '카지노 자본주의'(casino capitalism)[3]가 비판받기도 했다. 하지만 일본의 거품 경제도 금융 자본주의의 폐해 때문에 생겨난 것이지 아시아적 가치 때문이라고 말하기는 어려울 것 같다. 여하튼 성경적 관점으로 보았을 때, 제조업에 바탕을 두지 않고 단순히 자본만 이동하여 막대한 이윤을 창출하는 것은 건강한 자본주의라고 할 수 없다. 그것은 노동 의욕을 상실케 할 수 있다.

유교에 대한 관심, 어쩌면 동양학 전반에 대한 관심의 증가는 서구에서 기독교의 퇴조, 그리고 물질문명이 가져온 병폐의 증가 현상과 연관되어 있다. 물질문명이 가져온 폐해를 극복하기 위한 수단으로서 서구의 지식인들은 아시아 사상에 관심을 갖게 되었다. 그 결과 서구에서도 제국주의 시대와는 다른 차원에서 동양학에 대한 연구가 활발하다. 특히 하버드 대학의 경우 옌칭 연구소(Harvard-Yenching Institute)는 중국학 연구로 유명하며, 유교적, 아시아적 가치가 연구 대상이 되고 있다.

유교에 대한 관심은 동양에서도 활발하게 일어나고 있다. 우리나라의 경우, 인문학에 대한 관심의 증가와 함께 동양 고전에 대한 새로운 조명이 일어나고 있다. 서점에 가 보면 「논어」 등 유교 경전에 대한 새롭고 참신한 해설서가 많이 출간되어 있는 것을 볼 수 있다. 기업의 최고 경영인(CEO) 등을 대상으로 하는 인문학 강좌에서도 「논어」는 단골 메뉴로 자리 잡고 있다. 대만과 같은 나라에서도 1980년대 이후, 현대판 신유교 운동이 일어나고 있다. 현대 신유교 운동은 서구 자본주의의 물질문명이 야기하는 문제들을 극복하려고 하는 문제의식에서 시작되었다.

3. 유교적 사회주의

유교적 가치는 자본주의에만 나타나는 것이 아니다. 유교권에서는 유교적 가치가 사회주의와도 결합하는 것을 볼 수 있다. 중국의 경우 덩샤오핑(鄧小平)이 실용주의를 택하였는데, 이때 등장한 유명한 말이 "흑묘백묘"(黑猫白猫)다. 흰 고양이든 검은 고양이든 쥐 잘 잡는 고양이가 최고라는 의미다. 이데올로기가 중요한 것이 아니라 실제로 나라를 부강하게 하고 백성을 편안하게 하는 것이 중요하다는 뜻이다. 중국인들은 기본적으로 매우 실용적인 민족인데, 유교가 이러한 중국적 실용주의의 기초라고 할 수 있다.

사실 덩샤오핑만 실용주의자인 것은 아니다. 마오쩌둥(毛澤東)도 실용주의자라고 보아야 한다. 중국의 공산주의 혁명사를 보면 마오쩌둥이 공산 혁명의 주축 세력으로 삼은 것은 노동자 계급이 아니라 농민이었다. 이것은 정통 마르크스주의에서 벗어나는 것이었다. 스탈린은 이를 빌미로 심지어 마오쩌둥이 아니라 장제스(蔣介石)를 지원하려 했다. 물론 스탈린의 이런 행동에는 국제 정치 상황과 소련의 국익이 더욱 고려되었을 것이다. 그러나 중국 사람들은 기본적으로 서구인들처럼 교조주의적이지 않다.

교리적 중요성은 헬라적 진리관 때문에 나오는 것이다. 사물의 속성과 본질을 정확하게 규명해야 하기 때문에 '아' 다르고 '어' 다른 차이를 명확하게 규명해야 한다. 그것은 교회 역사 안에서 볼 수 있지만 공산주의 역사 안에서도 나타난다. 러시아 혁명사를 보면 볼셰비키와 멘셰비키가 이념 투쟁을 벌인다. 볼셰비키는 초기 자본주의 단계인 러시아에서 혁명이 가능하다고 보았지만, 멘셰비키는 농민의 혁명성을 인정하지 않았을 뿐 아니라 자본주의가 더욱 발전하면 필연적으로 사회주의 혁명이 발생할 것으로 보았기 때문에 그 당시의 혁명 운동에 소극적인 태도를 보였다. 비서구인이 보기에는 별 차이 아닌 것처럼 보일지 몰라도 그들은 치열하게 싸웠다.

마오쩌둥의 공산 혁명은 유교적 실용주의를 밑바탕에 깔고 있다고 보아야 한다. 유교는 백성을 근본으로 삼았는데, 농경 사회에서는 농업이 주된

산업이었기 때문에 백성은 곧 농민이 주를 이루었다. "농민은 천하의 큰 근본"(農者天下之大本)으로 간주되었다.[4] 유교는 민본주의(民本主義)라고 말할 수 있다. 물론 민주주의와 민본주의는 차이가 있다. 민주주의는 백성이 주권자로(of the people) 의사 결정에 참여하는 대의 정치라면, 민본주의는 백성이 의사 결정에 참여하지는 않지만 근본이기 때문에 백성을 위한 정치를 해야 한다는 것이다. 즉 유교의 민본주의는 위민(爲民)이다. 민주주의가 '국민에 의한'(by the people) 것이라면 민본주의는 '국민을 위한'(for the people) 것이다.

근래에 중국은 덩샤오핑(鄧小平)의 개방 이후에 자본주의와 물질주의가 가져온 도덕적 해이에 대해 고민하고 있다. 그래서 중국의 초등학교에서는 도덕 차원에서 「논어」를 가르치고 있다고 한다. 2008년 베이징 올림픽 개막식은 「논어」의 첫째 장(章) 학이편(學而篇)의 유명한 구절인 "벗이 먼 곳에서부터 찾아오면 또한 즐겁지 아니한가?"(有朋自遠方來, 不亦樂乎)를 전광판에 새기면서 시작되었다. 산둥성(山東省)에 있는 공자의 고향인 취푸(曲阜)는 중요한 관광지가 되었다. 많은 외국인 관광객이 몰려오고 있고, 그중에는 서양인 관광객도 적지 않다. 대형 노천극장에서는 엄청난 규모로 공자의 일대기를 담은 뮤지컬 〈행단성몽〉(杏壇聖夢)을 공연한다. 20세기 초에는 중국의 많은 지식인이 중국이 낙후한 것은 유교 때문이라고 주장하면서 서체서용(西體西用) 운동을 벌였다. 마오쩌둥 시절의 문화 혁명 때에는 공자가 보수적인 반동으로 간주되었다. 그런데 덩샤오핑 이후 공자는 복권되었을 뿐 아니라 문화적 유산으로, 중국의 대표적인 정신문화로 다시 자리매김을 하고 있다.

2012년, 18차 당대회에서 중국 지도자 후진타오(胡錦濤)는 '중국 특색 사회주의'와 '전면적 소강(小康) 사회 건설'을 강조하고, 2020년까지 중산층의 비율을 획기적으로 높이고 1인당 국내 총생산(GDP)도 배가하겠다는 포부를 밝혔다.[5] 소강이라는 말은 예기(禮記)에 나오는 것으로 대동(大同) 사회 이전에 이루어지는 '보다 작은 태평성대'를 말한다. 대동 사회는 원시 공산 사회에 가까운 사회이며, 대단히 조화로운(great harmony) 사회다.[6] 중국의 공산주의자들은 서구 공산주의처럼 미래에서 유토피아를 구하는 것이 아니라 과거에서 유토피아를 찾는다. 이것이 중국적 사고방식이다.

북한의 공산주의도 상당히 유교적인 사회주의다. 북한의 주체사상은 정통 마르크스주의에서 많이 벗어난 것이다. 북한의 주체사상은 유교적으로 매우 상황화된 공산주의인데, 군사부일체 사상을 반영하고 있는 것으로 보인다. 군사부일체(君師父一體)는 통치자와 선생과 아비의 권위를 동일시하는 것이다. 이것은 춘추 전국 시대부터 내려오는 「국어」(國語)에 나오는 구절을 주자가 「소학」(小學)에서 차용한 것에서 유래한다는 설이 유력하다.[7] 이것은 군주가 자기의 권위를 강화하기 위해서 선생과 아비의 권위까지 끌고 들어온 것이다. 조선 시대 왕은 만백성의 아비이고 스승으로 간주된다. 북한의 주석은 통치자이지만 동시에 아버지다. 그래서 북한에서는 어버이 수령님이라고 부른다. 또 수령은 곧 선생이다. 수령은 모르는 것이 없어서 농업 현장에 가면 농업에 관해서, 공업 현장에 가면 공업에 관해서, 군부대에 가면 군사에 관해서 교시를 내린다.

유교의 영향력은 이처럼 오늘날에도 여러 모습으로 나타나고 있다. 유교 왕국이 사라졌음에도 여전히 우리의 생활과 전통, 관습과 사회 규범, 문화에 영향력을 발휘하며 지배하고 있다. 유교는 한국 신학의 토착화 문제와 관련해서도 관심의 대상이 되고 있다. 자유주의 진영에서 토착화 신학 혹은 상황화 신학을 하는 사람들은 유교적 개념을 활용해서 신학적 작업을 하려고 시도해 왔다. 대표적인 경우는 윤성범 교수의 '성'(誠)의 신학 같은 것이다. 그러나 이러한 토착화 신학은 복음보다 상황을 더 중요시하기 때문에 성경을 자의적으로 해석하고(eisegesis) 문화적 민족주의가 되어 버릴 가능성이 있다. 주자 성리학의 핵심 개념 중 하나라고 할 수 있는 성(誠) 개념이 지닌 함의를 오늘날 이해하고 있는 사람은 극소수일 것이다. 그러므로 이미 화석화된 개념들을 되살려서 토착화의 도구적 개념으로 삼는 것은 유효한 방법이 아닌 것으로 보인다.

4. 공자가 꿈꾼 이상 사회

흔히 유교의 창시자가 공자라고 말하지만, 그것은 논란거리가 될 수 있다. 공자 당시에 유(儒)라고 하는 지식인 집단이 이미 있었다는 것을 감안한다면, 공자는 유교를 학파로 집대성한 대표적 인물이라고 평가할 수 있다. 사마천의 사기에 따르면 공자는 기원전 501년경 춘추 시대에 노(魯)나라, 즉 지금의 산둥성 취푸에서 태어난 것으로 알려져 있다. 공자가 살았던 당시의 시대적 배경을 이해하려면 중국 역사를 간단히 살펴보아야 한다.

중국의 상고사에서 실존한 나라로 간주되는 것은 하(夏), 은(殷), 주(周)다. 이전에는 은나라의 실존성이 의심받았지만 은허(殷墟)가 고고학적으로 발굴되면서 실존한 나라로 간주하고 있다. 하나라의 경우는 은나라처럼 확실하게 증명된 것은 아니지만, 하나라의 유적으로 간주되는 고고학적 유물들에 대한 논란이 있다. 그런데 중국 사람들은 하나라 이전에 삼황오제(三皇五帝)가 있었다고 주장한다. 삼황오제는 사료에 따라서 전적으로 일치하지는 않는다. 삼황은 전설적인 반인반수(半人半獸)의 인물들이라서 그 실존성이 의심스럽다. 이들은 인간에게 문화적 유익을 가져다준 인신(人神)들로, 사냥법과 불의 사용법을 가르쳐 준 복희(伏羲), 농사법을 가르쳐 준 신농(神農) 등이다. 오제도 사료에 따라 다르지만, 요(堯)와 순(舜)이 이에 포함된다.

유교에서는 요, 순이 중요하다. 공자가 꿈꾼 이상(理想) 사회는 요순 때처럼 덕치(德治)와 예치(禮治)가 이루어지는 사회였다. 요에서 순으로, 그리고 순에서 우(禹)로 왕위가 선양(禪讓)되었는데 우의 아들 계(啓)에게 왕위가 세습되면서 하나라부터 세습 왕조가 시작되었다. 은나라는 탕왕(湯王)이 하나라의 걸왕(桀王)을 몰아내고 세웠고, 주나라는 무왕(武王)이 은나라의 주왕(紂王)을 몰아내고 세웠다고 한다.

주나라는 기원전 11세기에 세워졌는데, 기원전 8세기쯤 되면 주나라의 왕실이 약해지고 제후들의 힘이 강해져서 분열하게 된다. 이것이 춘추 시대다. 공자가 살던 시기는 춘추 시대 중간쯤이라고 할 수 있다. 오랜 전쟁으로 백성의 삶은 피폐했고, 제후들은 강자가 되려고 다투었다. 많은 지식인 엘리트들은 이러한 분열 상황에서 나라를 부강하게 하고 백성을 편안하게 잘 다스릴 수 있는 정치사상을 나름대로 주장하였다. 그들은 자신들의 주장을 채택하도록 전국을 주유하면서 유세를 하고 다녔다. 이들이 바로 제자백가(諸子百家)다. 공자는 제자백가 중 한 학파의 지도자였다. 공자는 기존에 있던 유가의 모든 지식을 집대성하여 유교를 정확한 지식의 차원으로 정리함으로써 유교의 대표적 인물이 되었다.[8]

공자가 꿈꾼 이상적인 통치는 덕치와 예치로 요약할 수 있다. 공자는 이러한 통치가 요순 때 실현되었다고 믿었다. 공자가 흠모한 또 한 사람은 주공(周公)이다. 주공은 주 무왕의 동생이며 성왕(成王)의 삼촌이었다. 그는 어린 조카 성왕을 도와서 주나라를 반석 위에 올려놓았으며, 이전의 모든 예법 체계를 집대성하여 주례(周禮)를 완성하였다. 고대 중국에서 '예'는 일종의 율법 체계로서, 수직적으로는 상제에 대한 제사법, 수평적으로는 인간관계법을 규정했다. 공자는 주나라 초기 주공 시대에 예에 의해서 다스려지는 통치를 이상적 통치의 한 모델로 생각했다. 공자가 주공을 얼마나 존경했는지는 「논어」에도 나오는데, 공자는 꿈에서 주공을 만나 뵙지 못한 지가 오래되었다고 탄식할 정도였다.⁹

춘추 시대에 들어오면서 주나라 초기의 예법 체계가 많이 무너진 모습이 「논어」에서도 나타난다. 예법에는 심지어 천자(天子)가 동원할 수 있는 무용수의 수와 제후가 동원할 수 있는 무용수의 수까지도 규정되어 있다. 황제는 가로 8명, 세로 8명으로 총 64명의 무용수를 동원할 수 있었는데, 이것을 팔일무(八佾舞)라고 부른다. 「논어」 팔일무 편에 보면, 일개 대부가 황제가 동원할 수 있는 팔일무를 추게 하는 것을 보고, 공자가 예법이 땅에 떨어졌다고 개탄하는 모습이 기록되어 있다.¹⁰

공자는 요순이나 주공 때처럼 예와 덕과 인에 의해 다스려지는 이상적 통치를 꿈꾸었다. 그래서 공자는 술이부작(述而不作), 즉 "서술하지만 새로운 것을 만들어 내지는 않는다"고 했다.¹¹ 자신은 과거의 이상적 통치에 대해 서술하는 것이지 새로운 주장을 하는 것이 아니라는 것이다. 온고지신(溫故知新)이라는 말도 여기서 나왔다.¹² 즉 "옛 것을 익혀서 새로운 것을 안다"는 것이다. 공자 자신의 주장은 사실 완전히 새로운 것이 아니며 옛날부터 있어 온 것인데, 그것을 다시금 깊이 익혀서 새로운 것을 안다는 것이다.

이런 이유 때문에 공자를 복고주의로 간주하는 사람들도 있다. 마오쩌둥 시절에는 이런 이유 때문에 공자를 주나라 시대의 고대 노예제를 복구하려는 보수 반동으로 간주하기도 했다. 그러나 중국의 개혁 개방 후, 1980년대에 들어오면서 공자에 대한 재평가가 활발히 이루어졌다. 공자는 피통치자의 유익을 위해서 통치자의 도덕성을 요구하는 진보적 사상가였다는 것이다.¹³

5. 예의 전문가 집단, 유

유(儒)라는 글자는 중국 고대의 갑골문(甲骨文)이나 금문(金文)에도 나타나지 않으며 「시경」(詩經)과 「서경」(書經)과 같은 경전에서도 나타나지 않는다.[14] 여기서 갑골문은 거북의 껍데기, 혹은 소, 물소, 돼지, 양, 사슴 등의 어깨뼈를 불에 구워 점을 친 것에서 유래한다. 이들 뼈를 불에 구울 때 뼈에 생긴 금이 점점 문자로 발전해 간 것이 갑골문이다. 금문은 청동기에 새겨진 문자를 말한다. 명문이 있는 청동기는 대부분 종(鐘)과 솥(鼎)이었기 때문에 종정문(鐘鼎文)이라고 부르기도 한다.

「논어」(論語)에서 유라는 개념이 최초로 등장하는데, 공자는 제자들에게 '군자유'(君子儒)가 될지언정 '소인유'(小人儒)가 되지 말라고 당부한다.[15] 군자(君子)는 글자가 말해 주듯이 통치 계급이다. 통치자들은 예법에 따라서 올바르게(義) 다스려야 한다. 반면 통치자이면서 공평정대하지 못하고 사사로이 자기 이익(利)에만 급급한 사람이 소인(小人)이다. 그래서 공자는 「논어」에서 군자는 의에 밝고 소인은 리에 밝다고 말한다.[16] 또 이익을 보거든 그것이 의로운 것인지 먼저 생각하라고 가르친다.[17] 이처럼 공자는 통치자의 높은 도덕성을 요구했다.

유자(儒者)는 마땅히 시서예악(詩書禮樂)을 배워서 실천하는 정치 엘리트였다. 그런데 예법이 붕괴되자 유자들은 직업적으로 상의례(喪儀禮)를 배우고, 밥벌이 차원에서 예를 취급하는 수준으로 전락했다. 그것을 공자는 '소인유'라고 부른 것이다.[18] 유는 예에 대한 전문가 집단으로서, 예에 의해서 나라를 다스리던 이상적 사회로 돌아가자고 주장하는 사상가들이었다.

6. 유교 경전의 성격

유교의 경전을 흔히 사서오경(四書五經)이라고 부른다. 오경(五經)은 「시경」(詩經), 「서경」(書經), 「주역」(周易), 「춘추」(春秋), 「예기」(禮記)를 말한다. 경전들의 성격을 보면 그 종교의 세계관의 특징을 알 수 있다. 불교의 경전과 유교의 경전은 그 성격이 매우 다르다. 유교의 경전은 정치와 예에 관련된 것들이 주를 이룬다. 「시경」은 주초(周初)부터 춘추(春秋) 초기까지의 시가들을 수록하고 있는데, 특히 민요들과 의례적 시가와 왕조의 조상 제사에서 사용하는 악시(樂詩)들을 담고 있다. 「서경」은 요순 시대, 하나라, 은나라, 주나라 등의 정사(政事)에 관한 문서다. 「주역」은 원래 점복서(占卜書)였다. 물론 개인의 길흉화복을 점치기보다는 국가의 대소사를 결정하기 위해 서죽(筮竹)을 써서 길흉을 점치고 점괘를 해설한 책이다. 나중에 공자가 '십익'(十翼)이라는 해설서를 붙여 철학서로서의 면모를 갖추게 되었다고 한다. 「춘추」는 기존의 노(魯)나라 역사서에 공자가 자신의 역사적 평가를 덧붙여서 편찬한 책이다. 춘추는 춘하추동의 일 년을 나타내는 말로, 편년사적 기록을 가리킨다. 단순히 역사를 기록하는 것을 넘어 역사적 평가를 수반하는 것이다. 역사 의식을 나타내는 '춘추대의'라든지, 역사적 평가를 수반하는 역사 서술법이라는 의미의 '춘추필법'이라는 말이 여기서 나왔다. 「예기」(禮記)는 하, 은, 주 시대의 예(禮)에 대한 기록과 해설이 있는 책인데, 공자와 후대 학자들이 지은 것으로 알려져 있다. 오경에 「악경」(樂經)을 더하여 육경이라고도 불렀으나 지금은 전해지지 않는다. 음악의 핵심은 조화(和)에 있는데, 그것은 예의 정신과도 통한다고 보았기 때문에 유교에서는 음악을 중요하게 여겼다.

사서(四書)가 유교 경전으로 성립된 것은 남송(南宋)의 주희(朱熹) 때에 와서다. 주자는 「예기」에서 특별히 「대학」(大學)과 「중용」(中庸)을 빼내어 사서(四

書)에 포함시켰다. 그리하여 「대학」, 「중용」, 「논어」, 「맹자」가 사서가 되었다. 한대(漢代)에는 「논어」가 경전(經典)을 보충하는 기(記)나 전(傳)의 위상에 지나지 않았지만 경(經)으로 격상되었다. 「맹자」(孟子)가 경전의 지위에 오르게 된 것은 맹자의 성선설이 정통시되고, 순자(荀子)는 이단시됨을 의미한다고 하겠다. 요약하면, 유교의 경전은 유교의 이상인 수기치인(修己治人), 즉 자기 수양론과 이상 통치론의 이념을 반영하고 있다.

7. 상제와 신

선진(先秦) 유교라는 말은 진(秦) 나라 이전의 유교라는 뜻이다. 다른 말로 하면 원시 유교라고 말할 수 있다. 중국에서는 고대부터 상제(上帝) 개념이 있었는데, 은나라 말, 주나라 초의 갑골문에서 처음으로 나타난다. 상제에 대한 신앙은 통치권과도 연관되어 있었던 것 같다. 왕은 제사장적 권한을 가지고 상제의 뜻을 파악할 수 있다고 생각했다.[19] 상제는 초월성을 가진 신(神)으로서 자연 현상을 주재할 뿐 아니라 인간사를 주재하는 절대적 존재로 간주되었다.[20] 상제의 초월성과 주재성, 그리고 최고신의 성격 때문에 마테오 리치(Matteo Ricci, 1552-1610)는 유교 경전을 열심히 연구한 후에 데우스(Deus)와 상제(上帝)는 동일하다고 주장했다.[21]

마테오 리치는 예수회의 선교 정책에 따라서 상류층을 공략했고 문화 적응식 선교 방식을 취했다. 마테오 리치는 1583년에 중국에 도착해서 광둥성(廣東省) 자오칭(肇慶)에 정착했다. 그때만 해도 선교사가 베이징에 들어오는 것이 허용되지 않았다. 처음에 마테오 리치는 중국의 지배 계층이 불교인이라고 오해했지만, 얼마 못 가서 중국의 엘리트들은 유학자라는 것을 알게 되었다. 그래서 유학을 열심히 공부하여 정통하게 되었는데, 나중에 사서를 라틴어로 번역해서 교황청에 올릴 정도였다.²² 니콜라스 트리고(Nicolas Trigault, 1577-1628)라는 동료 선교사는 오경을 라틴어로 번역했다. 마테오 리치는 중국의 유학자들과 토론할 수 있을 정도로 중국어와 한문과 유교 경전에 정통했다. 그 결과 마테오 리치는 중국의 엘리트층에서 친구를 사귈 수 있었고 많은 개종자를 얻었다.²³ 그중에 대표적인 사람이 서광계(徐光啓, 1562-1633)다.²⁴ 친구들의 도움으로 마테오 리치는 1601년에 베이징에 들어갈 수 있었고, 자명종을 수리하는 직책으로 자금성에도 들어갈 수 있었다.

상제와 기독교의 하나님을 동일시하는 주장은 가톨릭 선교사들과 유학자들 양편에서 모두 공격을 받았다. 도미니코 수도회나 프란치스코 수도회 선교사들은 예수회 선교사들보다 보수적이었다. 그들은 마테오 리치가 혼합주의를 저질렀다고 교황청에 고발했고, 교황청은 상제 개념의 사용을 금했다. 그리하여 상제 대신 천주(天主) 개념이 번역어로 주어졌다.

하지만 천주라는 번역은 좋은 상황화가 아니다. 중국에서 천주는 사마천의 「사기」(史記)에서 말하는바 지주(地主), 병주(兵主), 음주(陰主), 양주(陽主), 월주(月主), 일주(日主), 사시주(四時主)와 함께 팔신(八神) 중 하나에 불과하며, 유일신도 최고신도 아니고 하늘의 영역에 있는 신일 뿐이다.²⁵ '하나님'의 중국어 번역 중에서 가장 나은 것은 그래도 '상제'다. 중국에서는 창조신의 개념이 결여되어 있다. 상제는 창조신이 아니지만 주재자로서 최고신이며, 인격적이고 초월적인 유일신으로 간주되었다.

개신교에서 사용하는 중국어 성경에는 상제(上帝)와 신(神)이 사용된다. 하지만 중국어에서 신은 유일신의 의미가 전혀 없다. 영어의 'god'처럼 다신론적 개념이다. 중국에서 신은 천신(天神), 지신(地神), 인신(人神) 등을 포괄하는 개념이었다. 천신 중에는 상제가 가장 높으며, 그 아래 목, 화, 토, 금, 수를 관장하는 오제(五帝)가 있다고 생각했다. 또 일월성신과 같은 천문이나 바람, 번개, 비, 구름 등의 기후 현상도 천신으로 간주되었다. 인신은 인간에게 문명의 혜택을 가져다준 반인반수(半人半獸)의 영웅들이었다. 지신은 곡식과 땅의 신인 사직(社稷)을 비롯하여, 산이나 강과 같은 자연이 신격화된 것이었다.[26]

상황화에는 어차피 의미의 대결이 일어날 수밖에 없다. 기존 개념에 새롭고 성경적인 의미를 부여하여 복음에 대한 수용성을 높일 뿐 아니라 문화를 변혁시키는 것이다. 성경 안에서도 이러한 상황화는 일어난다. 헬라어의 데오스(θεός)도 그리스-로마의 다신론 신화에서 보듯이 유일신의 의미는 원래 없지만, 신약 성경에서 하나님의 의미로 사용되었다. 이처럼 데오스에 유일신의 의미를 부여하는 방식으로 상황화하면 다른 신들은 가짜 신이 된다. 중국인들에게 예수는 상제의 아들이다. 상제를 제대로 믿는 것이 예수를 믿는 것이라고 말함으로써, 복음에 대한 수용성을 높이고 상제에 대한 관념을 성경적으로 변화시키는 것이다. 이렇게 중국 전통에서의 상제가 성경적 상제의 의미로 대체되는 것이다.

우리나라에서도 실학자 정약용(丁若鏞, 1762-1836)은 성리학적 주석 체계와 궁극적 원리로서의 리(理) 개념을 거부하고, 새로운 해석학적 체계 안에서 원시(原始) 유교의 인격적 상제 개념을 회복하려고 하였다.[27] 정약용의 해석학적 체계는 「천주실의」(天主實義) 등을 통해서 간접적으로 기독교적 영향을 받았다고 할 수 있다. 정약용의 형제들인 정약종(丁若鍾)과 정약전(丁若銓)은 천주교 신자였으며, 그 외에도 이승훈(李承薰), 윤지충(尹持忠), 황사영(黃嗣永), 이벽(李檗) 등 한국 천주교의 초기 신자들이 그와 친인척 관계에 있었다. 정약용은 이들을 통해서 천주교의 영향을 받았을 것으로 보인다. 하지만 정약용 자신이 스스로 천주교 신자임을 그의 저서에서 고백한 적은 없다. 정약용은 당시 실학 운동의 흐름 속에 있었다고 할 수 있다.

실학이라는 말은 실학자들이 스스로 붙인 용어가 아니다. 후대에 주자 성리학을 벗어난 새로운 유학 운동을 지칭하기 위해서 일제 강점기 때 붙여진 이름이다.[28] 이것은 「후한서」(後漢書)에 나타나는 실사구시(實事求是)와 연관되어 있는데, 유교의 기본 정신이라고 할 수 있다.[29] 사실 성리학자들도 자신들이 실사구시를 하지 않는다고 생각한 적은 없다. 그럼에도 성리학이 리(理), 기(氣) 개념 중심으로 스콜라주의적 형이상학으로 치우친 면이 있는 것은 사실이다. 청대(淸代)의 고증학이나 조선의 실학은 성리학적 해석학을 배격하고 유교 경전에 바로 접근하고자 했다. 진시황 때 분서갱유(焚書坑儒) 사건이 있었기 때문에 고문(古文)과 금문(今文)이 생겨났고, 원전을 연구하기 위해서는 문헌학적 고증이 먼저 요구되었다. 그래서 실학이 고증학적 성격을 갖게 된 것이다. 정약용은 이러한 흐름 가운데서 성리학적 해석학을 배격하고 원전으로 돌아가려고 한 것이다.

사실 경전이 있는 모든 종교에는 해석학이 발달할 수밖에 없다. 경전의 권위는 워낙 절대적이기 때문에 경전 자체를 비판할 수 있는 분위기는 전혀 형성되지 않았다. 따라서 새롭고 창의적인 사상을 피력하려면 경전에 대한 부정보다는 해석학적 혁명을 통해서 접근할 수밖에 없었다. 해석학적 혁명은 기독교 안에서도 일어났다. 예컨대 유대교에서 기독교가 나온 것은 구약 성경에 대한 일종의 해석학적 혁명을 수반하고 있다. 종교개혁이 일어난 것도 토미즘 체계에 대항한 해석학적 혁명을 동반한 것이라고 하겠다. 그래서 로마 가톨릭의 해석학적 전통보다는 새로운 해석학을 위해 경전 자체로 돌아가려는 태도가 바로 "오직 성경"(Sola Scriptura)이다.

8. 천명_ 통치의 정당성

유교 경전에서는 상제 외에도 천(天)이라는 개념이 발견된다. 천은 원래 주대(周代)의 최고신 개념이었다. 초월적이고 인격적인 유일신의 개념이 강했는데, 글자가 그것을 말해 준다. 천(天)은 '하나'(一)와 '크다'(大)의 결합으로 되어 있다.[30] 인격적 신으로서의 천이 점차 후대로 갈수록 원리적인 천, 나아가서는 물리적이고 비인격적인 하늘이 되었다. 천이라는 최고신(神)의 명칭은 「시경」과 「서경」에 와서 상제와 일치되고 보편화된다. 그것은 주나라가 은나라를 멸망시키고 통합하면서 종교적 통합을 시도한 흔적이라고 말할 수 있다.[31] 그러나 「논어」에 오면 천의 개념은 인격성과 비인격성을 동시에 나타낸다. 공자는 제자 안연(顏淵)이 죽었을 때 "하늘이 나를 버리시는구나"라고 한탄했다.[32] 이처럼 천의 개념은 춘추 전국 시대를 거치면서 서서히 비인격화의 길을 걷게 된다.

춘추 전국 시대를 통과하면서 많은 전쟁이 있었고, 사람들은 많은 고통을 겪었을 것이다. 그 결과 유신론적 사상의 아킬레스건이라고 할 수 있는 신정론(神正論, theodicy)의 문제가 발생했다. 신정론의 질문은 한마디로 "어떻게 전능하고 선한 신이 이처럼 고통과 악을 허용하는가?"다. 신이 선하기는 하지만 전능하지 못하거나, 전능하긴 하지만 선하지 못하다면, 이 세상에 고통과 악이 존재하는 것은 불가피하다고 할 수 있다. 그런데 유신론에서 신은 선하면서 동시에 전능한 존재로 간주되기 때문에, 고통과 악은 문젯거리가 된다. 그래서 인격적이고 초월적인 신의 개념을 갖는 것은 마음에 더 큰 어려움만 주기 때문에, 점점 천의 인격성을 배제하는 방향으로 나아갔다고 할 수 있다.

천은 최고신이며 만물의 주관자로서, 대리자인 천자(天子)를 통해 인간의 역사에 섭리하고 간여하는 것으로 간주되었다. 천의 주재성은 통치권의 부여와 관련되는데, 주나라 초에는 천명(天命)사상으로 나타났다. 통치자가 정치를 잘못해서 백성의 원망이 하늘에까지 미치면 천이 그 왕조를 멸망시키고 다른 자에게 천명을 준다는 생각인 것이다.[33] 천명사상은 통치권의 정당성을 백성의 안락함에 둔다는 면에서 민본주의라고 할 수 있다. 천명을 받은 자는 천의 아들로서 천자다. 천자는 천의 뜻을 받들어 세상을 대신하여 다스리는 천의 대리자인 것이다. 그래서 만일 천자가 잘못 다스리면 천이 자연재해를 통해 경고한다고 생각했다. 중국이나 한국에서는 자연재해가 나면 천자가 하늘에 제사를 지내고 석고대죄를 하기도 했다. 그래도 천자가 하늘의 뜻을 받들지 않고 폭군이 되면, 하늘이 다른 사람에게 천명을 주고 그 왕조를 멸망시킨다고 생각했다.[34]

천명사상은 이런 논리로 왕조의 정통성을 주장하는 이데올로기 역할을 했다. 다른 한편으로는 맹자에게서 나타나는 것처럼 왕조 교체를 위한 역성(易姓) 혁명의 이론적 토대가 될 수도 있었다. 맹자의 왕도(王道) 정치는 천명을 받은 사람이 마땅히 가야 할 길이다.「맹자」라는 책에 보면, 맹자가 제나라에 갔을 때 제선왕(齊宣王)이 질문하는 장면이 나온다. 제선왕은 은나라 탕왕이 하나라 폭군 걸왕을 몰아내고, 주나라 무왕이 은나라 폭군 주왕을 몰아낸 사건을 언급하면서, 신하가 왕을 시해해도 되는지 묻는다. 이때 맹자는 인을 해치는 것은 도적(賊)이고 의를 해치는 것은 잔인(殘)이라고 말하면서, 일개 필부를 죽였지 임금을 죽였다는 말은 들어 보지 못했다고 말한다.[35] 조선을 개국하는 데 결정적인 공을 세운 정도전(鄭道傳)이「맹자」에 심취한 것을 이해할 만하다. 조선 시대에도「맹자」가 사서 안에 포함되어 널리 읽혔지만 역성혁명에 관련된 부분은 읽지 못하도록 금서 목록에 올라가 있었다고 한다. 또다시 역성혁명이 일어나면 안 되기 때문이다.「서경」은 천명을 감당하는 것이 쉽지 않다고(天命不易) 말한다.³⁶ 이것은 왕권이 무조건 유효한 것이 아니라 왕이 책임을 다할 때까지만 유효하다는 천명의 조건성이 붙어 있다고 할 수 있다.

이런 사상은 공자의 '정명론'(正名論)과도 맥락을 같이한다. 공자는 제(齊)나라 경공(景公)이 정치에 대해 질문했을 때 "임금은 임금답고, 신하는 신하답고, 아버지는 아버지답고, 아들은 아들다워야 한다"고 답했다.³⁷ 임금이라는 이름(名)과 임금다움이라는 실제(實)가 부합해야 한다는 것이다. 이것이 명실상부(名實相符)다. 정명(正名)이란 정치를 잘하기 위해서는 이름을 바로잡아 명실상부하게 해야 한다는 의미다. 임금은 임금의 예로써 하고, 신하는 신하의 예로써 하고, 아버지는 아버지의 예로써, 아들은 아들의 예로써 행하면 된다. 결국 정명론이 말하고자 하는 것은 예치(禮治) 사상이라고 할 수 있다.

우리는 공자의 정명론에서 배워야 할 것이 있다. 오늘날 한국 교회의 문제도 결국은 명실상부하지 않기 때문에 일어나는 것이다. '목목장장집집'(牧牧長長執執)이 필요하다. 목사는 목사답고, 장로는 장로답고, 집사는 집사답다면 교회의 모든 문제는 해결될 것이다.

9. 성인과 철인

유교는 이상적인 통치를 꿈꾸는 정치 철학에서 출발한 것이다. 그렇다면 예치(禮治), 덕치(德治), 인정(仁政), 왕도 정치(王道政治)로 표현되는 이상적인 통치를 위해서는 누가 다스려야 하는가? 「시경」과 「서경」에는 이상적 통치자로 성왕(聖王)과 철왕(哲王)의 개념이 나타난다. 성왕은 거룩한 통치자라는 뜻이고, 철왕은 지혜로운 통치자라는 뜻이다. 유교는 통치자의 필수 덕목이 무엇인지 아주 정확하게 짚어 냈다. 통치자가 되기 위해서는 무엇보다도 깨끗해야 한다. 통치자가 깨끗하지 않으면 다스려지지 않는다. 어떤 규모의 다스림이든 마찬가지다. 자기 아버지가 도둑인 줄 아는 아이들을 제대로 다스릴 수는 없을 것이다. 그러나 다스리는 자는 단지 거룩하기만 해서는 안 되고 지혜로워야 한다. 같은 부모에게서 태어난 형제도 기질이 완전히 다를 수 있다. 아이들을 다스리는 부모는 지혜롭게 그 차이를 통찰해 낼 수 있어야 한다. 유교는 요순이 최초의 성왕, 철왕이라고 본다. 하지만 아담이야말로 진정한 의미에서 최초의 성왕, 철왕이라고 할 수 있다. 타락 전의 아담은 거룩했다. 생물들의 본질을 통찰해 내고 그에 맞게 이름을 붙일 정도로 지혜로웠다. 아담은 이 땅을 다스리는 자, 왕으로 세워졌다.

성왕, 철왕의 개념은 통치자인 왕의 자질을 나타내는 개념이었으나, 점차 통치 계급에 속한 인간에게 확대되어 인격의 완성을 의미하는 성인과 철인의 개념으로 발전해 갔다.[38] 성인, 철인 사상은 유교의 핵심적인 논리다. 유교는 결국 세상이 어지럽고 백성이 고통당하는 것은 통치가 잘못되었기 때문이라고 본다. 통치를 바로잡기 위해서는 통치자가 성인, 철인으로 변해야 한다는 것이 유교의 핵심 주장이다.

통치가 잘못되어서 고통이 발생한다는 것은 굉장히 중요한 사실이다. 어떤 규모의 공동체든지 통치자가 잘못되면 고통이 발생한다. 집안의 가장이 타락해서 알코올 의존자가 되는 것은 혼자만의 문제가 아니다. 모든 가솔이 고통 받는다. 회사 사장이 타락하면 온 직원이 고통 받는다. 국가에 독재자 한 명이 들어서면 온 국민이 고통을 받는다.

불교나 힌두교는 고통의 원인이 인식 차원의 무지에 있다고 본다면, 유교나 공산주의는 고통이 인식의 문제가 아니라 통치의 문제이고 사회 구조의 문제라고 본다. 공산주의는 사회 구조와 통치 구조를 변화시키기 위해서 프롤레타리아 혁명을 해야 한다고 주장한다. 이러한 사회 구조와 통치 구조의 변화를 통해서 고통이 제거된다고 보는 것이다. 유교는 성인과 철인이 통치해야 완벽한 예치와 덕치가 이뤄지고, 그래야만 백성이 고통 없이 편안하게 살게 된다고 본다.

유교와 기독교는 '다스림'이라는 주제에 초점을 맞춘다는 면에서 공통점을 가지고 있다. 창세기 1장에서 흔히 문화 명령이라고 부르는 구절을 보면(창 1:26-28), 하나님이 인간에게 이 땅을 "다스리라"고 명하시는 것을 볼 수 있다. 그래서 인간에게는 다스림의 욕구가 있다. 우리는 적어도 어떤 한 영역을 다스리게 된다. 다스리는 자가 잘못 다스릴 가능성이 높은 이유는 인간이 타락해서 죄성을 가지고 있기 때문이다. 그것이 인간에게 나타나는 권력욕의 본질이다. 인간은 하나님이 진정으로 기뻐하시는 방식대로 다스릴 수 없는 존재가 되었다. 그렇기 때문에 창세기 9장에서 노아 대홍수 후에 하나님이 문화 명령과 비슷한 명령을 다시금 주시는데, "다스리라"는 말은 나오지 않는다. 이것이 창세기 1장과 9장의 문화 명령의 차이다.

하나님 나라는 우리 마음속에 임한다. 성령께서 우리 안에 거하셔서 성령의 온전한 통치를 받게 되는 상태가 성령 충만이다. 성령 충만하면 성인과 철인이 된다. 한편 성령께서는 그리스도의 몸 된 교회 안에서 역사하신다. 교회는 하나님 나라의 표지로서 하나님의 통치를 받는 공동체다. 세상의 통치와 완전히 구분되는 방식으로 존재하는 대조적 공동체인 것이다. 그러므로 예수는 언제나 온전한 통치자로, 왕으로 표현된다. 새 하늘, 새 땅, 새 예루살렘에서 우리는 그리스도와 함께 왕 노릇 함으로써(계 22:5) 하나님이 처음 의도하신 대로 온전하게 이 세상을 통치하는 성인과 철인의 모습으로 서게 될 것이다. 그런 면에서 유교의 이상을 이루는 것은 그리스도 안에서, 하나님 나라 안에서라고 할 수 있다.

어찌 보면 유교의 이념은 참 좋은 것이다. 통치자를 이상적인 존재로 만들고 예와 덕에 의해서 다스려지는 사회를 꿈꾸는 것이 나쁠 이유는 없다. 그런데 유교의 맹점은 인간성을 지나치게 낙관적으로 보는 데 있다. 맹자의 성선설은 말할 것도 없고, 순자의 성악설조차도 기독교적 관점에서 보면 성선설에 가깝다. 맹자나 순자 모두 인간성을 예(禮)로 통제할 수 있다고 보았기 때문이다.

기독교의 관점은 인간성이 통제되지 않는다는 것이다. 어떤 외적 강제나 내적 결단에 의해서도 통제되지 않는다. 아무리 법을 엄하게 세워도 인간성은 통제되지 않는다. 아무리 단단히 각오해도 작심삼일일 때가 많다. 인간은 타락으로 말미암아 전적으로 타락하고 전적으로 부패한 죄성을 가진 존재다. 인간성을 통제할 수 있는 유일한 수단은 신적 통제다. 성령이 우리 안에 오셔야만 인간성은 통제될 수 있다. 성령께서 우리를 온전히 통치하시는 상태가 성령 충만이다. 그것은 우리의 자유 의지의 협조가 있어야 가능하다. 우리가 자기 부인을 하고 성령의 통치를 요청했을 때 성령께서 온전히 통치하실 수 있다.

인간성을 낙관적으로 보는 세계관은 이상 사회론, 이상 왕국 사상을 수반하는 경향이 있다. 아마도 대표적인 사례가 공산주의일 것이다. 공산주의도 인간성을 낙관적으로 본다. 공산주의는 17, 18세기 계몽주의의 연장선상에서 19세기에 나타난 사상 중 하나다. 계몽주의는 이성주의, 합리주의로 요약할 수 있는데, 그것은 인간성에 대한 낙관으로 나타난다. 인간성이 낙관적이라면 그 인간이 만들어 내는 역사는 진보할 수밖에 없다. 역사가 진보한다면 역사의 궁극에는 가장 이상적 사회인 유토피아가 도래할 것인데, 그것이 바로 공산주의 사회라는 것이다. 이처럼 인간성에 대한 낙관과 역사의 진보라는 두 기둥이 공산주의를 받치고 있다고 할 수 있다.

유교도 마찬가지다. 인간성은 예라는 율법 시스템으로 통제할 수 있을 만큼 낙관적이기 때문에 유교는 성인과 철인을 만드는 것이 가능하다고 본다. 또 성인과 철인이 예와 덕으로 국가를 다스리게 한다면 이상적인 사회가 가능하다는 것이 유교가 가지고 있는 이념이다. 그래서 유교의 기둥은 크게 두 가지로, 인간성 완성과 이상 사회의 구현이라고 말할 수 있다. 유교에서는 전통적으로 이 두 기둥을 내성(內聖)과 외왕(外王)으로 설명했다.[39] 공자는 이것을 수기(修己)와 안백성(安百姓)으로,[40] 주자는 수기(修己)와 치인(治人) 등으로 묘사했다.[41]

그러나 역사적으로 보면, 공산주의나 유교의 실험이 별로 성공적이지 못했다는 것을 알 수 있다. 공산주의 실험은 후기 산업 사회에서 실패임이 입증되었다. 유교 전문가들은 유교 이념이 동아시아에서 제대로 구현된 적이 한 번도 없다고 말한다. 왜 실패했을까? 유교의 전제는 인간성에 대한 낙관에 있는데, 그것이 실재에 부합하지 않기 때문이다. 잘못된 전제를 두었기 때문에 성공할 수가 없었던 것이다.

유교에서 말하는 학문이란 단순히 지식을 습득하기 위한 이론적 탐구가 아니다. 통치자로서 합당한 마음을 수양하고 통찰력을 키우는 것이 그 목적이었다. 그래서 유교 엘리트들은 경전과 역사서를 읽으며 통치자로서 합당한 사람으로 준비되기 위한 공부를 했다. 과거를 보고 관직에 나아가서 임금을 도와 덕치와 예치의 이상 사회를 구현하는 것이 그들의 비전이었다. 과거도 단순히 암기 사항을 질문하는 것이 아니었다. 대과의 마지막 관문인 전시(殿試)는 거의 응용 문제였다. 응시자들은 경전에서 원리를 동원하고, 역사서에서 유사한 사례를 들고 와서 해답을 제시하는 식이었다. 이런 시험을 통해 통치자로서 인격의 됨됨이와 통찰력을 검증한 것이다.

유교에서 학문은 단지 지식을 위한 지식을 많이 쌓는 것이 아니라 궁극적으로 백성을 평안하게 하고 이상 사회를 구현하는 데 봉사하기 위한 것이었다. 공부의 목적은 자기를 수양하여 성인과 철인이 되는 것이었다. 그러나 이러한 유교의 이념은 교육의 힘을 과대하게 본 것이다. 물론 교육의 힘은 결코 작다고 할 수 없지만 인간의 죄성을 극복할 정도는 아니다.

유교의 실험은 어떻게 실패하게 되었을까? 요, 순, 우까지는 왕위가 선양되었다. 그런데 정치적 권력을 잡아 보니 그 기득권이 엄청났다. 그냥 내려놓기는 매우 아까운 것이었다. 그래서 얼마 못 가 우왕(禹王) 때부터는 세습이 일어나게 되었다. 하지만 세습을 하면서 성인과 철인을 통치자로 확보하기는 어려웠다. 최고의 학자를 붙여서 왕세자를 교육했지만 폭군과 무능한 군주가 많이 나타났다. 교육의 힘을 과소평가해서는 안 되지만 지나치게 과대평가해서도 안 된다. 어쨌거나 유교의 성인, 철인 정치사상과 과거 제도는 대단한 실험이었다. 마테오 리치는 중국의 과거 제도를 서구에 소개했는데,[42] 18세기 계몽주의 시대에 이르기까지 서구의 지식인들에게 상당한 반향을 불러일으켰다.

10. 예와 인

유교 사상의 핵심은 예(禮)다. 어떤 사람들은 종종 유교의 핵심 사상이 인(仁)이라고 주장한다. 통치자의 덕목이라는 면에서는 맞는 말이지만, 유교 사상 전체를 조감해 볼 때에는 예라는 개념이 훨씬 중요하다. 예는 천에 대한 제사 예법과 사회적 관계의 예법을 다루는 것이다. 예에는 천의 뜻이 반영되어 있기 때문에 예를 실천하여 천의 뜻에 순종하고 천의 축복을 받는다고 생각했다.[43] 그래서 「좌씨전」(左氏傳)은 "예로써 나라를 지키고 정치적 강령을 행하면 백성을 잃는 일이 없을 것이다"라고 말하고 있다.[44]

그러면 예와 인의 관계를 살펴보자. 예치와 덕치는 사실상 동전의 앞뒷면과 같다. 공자에게서 인은 덕(德)의 절정, 즉 인간성의 완성을 나타내는 말이다.[45] 「논어」에 보면 인에 대한 여러 가지 설명이 나온다. 사전적 정의는 나오지 않지만 인이 구체적으로 어떻게 사물과 관계하는지를 보여 주고 있다. 「논어」에 따르면 인이라는 것은 말을 더디게 하는 것이다.[46] 인이란 어려운 일을 먼저 하고 이익을 얻는 것은 뒤에 하는 것이다.[47] 자기의 욕구를 극복하고 예로 돌아가는 것이다.[48] 사람을 사랑하는 것이다.[49] 인은 마음의 중심으로 상대방의 마음에 공감하는 것이다.[50] 천의 뜻이 예에 반영되어 있기 때문에 예만 따르면 천이 요구하는 덕의 완성이 실현된다. 그러므로 예와 인은 함께 가는 것이다.

「대학」(大學)의 팔조목(八條目)은 예와 인의 관계를 잘 말해 준다. 우선 '격물'(格物)은 모든 사물의 이치를 찬찬히 따져 보는 것이다. '격'이라는 말은 영어로 하면 'naming'이다. 사물의 이름을 붙일 뿐 아니라 사물에 내재된 이치를 깊이 상고해 보는 것이다. 조선 시대 유학자 화담(花潭) 서경덕(徐敬德)은 방벽에 글자들을 써 붙여 놓고 그 이치를 궁구하는데, 깨달음이 올 때까지 그렇게 했다고 한다. '치지'(致知)는 지식이 극치에 이르러서 통합된 체계를 갖게 되는 것이다. 즉 일가견을 이루게 되는 것이다. 그렇다고 해서 사람들이 자신이 도달한 지적 결론대로 살아 내는 것은 아니다. 그래서 '성의'(誠意), 즉 의지를 성실히 해서 지행을 일치시키려는 노력이 필요하다. 감정의 차원까지 포함해서 전인적으로 마음을 바로잡는 것이 필요한데, 그것이 '정심'(正心)이다. 더 나아가서 몸까지 수양해야 한다. 그것이 '수신'(修身)이다. 인간은 심신상관적 존재이기 때문에 몸가짐도 바르게 해야 한다. 이처럼 자신이 수양된 사람은 가정을 화목하게 이끌 수 있는데, 그것이 바로 '제가' (齊家)다. 가정을 가지런히 할 수 있는 사람은 '치국'(治國), 즉 나라를 잘 다스릴 수 있다. 여기서 국(國)은 제후의 나라를 말하고, 천하는 중국 전체를 말한다. 마지막으로 나라를 다스릴 수 있는 사람은 '평천하'(平天下), 즉 온 세상을 평안하게 할 수 있다.

수신이란 결국 자기 안에서 예가 완성된 상태다. 따라서 완성된 인격이 동반해서 나타난다. 수신이 된 사람은 결국 어진(仁) 사람이라고 할 수 있다. 제가는 자기 가정 안에서 예가 완성된 것이다. 남편은 남편의 예로써, 아내는 아내의 예로써 서로 대하고, 아버지는 아버지의 예로써, 자식은 자식의 예로써 대하는 것이다. 완성된 인격이 가정 안에서 영향을 끼치는 상태가 제가다. 치국은 나라를 예로 다스리기 때문에 통치자의 완성된 인격이 백성에게 영향력을 발휘하는 것이다. 평천하는 세상을 예로써 대하기 때문에 통치자의 완성된 인격의 영향력이 세상 사람들에게 발휘되는 것이다. 그러한 통치자가 바로 성인이다. 그러므로 예의 확대는 인의 확대다. 자신으로부터 시작해서 가정과, 나라와, 세상에까지 예를 구현하면, 완성된 인격의 영향력이 더 큰 공동체로 확대되어 간다는 것이다.

기독교의 사랑은 사회적, 관계적 윤리라기보다는 보편적 원리다. 하나님은 사랑을 본질로 하시고, 하나님의 형상을 가진 인간도 사랑을 본질로 한다. 문화와 시대와 인종을 초월해서 모든 인간은 사랑에만 녹는다. 종교를 떠나 희생적인 사랑의 이야기를 들으면 왜 마음이 뭉클해질까? 인간이 비록 타락했음에도 하나님의 형상을 가지고 있다는 증거다. 예수의 십자가가 왜 모든 시대와 인종과 문화를 초월해서 통할 수 있는 방법이 될까? 그것이 사랑의 방법이기 때문이다.

기독교에서 말하는 사랑은 보편적 원리이고, 인은 자기로부터 사회적으로 점점 확대되어 가는 성격을 갖고 있다. 그래서 유교 지역에서는 자기로부터 출발하여 점점 큰 공동체로 확대되어 가는 관계 윤리가 발달되어 있다. 반면 서양에서는 대중 윤리가 발달했다. 그래서 자신과 가깝지 않은 사람에게도 친절을 베푸는 것을 쉽게 볼 수 있다. 일본은 유교 지역이지만 대중 윤리가 발달한 것으로 보인다. 일본은 유교를 단지 학문 차원에서 받아들였기 때문에 유교적 가치가 사회를 강하게 지배한 적은 없었다. 일본은 지역 영주 중심의 봉건 사회였다. 그러므로 지역에서의 대중 윤리가 발달한다. 일본은 중국이나 한국만큼 혈통주의가 강하기보다는 지역주의가 나타나는 것으로 보인다.

11. 권위주의의 문제

유교의 예 사상은 수직적 신분 제도, 계급 사회를 전제로 통치 계급의 도덕성을 강조한다. 당대에 상당히 혁신적인 실학 사상가였던 유학자들도 이러한 한계는 극복하지 못했다. 유교의 예 사상은 유교 국가, 특히 한국에서 수직적 위계를 정당화하는 데 사용되었다. 한국 사람들은 권위주의 사회에서 살기 때문에 직분과 신분이 구분되지 않는 경우가 많다. 직분은 질서이고, 신분은 위계다. 직분은 후천적으로 결정되지만 신분은 날 때부터 결정된다. 교회 안에서도 직분과 신분이 혼동되고, 교회의 질서는 위계가 되어 버린다.

    유교는 효를 강조한다. 부모와 자식의 관계는 모든 인간관계 중에서 가장 중요한 것으로 관계 윤리의 기초가 된다. 성경도 효를 강조한다. 십계명에서도 부모 공경은 인간에 대한 계명 가운데 첫째로 주어졌다(출 20:12). 부모와 자식의 관계는 날 때부터 결정되는 것으로 신분 차이다. 그래서 자식이 아무리 잘나고 출세해도 일자무식한 부모 앞에서 머리를 조아리는 것이다. 하지만 부부 관계는 날 때부터 결정되는 것이 아니기 때문에 신분 차이가 아니다. 굳이 말하자면 직분 차이라고 할 수 있다.

권위(authority)와 권위주의(authoritarianism)는 구분되어야 한다. 권위의 목적은 사람들을 올바로 세우는 데 있다(고후 10:8, 13:10). 권위주의는 사람들을 올바로 세우는 역할(role)을 감당하지 못하면서 지위(position)만 주장하는 것이다. 역할을 헌신적으로 충성스럽게 감당하면 요구하지 않아도 권위에 대한 존중이 따라온다. 부모는 하나님의 대리인이며, 하나님의 권위를 대행하는 자다. 부모는 자녀를 올바로 세우기 위해 권위를 사용해야 한다.

유교와 기독교는 족보를 중요시한다는 공통점이 있다. 유교적 족보든 성경에 나오는 족보든, 족보의 핵심은 '누가 누구를 낳았다'는 것이다. 이 족보의 계통을 타고 거슬러 올라가면 하나님까지 닿을 수 있다. 족보가 의미하는 것은 생명의 계통이며 권위의 계통이다. 나의 생명은 부모에게서, 부모는 조부모에게서, 조부모는 증조부모에게서 나왔다. 나는 아버지의 권위 아래, 아버지는 할아버지의 권위 아래, 할아버지는 증조할아버지의 권위 아래 태어난 것이다.

창세기 1장 26-27절에서 하나님이 인간에게 주신 것은 관리권이지 주권이 아니다. 창세기 2장을 보면 아담은 관리권자, 즉 위임 권위자로서 생물들의 이름을 붙였다. 이를 부모 자식 관계에도 적용해 볼 수 있다. 부모는 자녀에 대한 주권은 없으나, 자녀가 장성하기 전까지 다스릴 수 있는 관리권을 가지고 있다. 부모는 관리권자로서 권위가 있는데, 그것은 자녀의 이름을 붙이는 데서 나타난다. 부모는 하나님의 대리인으로서 위임된 권위를 갖는 것이다. 그러므로 부모가 자녀에게 이름을 붙이는 것이 성경적으로 옳다고 본다.

성경적으로 보아도 조상의 가치와 의미는 재조명되어야 한다. 믿음의 조상만 의미 있는 것이 아니라 육신의 조상도 의미가 있다. 족보의 계통을 타고 올라가면 모든 생명과 권위의 원천이신 하나님이 계시기 때문이다. 부모 공경은 형통과 장수를 약속받는 계명이다(엡 6:1-3). 부모를 공경하는 자에게 주어지는 상급은 첫째, 이 땅에서 잘되는 것이다. 권위를 존중했기 때문이다. 정당한 권위를 존중하지 않는 사람이 이 땅에서 잘될 수는 없다. 둘째, 이 땅에서 장수하는 것이다. 왜 그럴까? 생명을 존중했기 때문이다. 효의 본질은 생명의 근원에 대한 존중에 있다.

권위의 문제와 인간의 죄성이 결부될 때 권위의 남용, 권위의 포기, 그리고 권위에 대한 도전이 나타난다. 권위주의 사회에서는 권위의 남용으로 말미암은 상처가 많다. 권위의 포기도 많이 일어난다. 근대화 이후 전통적 사회의 붕괴는 전통적 권위에 대한 부정으로 나타났다. 오늘날에는 부모가 마땅히 행사해야 할 권리를 포기하는 경우도 많다. 권위는 아무나 갖는 것이 아니라 다스리는 자가 갖는다. 다스림의 목적은 군림과 지배와 착취가 아니라 올바로 세우고 양육하는 것이다. 따라서 정당한 다스림의 권위를 포기해도 권위 아래 있는 사람들은 상처를 받는다. 마땅히 다스려져야 할 때에 다스림을 받지 않아도 상처가 되는 것이다.

선생의 권위에 대해서 생각해 보자. 유교적 권위주의 아래에서는 선생과 제자의 관계가 지나치게 수직적으로 나타나는 경향이 있었다. 따라서 한국 문화에서는 교육도 일방적인 주입식이어서 반론이나 자기 의견을 제기하기 어려웠다. 물론 이러한 전통적인 권위주의는 이제 신세대에게 통하지 않는다. 오늘날은 오히려 정당한 권위에 대한 부당한 도전이 사회 문제가 되고 있다.

권위주의 문제는 한국 교회와 선교지에서도 똑같이 일어난다. 한국의 목회자와 선교사는 가르치는 자로서 권위주의가 강하다. 한국 선교사는 개척 단계에서는 강하다. 그러나 현지 지도자가 어느 정도 성장하고 리더십이 형성되면 마찰이 많이 생긴다. 한국 선교사의 가장 큰 문제는 자기가 가르친 사람들을 다 제자로 여기기 때문에 페어런트십(parentship) 단계에서 파트너십(partnership) 단계로 넘어 가지 못한다는 것이다. 서양 선교사도 리더십 이양에 문제가 없는 것은 아니지만 한국 선교사의 경우에는 리더십 이양이 더 잘 이루어지지 않는다. 이러한 권위주의 문제는 선교지에서도 그대로 나타난다.

국가 지도자의 권위 문제를 생각해 보자. 성경은 위에 있는 권세에 순복하라고 가르친다(롬 13:1). 이것은 일반적인 정부의 권위에 대한 순종을 요구하는 것으로 보아야 한다. 원래 하나님은 왕정을 원치 않으셨다. 이스라엘 백성이 자기 시대와 문화에 영향을 받아 간절히 원했기 때문에 허락하신 것이다(삼상 8:6-9). 하나님만이 우주를 통치하시는 진정한 왕이시다. 하나님은 아담을 다스리는 자로, 즉 이 땅의 왕으로 세우셨다. 원래는 아담이 세상 임금이 되었어야 하는데, 아담이 타락했기 때문에 세상 임금의 자리가 마귀에게로 넘어갔다. 그래서 마귀가 세상 임금이 되었다(요 14:30).

예수께서 재림하실 때 우리는 그리스도와 함께 세세토록 왕 노릇 하게 된다(계 22:5). 즉 통치자가 되는 것이다. 그것은 아담에게 주어진 다스림의 사명을 완수하는 것이다(창 1:28). 하나님의 섭리로 역사는 새 예루살렘 방향으로 가고 있다. 이런 관점에서 보면 민주주의의 주권재민(主權在民) 사상은 모든 사람이 왕 노릇 하는 새 예루살렘성에 가깝다. 모든 권력, 즉 통치권은 국민에게 있다. 그러므로 왕정에서 민주 공화정으로 이행한 것은 세계사에 하나님의 섭리가 있었음을 보여 주는 것이다.

대통령은 국민 위에 있는 것이 아니라 국민 아래에 있다. 대통령과 국회의원은 국민이 뽑아서 국정을 대리하도록 한 사람들이다. 그렇기 때문에 대의 정치라고 하는 것이다. 대통령 밑에 있는 사람들은 대통령이 임명한 총리나 장관 같은 사람들이다. 물론 한 개인으로서 나는 대통령의 통치 아래 있기 때문에 대통령을 존중해야 한다. 그러나 국민 전체가 대통령 밑에 있는 것은 아니다. 권위주의적인 독재 정부 시절에 보수 기독교 지도자들은 '위에 있는 권세에 대한 순복'(롬 13:1)의 의미를 잘못 해석했다.[51] 굳이 위에 있는 권세를 말한다면 국민이 대통령의 위에 있는 권세다. 대통령이 잘못 통치하면 국민은 대통령을 소환하고 탄핵할 수 있으며, 시민 불복종 운동을 할 수도 있다. 우리는 더 위에 있는 권세인 하나님의 뜻대로 해야 하기 때문이다.

국가와 종교의 분리도 잘못 이해했다. 미국 헌법에서 국가와 종교의 분리를 언급한 것은 역사적인 배경이 있다. 미국으로 건너온 사람들 중에는 영국 국교도의 탄압을 피해 온 청교도들이 있었다. 그들은 국가의 종교 간섭을 피해서 온 사람들이었다. 그렇기 때문에 국가와 종교의 분리가 의미하는 바는 국가가 종교에 개입하지 말라는 의미였다.[52] 그러나 종교는 국가에 관여하는 것이 당연하다. 종교를 가진 사람들은 동시에 시민이기 때문이다. 시민으로서 국가의 정책을 평가할 때 종교적 신념이 전혀 배제될 수는 없다. 그리고 교회는 원래부터 선지자적 역할을 감당하도록 되어 있다. 구약 시대부터 선지자들은 예컨대 아모스 선지자처럼 국가의 위정자들에 대해 비판함으로써 선지자적 사명을 감당했다. 종종 핍박을 무릅쓰고 그렇게 했다. 오늘날에는 교회가 선지자적 사명을 감당하지 못하기 때문에 오히려 사회에서 설자리를 잃었다.

한국 교회는 일부 보수 기독교 지도자들의 잘못된 신학으로 말미암아 선지자적 사명을 감당하기보다는 독재자들을 지지하고 지원하는 잘못을 저질렀다. 독재자의 총칼 앞에서는 국가와 종교의 분리를 주장하고 위에 있는 권세에 대한 순복을 강조하던 사람들이, 민주화가 되니까 교회 강단에서 노골적으로 통치자를 비판하고 특정 정당이나 후보를 지지한다. 심지어는 정당을 만들어서 정치판에 뛰어들려고 한다. 그리스도인들이 정치인이 되는 것은 좋지만 목사들이 직접 목사의 직분을 가지고 정당을 만들어 정치판에 뛰어드는 것은 잘못이다.

기독교의 이름을 단 정당을 만드는 것이 왜 잘못된 일일까? 우선 정치는 일반 은총의 영역이다. 교회는 특정 집단이나 계층의 이익을 대변하는 이익 집단 혹은 압력 집단이 아니라 선지자 집단임을 알아야 한다. 기독교 이름을 단 정당을 만들려고 하는 사람들은 문화적 토양에 대한 이해가 없는 것이다. 기독교 왕국을 통과한 독일과 같은 나라에서는 기독교 민주당이나 기독교 사회당이 교회를 대표한다고 생각하는 사람이 거의 없다. 단순히 기독교적 가치를 실현하려는 정당 정도로 간주한다. 그러나 종교 다원적 토양인 한국에서 기독교 이름을 단 정당을 만들면 다른 종교들도 당을 만들고, 그 결과 정치가 종교 전쟁터가 될 가능성이 높다. 한국은 종교 다원적 사회임에도 종교로 인한 분규가 거의 없었다. 그런데 종교가 정치적 권력 투쟁과 결부되면 종교 간의 갈등과 분쟁이 심화될 것이다. 기독교 정당이 정권을 잡으면 문제는 더 심각해진다. 기독교 정당의 모든 정책적 실패를 교회가 다 뒤집어써야 될 것이다.

유교는 군사부일체를 주장했다. 이것은 국가의 통치자가 자기 권위를 강화하기 위해 선생의 권위와 아비의 권위를 끌고 들어온 것이다. 그러나 성경은 선생이라 칭함 받지 말고, 아비라 칭함 받지 말며, 지도자라 칭함 받지 말라고 권고한다(마 23:8-10). 우리는 그리스도 안에서 모두 형제자매이며,

하나님 앞에서 동료 피조물일 뿐이다. 이것은 권위주의에 대한 배격이라고 할 수 있다. 아비의 마음을 품되 아비라 칭함 받지 않는 것이 좋다. 종종 학원 선교 단체 출신들은 '영적 아비'나 '자기 제자'라는 말을 잘 사용한다. 물론 아비 같은 마음을 품고 양육하며 선생의 마음을 품고 가르치라는 의미일 것이다. 그러나 인간의 죄성에 유교적 토양이 더해지면 원래의 의미가 왜곡될 가능성이 커진다. 우리는 권위주의적 사고방식이 한국 문화에 얼마나 깊이 깔려 있으며, 우리의 생활과 사역과 교회 안에 어떻게 배어 있는지 깊이 생각해 보아야 한다.

12. 제사와 올바른 조상 신학의 필요성

기독교가 유교 지역과 애니미즘 지역에 들어와서 실수한 것 중 하나가 제사와 조상 공경의 문제를 분리시키지 못했다는 것이다. 제사를 지내지 않는 것까지는 옳았다고 본다. 그런데 그리스도인이 조상에 대해서 관심이 없고, 조상을 존중하지 않고, 조상을 가치 있게 생각하지 않는 것으로 오해하게 만든 점은 큰 실수다. 폴 히버트(Paul Hiebert)가 지적했듯이 올바른 조상 신학이 필요했다고 본다.[53] 흔히 제사를 유교의 산물이라고 생각하는데, 애니미즘과 샤머니즘 지역에는 대체로 조상 숭배와 사자 숭배의 풍습이 있었다. 유교는 애니미즘의 조상 숭배에 종교적 의식을 제공해 준 것이다. 따라서 우리가 유교를 다룰 때 빠뜨릴 수 없는 한 가지 주제는 제사에 관한 것이다. 근대화 이후 유교적 세계관의 영향력이 많이 약화되었지만, 오늘날에도 한국의 많은 가정에서는 조상에 대한 제사를 지내고 있다.

상고 시대에는 죽은 사람에 대한 제사는 없고 오직 상제에 대한 제사만 있었다. 인간에 대한 제사가 중국에서 나타난 것은 교(郊), 체(禘), 조(祖), 종(宗) 등의 개념과 연관이 있다. 교제(郊祭)는 상제에게 지내는 제사로 천자만이 주관할 수 있었다. 하늘에 대한 제사를 지낼 때는 주로 도성을 나와서 제사를 지냈다. 우리가 '서울 근교'라고 말할 때처럼 교(郊)는 도성 밖 100여 리를 의미하는데, 거기서 교제를 지낸 것이다. 체제(禘祭)는 천자의 시조(始祖)를 천(天)에 배향하여 드리는 제사였다. 이처럼 원래는 하늘에 대한 제사만 있었는데 은대(殷代)에 와서는 하늘에 대한 제사 외에도 자연신과 조상신에 대한 숭배로 제사를 행했다. 주대(周代)에 오면 주공(周公)이 이전부터 전해 오는 예(禮)를 정비하고 하늘에 대한 제사 규정 등을 확립하였다.

원래 인간에 대한 제사는 공덕이 있는 사람을 대상으로 했다. 인간에 대한 최초의 제사는 황제(黃帝)에서 시작된 것으로 전해진다. 그후에 왕들의 조상 중에 큰 공이 있는 사람에게 조(祖)라는 제사를 드렸다. 더 나아가서 덕이 있는 왕들에게는 종(宗)이라는 제사를 드렸다.[54] 그래서 왕조를 처음 연 사람은 공이 크기 때문에 태조라든지 고조라든지 하는 식으로 '조'(祖) 자가 붙는다. 반정을 통해 왕이 된 사람들도 인조라든지 세조라든지 하는 식으로 조를 붙였다. 영조, 정조처럼 문예 부흥을 일으키고 국가를 부강하게 한 경우도 조가 붙었다. 나머지 왕에게는 '종'(宗)을 붙였다. 조종은 살아 있을 때에 붙이는 것이 아니라, 왕이 죽고 난 뒤에 붙이는 묘호(廟號)다.

우리나라에서도 고려 시대와 조선 시대에 왕의 묘호로 조종(祖宗)을 붙였다. 조종을 붙인다는 것은 독자적으로 천명(天命)을 받는 황제국임을 나타내는 것이다. 그래서 고려 시대에도 몽골의 속국으로 있을 때만 왕을 붙였고, 나머지는 조종을 붙였다. 이른바 사대주의라는 것도 외교 노선이었을 뿐, 실제로는 조선 초기만 해도 독자적인 천명을 받는 나라라는 의식이 강했다. 조선 후기에 와서 만주족의 청(淸)나라가 들어서고 조선이 소중화(小中華)

를 표방하면서 정신적으로 사대주의로 갔다고 할 수 있다.

일반적으로 유교 국가에서는 종묘(宗廟)와 사직(社稷)에 제사를 지내는 것을 중요시했다.⁵⁵ 그래서 종종 왕조를 종묘사직이라고 표현하기도 했다. 원래 사직은 땅과 곡식의 신이다. 농경 사회에서는 흉년이 들면 왕조의 멸망으로 이어질 수도 있었다. 곧 민생이 가장 중요하기 때문에 사직에 제사를 지내지 않는 임금은 우둔한 임금이고 반드시 나라를 잃게 된다고 생각했다. 그래서 왕조가 세워지면 한 곳에는 사직단을 세우고, 또 한 곳에는 왕의 조상들에게 제사를 지내는 종묘를 세웠다. 이렇게 하늘과 땅, 왕의 조상에 대한 제사가 유교 국가의 중요한 제사가 되었던 것이다.

우리나라도 부족 국가, 고대 국가 시절에 제천(祭天) 의식을 행했다는 기록을 찾아볼 수 있다. 그리고 조상에 대한 제사는 샤머니즘적 사자(死者) 숭배 의식의 형태였던 것으로 보인다. 조상에 대한 유교식 제사는 고려 말에 성리학의 도입으로 신진사대부(新進士大夫)가 등장하면서 본격적으로 시작된 것으로 본다. 조선 초기만 해도 제사를 지낸 사람은 소수의 양반들이었으며, 임진왜란과 병자호란 이후 주자 성리학이 강화되면서 조선 중기인 17세기 이후에 늘어났을 것으로 본다. 조선 후기인 19세기에 오면 급격한 사회 변동으로 양반의 수가 급증하면서 조상 제사는 평민에게까지 확대되어 갔다.⁵⁶

성경은 조상 제사를 반대하는데(고전 10:20), 성경에서 귀신으로 번역된 헬라어 '다이몬'(δαίμων)은 죽은 조상의 혼령이라기보다는 타락한 천사들로 본다(계 12:4). 그러므로 조상을 숭배하는 제사는 사실상 타락한 천사들과 교제하는 것이 된다. 성경은 초혼(招魂)이나 신접(神接)을 금하는데(신 18:11), 조상 제사는 초혼(招魂) 행위이며 기복(祈福) 행위다. 성경은 죽은 자에게 기원하는 것을 금한다(사 8:19).

제사에 대한 기독교의 견해가 항상 일관된 것은 아니었다. 천주교의 경우에도 제사는 처음 전래되었을 때부터 문제가 되었다. 천주교가 박해받은 주된 원인도 제사 문제였다. 마테오 리치는 17세기 초에 중국에서 선교할 때 제사를 허용했다. 근본주의적인 도미니코 수도회와 프란치스코 수도회 소속 선교사들은 마테오 리치의 방식을 교황청에 보고했다. 그 뒤 100여 년간 교황청에서 전례(典禮) 문제를 두고 논쟁했는데, 결론은 제사를 금하는 것이었다. 그 결과 우리나라에 천주교가 전래되었을 때 제사 문제로 상당한 박해가 있었다. 1939년에 한국 천주교는 교황 비오12세의 "중국 의례에 관한 훈령"을 적용하여 제사를 다시 미풍양속으로 인정하였다. 제사를 효의 연장선상으로 보았기 때문이다.

제사가 문화적인 것이냐, 영적인 것이냐를 구분하는 것은 쉬운 일이 아니다. 초대 교회 때에도 사도 바울과 사도들이 할례나 부정한 음식에 대해서 신학적 판단을 내려야 했다. 그 당시에도 영적인 문제냐, 문화적인 문제냐를 두고 논란이 있었던 것 같다. 그러므로 선교사는 신학적, 문화 인류학적 통찰력을 가지고 있어야 한다. 선교사는 전혀 다른 문화적 환경으로 들어가기 때문에 종합적인 판단을 할 수 있는 능력이 필요하다.

지금도 천주교에서는 제사를 인정하고 있고, 자유주의 신학자들과 일부 복음주의 진영의 사람들 중에도 제사를 문화적 차원에서, 효의 연장선상에서 허용하는 사람들이 있다. 그렇다면 제사의 어떤 요소가 우상 숭배가 되는 것일까? 조상 숭배(ancestor worship)와 조상 공경(ancestor veneration)의 차이는 무엇일까? 아프리카의 조상 숭배와 달리 유교권의 조상 숭배는 효의 표현이라는 면이 있기 때문에 더욱 논란이 되는 것으로 보인다. 그럼에도 제사를 받아들일 수 없는 것은 우선 그 기원이 애니미즘 지역의 조상 숭배에 있기 때문이다. 그리고 제사는 초혼(招魂)을 전제로 하고, 기원(祈願)이 들어가 있기 때문에 우상 숭배적이라고 할 수밖에 없다.

그렇다면 어떤 사람이 "나는 초혼이나 기원도 하지 않고 그냥 관습적으로 절만 한다"고 하면 제사를 지내도 되는 것일까? 여기에는 우상에 바친 제물과 비슷한 덕의 문제가 걸려 있다(고전 8:4-13). 종교 의례는 일종의 문화 현상으로서 '상징'이라고 할 수 있다. 상징은 형식(form)과 의미(meaning)로 이루어져 있다. 예컨대, 장례식에서 왜 국화는 되고 향은 안 되는 걸까? 그것은 국화와 향의 상징적 의미가 다르기 때문이다. 향은 흠향(歆饗)이라는 단어가 말해 주는 것처럼 초혼과 연관된 상징이다. 반면 국화는 단순히 애도를 표현하는 상징적 형식이라고 할 수 있다. 제사라는 형식은 여전히 어떤 의미와 강력하게 결합되어 있기 때문에 허용될 수 없는 것이다.

문화는 개인적인 차원이 아니라 사회적 차원이다. 비록 개인적으로는 어떤 의미를 부여하지 않아도 한 사회 속에서 그 의미가 보편적으로 인식되어 있다면, 여전히 덕의 문제가 발생한다. 나는 초혼이나 기원 행위를 하지 않기 때문에 양심에 거리낌 없이 제사를 지낸다 해도, 다른 사람들은 나로 인하여 "양심이 담력을 얻어"(고전 8:10) 거리낌 없이 우상 숭배적 제사를 지내게 된다는 것이다.

큰절을 한다고 해서 곧 우상 숭배가 되는 것은 아니다. 큰절이라는 형식도 문화에 따라, 상황에 따라 의미가 달라질 수 있다. 우리는 명절에 부모님께 큰절을 하지만 그것을 우상 숭배라고 하지는 않는다. 만일 어떤 문화에서 목례만 해도 우상 숭배적 행위가 될 수 있다면 목례도 해서는 안 될 것이다. 결국 무엇이 우상 숭배로 간주되는 요인이 될까? 초혼과 기원이 제사를 우상 숭배로 만드는 핵심 요소라고 할 수 있다.

13. 인간성에 대한 이론과 수양론

공자는 예와 덕으로 다스려지는 이상적 통치에 관심을 가지고 있었다. 공자 자신은 인간의 본성(本性)이나 천도(天道)와 같은 형이상학적인 문제에는 별로 관심을 두지 않았다.[57] 하지만 전국 시대에 들어오면서 유학자(儒學者)들은 다른 제자백가 사상들과 논쟁하며 인간성에 대해 논의하지 않을 수 없게 되었다. 인간성을 비관적으로 본다면 이상적 통치는 꿈꿀 수 없을 것이다. 인간성의 가능성은 이상적 통치의 가능성과 직접 연관되어 있었다. 그래서 맹자나 순자처럼 인간의 본성에 대한 형이상학적 주장들이 등장했다.[58] 유교는 인간성이 완성된 사람이 통치자가 되어야 한다고 생각했기 때문에 인성론과 수양론이 발달하게 되었다.

맹자는 인간의 본성을 낙관적으로 보았다. 인간의 본성에는 네 가지 선한 실마리, 즉 사단(四端)이 있다. 맹자는 측은지심(惻隱之心), 수오지심(羞惡之心), 사양지심(辭讓之心), 시비지심(是非之心)이라는 사단을 인(仁), 의(義), 예(禮), 지(知)의 덕목을 이룰 수 있는 가능성으로 보았다.[59] 인간은 선천적으로 이러한 덕목을 행할 수 있는 가능성을 갖추고 있지만, 여전히 가능성으로만 존재하고 있기 때문에 구하면 얻고 버려두면 잃어버리게 된다고 주장한다.[60] 그러므로 가능성을 확대하고 충족시켜야 한다는 것이다.[61]

순자의 인성론은 더 현실적이다. 순자는 인간에게 욕(欲), 지(知), 능(能)이 있는데, 지와 능은 노력으로 개발되지만 욕은 노력이 필요 없다는 면에서 욕만을 성(性)으로 간주했다.[62] 그러나 순자는 욕을 반드시 나쁜 것으로 간주하지는 않았으며, 이러한 욕망이 예(禮)를 통해서 절제되는 가운데 채워져야 한다고 주장했다.[63]

성경은 성악(性惡)과 성선(性善)이 동서고금의 인성론에 나타나는 근거를 보여 준다. 성경은 인간이 하나님의 형상대로 창조되었음과 동시에, 모든 인간이 타락으로 말미암아 죄성을 가지게 되었다고 말한다. 유교의 인간관은 기독교의 인간관과 비교해 보면 매우 낙관적이다. 맹자든 순자든 유학자들은 예로 인간성을 통제할 수 있다고 보았다. 기독교는 인간의 마음을 통제 불능으로 본다. 타락한 인간은 전적으로 부패하고 전적으로 타락한 상태다. 인간의 마음은 외적 강제, 즉 율법이나 예법 등으로 통제할 수 없다. 그리고 내적 결단으로도 통제되지 않는다. 인간성을 통제할 수 있는 유일한 방법은 성령이 우리 안에 들어오셔서 그분께 통치를 받는 수밖에 없다. 성령 충만밖에는 답이 없다. 그리고 지속적으로 성령 충만을 받지 않으면 인간은 육신의 정욕을 다스릴 수가 없다. 그런 의미에서 기독교는 경지의 종교가 아니다. 어떤 경지에 한 번 오르고 나면, 다시는 밑바닥으로 떨어지지 않는 것이 아니다. 죽을 때까지 날마다 자기와 싸워서 자기를 복종시키고, 자기를 죽이지 않으면(고전 9:27, 15:31, 고후 10:5) 언젠가는 추태를 부리게 되어 있다. 예수께서 재림하셔서 우리 몸이 완전히 영화로운 몸을 입게 될 때, 그때 인간 본성의 문제가 완전히 해결될 것이다.

14. 리와 기, 성

조선 왕조 500년간 주된 국가 이념은 주자 성리학(朱子性理學)이었다. 조선 왕조는 가히 유교 신정 국가라고 말해도 과언이 아닐 것이다. 그러므로 주자 성리학을 이해하지 않고는 조선 왕조를 이해할 수 없을 것이다. 송대(宋代) 이후의 유학을 신유학이라고 부른다. 신유학(新儒學)에는 많은 학파가 있지만 그중에서 성리학이 주종을 이루었으며, 그 성리학을 집대성한 사람이 주희(朱熹, 1130-1200)다. 중국에서는 주자 성리학이 한때 대세를 이뤘지만 신유학의 한 조류에 지나지 않았다. 조선 왕조는 500년간 주자 성리학만으로 유지되어 왔다.

　원래 유교는 정치 철학이었기 때문에 형이상학적 요소가 결여되어 있었다. 한나라 시대에 동중서(董仲舒)가 주장한 유학은 음양과 오행 개념을 수용했지만 불교에 비하면 형이상학적인 면에서 상당히 취약했다. 남북조 시대, 수, 당을 거치는 동안 불교가 아주 성행하면서 유교는 불교로부터 강력한 도전을 받게 된다. 유교는 불교의 아주 치밀한 형이상학을 감당하기가 어려웠기 때문에, 불교의 도전에 대응하려고 했지만 한편으로는 불교에 영향을 받게 된다. 그렇게 해서 나온 것이 송대 이후의 신유학으로, 주자 성리학은 서양의 스콜라 철학 못지않은 거대 이론의 체계를 형성하게 된다.[64]

　주자 성리학에서 많은 철학적 개념이 등장했지만 그중 가장 중요한 개념은 역시 리(理)와 기(氣)의 개념이다. 기가 중국에서 전통적으로 오래된 철학적 개념이라면, 리는 그다지 중요한 개념이 아니었다. 그런데 불교의 영향을 받으면서 리가 중요한 철학적 개념으로 등장했다. 한때 서구의 동양학자들이 리와 기를 아리스토텔레스의 형상과 질료로 번역하기도 했지만, 그 개념과 정확하게 일치하지는 않기 때문에 요즘은 리와 기 그대로 사용한다.

　주자 성리학에서 우주의 궁극적 실재인 리는 비인격적인 궁극자로, 기와 분리되어 초월적으로 따로 존재하는 것이 아니다. 그래서 리와 기는 서로 섞이지도 않고(不相雜), 서로 분리되지도 않는다(不相離)고 보았다. 논리적으로는 리가 먼저 있지만 기를 초월해서 따로 있는 것은 아니며, 기에 함축되어 있는 어떤 원리가 리인 것이다.

　주자 성리학에서 우주는 기로 되어 있으며, 기는 음기와 양기로 나누어진다. 음양은 원래 단순히 양지와 응달을 나타내는 개념이었지만 주역(周易)에 와서 철학적 개념으로 등장한다. 기라는 하나의 개념만으로는 만물의 운동과 변화를 설명하기가 쉽지 않기 때문에 속범주(subcategory)로서 음양이 기의 개념 밑에 배속되었다고 할 수 있다. 기와 음양의 우주론에서는 만물이 모두 음양이기(陰陽 二氣)의 교접에 의해서 생겨난다. 기가 모여 형상을 이룰 때 강하고 부드러움(强柔), 급하고 완만함(緩急)의 차이가 생긴다는 것이다. 또 기의 치우침과 바름(偏正)의 차이 때문에 인간과 동물의 차이가 생기고, 기의 맑음과 탁함(淸濁)의 차이 때문에 인간들 사이에서도 기질의 차이가 생긴다는 것이다. 하지만 인간의 도덕성의 차이도 기의 청탁의 차이로 설명하는 것은 자연주의적 사고방식이다. 이러한 사고방식은 인간의 자유의지를 약화시킬 수 있다. 이는 오늘날 모든 것을 DNA로 설명하려는 과학주의의 경향과 크게 다르지 않다.

리의 개념은 불교에서 영향을 받은 것으로 보인다. 리는 우주의 궁극적 원리이며, 동시에 만물의 본성과 동일한 것으로 간주되었다. 동일한 리가 만물에 내재하기 때문에 만물의 성은 모두 동일하다. 성리학(性理學)이라는 용어도 '성즉리'(性卽理)에서 왔는데 '성이 곧 리'라는 의미다. 리가 만물에 내재해 있기 때문에 성이라고 부를 뿐, 사실상 리와 성은 같은 것이다. 따라서 성인(聖人)의 성이나 보통 사람의 성이 같고, 사람의 성이나 동물의 성도 같다. 만물은 근본적으로 차이가 없고 동일한 것이나, 성(性), 즉 리가 기와 결합된 이후에 여러 차이가 생겨나는 것으로 보았다.[65]

주역에는 "형태로 보이는 것 이상의 것은 도이고, 형태로 보이는 것 이하의 것은 기, 즉 그릇"이라는 말이 나온다.[66] 주역에서 영어의 'metaphysics'를 의미하는 '형이상학'(形而上學)이라는 용어가 나왔다. metaphysics라는 개념은 원래 아리스토텔레스의 저작에 붙은 「매타피지카」(Metaphysica)라는 이름에서 왔다. 아리스토텔레스의 저작을 묶어 펴낸 안드로니코스(Andronikos)는 자연을 논하는 일련의 글(physika) 뒤에(meta), 형태가 보이지 않는 영혼의 문제, 내세의 문제, 인간 본성의 문제 등의 주제를 배치했다. 그런데 서양 철학이 일본에 들어오면서 형태가 보이지 않는 것을 주제로 다루는 meta-physics가 '형이상학'으로 번역된 것이다.

송대 주자 성리학에서 도(道)는 리(理)로, 기(器)는 기(氣)로 이해되었다. 우주의 궁극자인 리는 모두 동일하지만 각각 다른 그릇에 담겨 있기 때문에 사물의 차이가 나타난다고 보았다. 예를 들어 그릇에 물을 부으면 물은 동일하지만, 그릇 모양 때문에 물의 모양이 달라지고 제한되는 것과 같다. 따라서 물을 리에, 그릇을 기에 비유할 수 있다. 그러므로 물, 즉 리는 모두 동일하다. 만물의 차별상을 가져오는 것은 그릇, 즉 기 때문이다. 그런데 그릇 안에 리가 있을 때, 그것을 특별히 성이라고 부른다. 그러므로 성은 곧 리와 다름이 아니다. 그래서 성리학자들은 이것을 성즉리(性卽理)라고 한다. 성과 리는 결국 불교에서 말하는 법신불(法身佛)과 불성(佛性)의 구조를 그대로 가져온 것이라고 할 수 있다. 불교에서 말하는 "모든 중생은 다 불성을 가지고 있다"는 대승 불교의 명제가 주자 성리학에서는 "모든 존재는 동일한 성을 가진다"는 주장으로 재현된다.

그렇다면 인간의 독특성은 어디에 있는가? 리, 성보다는 기의 차이에 있다. 주자 성리학에서는 기와 합쳐지기 전에 리 그대로의 성을 본연지성(本然之性)이라고 하고, 기와 합쳐진 이후에는 기질지성(氣質之性)이라고 부른다. 맹자가 말하는 사단(四端), 즉 인의예지(仁義禮知)의 네 가지 실마리는 본연지성에 속하며 기와 결합하면 기질(氣質)에 의해서 왜곡된 성향들이 나타나는 것이다.[67] 그러나 유교는 기질을 다스리고 변화시키는 가능성을 열어 놓았고, 따라서 수양론이 발전했다. 조선 시대에도 인간성이나 수양론에 관련해서, 사단칠정론(四端七情論)이나 인물성동이론(人物性同異論) 논쟁과 같은 형이상학적 논쟁이 활발히 일어났다.

15. 기독교와 유교의 유사성_ 통치에 대한 관심

유교와 기독교 사이에는 유사성이 있다. 첫째, 둘 다 통치에 관심을 둔다. 유교는 성인과 철인이 다스리는 이상 왕국을 꿈꾸며, 기독교는 하나님이 다스리는 나라의 도래를 대망한다. 둘째, 의(義)에 대한 관심이다. 유교의 의는 인간이 마땅히 행해야 할 올바른 도리, 즉 의리(義理)를 추구한다. 올바른 도리는 예라는 율법 시스템에 의한 통치, 즉 예치를 의미한다. 기독교는 하나님의 의를 말한다. 하나님의 의는 예수 그리스도를 통해서 나타났고, 하나님의 은혜로 인간을 구원하시는 의다. 하나님은 예수 그리스도의 대속과 부활을 믿고 받아들이는 사람을 의롭다고 칭하신다(稱義). 셋째는 수양에 관련된 것이다. 유교는 수양을 통해서 인간성의 완성이 가능하다고 생각한다. 인간 안에 잠재된 도덕적 성향을 실현시키기 위한 수양을 강조한다. 기독교는 성령이 오셔서 우리를 통치해야 하며, 궁극적으로는 예수 그리스도의 재림에 의해서 인간성의 완성, 즉 영화(榮化)가 이루어진다고 본다. 유교와 기독교 모두 인간성의 완성과 이상 왕국을 꿈꾸지만, 유교는 인간의 노력으로 이런 것들이 가능하다고 본다는 점에서 인본주의(人本主義)라고 할 수 있다. 반면 기독교는 성령에 의해서, 예수 그리스도의 재림(再臨)에 의해서 가능하다고 본다는 면에서 신본주의(神本主義)라고 할 수 있다.

그렇다면 구원의 결과는 심리적인 것이어야 하는가, 사회-윤리적인 것이어야 하는가? 전자는 불교의 관점이고 후자는 유교적 관점이다. 불교는 해탈, 열반을 추구하는데, 그 내용은 평안, 자유와 같은 심리적 결과로 나타난다. 유교는 덕치, 예치, 삼강오륜 등과 같은 사회-윤리적 결과를 추구한다. 기독교는 심리적, 사회-윤리적인 것을 다 포함한다. 복음의 결과는 심리적으로 평안, 자유, 기쁨 등을 가져다주지만, 그것이 복음의 목적은 아니다. 복음의 결과는 사회-윤리적 차원에서 나타나야 하지만, 그것도 복음의 목적은 아니다. 복음의 목적은 무엇보다도 하나님과의 관계 회복에 있다. 하나님과의 관계가 깨어졌기 때문에 인간에게 심리적, 사회-윤리적 문제가 발생한 것이다.

한국 사회는 현세적 이상주의인 유교를 문화의 토양으로 가지기 때문에 기본적으로 사회-윤리적으로 문제를 해결하려고 한다. 하지만 복음주의 기독교인들은 불교처럼 복음을 심리적으로 이해하려는 경향이 있다. 마치 복음의 목적이 심리적 평안을 얻는 것인 양 착각한다. 그러면서 사회적 문제에 대해서는 등한시하는 경우가 많다. 성경적 의미의 평안, 자유, 기쁨은 올바른 관계에 있을 때 발생하는 것이기 때문에 또한 사회적이라고 할 수 있다. 그런 면에서 기독교에서는 심리적인 것과 사회-윤리적인 것이 서로 무관하지 않다. 성경에서 말하는 의는 하나님과 올바른 관계에 있음을 의미하므로 또한 영적인 것이다. 하나님과의 수직적 화해는 인간과의 수평적 화해를 본질적으로 요구한다.[68] 사회-윤리적 차원에 무관심하면서 평안과 자유, 기쁨 등을 추구하는 것은 전혀 기독교적인 것이 아니다. 기독교에서 의로움은 일차적으로 하나님과의 올바른 관계이며, 그 다음은 이웃과의 올바른 관계다. 기독교에서 목표하는 바는 올바른 관계적 상태로서의 칭의(稱義)이며, 바람직한 마음 상태로서의 해탈(解脫)과 같은 것이 아니다. 기독교도 마음을 중요시 여기지만(잠 4:23, 16:19-32, 마 15:19, 막 7:21, 벧전 3:3-4), 그 마음이라는 것도 관계 속에 있는 마음인 것이다.

유교는 현세적 이상주의로서 칸트(Immanuel Kant)의 정언 명령과 같이 당위를 중요시하는 윤리관을 표명한다. 하지만 유교의 사회 윤리와 정치 철학은 계급 사회를 전제로 한 귀족 윤리였기 때문에 한계를 갖는다. 물론 계급 사회에서 그나마 노블레스 오블리주(noblesse oblige)의 정신도 없었다면 더욱 황폐한 계급 사회가 되었을 것이다. 한편, 고상한 철학과 윤리로 계급 사회를 정당화한 것은 인간의 죄성을 심각하게 보지 못한 인간성에 대한 낙관론 때문이다. 고결하게 보이는 유교의 윤리와 논리를 표방하면서 또한 얼마나 대중에 대한 착취가 일어났던가 역사를 되새겨 본다면 유교를 인문학적 낭만으로만 대할 수는 없을 것 같다.

16. 언약과 의리

주자 성리학은 의리학으로 불려왔다.[69] 의리란 마땅히 지켜야 할 바, 올바른 도리다. 올바른 도리 중에서 가장 중요한 것은 올바른 관계의 도리다. 올바른 관계는 진리에 기초한 관계다. 하나님과의 올바른 관계적 상태가 의다. 올바른 관계의 상태는 샬롬(shalom)이다. 즉 의는 샬롬이다. 의는 평강이요, 평강은 의다. 의리란 언약적 신실성을 말한다. 그러므로 기독교는 언약 신학에 기초한 의리의 신학이 가능하다. 신의(信義, integrity)란 믿음과 의리를 합한 말로, 관계적 의란 곧 믿음으로 나타난다는 것을 보여 준다. 믿는 것이 옳은 것이라고 할 때, 신뢰는 신실한 반응의 행위로 나타나야 한다. 의리란 관계적 옳음(義)을 나타내는 것이다.

모든 피조물은 하나님께 전적으로 의존하고 있다. 그분이 창조하신 땅 위에서 그분이 창조하신 공기를 마시고 그분이 기르신 식물을 먹으며 생존하는 것이다. 어찌 마땅히 그분에게 입은 은택을 기리며 영광을 돌리지 않겠는가? 은혜를 알고 의리를 아는 자라면 하나님께 영광을 돌리는 것이 마땅하다.

하나님은 아버지시고, 만물의 주인이시고, 왕이시다. 하나님은 주군(主君) 아버지시다. 그러므로 신하요 자녀 된 자로서 의리를 지키는 것이 마땅하다. 그 의리는 충성이요 순종으로 표현되어야 한다. 주군 아버지에 대한 충효(忠孝)가 그리스도인이 하나님께 나타낼 의리다. 유교의 선비들이 육신의 부모에게 효를 다했다면 그리스도인들은 영적 부모인 하나님을 섬기고 효를 다해야 한다. 육신의 부모를 기쁘게 해야 한다면, 당연히 영적 아버지이신 하나님도 기쁘시게 해야 한다. 땅의 주군인 왕에게 충성과 절의를 지킨다면, 하늘의 주군이신 하나님 왕에게도 충성과 절의(節義)를 지키는 것이 당연하다. 두 임금을 섬기지 않는 절의를 땅의 왕에게 드렸다면, 하나님 외에 다른 신을 섬기지 않는 절의를 하늘의 왕께도 드리는 것이 당연하다.

의리(義理), 즉 관계를 소중히 여기는 마음은 옳다. 배신은 나쁜 것이며, 가룟 유다는 의리가 없는 사람이었다. 하나님과의 의리를 지키기 위해서는 나를 위해 지금까지 하나님이 행하신 일에 대해서 그 은혜를 망각하지 말아야 한다. 의리, 언약적 신실성은 인간관계에서도 중요하다. "가난하고 비천할 때의 친구는 잊지 말아야 하며, 구차하게 살며 함께 고생한 아내는 버리지 말아야 한다."[70]

유교는 의용(義勇)을 말한다. 의로운 것을 보고 용기를 내어야 한다는 것이다. 의로움 때문에 목숨도 버리는 것이 유교 선비의 기개이며 의리였다. 옳은 일을 분별하고, 옳은 일을 위해서는 이익을 포기하고 죽음도 불사하는 것이 선비 정신이었다. 그래서 유교의 선비 정신은 성경의 선지자와 통하는 면이 있다. 선비는 왕을 도와 정사를 돌봄으로 통치에 참여한다. 또한 선비는 의를 위하여 핍박받는 자로서 선지자의 삶과 비슷하다. 오늘날 의리라는 개념은 변질되어 남용되고 있다. 진리와 공의가 없는 관계에 대한 맹목적 충성이 되었다. 공의와 분리된 의리, 단지 관계에 대한 충성으로서의 의리는 무슨 의미가 있는가? 폭군에게 충성을 바치고 절의를 바치는 것이 무슨 의미가 있는가? 그러므로 관계보다 진리에 더욱 충성한 맹자와 정도전이 옳아 보인다. 진리에 충성한다는 것은 하나님과의 관계가 사람과의 관계보다 중요하다는 의미다. 하나님은 진리의 하나님이기 때문이다.

17. 지행합일

선진(先秦) 유교든 신유학이든 유교는 정치 철학적 요소를 가진다. 성인과 철인이 다스리는 이상 왕국을 가능케 하는 근거는 인간성에 대한 낙관이다. 인간성이 선하기 때문에 수양이 가능하다고 보는 것이다. 유교는 수양에 의해서 기질을 바꿀 수 있다고 생각한다. 수양론과 관련해서 주자 성리학에서는 거경(居敬), 함양(涵養), 정좌(靜坐), 궁리(窮理), 찰식(察識) 등의 방법이 생겨났다. 이런 것들은 불교 수행법의 영향을 받은 것이라고 할 수 있다.

유교는 경(敬), 성(誠), 학문을 숭상했고, 지행(知行)의 조화를 강조했다. 지식과 행동 중에 어느 것이 중요한가를 따지기도 했다. 동양의 학문이 가지고 있는 지행의 조화는 중요한 유산이다. 이론(theoria)과 실천(praxis)의 문제는 동서고금을 막론하고 중요한 철학적 주제였다. 이론과 실천의 간극은 지식인들에게 늘 고민거리였다.

중국에서 학(學)은 단순한 지식이 아니라, 다분히 수양론적인 의미를 가지고 있었다. 그것은 사물의 본질을 통찰해 내는 지혜를 포함했으며, 지성 차원을 넘어 체득화되어서 삶과 실천으로 연결되어야 하는 것이었다. 이것은 서양의 '학'(-logy)과는 다른 차원이다. 서양에서 학문의 이름 뒤에 흔히 붙는 'logy'는 로고스(logos)와 관련되어 있다. 그것은 헬라적 진리관을 반영하고 있으며, 지성 차원에서 사물의 본질과 속성을 규명하는 것을 의미한다. 그러나 성경적 학문관은 서구적, 헬라적 학문관과 다르다. 성경에서도 '안다'는 것은 단순히 머리로, 지성 차원에서 이해하는 것을 말하지 않는다. 그것은 다분히 실천을 통해서 체득된 내용을 말한다.

우리는 지행의 문제를 목회와 신학에 접목해서 다루어 보아야 한다. 목회가 행(行)이라면 신학은 지(知)라고 할 수 있다. 사역과 목회를 염두에 두지 않는 신학은 부질없는 것이 될 수 있고, 올바른 신학에 근거하지 않은 사역과 목회는 망령된 것이 될 수 있다. 목회 현장은 신학과 거리가 먼 실용적인 차원이라기보다는 신학적 사고의 차이가 가장 첨예하게 드러나는 곳이다. 유학이 학문 자체를 위한 학문이 아니라 실천을 위한 것이었듯이 기독교 신학도 학문 자체를 위한 학문이 아니라 실천을 위한 신학이 되어야 한다.

6장

노장과 도교
예수는 진인? 신선?

1. 노장과 도교

도교는 일반적으로 철학적 도교와 종교적 도교로 나뉘며, 그중 철학적 도교를 노장 사상이라 한다. 노장 사상과 종교적 도교는 사실상 세계관이 매우 다르다. 하지만 역사적으로 이 둘은 하나로 엮여 있다. 도교에서는 노자(老子)를 신격화하여 태상노군(太上老君)이라고 부르며 교조(敎祖)로 삼고 있다. 노장 사상과 도교를 연결하는 중요한 개념은 '양생'(養生)이다. 노장 사상에서는 양생이 보다 처세술적 요소를 가지고 있다면, 도교에서 양생은 그야말로 생체 에너지, 즉 기(氣)를 기르는 수법으로 나타난다. 그래서 도교는 중국 전통 의학과도 맥락을 같이하면서 발전해 나갔다. 「황제내경」(黃帝內經)과 같은 책은 도교의 고전이면서 동시에 중의학(中醫學)의 고전이 되었다.

기독교 자유주의 신학자 중에서 노장 사상에 상당히 매력을 느끼는 분들이 있는데, 외형적으로 도교와 기독교가 유사해 보이기 때문이다. 기독교는 종교적 도교와도 꽤나 유사한 면이 있는 것처럼 보인다. 예컨대 종교적 도교에서는 장생(長生), 불로(不老), 불사(不死)를 추구하는데, 문자적 의미로 '불사'는 '영생'과 비슷해 보인다. '우화등선'(羽化登仙)은 몸에 날개가 돋아 불사의 존재인 신선(神仙)이 되어 하늘로 올라갔다는 것을 의미하는데, 언뜻 기독교의 '승천'(昇天)과 비슷하게 보이기도 한다. '환골탈태'(換骨奪胎)는 신선이 되기 위해서 뼈가 바뀌고 허물을 벗어 버리는, 몸의 홀연한 변화를 의미한다. 성경에서도 우리 몸이 홀연히 썩지 아니할 부활의 몸으로 변화될 것을 말하고 있는데(고전 15:51-53), 겉보기에는 이와 상당히 유사한 것처럼 보인다. 이처럼 기독교와 도교의 유사성 때문에 이 둘을 비교하는 논문도 적지 않다. 증산교에서도 도교는 동선(東仙)이고 기독교는 서선(西仙)이라고 주장한다.¹ 하지만 피상적인 유사성이 있음에도 이들의 세계관을 분석해 보면 상당한 차이가 있음을 알 수 있다.

노장 사상은 유교와 마찬가지로 춘추 전국 시대의 상황을 반영한 정치철학에서 출발했다. 하지만 유교와 다른 방식으로 이상 사회와 이상적 통치에 대한 갈망을 드러낸다. 그리고 나아가 더 근원적 차원에서 문명 자체를 비판하는 주장으로 발전해 갔다. 사마천의 「사기」(史記)에 따르면 「도덕경」(道德經)의 저자인 노자는 공자와 동시대 사람이다. 노자는 주나라의 수도 낙양(洛陽)에서 서고(書庫) 관리로 재직하고 있었다.² 노자가 160살 되던 해에 서쪽 관문인 함곡관(函谷關)을 지나갈 때 수문장 윤희(尹喜)라는 사람의 부탁으로 「도덕경」이라는 책을 썼다고 한다. 노자 「도덕경」은 상하 두 편, 총 81장 5,000여 자로 되어 있는 간결하고 함축적인 책이다.

노자는 역사적 실존성 여부조차도 의문시된다. 문헌학자들은 노자가 공자와 동시대 사람이라는 것도 의심스럽게 생각하며, 「도덕경」을 전국 시대의 작품으로 보기도 한다. 하지만 노자의 「도덕경」이 춘추 전국 시대의 상황을 반영하고 있는 것만은 분명하다. 공자와 마찬가지로 노자도 춘추 전국의 전란 시기에 전쟁으로 인한 많은 불행을 보면서 통치에 대해서, 더 나아가서는 인간이 만들어 내는 문명에 대해서 원천적으로 고민한 것 같다.

2. 도_ 우주의 질서

노자는 우주에 질서가 있는데, 인간의 삶과 정치도 이러한 질서를 본받아야 한다고 생각했다. 노자는 우주의 질서를 따를 때 인간이 가장 평안한 삶을 살 수 있다고 생각한 것 같다. 노자는 우주의 질서를 도(道)라고 불렀다. 노자에게 도는 우주의 궁극적 실재다. 따라서 "도는 가히 뭐라고 말할 수 있다면 그것은 영원불변한 도가 아니다. 이름은 가히 뭐라고 이름을 짓는다면 그것은 영원불변한 이름은 아니다."[3] 도는 영원불변의 궁극적 실재이므로 뭐라고 인간의 언어로 규정될 수 있는 것이 아니기 때문이다. 도의 궁극성 때문에 그것은 인간의 언어를 초월한 신비를 가진다. "무(無)는 천지의 시작이요, 유(有)는 만물의 어머니다. 그러므로 항상 무는 그 오묘함을 보려고 하고 유는 그 명백함을 보려 한다. 무와 유는 같은 곳에서 나와 그 이름이 다른 것이니, 한가지로 모두 신비하다고 할 수 있다. 신비하고 또 신비하니 모든 신묘함의 문이다."[4] "도는 형상을 초월하고 인간의 감각으로 잡을 수 없다.[5] 천지에 앞서 존재하며 고요하고 공허하다. 홀로 존재하고 바꿀 수 없는 것이다. 우주에 두루 미치지만 작용이 약해지지 않는다."[6]

도에 대한 이런 설명을 듣노라면, 기독교 조직 신학의 신론(神論)에서 말하는 하나님의 속성과 비슷하다는 생각이 든다. 그럼에도 노자의 도는 인격적인 궁극자가 아니다. 도는 우주의 비인격적인 궁극적 실재다. 도는 만물의 근원이기는 하지만 인격적인 창조자는 아니다. 도는 단순히 논리적인 만물의 근원이다. 노자는 "도는 일을 낳고, 일은 이를 낳고, 이는 삼을 낳고,

삼은 만물을 낳는다고 말한다."[7] 이것은 창조설을 말하는 것이 아니며, 차라리 유출설에 가까운 설명으로, 우주 발생론에서의 논리적 선후를 말하고 있을 뿐이다. "천하의 사물들은 유에서 나온 것이요, 유는 무에서 나온 것이다."[8] 여기서 많은 사람이 오해할 수 있다. 노자가 말하는 것이 무로부터의 창조를 말하는 것 아닌가? 그러나 '절대 무'로부터의 창조 개념은 기독교에서만 발견된다. 노자에 나타나는 무의 개념은 '절대 무'를 의미하지 않는다. 노자에서의 무는 형태가 보이지 않는 것을 의미할 뿐이다. 유는 형태로 나타나 보이는 것이다. 형태가 보이는 것은 형태가 보이지 않는 것으로부터 왔다는 의미다.

3. 무위_ 인위적 문화주의에 대한 반대

노자는 우주의 질서, 도의 모습을 한마디로 '무위자연'(無爲自然)이라고 말한다. 무위(無爲)라는 개념은 문자대로 말하자면 '아무것도 하지 않는다'는 의미다. 그러나 인간이 아무것도 안 할 수는 없다. 살아 있는 동안에는 항상 무엇인가를 하고 있다. 쉬고 있으면 쉬는 것을 하고 있고, 자고 있으면 자는 것을 하고 있다. 여기서 말하는 무위는 인위적으로 아무것도 하지 않는다는 것을 뜻한다. 자연(自然)은 영어의 'nature'를 말하는 것이 아니라, 한자 의미 그대로 스스로(自) 그러함(然)을 뜻한다. 즉 무위자연이란 인위적으로 아무것도 하지 않고, 스스로 그러한 대로 내버려 두라는 것이다.

    노자의 생각에 이 세상은 지나치게 많은 '인위'가 문제다. 인간 사회에는 다스림이 있게 마련이지만 통치자들이 지나치게 인위적이라는 것이다. 따라서 노자는 무위를 강조하면서, "무위를 행하면 다스려지지 않는 것이 없을 것"이라고 주장한다.⁹ 노자가 이를 주장하게 된 배경은 분명해 보인다. 춘추 전국 시대에 중국은 제후국들로 나누어지고, 전쟁으로 인하여 백성들의 삶은 매우 궁핍하고 고단했을 것이다. 그래서 제자백가들이 나타나 어떻게 하면 세상을 평안하게 하고 부국강병 할 수 있을지에 대한 주장들을 펼치게 된다. 그 제자백 중에 한 학파가 노장학파인데, 노장 사상은 이 세상이 고통스럽고 어지럽게 된 것은 인위적인 삶과 통치 때문이라고 보았다. 인위주의가 곧 문화주의라고 한다면, 이에 대항하여 반문화주의를 취한 것이 노장 사상이다.

인간은 무리 지어 살기 때문에 사회를 이룬다. 사회를 이루다 보면 질서가 필요하고, 질서를 유지하기 위해서라도 통치가 필요하다. 사회를 이루어 사는 인간은 노동을 통해 자연을 인위적으로 변형시켜 문화를 만들어 낸다. 사실, 문화 자체가 자연에 인위를 가해서 생겨난 것이다. 노자는 문화주의의 대표를 유교라고 보았고, 반문화적인 입장을 취하면서 유교를 맹렬히 비판했다. 결국은 문화라는 것이 인간의 문제를 더욱 복잡하게 만들고 고통을 가져왔기 때문에, 반문화적인 태도로 무위를 주장하는 것이다.

노자에 따르면 "가장 높은 덕은 인위적으로 하지 않는 것이다."¹⁰ 따라서 "백성을 사랑하고 나라를 다스리되 무위로 할 수 있겠는가!"¹¹ 노자가 생각한 이상적 통치관은 무위로 다스리는 것이다. 지도자가 인위적으로 하지 않고 백성들을 그냥 내버려 두는 것이 가장 잘 다스리는 것이다. 그래서 노자는 백성이 통치자가 있는지 없는지 못 느끼게 만드는 통치, 그것을 최상의 통치라고 보았다. 인, 의, 예로 다스리는 것은 낮은 수준의 통치(下治)이고, 힘으로 다스리는 것이 가장 나쁘다는 것이다. "통치자가 무위로 하면 백성은 스스로 교화된다. 통치자가 고요함을 좋아하면 백성은 스스로 바르게 된다. 통치자가 일을 꾸미지 않으면 백성은 스스로 부하게 된다. 통치자가 욕심을 내지 않으면 백성은 스스로 소박해진다."[12]

문화주의인 유교가 숭상하는 것이 교육이다. 하지만 역설적으로 노자는 말하지 않는 것의 가르침과 인위적으로 하지 않는 것의 이익은 천하에 그에 미치는 것이 드물다고 주장한다.[13] 노자의 반문화주의는 반지성주의적으로 여겨질 발언으로도 나타난다. 노자는 무지(無知)를 강조하는데, 여기서 무지는 인위적 지혜에 반대하는 반문화적인 무지를 가리킨다. 지혜라는 것이 큰 인위적인 것을 만들어 냈다는 것이다.[14] 그러므로 항상 백성으로 하여금 무지, 무욕하게 하라고 충고한다.[15]

문화주의와 지성주의 같은 인위가 욕심을 만들어 내고, 욕심 때문에 분쟁이 생긴다. 그러므로 노자는 무욕을 강조한다. 만족함을 알지 못하는 것보다 더 큰 화(禍)는 없다. 만족함을 알지 못하는 사람은 화를 입는다. 허물은 무엇을 자꾸 얻으려고 하다 보니 생기는 것이다.[16]

선도 인위적으로 해서는 안 된다. 그러므로 선으로 남에게 보이는 것은 아직 불선(不善)일 뿐이다.[17] 이는 마치 "사람에게 보이려고 그들 앞에서 너희 의를 행하지 않도록 주의하라"(마 6:1)는 예수의 말씀과 통한다. 그리고 "오른손이 하는 것을 왼손이 모르게 하라"(마 6:3)는 말씀을 연상케 한다.

노자는 유교의 모든 중요한 가치를 반박하는 방식으로 반문화적인 성격을 드러낸다. 그래서 덕, 인, 의, 예 등과 같은 유교의 중요한 가치들을 비판한다. "도를 잃어버렸기 때문에 덕이라는 것이 생겨났고, 덕을 잃어버렸기 때문에 인이라는 것이 생겨났다. 인을 잃어버렸기 때문에 의라는 것이 생겨났고, 의를 잃어버렸기 때문에 예라는 것이 생겨났다." 예는 유교에서 굉장히 중요시하는 것인데, 노자는 "예는 충성과 신의의 부족에서 생겨난 것이며 모든 분란의 우두머리"라고 비판한다.[18] 조선 후기에 나타난 예송(禮訟) 논쟁을 보면 예가 오히려 분란을 일으킨다는 것을 실감할 수 있다. 예는 일종의 율법 체계였기 때문에 율법에 대한 해석과 이에 따른 분쟁은 불가피한 것이었다.

인, 의, 지 같은 것은 도가 폐했기 때문에 나타나는 큰 인위다. 친족 간에 화목하지 않기 때문에 효(孝)나 자애의 개념이 생겨났고, 국가가 혼란스럽기 때문에 충(忠)이나 신의의 개념이 생겨난 것이다.[19] 노자에게 도는 분쟁이 없는 자연 상태다. 분쟁은 인위적인 문화에 의해서 생겨난 것이다. 그리고 그 분쟁의 극단이 전쟁이다. 춘추 전국 시대의 전쟁이 가져온 피폐함은 분쟁에 대한 회의와, 그 분쟁의 뿌리인 인간 문명에 대한 근본적인 반성을 불러온다. 그래서 노자는 '다투지 않음', 즉 부쟁(不爭)을 도의 속성으로 생각한다. 부쟁의 성격을 가장 잘 보여 주는 것이 물이다. 물은 자연에서 도의 성격을 가장 잘 보여 주는 것이다. 그래서 "최고의 선은 물과 같다. 물은 만물을 좋고 이롭게 하며 다투지 않는다"고 말한다.[20] 물은 모든 것을 피해서 낮은 곳으로 내려간다. 아무와도 다투지 않으며 부드럽게 피해서 아래로 내려가지만 모든 것보다 강하다. 부드러움으로 강함을 이기는 것이 도의 정신이다. 노자가 생각하는 성인(聖人)의 도는 유교에서 말하는 성인의 도와 다르다. "성인은 다투지 않으므로 세상에서 아무도 그와 더불어 다툴 수 없다. 굽힘으로써 온전케 한다는 말이 헛소리가 아니다."[21] 오늘날 분쟁으로 가득 찬 이 세상을 볼 때 노자의 말에 수긍이 간다.

분쟁의 본질은 도가 폐해지고 인위가 생겨났기 때문이라는 주장에는 일반 은총적인 교훈이 있다. 도가 폐해졌다는 것은 성경적으로 말하면 인간의 타락 사건이 일어났다는 것이다. 하나님이 원래 의도하신바, 하나님의 형상과 문화 명령의 성취에 문제가 생긴 것이다. 도는 길이다. 생명나무로 가는 길이 막혔고(창 3:24) 죽음이 세상에 들어왔다. 이 세상은 죽음의 문화가 되었다. 인간의 죄성은 자기중심적인 욕심이다. 타락한 문화는 욕심을 기반으로 하는 죽음의 문화가 되었다. 서로 욕심을 부리면서 죽이는 문화이므로 분쟁이 끊일 날이 없다. 예수 그리스도는 "내가 곧 길이요 진리요 생명"(요 14:6)이라고 말씀하신다. 예수는 길, 즉 그 자신이 도(道)다. 성령은 생명을 살리는 영이시다(요 6:63, 롬 8:11). 복음은 문화의 완성, 온전한 사회와 온전한 통치를 염원한다. 그것이 하나님 나라이며, 새 하늘, 새 땅, 새 예루살렘이다. 하나님이 통치하시는 하나님 나라에서는 분쟁이나 전쟁이 없다(미 4:3-4). 새 예루살렘은 욕심과 죽음을 기반으로 한 문화가 아니라 화목과 생명을 기반으로 하는 문화다.

4. 소국과민_ 작은 공동체주의

노자는 자신이 생각한 이상적인 통치가 가능하도록 아주 작은 공동체를 추구했다. 그것이 바로 소국과민(小國寡民)이다. 나라가 커지면 나라를 다스리기 위해 여러 문물과 문화가 필요하고 번거로워지기 때문에 아주 작은 공동체를 추구해야 한다. 백성들로 하여금 멀리 가지 못하게 해야 한다. 배가 있어도 타지 않고, 갑옷과 병기가 있어도 펼쳐 놓지 않고, 백성들로 하여금 문자도 사용하지 못하게 해야 한다. 이웃 나라와 서로 바라볼 수 있고 이웃 나라의 닭과 개의 소리를 들을 수 있지만 평생 왕래하지 아니한다.[22]

노자는 문화주의 때문에 이 세상이 복잡해졌고, 욕심 때문에 패권을 추구하고, 이 때문에 고통이 가중된다고 보았기 때문에 반문화주의를 제창했다. 반문화주의를 실현하기 위해서는 공동체가 커지면 안 된다. 공동체가 커지고 백성이 많아지면 불가피하게 여러 문물이 필요하고 복잡해진다. 그리하여 문명의 이기(利器)를 탐내 서로 싸우고 전쟁하기 때문에, 이를 막기 위해서는 결국 작은 공동체를 지향해야 한다는 것이다. 그렇다고 작은 공동체가 분쟁을 해결할 수 있는가? 공동체 운동은 필요하겠지만, 착각하지 말아야 할 것이 있다. 공동체의 크기가 작다고 해서 모든 것을 이루어 주지는 않는다는 것이다. 두 명밖에 안 되는 부부 사이에서도, 아주 작은 공동체 안에서도 분쟁은 발생한다. 공동체 운동의 실패 사례들이 보여 주는 교훈은 인간성이 우리가 생각하는 것만큼 그다지 낙관적이지 못하다는 것이다. 공동체의 규모가 작다고 해서 저절로 이상향이 만들어지는 것은 아니다. 인간은 죄인이기 때문이다.

노자의 사상도 일종의 정치 철학이었다고 할 수 있다. 노자는 어떻게 하면 분쟁도 없고, 억압도 없고, 고통도 없고, 다툼도 없고, 전쟁도 없는 이상적 사회를 만들 수 있는지를 고민한 것이다. 그런 면에서 노자 사상은 실낙원(失樂園)의 아픔과 갈증을 잘 반영하고 있다. 노자가 말하는 무위자연, 즉 인위적으로 하지 말고 스스로 그러한 대로 내버려 두자는 것은 에덴으로 돌아가자는 생각과 맥락이 통한다. 노자는 인간의 타락 사건을 어느 정도 감지하고 있는 것이다.

기독교는 반문화주의가 아니다. 오히려 기독교는 문화 명령을 말한다. 하나님이 창세기 1장 26-28절에서 자연에 대한 다스림의 명령을 주셨을 때부터 문화는 발생하게 되어 있는 것이었다. 문화의 발전은 하나님의 계획 안에 있는 것이다. 하나님의 형상으로 지음 받은 인간은 창조성을 부여받았기 때문에 창의적인 일을 할 때 가장 행복하다. 하나님이 인간에게 자연계를 다스리도록 맡기고 위임하셨는데, 문화라는 것은 자연을 변형시켜서 발생하는 것이다. 하나님은 무에서 유, 즉 자연을 창조하셨다. 하나님의 형상을 가진 인간은 유에서 유를 창조하게 되어 있는데, 그것이 바로 문화다. 예를 들어, 손톱은 자연이고, 손톱에 매니큐어를 칠하면 이는 문화다. 맨얼

굴은 자연이고 화장을 하는 것은 문화다. 인간은 노동을 통해 자연을 변형시켜서 문화를 만들어 낸다. 동물들은 사회를 만들지만 문화를 만들지는 못한다. 하나님의 형상을 닮은 인간만이 문화를 만들 수 있다.

하지만 인간이 타락함으로 하나님이 원치 않는 형태의 문화가 발생하게 되었다. 타락 이후 인간의 문화 안에는 여전히 좋은 것들, 즉 일반 은총적인 것들이 있지만, 인간의 죄성과 반역성, 사단의 역사와 영향력이 나타난다. 인간은 하나님의 영광을 위해서 문화를 발전시키는 것이 아니라, 욕심과 생존에 기반을 둔 죄악 된 세상 문화를 만들어 낸다.

인간이 타락하지 않았다면 어떤 문화를 발전시켰을까? 성경은 하나님의 능력과 신성이 자연계, 피조 세계에 반영되어 있다고 말한다(롬 1:20). 인간이 지음 받은 후 가장 먼저 한 일은 생물들에게 이름을 지어 주는 것이었다(창 2:19). 인간은 본래 사물의 본질을 통찰하는 능력을 가지고 있었다. 그 통찰력으로 하나님의 능력과 신성을 잘 드러내어 하나님을 영화롭게 하는 문화를 만들 수 있었다. 그랬다면 인간의 죄성과 반역성, 사단의 역사와 영향이 포함되지 않은 거룩한 생명의 문화가 발생했으리라 생각한다.

하나님은 하나님의 형상을 가진 인간이 자연을 잘 다스리고 가꾸어 문화를 창조하고 하나님의 영광을 드러내는 것을 즐거워하셨을 것이다. 그러나 인간이 타락했어도 문화 창출의 능력이 취소되거나 창의성이 완전히 없어지지는 않았다. 타락 후에는 이러한 능력과 창의성이 제한되고 왜곡되어서 죄성과 결부되고 죄를 짓는 데 사용된다. 그럼에도 인간은 하나님의 형상을 가지고 있기 때문에 문화를 발생시킨다. 하지만 타락 이후의 문화에는 인간의 죄성과 반역성, 사단의 역사와 영향력, 일반 은총적인 것들이 섞여 있다.

에덴이 자연에 가깝다면 새 예루살렘은 문화에 가깝다. 노자가 말하는 무위자연은 에덴으로 돌아가야 한다는 주장인 셈인데, 문화의 발생은 이미 시작되어서 되돌릴 수가 없다. 우리는 새 예루살렘으로 갈 수밖에 없으며, 새 예루살렘에서 문화는 구속될 것이다. 열왕이 만국의 진귀한 문화적 산물을 가지고 새 예루살렘 성문으로 들어가는 것(계 21:24)을 목도하게 될 것이다.

이미 역사는 시작되었고, 인간은 타락했으며, 우리는 새 예루살렘 성을 향해 갈 수밖에 없다. 에덴으로 돌아갈 수는 없는 것이다. 그러므로 노자가 무위자연을 말한 것은 역설적으로 가장 인위적인 주장이라고 할 수 있다. 노자가 말하는 무위의 통치는 타락한 세상에서는 무정부주의가 되고 말 것이다. 새 예루살렘, 하나님 나라에서는 모든 존재가 '스스로 그러한 대로'의 잠재력을 온전히 실현하는 방식으로 다스려질 것이다. 통치자가 자신의 이익과 욕심을 따라 억압하고 분쟁하는 그런 인위적인 통치는 결코 없을 것이다.

5. 장자_ 절대 자유의 추구

장자는 노자와 같은 계통의 사상이다. 노자의 「도덕경」이 간결하고 함축적이라면, 「장자」는 자유분방하고 시원하며 문학적이다. 장자는 맹자와 동시대 사람으로, 지금의 중국 허난성(河南省), 당시 송(宋)나라에서 태어난 것으로 알려져 있다. 장자의 이름은 장주(莊周)다. 노자의 사상은 무위의 개념을 강조하고, 정치 철학적이며, 처세술적 요소가 다분하다. 반면 장자는 허(虛)라는 개념을 강조하고, 사회적 속박으로부터의 해방, 절대 자유를 추구하는 면이 강하다.

장자는 절대 자유를 위해서 불교처럼 인식론적으로 접근한다. "천지와 나는 함께 생겨났으며 만물과 나는 하나다."[23] "저것은 이것에서 나오고, 이것 또한 저것으로 인한 것이다."[24] 장자의 사상은 일원론적이어서 불교와 상당한 유사성을 보여 준다. 이것과 저것은 대립이 아니라 밀접한 연관성이 있는 하나다. 삶과 죽음도 전체적 하나 안에서 밀접한 연관성이 있다.[25] 사는 것이 죽는 것이고, 죽는 것이 사는 것이다.

「장자」에 그 유명한 '조삼모사'(朝三暮四) 이야기가 나온다. 원숭이들에게 도토리를 아침에 세 개, 저녁에 네 개 주겠다고 하니 원숭이들이 화를 냈다. 그런데 아침에 네 개, 저녁에 세 개를 주겠다고 하니 원숭이들이 기뻐했다는 것이다. 이 우화는 종종 같은 것인데 그 차이를 모르는 어리석음을 나타내는 이야기로 이해된다. 혹은 같은 내용을 비틀어서 남을 속이는 비열함을 나타내는 이야기로 해석되기도 한다. 하지만 어떻게 보면 이것은 어리석음이나 속임의 문제가 아니라 취향의 문제일 수 있다. 전체 수는 같지만 그 내용이 동일하지는 않다. 아침을 소박하게 먹고 저녁을 좀 거하게 먹기 원하는 사람에게는 조삼모사가 좋지만, 아침을 거하게 먹고 저녁을 소박하게 먹기 원하는 사람은 조사모삼(朝四暮三)이 더 좋은 것이다.

조삼모사 우화의 진정한 교훈은 다투지 않고 타협하는 것이다. 어차피 도토리를 주는 사람 처지에서 일곱 개를 주는 것은 같다. 상대방 취향대로 해준다고 해서 손해될 것이 없다. 그래서 장자는 이 우화 끝에 말한다. "성인은 옳고 그름을 조화시켜서 천균(天均)에서 쉰다. 이것을 일러서 양행(兩行)이라고 한다."[26] 천균은 하늘의 균형이다. 그것은 산술적 평균이라기보다는 도를 따라가는 자유자행(自由自行)의 균형이다. 양행은 어느 한쪽으로 치우치지 않은, 양자 모두를 만족케 하는 행위다. 장자의 논점은 불필요한 고집과 비타협적인 완고함이 불러오는 불필요한 분쟁을 피하자는 것이다.

장자는 절대 자유를 희구하는데, 문화적 속박이 자유를 방해한다고 여긴다. 이것과 저것, 옳고 그름을 가리는 것이 사회적 속박을 일으킨다고 주장한다. 그래서 장자는 대립자로 보이는 것들의 대립을 넘어서며 시비(是非)를 가리지 않는다. 장자의 절대 자유는 사회적 속박에서 벗어난 반문화적인 자유다. 대립자들의 대립을 뛰어넘기 위해서는 인식 주체와 인식 대상의 대립도 넘어서야 한다. 이것이 주객합일(主客合一)의 상태다.「장자」에 호접몽(蝴蝶夢) 이야기가 나오는데 장주(莊周)가 나비가 되는 꿈을 꾼 내용이다. 꿈에서 깨어 보니 장주인 내가 나비가 된 꿈을 꾼 것이 실재인지, 아니면 원래 나비인 내가 장주가 된 꿈을 꾸고 있는 것이 실재인지 알 수 없다고 장자는 말한다. 인식 주체인 '나'와 인식 대상인 '나비' 사이에 정체성의 구분이 흐려지는 것이다.

주객합일은 모든 범신론적 신비주의에 나타나는 현상이다. 기독교 신비주의자 중에 마이스터 에크하르트(Meister Eckhart, 1260-1327)라는 사람이 있다. 그는 신에 몰입하여 신과 자신 사이에 정체성의 구분이 흐려져서 신과의 합일을 선포하게 된다. 이슬람 신비주의, 수피 사상가 중에 알 할라즈(Al-Hallāj, 858-922)라는 사람은 알라를 명상하다가 자기가 신에 몰입되어 신만 남는다. 그리고 자신이 곧 진리라고 선포한다. 그 역시 이슬람에서 이단으로 간주되어 처형당했다. 이처럼 범신론적 신비주의나 유신론적 신비주의에서 나타나는 현상은 신과 나 사이에 정체성의 구분이 소멸되고 신인합일(神人合一)이 일어나는 것이다. 이렇게 자신의 정체성을 상실하고 궁극적 실재와 합일된 상태가 종종 삼매경, 황홀경, 무아경, 몰아경 등으로 표현된다. 장자도 사물에 몰입하여 합일된 것을 '물화'(物化)라고 불렀다.[27]

장자가 자유를 획득하는 방식은 인식론적 차원에서 대립자들의 대립을 넘어서고, 사회적 속박에서 벗어나는 반문화주의적인 방식이었다. 장자의 우화 중에 또 유명한 것이 '고분이가'(鼓盆而歌)다. 장자의 아내가 죽었는데 친구인 혜자(惠子)가 조문을 가보니 장자가 동이를 두드리며 노래를 부르고 있었다는 이야기다. 장자는 생과 사를 기(氣)의 변화 과정으로 이해하며, 춘하추동 사계절의 변화와 같은 것으로 이해한다.[28] 여기서 장자는 생과 사를 대립자로 구분하는 사고방식을 넘어서, 기의 모이고 흩어짐(聚散)으로 생각함으로써 절대 자유를 추구한다.

성경도 절대 자유를 강조하지만 일탈적이거나 반문화주의적이지 않다. 하나님 자신이 인간의 문화 안으로 성육신하셨다. 그래서 그리스도인 역시 문화 안에서 성육신적 태도로 섬기길 원하신다. 예수는 인간의 문화와 인간이 처한 실존적 상황을 존중하시면서도 동시에 절대 자유를 누리셨다. 성경에서 말하는 절대 자유는 주객합일에서 오는 것이 아니며, 문화적 제약을 무시하는 데서 오는 것도 아니다. 성경이 말하는 자유는 성령의 통치 가운데 있는 것이며(고후 3:17) 진리 안에 있는 것이다(요 8:32). 이러한 자유는 환경에 좌우되지 않고, 다른 사람이 처한 상황을 무시하지도 않는다.[29]

6. 무욕_ 비움의 영성

노장 사상은 무위, 즉 인위적으로 하지 않고 스스로 그러한 대로 내버려 둘 것을 주장한다. 노자에게 도는 채우는 것이 아니라 비우는 것이다. 분주하게 채우는 것은 도에서 먼 것이다. 인간이 무엇을 분주하게 채우려고 하는 것은 인위적인 욕심 때문이다. 그러므로 "도를 보전하고자 하는 자는 채우려 하지 않는다."[30] "허에 지극히 이르고 고요함을 두텁게 지키면 만물이 더불어 일어나는데, 나는 이로써 도에 돌아감을 본다."[31]

장자에게서도 비움은 더욱 강조된다. 「장자」에 빈 배(虛舟) 이야기가 나온다. 배로 강을 건너는데 빈 배가 와서 부딪히면 성미가 나쁜 사람이라도 화를 내지 않겠지만, 거기에 사람이 타고 있으면 소리를 지른다는 것이다. 장자의 결론은, 자기를 비우고 흘러가듯이 세상을 살면 아무도 해칠 사람이 없다는 것이다.[32]

사람들이 비우지 못하는 이유는 세상에서 성공하고 부귀영화를 누리려는 욕심 때문이다. 사람들은 이 세상에서 살아가면서 쓸모 있는 사람이 되려고 한다. 유능함을 인정받아 승진도 하고 승승장구하고 싶어 한다. 쓸모 있는 사람이 되어야 부귀를 누리는 성공한 사람이 될 수 있다고 생각한다. 쓸모 있는 사람처럼 보이기 위해서 경쟁하고 분쟁한다. 심지어는 다른 사람 위에 서기 위해 권모술수를 쓰고 불의한 짓을 저지른다. 그래서 성공을 지향하며 달려가는 사람이 종종 화를 입는다. 정치인이나 기업 경영자들이 종종 화를 입는 것을 뉴스에서도 쉽게 볼 수 있다. 그러므로 장자는 쓸모없는 나무가 도끼에 베이지 않고 오히려 살아남는다고 역설한다.[33] 장자가 산속을 걷다가 가지와 잎이 무성한 큰 나무를 보았는데, 벌목하는 사람이 그 옆에 있으면서도 그 나무를 취하려고 하지 않았다. 장자가 그 이유를 물으니 벌목자는 그 나무가 아무짝에도 소용이 없기 때문이라고 답했다. 장자가 말한다. "이 나무는 재목감이 아니어서 천수를 끝까지 누리는구나!"[34] 장자는 성공을 위한 인간의 욕망이 오히려 자신을 해친다는 것을 역설한다.

욕심을 버리고 집착에서 자유롭기 위해서는 세상의 작은 이익을 뛰어넘는 큰 안목이 필요하다. 장자는 '큼', 즉 대(大)라는 수식어를 종종 사용한다. 즉 스케일을 키우라는 것이다. 사람들이 다투는 것은 스케일이 작기 때문이다. 우주적 스케일로 키우고, 도의 스케일로 키우면, 싸울 일이 없다. 사람들이 다투는 것은 작은 것에 집착하기 때문이다.

장자의 스케일을 보여 주는 것이 대붕(大鵬) 이야기다. "북쪽 바다에 곤(鯤)이라는 이름을 가진 물고기가 있는데 얼마나 큰지 그 크기가 몇 천 리인지 알 수 없다고 한다. 그 물고기가 새로 변하였는데 이름은 붕(鵬)이다. 붕의 등도 그 크기가 몇 천 리인지 알 수 없다. 붕이 힘차게 비상하면 그 날개는 하늘에 구름이 드리운 것 같다. 남쪽 바다로 날아갈 때 물이 삼 천 리나 격동하고 회오리바람을 치고 구 만 리를 올라간다. 6개월을 간 후에 쉰다."[35] "매미와 비둘기가 붕을 비웃지만 이 두 벌레 따위가 어떻게 알겠는가!"[36] 메추라기도 비웃어 말하기를, 저것은 또한 어디로 가는가 하지만"[37] 알지 못한다. "하루살이는 한 달을 알지 못하고 쓰르라미는 봄과 가을을 알지 못한다."[38] "옛날에 대춘(大椿)이라는 나무가 있었는데, 8,000년을 봄, 또 8,000년을 가을로 삼는다."[39] 장자에게는 짧은 인생에 집착하여 욕심을 부리는 것이 어리석게 보인다. 그래서 "작은 지혜는 큰 지혜에 미치지 못하고, 작은 수명은 큰 수명에 미치지 못한다."[40] 짧은 인생에 집착하지 않는 것은 스케일을 키우는 것이다. 우주적 차원, 도의 차원을 키워야 한다는 것이다.

복음은 영생을 말한다. 영원한 하나님 나라와 영원한 복락을 말한다. 그것은 장자가 말하는 자연을 넘어서는 우주적 스케일이다. 요한계시록은 하나님의 스케일을 말해 준다. 복음은 하나님의 스케일을 소망으로 삼으라고 요청한다. 하나님 나라와 영생에 대한 소망이 있을 때, 우리는 이 세상에 대한 집착에서 벗어날 수 있다. 이 스케일은 단순히 이 세상에 집착하지 않고 분쟁을 피하기 위한 기술이 아니다. 복음은 십자가의 대속 공로를 받아들이고 죄 사함 받은 자들로 하여금 하나님 나라와 영생의 스케일을 가지고 이 세상에 대한 집착에서 자유롭게 해준다. 동시에 이 세상 안에서 육신의 소욕을 버리는 무위(無爲)를 넘어서 성령 하나님이 일하시도록 '신위'(神爲)를 요청한다.

7. 허와 충_ 기독교의 영성

기독교와 노장 사상 사이에 유사한 면이 있다. 기독교도 인위적으로 하는 것을 반대한다. 인간적 욕심을 가지고 육신적으로 행해서는 안 된다. 노장 사상에는 기독교 영성과 비슷한 면이 있으나 절반만이 해당된다. 기독교는 인위적으로 행하지 않을 뿐 아니라 더 나아가서 성령을 따라 행하는 것이다(갈 5:16). 기독교의 영성은 단지 자기를 부인하고 비우는 것에서 끝나지 않는다. 기독교는 비우는 것이 전부가 아니라 성령의 충만을 받아야 한다(엡 5:18). 자기 부인과 성령 충만은 동시적 사건이며, 성령과 연합한 우리는 성령의 통치를 받아야 한다. 성령 충만은 성령의 통치권의 충만이다. 성령이 온전히 통치하셔서 육신적인 옛 자아가 조금도 방해하지 않는 상태다.

세계 종교들은 충(充)이나 허(虛)의 영성 중에 어느 한쪽으로 치우치는 경향이 있다. 불교나 힌두교, 노장 사상 등은 자기 비움, 즉 허를 강조한다. 유교, 이슬람교, 마르크시즘 등은 자기실현, 즉 충을 강조하는 경향이 있다. 기독교는 허와 충의 영성을 동시에 가지고 있다. 자기를 부인하고 성령의 충만을 받아야 한다. 그러나 한국 문화의 토양이 현세적이다 보니 한국 문화 자체가 충의 성향이 강하다. 이것이 자본주의 사회 안에서 지나치게 인위적인 채움(充)의 성향으로 나타나는 것 같다. 한국 사회는 극심한 경쟁적 사회이다 보니 인위적인 것도 많다.

한국 교회 안에서 '내려놓음' 혹은 '비움'을 강조하는 영성 서적들이 인기를 끄는 이유가 무엇인가? 이 책들은 허의 영성을 강조하는 것으로, 믿음으로 자기를 부인하고 욕심을 내려놓는 것을 강조한다. 그러나 이러한 책들은 그 자체로는 균형 잡힌 영성을 말하고 있다고 할 수 없다. 기독교의 영성에는 믿음으로 취하는 충의 영성도 있기 때문이다. 성경을 보면, 여호수아는 가나안 땅에 들어갈 엄두가 전혀 나지 않았지만 믿음으로 나아가서 취해야 했다(수 1:10-11). 믿음으로 내려놓음이 한국적 상황에서 더욱 요청되는 것은 사실이다. 한국의 문화적 토양은 충의 성향이 강한 유교적 현세주의다. 거기에 자본주의가 더해지고, 또 거기에 교회 성장이라는 충의 성향이 더해진다. 여기서 성령 충만보다는 욕심 충만이 더 많이 나타난다. 한국 교회에서는 자기 욕심으로 취하고 인위적으로 해놓고서 믿음으로 취한 것이라고 강변하는 경우가 많기에, '내려놓음'이라는 해독제가 필요하다.

한국 사회도 마찬가지다. 오늘날 노자와 장자의 사상이 한국 사회에 청량제처럼 다가오는 이유가 무엇인가? 한국 사회가 지나치게 경쟁적이고 욕심으로 충만해 있기에, 노장 사상과 같이 허의 영성이 강한 사상에서 사람들이 위안을 얻는 것이다. 오늘날 노자와 장자가 심지어 기독교인들에게도 호소력을 갖는 것은 원래 기독교가 가지고 있는 영성이 균형을 잃어버리고 제대로 작동하지 않기 때문이라고 할 수 있다.[41]

기독교에서 허와 충의 영성은 하나의 원리에 의해서 설명될 수 있다. 그것은 내가 죽고 내 안에 그리스도가 산다는 것이다(갈 2:20). 부활하신 예수 그리스도가 내 주인이 되는 것이다. 주인이 내려놓으라고 하면 아무리 자신 있고 가능성이 높아 보여도 내려놓는 것이다. 주인이 해보라고 하면, 비록 자신이 없고 능력이 없어도 하나님의 도우심을 의지하면서 시도해 보는 것이다. 하나님이 하지 말라는 것을 하지 않는 것이 허의 영성이고, 하나님이 믿음으로 해보라고 하는 것을 시행하는 것이 충의 영성이다.

8. 진인과 무위지치

노자에서 말하는바 도를 따라 무위자연의 삶을 사는 사람을 장자는 진인(眞人)이라고 말한다. 진인은 "적음을 거스르지도 않고 성공을 뽐내지도 않고 일을 도모하지도 않는다. 잘못되어도 후회하지 않으며 잘되어도 흡족해하지 않는다. 그와 같은 사람은 높이 올라가도 떨지 않으며 물에 들어가도 젖지 않고 불에 들어가도 뜨거워하지 않는다. 앎이 도의 차원에 오른 사람은 이와 같다."42 "그러므로 그 좋아하는 것이 하나요, 그 좋아하지 않는 것도 하나다. 하나인 것도 하나이고, 하나가 아닌 것도 하나다. 하나는 하늘과 더불어 무리가 되고, 하나 아닌 것은 사람과 더불어 무리가 된다. 하늘과 사람은 서로 이기려 하지 않는다. 이를 일러서 진인이라고 한다."43 장자가 말하는 도는 하나다. 다양성을 관통하는 도의 통일성이 있다. 도는 대립자의 투쟁을 넘어서 하나다. 사람은 대립하여 다투지만 도, 하늘은 하나다. 장자의 사상에는 아드바이타 베단타학파에서 말하는 동일 철학적 주장이 나타난다. 진인은 도(道)와의 합일을 체득한 사람이다.

예수가 하나님과 하나라고 했을 때(요 10:30), 그것은 비인격적인 도와의 합일을 말하는 것도, 다양성과 선악을 소멸한 일원론(monism)을 말하는 것도 아니다. 예수는 하나님의 형상을 온전히 성취했다는 면에서 아담의 완성자로 참 사람, 진인이지만, 장자가 말하는 범신론적 동일 철학의 진인은 아니다. 예수는 하나님의 뜻을 완전히 순종함으로 참 사람의 모습이 무엇이어야 하는지를 보여 주신 분이다(롬 5:12-21). 하지만 예수는 참 사람일 뿐만 아니라 인류를 구원하기 위해 말씀이 육신이 되신(요 1:14) 참 하나님이다.

노자는 통치에 관심이 있었다. 노자가 꿈꾸는 통치는 무위지치(無爲之治)다. 통치자가 자신의 권력욕을 휘두르지 않고, 자신의 영광을 위해 전쟁을 벌이지 않으며, 백성이 소박하게 살 수 있도록 내버려 두는 것이다. 이러한 소박한 삶을 방해하는 것이 인간의 문명이다. 문명의 이기(利器)는 세상을 복잡하게 만들고, 사람들로 상대적 박탈감을 느끼게 만든다. 사람들은 다른 사람들과 비교하게 되고, 더 잘 먹고 잘 입고, 더 좋은 집에서 살고 싶어 하게 된다. 욕심 때문에 경쟁과 분쟁이 일어나며 인간의 삶은 피폐해진다.

문화는 자연을 변형해서 나온 것이다. 자연을 변형하는 데 투여되는 행위가 노동이다. 노자와 장자에게 문화는 최소화되어야 하는 것이다. 많은 문명의 이기, 문화적 산물이 결국은 분쟁을 가져오기 때문이다. 문화를 최소화하고 자연적 상태를 더욱 유지하는 삶을 살기 위해서는 자연 가운데서 인간을 독특한 존재로 여겨서는 안 된다. 인간은 자연의 일부분이고 자연과 조화로운 삶을 살아야 하는 존재다. "도란 스스로 그러함(自然)을 본받는 것이다."[44] 자연이란 인위가 없는 것이다. 인간이 걸어가야 할 길도 인위가 없는 자연이어야 한다.

성경은 하나님의 통치가 이루어질 것이라고 말한다. 하나님 나라가 도래할 것이다. 하나님 나라는 인간의 욕심에 기초한 인위적 통치가 아니다. 하나님 나라는 하나님의 거룩한 성품에 기초한 공의로운 통치다. 그것은 인위가 아니라 '신위'(神爲)라고 해야 할 것이다. 노장 사상은 인간이 욕심대로 인위적으로 하는 것이 아니라, 자연(自然), 즉 '스스로 그러한 대로' 내버려둠을 강조한다. 그러나 기독교는 인간의 욕심대로 하는 것이 아니라, 하나님의 뜻대로 하나님이 하시도록 하는 것이다.

9. 종교적 도교_ 불사의 기술

도교는 불로불사(不老不死)를 염원한다. 복음은 영생(永生)을 말한다. 피상적으로는 불사가 영생과 동일한 것으로 보이지만 내용은 전혀 다르다. 존재의 지속성이라는 면에서 유사성이 없는 것은 아니다. 그러나 영생은 단순히 존재의 영원한 지속을 의미하는 것이 아니라, 하나님의 통치를 받는 영원한 복된 삶의 연속이다.

종교적 도교는 노장 사상과 세계관의 유형으로 보면 상당한 차이가 있다. 노장 사상이 양생(養生)을 정치적 차원에서 생명을 보존하는 처세 기술로 생각한다면, 종교적 도교는 신체적 차원에서 기를 기르고 보존하여 무병, 장수, 나아가 불사를 꿈꾸는 것이다.

도교에서 기를 기르는 방식은 크게 세 가지로 요약된다. 음식, 호흡, 그리고 성(性)을 사용하는 것이다. 음식법은 벽곡(辟穀)과 같은 생식법이나 단약(丹藥)을 복용하는 방식으로 나타난다. 그래서 단약을 제조하는 연단술(鍊丹術)이 도교에서는 중요한 영역이 되었다. 두 번째는 호흡법이다. 단약의 주성분이 수은, 금, 유황으로 되어 있기 때문에 단약을 복용하는 외단법(外丹法)은 수은 중독의 위험에 노출되어 있었다. 중국 역사상 30명이 넘는 황제가 수은 중독사 했다는 기록이 있을 정도다.[45] 그래서 몸 안의 단전(丹田)에 기를 쌓으면 신선이 될 수 있다는 생각이 나타났다. 이러한 호흡법은 도인(導引) 등으로 불렸는데 오늘날 단전호흡과 같은 것이다.

불사를 갈망하는 인간의 염원은 사실 눈물겹다. 힌두교의 탄트리즘에서도 불사의 몸인 금강신(金剛身, vajrakaya)을 이루기 위해서 일종의 연금술을 사용하였다. 오늘날에도 인간은 과학의 힘을 빌려 죽음의 정복을 꿈꾸고 영생을 꿈꾼다. 연약한 인간의 신체를 극복하기 위해서 과학 기술을 동원한다. 로보캅과 같은 사이보그나 복제 인간을 만들려고 시도한다. 더 나아가 기억과 정보를 가지고 있는 정신을 스캔하여 컴퓨터에 업로드하거나 기계와 결합시키는 것을 꿈꾼다. 이러한 트랜스휴머니즘(transhumanism)은 과학의 힘으로 초인(超人)을 꿈꾸는 것이고, 인간이 불사의 신성(神性)을 획득하고자 하는 것이다. 그러나 트랜스휴머니즘은 정신과 물질의 이원론에 기초하여 정신에 우선성을 부여하는 영지주의적 사고를 담고 있다.[46] 영지주의에서 몸은 물질의 감옥인 것처럼, 연약한 신체는 과학의 힘에 의해서 대체되어야 할 속박에 지나지 않는 것이 된다.

 죽음의 문제를 신체의 노화로 이해하는 것은 기본적으로 인간의 몸을 변형시키려는 노력을 요청한다. 그것은 마치 창세기 타락 사건에서 선악과 안에 인간의 몸을 노화시키는 어떤 독극물이라도 있었다는 듯이 해독제를 발견하려는 노력으로 나타난다. 기독교는 하나님이 인간의 몸을 입고 오심으로써 인간의 문제는 몸에 있는 것이 아니라고 선포한다. 인간 몸의 연약함의 문제는 하나님과의 관계가 깨어진 데서 출발한 것이다. 아담 한 사람이 불순종한 결과 사망이 들어왔으나, 예수 그리스도의 순종으로 영생이 주어진다(롬 5:17-21). 인간의 죽음은 하나님과의 첫 언약을 불순종함으로 야기된 것이다. 그러므로 새 언약에 참여하는(고전 11:25, 히 9:15) 순종이 요구된다. 예수는 단지 수행을 통해서 불사(不死)의 존재, 신선(神仙)의 경지에 이른 인간이 아니다. 예수는 그를 믿는 자들에게 영생을 주기 위해서 이 땅에 오신 하나님이다(요 1:12, 3:16).

7장

이슬람
예수는 선지자?

1. 이슬람과 서구의 갈등

이슬람은 굉장히 급성장하고 있는 종교다. 이슬람 인구는 1940년에 2억이었는데, 1990년에 10억이 되었고, 2010년에는 16억이 되었다. 2020년에는 19억이 될 것으로 추산한다. 이러한 이슬람 인구의 증가는 대부분 자연출생에 의한 것이지만, 또한 이슬람이 선교적인 종교라는 데도 원인이 있다. 오늘날에는 전통적 이슬람 지역뿐 아니라 유럽이나 북미에서도 이슬람 인구가 급격히 증가하고 있다. 북미 지역에서는 흑인이 이슬람으로 개종한 경우가 많은데, 이는 서구 사회에서 기독교인의 인종 차별로 인해 흑인들에 대한 기독교의 증거가 실패했기 때문이다. 9.11 테러 사건 이후 한국 사회에서도 이슬람에 대한 관심이 많아지고 있으며, 한국에서의 이슬람 인구도 급속히 증가하고 있다.

이슬람의 이미지는 종종 과격한 테러리즘으로 나타나는데, 그것이 과연 이슬람의 실체인지, 이슬람은 왜 화가 나 있는지 등의 의문이 생긴다. 이슬람 포비아(Islamophobia)를 가지고 이슬람을 경계하는 것이 과연 옳은지에 대한 문제 제기도 있다. 한편, 이슬람 포비아 못지않게 무슬림들도 크리스천 포비아(Christianophobia)를 가지고 있다는 것을 알아야 한다. 무슬림도 기독교인을 두려워한다는 것이다. 이슬람과 기독교는 역사적으로 조우가 있었고, 지금도 무슬림들은 이러한 역사적 사건들의 연장선상에서 국제적 사안들을 생각한다. 무슬림들은 서구 국가들을 기독교와 분리해서 생각하지 않는다.

이슬람을 싸잡아서 테러리즘과 연관시키는 것은 어느 정도 서구의 저널리즘에 의해 왜곡된 면이 있다. 테러리즘이 이슬람 전체를 대변하는 것이 아닌데도, 마치 모든 무슬림이 테러리즘을 지지하는 것처럼 오해받기도 한다. 그것은 이슬람에 대한 정보가 서구 언론 매체 등을 통해서 전달되기 때문이다. 이런 점에서 에드워드 사이드(Edward Said)가 말한 대로 "오리엔탈리즘"(Orientalism)이 작용하고 있다고 할 수 있다. '오리엔탈리즘'이라는 용어는 중근동의 문화와 종교에 대한 서구인들의 왜곡된 시각을 나타내기 위해서 사용되었는데,[1] 요즘은 좀 더 확장되어 아시아 지역 전체를 포함하는 개념이 되었다.

이슬람과 서구 간의 갈등, 이슬람의 분노는 여러 면에서 고려해 보아야 한다. 우선 역사적 관점에서, 십자군은 기독교 역사상 가장 큰 오점으로 지적되기도 한다. 십자가 정신을 십자군 정신으로 바꿔 놓은 것 자체가 일탈이었다고 할 수 있다. 기독교인에게 십자군은 아주 옛날 중세 때의 일로 생각되지만 무슬림들에게는 여전히 현재 진행형으로 보인다. 오스만 투르크 제국이 20세기 초에 멸망당하고 서구 열강에 의해 분열되어 지배받게 되었을 때 무슬림들은 십자군의 악몽을 떠올렸다. 뿐만 아니라 오늘날 서방 국가가 아프가니스탄과 이라크, 리비아를 공격할 때도 무슬림들은 십자군의 침공을 연상한다. 그래서 교황 요한 바오로2세는 2000년의 대희년을 맞아

교회가 과거에 범한 죄에 대해 신의 용서를 구했는데, 교황청이 발표한 〈회상과 화해: 교회의 과거 범죄〉라는 문건에는 십자군 원정이 포함되어 있다. 이처럼 이슬람에게는 십자군 전쟁이 오래전의 역사적 사건이라기보다는 여전히 큰 아픔으로 다가온다.

정치적 관점에서도 생각해 보아야 한다. 이슬람 테러리즘의 시초는 팔레스타인 문제다. 지난 1,300년 동안 그 지역에서 살아온 아랍 종족의 입장에서는 옛날 약속의 땅이라고 주장하는 유대인들이 서구 열강의 힘을 빌려서 자신들을 몰아낸 것으로 보인다. 미국이 주도하는 유엔은 팔레스타인 문제를 다루는 데 소극적이거나 이스라엘의 편을 들었고, 언론과 재계, 학계에서 막대한 영향력을 발휘하는 유대인들은 미국으로 하여금 친이스라엘 정책을 펴도록 압력을 가해 왔다. 더군다나 미국은 이스라엘에 대해서 단순히 외교적 지지뿐 아니라 군사적 지원을 해왔다.

테러리즘은 원래 약자가 행하는 방식이다. 강자는 전쟁을 벌인다. 우리나라도 구한말(舊韓末)에 여러 가지 외교적 노력을 펼쳤으나 더 이상 효과가 없었기 때문에 의사, 열사가 나타났다. 물론 이런 이유들이 이슬람의 테러를 정당화해 주지는 않는다. 9.11과 같은 테러는 불특정 다수에 대한 테러였기 때문에 도덕적 정당성을 주장하기가 어렵다.

문화적인 관점으로는 서구 문화가 이슬람의 핵심인 샤리아(šarīah)의 미풍양속을 해치는 것으로 간주될 수 있다. 무슬림은 서구와 기독교를 분리하지 않으며, 서구 문화는 기독교 문화인 것으로 종종 오인한다. 서구 문화의 침투는 이슬람 편에서 보면 대단한 위협이 아닐 수 없다. 그것은 이슬람의 근간을 흔들어 놓는 것으로 보이기 때문이다. 이슬람의 관점에서 보면 이러한 서구 기독교 문화는 매우 불경건한 것으로 보이게 마련이다.

경제적인 관점에서 보면, 식민 지배는 종결되었지만 여전히 서구와 얽힌 경제적 문제들이 연관되어 있다. 무엇보다도 중동의 석유 자원을 놓고 벌이는 패권 다툼이 이러한 문제들의 중심에 놓여 있다. 아프가니스탄과 이라크 침공은 대(對)테러리즘이나 대량 살상 무기 폐기를 명분으로 내걸었지만, 실제로는 석유 확보를 위한 것이라는 해석이 우세하다.

2. 이슬람의 의미와 특징

이슬람은 알라에 대한 완전한 복종과 순종을 의미한다. 알라에게 순종할 때에만 몸과 마음의 평안과, 사회 전반에 걸친 진정한 평화를 이룰 수 있다는 것이다.[2] 그러므로 이슬람은 단순한 종교 체제 이상으로 총체적인 삶의 방식을 제시한다. 이슬람은 정치, 경제, 사회, 종교, 문화 분야 등 모든 영역을 통제하는 원리다. 그리고 이러한 원리를 제시한 것이 '샤리아'라는 율법 체계다.

이슬람은 기독교와 마찬가지로 유신론 종교지만 인간관은 매우 다르다. 이슬람은 원죄 개념을 가지고 있지 않으며 인간성을 낙관적으로 보는 경향이 있다. 이를 잘 보여 주는 것이 이슬람에서의 불신자 개념이다. 이슬람에서는 불신자를 '카피르'(kāfir)라고 부르는데, 이는 아랍어 '쿠푸르'(kufr)에서 나온 것으로 '은닉하다', '감추다'라는 의미가 있다. 즉 본성에 내재된 것을 감추면 불신자가 되고, 본성을 그대로 따르면 무슬림이 된다는 것이다. 따라서 이슬람은 본성의 법칙을 따르는 종교라고 주장한다.[3]

상식주의와 합리주의

이슬람은 인간성을 낙관적으로 보기 때문에 자기실현을 강조한다. 이슬람은 샤리아를 준수하는 것이 자기실현의 방식이라고 생각한다. 압둘 하미드 싯디끼(Abdul Hamid Siddiqui)는 이슬람이 자기 부정(self-negation)의 종교라기보다는 알라가 정해 놓은 율법적 규정 안에서 자기주장(self-assertiveness)을 할 수 있는 종교라고 주장한다.[4] 무함마드 이크발(Muhammad Iqbal)도 이슬람은 자기실현(self-actualization)과 자기 긍정(self-affirmation)의 종교라고 정의한다.[5] 이슬람에서 말하는 자기 부인은 율법을 거스르는 성향에서 돌이켜 율법에의 복종으로 돌아가는 것을 의미한다.

이슬람은 성(聖)과 속(俗)의 영역을 통합하고 영혼과 육체의 욕구를 모두 실현할 수 있다고 여긴다. 인간의 욕망은 샤리아에 의해 통제될 수 있다고 보기 때문에 이슬람은 낙관적인 현세주의로 나타난다. 이슬람은 율법을 통해서 이 현세를 가장 이상적인 사회로 만들 수 있다고 보기 때문에 낙관적인 현세주의인 것이다. 이 이상적 공동체가 바로 움마(ummah)다.

이슬람은 또한 합리주의와 상식주의를 표방한다. T. B. 어빙(T. B. Irving)은 이슬람에서는 한쪽 뺨을 맞으면 다른 쪽 뺨을 내놓으라는 이상주의적 가르침을 주지 않는다고 주장한다.[6] 굴람 사와르(Ghulam Sarwar)는 "이슬람교는 상식적인 종교이고 인간 본성과 일치하며 삶의 실재를 파악하고 있다"[7]고 강조한다. 이슬람은 원죄관이 없으며 아담의 죄가 후손에게 전가되는 것도 불합리하고 이치에 맞지 않는다고 주장한다.

이슬람의 합리주의는 인과율적인 사고방식과 연관되어 있다. 이러한 인과율적 사고방식은 언뜻 합리적이고 상식적으로 보인다. 꾸란도 이러한 인과율적 사고방식을 단적으로 나타낸다. "모든 영혼은 자신에 대하여 책임을 질 뿐이고, 남의 짐을 대신 지지 않는다"(꾸란 6:164). "그래, 남의 짐을 대신 진단 말이냐? 인간은 자신이 노력한 것만을 얻을 수 있는데도?"(꾸란 53:38, 39) 그렇기 때문에 무슬림들은 기독교에서 말하는 대속 사상을 받아들이지 못하는 것이다.

이슬람의 인간관은 낙관적이어서 인간의 잠재력을 크게 보는 경향이 있다. 무함마드 아사드(Muhammad Asad)에 따르면 "인간은 본래 선하고 순수한데, 하나님께 대한 불신 및 선행의 부족 때문에 자기 본래의 완벽성을 파괴하게 된다"는 것이다.[8] 앞서 유교를 다룰 때에도 보았듯이 인간성을 낙관적으로 볼 때에는 언제나 이상 사회론이 동반된다. 인간성의 가능성은 곧 인간이 만들어 낼 사회의 가능성을 함축하고 있기 때문이다. 이슬람의 경우, 신의 율법만 받아들인다면 인간은 움마라는 이상적 공동체를 실현할 수 있을 만큼 낙관적인 존재다.

자연주의

이슬람은 자연주의에 근거한 율법주의적 종교의 형태를 보인다. 자연의 법칙과 마찬가지로 인간 삶의 법칙인 율법도 신이 제정한 것이므로 이 둘은 연속적이다. 따라서 신의 율법에 대한 인간의 태도는 지적, 생리적 요청에 의해서 나타나는 자연적 소산이라고 주장한다. 이슬람은 인간의 의식과 자연 사이에는 모순이나 충돌이 없다고 본다. 둘은 모두 창조주의 의지를 통합한 것이다. 이슬람은 알라가 "피조물에게 명한 자연 법칙에 따라 살아가도록 하는 생활 계획서"다. 그러므로 이슬람은 "인간의 삶 속에 있는 정신적이고 물질적인 양면을 완전히 통합"할 수 있다는 것이다.[9]

이슬람의 계시는 자연의 연장으로서의 도덕 법칙, 즉 인간 행위의 지침을 알려 주는 것이다. 이것은 신적 행위를 알려 주는 기독교의 계시와는 다르다. 기독교의 계시는 하나님이 인간을 위해서 무엇을 행하셨는가에 더 초점을 맞춘다. 이슬람은 유신론적 자연주의의 입장을 취한다고 할 수 있다. 법칙이 우주에 내재되어 있는가, 아니면 신이 법칙을 제정했는가의 생각 차이에 따라서 범신론과 유신론의 차이가 생긴다. 그러나 힌두교의 르타(우주의 질서)가 다르마(사회적 의무)를 요청하듯이 이슬람의 알라는 샤리아의 준수를 요구한다.

마울라나 마우두디(Mawlana Abul A'la Mawdudi)에 따르면, 우주의 모든 피조물은 신의 법칙을 따라 순종하고 있기 때문에 무슬림이다.[10] 이슬람의 자연주의는 자연 철학과 자연 과학의 발달로 나타난다. 압둘 하미드 싯디끼는 이슬람에서 종교와 과학은 분리되지 않는다고 주장한다.[11] 사이드 후세인 나스르(Seyyed Hossein Nasr)도 이슬람은 자연 과학과 자연 철학을 발달시켰는데, 서구 문명이 야기한 환경의 위기를 극복할 수 있는 대안은 이슬람이라고 주장한다.[12] 이슬람은 자연주의에 기반을 둔 도덕 종교를 추구한다. 자연 법칙을 탐구하고 법칙을 따르듯이 도덕 법칙을 탐구하고 그 법칙을 따라야 한다는 것이다.

이상주의와 신정주의

이슬람의 낙관적 현세주의는 이상적 공동체인 움마를 지향한다. 움마는 무슬림 상호 간의 평등성과 형제애를 강조하며 재화의 공정한 분배를 촉구한다. 따라서 이슬람이 자본주의와 사회주의의 모순을 극복할 수 있는 대안이라고 주장하기도 한다. 인간성을 낙관적으로 볼 때 따라오는 것은 이상 사회론, 이상 국가론 같은 것들이다. 여기에 해당되는 종교가 이슬람, 유교 등이고, 비록 종교는 아니지만 공산주의도 이러한 패턴에 맞아떨어진다. 그러면 이슬람의 이상주의는 성공할 수 있는 것인가?

이슬람의 샤리아와 국법(國法)을 동일시하고 움마와 국가를 동일시하는 것이 이슬람 신정주의다. 그러면 이러한 이슬람 근본주의가 성공할 수 있을까? 극단적인 근본주의 이슬람을 실시한 것이 아프가니스탄 탈레반 치하에서였다. 또한 이란의 이슬람 혁명 이후에도 이러한 근본주의 이슬람을 실시했다. 하지만 근본주의 이슬람 신정 국가에서 이상적인 공동체로서의 움마는 도래하지 않았고, 오히려 많은 모순과 비극, 부패와 독재만 양산하였다. 그리하여 민주화를 요구하고 나선 것이 이른바 "아랍의 봄"이다. 지금까지 독재를 참은 것은 이상적인 움마의 도래를 고대했기 때문인데, 더는 독재를 참을 이유가 없다는 것이다. 그리고 이러한 민주화 운동에 대한 반동으로 더 극단적인 이슬람 근본주의인 IS 같은 집단이 등장한다.

이슬람 근본주의가 성공할 수 없는 이유 중 하나는 이슬람의 인간관이 지나치게 낙관적이어서 실재와 부합하지 않기 때문이다. 인간성은 그다지 낙관적이지 못하다. 이슬람은 이상적인 움마 공동체를 이루기 위해서 종교 권력과 국가 권력을 일치시켰다. 서양의 중세는 기독교인 황제와 교황이라는 투톱(two top) 시스템으로 기독교 신정 국가를 운영했다. 그러나 기독교 이후에 등장한 이슬람은 한 걸음 더 나아가서 원톱(one top) 시스템을 만들었다. 그것이 바로 신의 대리자로서 칼리프(khilāfah) 제도다. 칼리프는 최고 종교 지도자이면서 동시에 최고 국가 지도자다. 이슬람도 초기에는 이러한 리더십을 가진 사람을 찾아 사끼파(Saqqifa)라는 종교 회의에서 칼리프를 선출했다. 종교 지도자가 국가의 권력을 잡았을 때 그 기득권을 포기하기가 어렵기 때문에 곧 선출제에서 세습제로 바뀌었다. 하지만 세습제와 함께 그러한 리더십을 가진 사람을 확보하는 것은 불가능했다. 그리하여 이슬람의 이상주의는 실현될 수 없는 것이다.

3. 기독교와 이슬람의 차이

기독교와 이슬람은 모두 유신론 종교이지만 그 핵심적 차이는 신관에 있다. 이슬람에서 가장 중요한 개념은 따우히드(tawḥīd)로, 알라의 유일성이라는 의미다. 반면 기독교는 삼위일체(Trinity)를 주장한다. 삼위일체를 설명하는 것은 기독교 내에서도 결코 쉬운 일이 아니지만 무슬림에게 이것을 논리적으로 납득시키는 것은 더 어렵다. 이슬람은 알라 외에 다른 신은 없다고 가르친다. 알라와 대등한 위치에서 연합되어 있는 것은 쉬르끄(širk)의 죄를 범하는 것이며 우상 숭배가 된다(꾸란 4:48, 116, 7:191, 112:1-4). 무슬림들에게 삼위일체는 삼신론, 즉 다신론으로 이해된다. 그러므로 기독교가 예수 그리스도를 성자 하나님으로 믿는 것은 무슬림들에게 우상 숭배로 간주된다.

삼위일체를 설명하는 많은 예화가 개발되기도 했지만 종종 양태론적 설명으로 전락하고 만다. 그런 점에서 나는 세계관의 구조상 삼위일체가 어떤 의미를 갖는지, 그리고 이슬람은 왜 알라의 유일성만으로 충분한지를 살펴보려고 한다. 세계관의 구조를 분석해 보면 왜 기독교는 삼위일체가 요청되는지 더욱 분명해진다.

유신론 세계관에서는 신 아래에 법칙이 있다. 반면에 힌두교와 같은 종교는 신 위에 법칙이 있다. 힌두교의 르타와 같은 개념은 우주의 질서라는 의미다. 힌두교에서는 우주의 질서에 신들도 어쩌지 못하는 인과업보의 법칙과 같은 것이 존재한다고 생각한다. 하지만 기독교나 이슬람과 같은 유신론에서 법칙은 모두 신이 만든 것이다. 이 법칙에는 자연 법칙만 있는 것이 아니라 도덕 법칙도 있다. 우주에 자연 법칙만 있다는 생각은 이신론(理神論)과 함께 등장한 자연주의적 사고방식이다. 근대 이전에는 대체로 우주에 자연 법칙뿐 아니라 도덕 법칙과 같은 것도 내재되어 있다고 생각했는데, 이를 도덕적 우주라고 말한다.

　이슬람에서는 신이 제정한 도덕적 법칙이 율법이다. 신은 율법의 수여자이고 심판자이기 때문에 알라 한 분만으로 충분하다고 이슬람은 생각한다. 물론 기독교도 하나님이 율법의 수여자요 심판자시다. 하지만 이슬람의 알라와 기독교의 하나님은 그 속성이 완전히 같지는 않다. 기독교나 이슬람이나 모두 인격적인 유일신을 믿는다는 면에서 동일하다. 여기서 '인격적'이라는 것은 존재론적으로 지정의를 가졌다는 의미다. 그러나 인격신이라고 할 때에는 존재론적인 차원 외에도 관계론적 차원이 있다. 이슬람의 알라는 존재론적으로는 인격적이라고 할 수 있으나 피조물과 관계를 맺지 않는다는 면에서는 비인격적이다. 이슬람에서 알라는 매우 초월적이어서 피조물과 단절되어 있는 초절적(超絶的)인 신이다. '초절적'은 초월성과 단절성을 함께 포함하는 말이다.[13] 그러므로 알라는 피조물과 어떤 언약적인 관계도 맺지 않는 것으로 보인다. 그것은 알라가 피조물에게 아무런 반응을 하지 않는다는 의미는 아니다. 알라는 존재론적으로 인격신이기 때문에 자비를 베풀 수 있고 기도의 대상이 될 수 있을지 몰라도, 기독교에서 말하는 바 날마다 인격적 교제를 나눌 수 있는 존재는 아닌 것이다. 즉 알라는 피조물과 언약을 맺어서 인격적 교제를 하지는 않는다. 기독교에서는 하나님과 언약 백성의 관계를 아버지와 자녀, 남편과 아내라는 인격적 관계에 비유하지만, 이슬람에서는 이러한 비유가 사용될 수 없다.

　기독교와 이슬람의 차이는 바로 신의 속성의 차이에서 발생한다. 기독교의 하나님은 존재론적으로 인격적일 뿐 아니라 피조물과 인격적 관계를 맺는다는 면에서 인격적이다. 여기서 인간과의 관계 때문에 두 번째 위격인 성자 하나님이 요청된다. 예를 들어 법정에서 재판을 하는 재판관을 가정해 보자. 재판관은 법에 따라 심판한다. 재판관과 피고 모두 존재론적으로 인격적인 존재이지만 인격적 관계를 맺지는 않는다. 재판관과 피고 사이에 어떤 인격적 관계가 있다면 재판하기가 어려울 것이다. 이슬람의 알라는 피고와 관계를 맺지 않은 재판관과 같다. 그냥 법대로 심판하면 된다. 기독교는 이와 다르다. 인간은 하나님의 형상대로 지음 받았고, 하나님과 인격적 관계를 맺기 위해 모든 피조물 중에서 구별되었다. 이슬람은 인간이 하나님의 형상을 가졌다고 주장하지 않는다. 다시 재판의 비유로 돌아가 보자. 재판관이 법정에 들어와서 앉았는데 피고석을 보니 10년 전에 가출한 패역한 아들이 있다. 이 아들이 극악무도한 죄를 짓고 피고석에 앉아 있는 것이다. 그러나 재판관은 피고가 자기 아들이라고 해서 사사롭게 무죄 방면할 수는 없을 것이다.

짐 월리스(Jim Wallis)가 말했듯이 하나님은 인격적인(personal) 분이지만 사사로운(private) 분은 아니다.[14] 아무리 자기 아들이라도 사사롭게 봐줄 수는 없다. 한국 문화가 워낙 공사(公私)를 구분하지 못하는 관계 문화이기 때문에 성경을 볼 때 잘 이해되지 않는 부분이 있다. 성경을 보면 모세가 좀 전에 하나님과 깊은 인격적 교제를 나누고 왔는데, 얼마 지나지 않아 길에서 하나님이 모세를 죽이려 하신다. 모세의 아내 십보라가 돌칼을 취해서 아들에게 할례를 줌으로써 진노를 피한다(출 4:24-26). 하나님은 모세와 인격적인 관계를 맺고 친밀한 대화를 나누시지만 모세라고 해서 사사롭게 더 잘 봐주는 것은 아니라는 말이다.

재판관은 피고가 비록 자기 아들이라도 공의롭게 법에 입각해서 심판할 수밖에 없다. 재판관은 피고를 향해 사형을 언도한다. 그리고 나서 법복을 벗어 버리고 피고석으로 뛰어 내려간다. 아들을 부둥켜안고 말한다. "아들아! 네가 어쩌다 이 지경이 되었느냐! 나에게 네 죗값을 대신 치를 수 있는 방도가 있다!" 사형수가 된 아들이지만 여전히 아버지와 아들이라는 관계가 남아 있다. 인간은 타락했지만 하나님의 형상이 없어진 것은 아니다. 이처럼 하나님은 인간과 관계를 맺으시는 분이기 때문에 비록 죄인이지만 구원하고자 하신다. 죄인이 다른 죄인을 대신할 수는 없기 때문에 하나님이 죄 없는 사람이 되셔서 이 세상에 오실 수밖에 없다. 그래서 인간의 죗값을 대신 치르실 성자 하나님이 요청된다. 예수는 구원의 유일한 길이다.

그렇다면 성령 하나님은 왜 필요한가? 그것은 기독교와 이슬람에서 율법의 성격이 전혀 다르기 때문이다. 이슬람에서는 율법이 심판의 기준이다. 이슬람의 구원에서는 율법을 지키느냐 못 지키느냐가 중요하다. 기독교에서 율법은 구원을 위한 용도가 아니다. 구원은 하나님과의 언약으로 말미암아 주어진다. 율법은 하나님의 영광을 위해서, 하나님의 통치를 받는 언약 백성이 마땅히 이 세상과 구별되기 위해 지켜야 할 의무다. 율법이 의도한 목적은 폐하여진 것이 아니다(롬 3:31). 오히려 성령이 오심으로 율법의 목적은 더 완전히 성취될 수 있게 되었다. 예수는 율법을 폐하러 오신 것이 아니라 완전케 하기 위해 오셨다(마 5:17). 성령이 오신 가장 첫 번째 목적은 율법의 요구를 성취하기 위해서다(롬 8:4). 하나님은 자신의 백성이 반드시 율법의 요구를 이룰 수 있도록 성령을 보내신다. 그래서 율법의 요구, 즉 세상과 구별되는 일을 이루신다. 하나님은 율법을 수여하시고 단지 인간이 그것을 지키나 안 지키나 지켜보면서, 안 지키면 심판하시는 분이 아니다.

기독교에서 율법은 준수 여부에 따라 심판하기 위해 주어진 것이 아니다. 하나님의 언약 백성이 성령의 통치를 받아서 반드시 거룩해지도록 주어진 것이다. 하나님과 인격적 관계를 맺는 자녀들은 반드시 자녀에 합당한 성품과 삶을 살아 내야 한다. 그러므로 하나님은 성령을 보혜사로 보내셔서(요 14:16) 우리가 능히 세상과 구별될 수 있게 도우신다. 그렇기 때문에 기독교 세계관의 구조에서는 성령의 오심이 필연적으로 요청되는 것이다.

4. 믿음과 행위

이슬람에서는 육신(信) 오행(行)을 말한다. 이슬람은 기본적으로 믿음의 종교가 아니라 행위의 종교다. 율법을 지키는 행위가 이슬람에서는 가장 중요하다. 이슬람에 믿음(īmān)의 개념이 없는 것은 아니지만 기독교에서 말하는 인격적 신뢰의 의미는 약하다. 이슬람에서 믿음은 무엇보다도 교리에 대한 지적 동의(tasdiq)다(꾸란 2:285).[15] 이슬람은 알라를 믿고, 알라의 천사들을 믿는다. 또 알라가 준 거룩한 책들을 믿는데, 원래 104권이 있었지만 지금은 4권만 남았다고 생각한다. 이슬람은 타라트(Tawrat, 모세오경), 자부르(Zabūr, 시편), 인질(Injīl, 복음서), 꾸란(Qur'ān) 네 가지를 거룩한 책으로 인정한다. 물론 이중에 가장 권위 있는 것은 꾸란이다. 이슬람은 알라의 선지자들을 믿는다. 선지자는 12만 4천 명인데, 이중에 6명이 특별히 존경받으며 수식어가 붙는다. 아담(Adam), 누(Nuh, 노아), 이브라힘(Ibrāhīm, 아브라함), 무사(Mūsā, 모세), 이사('Isa, 예수), 무함마드(Muhammad)다. 이슬람은 최후의 심판을 믿고, 알라의 정명을 믿는다(꾸란 4:136). 시아파는 자유 의지를 좀 더 강조한다. 하지만 이슬람의 운명론에 가깝다.

믿음

이슬람에서도 믿음은 단순히 지적인 동의와 외적으로 복종하는 이슬람(Islām)의 단계를 넘어 마음으로 수용하는 이만(īmān)의 단계가 있다고 주장한다. 더 나아가 알라가 모든 것을 지켜보고 있다는 믿음 가운데(꾸란 57:4) 살아가는 이흐산(iḥsān)의 단계가 있다고 본다.[16] 심지어 신실한 자(mu'min)들은 신의 영광과 주권을 인식하고 스스로를 신의 종으로 간주하기도 한다.[17] 그러나 이런 단계들도 신과의 인격적 관계를 전제로 하지는 않는 것으로 보인다. 이슬람도 개인적 기도를 허용하고, 신의 도움과 섭리를 경험하기도 한다고 주장하지만, 신에 대한 인격적 신뢰에 기초한 일상적 교제의 관념은 결여되어 있다. 이슬람에서 알라는 비인격적(impersonal)이어서 오직 신의 명령에 대한 준행이 있을 뿐이다.

이슬람 신비주의인 수피 전통에서는 신과의 합일(al-Aḥadīyah)을 말하지만, 그것은 인격적 교제라기보다는 유신·범신론적 신비주의에서 나타나는 탈아적(脫我的) 경험일 뿐이다. 수피가 말하는바 신성한 무한자(al-Kamāl)를 다양한 유한자를 통해서 본다는 주장은[18] 신비주의적 동일 철학의 구조를 그대로 따르는 것이다. 수피(sūfī)들은 신의 이름이나 신앙고백을 반복하는 디크르(dhikr)를 통해 자기의식이 소멸되는 황홀경(fanā')을 경험하고 신과 하나가 된다.[19] 수피들은 두 가지 방식으로 자신의 자아(nafs)를 다루는 수행을 한다.[20] 하나는 부정(nafy)의 방식이고, 다른 하나는 긍정(ithbat)의 방식이다. 부정의 방식이 낮은 자아를 통제하려는 것이라면, 긍정의 방식은 신의 현존을 추구하는 것이다.[21] 그것은 타슬림(taslim), 즉 신에 대한 항복을 수반하는데,[22] 여기서 항복이란 힌두교의 유신론 신비주의에서도 보았듯이 개별적 자아의식의 소멸을 의미한다. 수피는 자아와의 씨름을 종종 성전(聖戰, jihād)의 개념과 결부시킨다.[23]

행위

이슬람에서는 다섯 가지 행위, 즉 이바다트('ibādat)를 강조한다. 신에 대한 복종은 무엇보다도 신이 명령한 계율을 실행하는 것이다.[24] 우선 신앙의 선포, 즉 샤하다(šahādah)이다. 알라 외의 다른 신은 없으며 무함마드는 알라의 선지자라고 신앙고백을 하는 것이다. 이슬람에서는 두 명의 증인 앞에서 샤하다를 하면 무슬림이 된다고 생각한다. 무슬림들은 일상생활에서 이러한 신앙고백을 되뇐다. 두 번째는 살랏(ṣalāh)인데, 매일 다섯 차례의 의무적인 기도를 하는 행위다. 세 번째는 자카(zakāt), 즉 의무적 기부로 수입의 40분의 1을 기부해야 한다. 그 외에 사다카(ṣadaqāh)와 같은 자발적 기부가 있다. 네 번째는 사움(sawm)인데 이슬람력 라마단월에 하는 금식이다. 무함마드가 첫 번째로 계시를 받은 날과 메카군과의 첫 싸움에서 승리한 날이 라마단월이기 때문에 이때를 기념해서 금식한다. 다섯 번째는 하지(hajji), 즉 순례다. 이슬람력 12월에 행하며 평생 한 번 메카(Mecca)를 순례하는 것이다. 시아파는 이 다섯 가지에 지하드(jihād)를 더하기도 한다. 이슬람은 세계를 두 영역으로 나눈다. 전쟁 영역(dar-al-harb)과 이슬람 영역(dar-al-Islām)이다. 전쟁 영역에서 이슬람 영역으로 변형시키는 모든 방법이 지하드다. 지하드는 단지 정복 전쟁만 지칭하는 것이 아니다. 이것은 신자의 개인적, 공동체적 의무다.

이슬람은 기본적으로 행위의 종교다. 그것은 율법 종교가 갖는 특징이다. 반면에 기독교는 믿음의 종교다. 믿음과 순종은 기독교와 이슬람 모두 사용하는 개념이지만 세계관을 분석해 보면 그 의미가 매우 다르다는 것을 알 수 있다. 기독교에서 말하는 믿음은 교리 등에 대한 지적 동의를 포함하지만, 더 나아가서 하나님에 대한 인격적 신뢰를 의미한다. 기독교는 하나님과의 관계성이 가장 중요하기 때문에 믿음이 가장 중요한 것이 된다. 의인은 오직 믿음으로 산다(롬 1:17). 아브라함은 하나님을 신뢰하므로 갈 바를 알지 못했으나 믿음으로 길을 떠났다(히 11:8). 그래서 아브라함은 믿음으로 의롭다 함을 받았다.

이슬람에서는 알라가 부여한 샤리아법을 준수하는 행위로 복종하는 것이 중요하다. 알라와 인격적 교제가 없기 때문에 인격적 신뢰도 요구되지 않는다. 기독교에서 말하는 순종은 단순히 율법을 지키는 것이 아니라 하나님을 인격적으로 신뢰하여 행하는 것을 말한다. 우리가 인격적으로 신뢰하면 행동이 수반되지 않을 수 없다. 예를 들어 생각해 보자. 내가 친구를 신뢰하면 그 친구가 100만 원만 빌려 달라고 할 때 내 행위를 결정하지 않을 수 없다. 내가 진정 신뢰하는지 아닌지는 내 행위로 나타날 것이다. 행위라고 할 때 율법적 행위와 믿음의 행위는 구분되어야 한다. 이슬람이 강조하는 복종은 율법적 행위이고, 기독교에서 강조하는 순종은 믿음의 행위다. 로마서와 갈라디아서에서 반대하는 것은 율법적 행위(롬 3:28, 갈 2:16)고, 야고보서에서 찬성하는 것은 믿음의 행위(약 2:24)다.

언약

이슬람과 기독교의 차이 중 하나는 이슬람에는 언약(covenant) 신학이 없다는 것이다. 언약은 기본적으로 관계를 설정하는 것으로, 질서를 설정하는 계약(contract)과 구별되어야 한다. 언약이란 신뢰, 즉 믿음을 토대로 하는 특별한 인격적 관계 설정이다. 신구약을 통틀어 이러한 인격적 관계 설정을 가장 잘 보여 주는 것이 신랑과 신부, 남편과 아내의 비유다. "나는 네 남자가 되겠고 너는 내 여자가 되리라"는 결혼의 배타적 관계성이 하나님과 하나님의 백성 사이에 설정된다. "나는 너희 하나님이 되겠고 너희는 내 백성이 되리라!"(렘 7:23)

하나님의 백성에게는 그분의 백성답기가 요구되는데 이를 위해서 주어진 것이 바로 율법이다. 율법은 심판을 위해서 주어진 것이 아니라, 하나님의 거룩한 성품 때문에 하나님의 통치를 받는 언약 백성에게 의무로 요구되는 것이다. 하나님의 백성이 의무를 준수하지 못할 때 하나님은 관계를 깨는 것이 아니라 여러 방식으로 의무 준수를 요구하신다.

이슬람에서도 언약이라는 말이 드물게 나오기는 하지만 기본적으로 알라가 인류에게 보편적으로 율법을 수여한 것을 의미한다.[25] 이것은 기독교에서 언약을 관계 설정으로 보는 것과는 다르다. 이슬람에서는 특정한 백성을 선택하는 관계 설정 차원에서의 언약 관념이 존재하지 않는다. 기독교에서 율법의 의무를 준수하는 것은 내세의 보상보다는 현세에서 세상과 구별됨에서 오는 축복이다. 그러나 이슬람에서는 율법 준수에 대한 보상도 내세적이다.[26]

이슬람에서 언약의 보편성은 탈역사화를 가져오므로[27] 기독교에서만큼 역사성이 중요하지는 않다. 이슬람에서 알라는 역사를 섭리하지만 언약적으로 섭리하는 것은 아니다. 기독교에서는 하나님이 특정한 공동체와 특별한 관계를 설정하기 때문에 언약이 중요하며, 그 언약의 성취로서 성육신, 대속, 부활 등의 역사성이 중요하다.

이슬람에서는 성령론이 발달하지 않는다. 이슬람에서 성령은 가브리엘 천사를 의미하거나, 알라의 능력을 의미하는 정도이기 때문이다. 이슬람은 성삼위의 한 위격으로서 성령을 받아들이지 않기 때문에 성령론이 중요하지 않다. 이슬람에서는 율법의 요구를 성취하는 언약적 필요성이 없기 때문에 성령의 역사도 절대적으로 요청되지 않는다.

죄

기독교에서 율법은 구원을 위한 조건이라기보다는 구원받은 자에게 주어진 의무라고 할 수 있다. 이것은 죄론 및 구원론에서 기독교와 이슬람의 차이를 부각시킨다. 기독교에서 말하는 죄는 기본적으로 원죄(原罪)인데, 원죄의 본질은 반역이며 하나님과 깨어진 관계다. 원죄는 단순히 질서 혹은 규율을 깬 것을 의미하지 않는다. 이슬람은 원죄 사상을 가지고 있지 않다. 이슬람의 신은 초절적이어서 인간과 관계를 맺지 않으며, 따라서 깨어질 관계도 존재하지 않는다. 이슬람의 죄는 신이 제정한 도덕률, 즉 질서를 깬 자범죄(自犯罪)다. 따라서 이슬람은 대속자도 필요하지 않다. 다만 자범죄에 대한 처벌로 심판이 있을 뿐이다.

기독교의 구원은 본질적으로 하나님과의 관계 회복이다. 원죄는 하나님과의 관계를 깨뜨린 반역죄이므로 회개도 반역죄에 대한 돌이킴이다. 반역으로 인하여 깨어진 하나님과의 관계를 회복하는 데 인간은 어떤 주도권도 갖지 못한다. 구원, 즉 관계 회복이란 하나님이 주도권을 가지고 은혜를 베풀어야만 가능하다. 그래서 기독교는 행위가 아니라 오직 "은혜에 의하여 믿음으로 말미암아 구원을 받[는]"(엡 2:8) 것이다.

5. 이슬람의 경전

이슬람의 경전은 꾸란이다. 꾸란은 무함마드의 후계자인 아부 바크(Abu Bark)의 통치 때부터 편찬되기 시작했으나 불완전했고, 3대 칼리프인 우스만(Uthmān) 때 자이드(Zayd ibn Ḥārithah)가 편찬한 것으로 알려져 있다. 꾸란은 114장 6,200절로 되어 있는데, 이슬람에서는 꾸란을 무오한 것으로 간주한다. 이슬람에서 꾸란은 여러 거룩한 경전 중 마지막 계시다. 이슬람 전승에 따르면 꾸란은 무함마드가 히라(Hirā)산의 동굴에서 가브리엘 천사가 불러준 것을 낭송한 것이다. 꾸란은 천사가 불러준 대로 기록한 것이기 때문에 일종의 기계적 영감설이라고 할 수 있다. 이것은 기독교가 성경을 유기적 영감으로 보는 것과 차이가 있다. 이슬람은 꾸란이 어떤 자료에도 의존하지 않았고, 기독교 경전 등 아무것에도 영향을 받지 않았다고 주장한다. 그러나 연구가들에 따르면 기독교 외경의 영향이 나타난다.

꾸란은 아랍어로 기록되어 있는데, 천국의 언어가 아랍어이기 때문에 꾸란을 아랍어로 낭송하는 일은 영광스러운 것이라고 생각한다. 번역은 할 수 있지만, 번역된 꾸란에는 "꾸란"이라는 타이틀을 주지 않는다. 그러나 성경은 번역본에도 "성경"이라는 타이틀을 준다. 기독교는 문화 변혁적이며 문화 번역적이다.[28] 그러므로 성육신의 정신은 문화적으로도 적용된다. 즉 하나님의 말씀은 모든 문화의 옷을 입고 다양한 언어들로 번역된다.

이슬람은 104개의 거룩한 경전 중에 남아 있는 아브라함 문서, 토라, 시편, 복음서, 꾸란 5개를 중요하게 여긴다. 그러나 꾸란을 제외한 나머지 네 개는 변질되었다고 생각한다(꾸란 5:13). 그 증거로서 사복음서를 예시로 제시한다. 복음서가 왜 네 가지 종류나 필요하냐고 반문하는 것이다. 하지만 기독교는 하나님의 계시가 수신자 중심으로 소통된 결과가 사복음서라고 본다. 복음의 본질은 동일하지만 수신자에 따라서 복음이 전해지는 방식이 다른 것이다. 이것은 성육신적 상황화의 정신이다. 또한 더 많은 사람을 구원으로 인도하려는(고전 9:22) 바울의 선교 정신이기도 하다.

6. 예수에 대한 이해

다원주의 사회에서는 예수를 누구라고 이해하는가가 중요한 관건이 된다. 이슬람에서는 예수를 이사 알마시흐('Isa al-Masīḥ)라고 부른다. 무슬림들도 예수를 존경하고 존중한다고 말하지만 그저 위대한 선지자 중 하나로 간주한다. 메시아라는 말도 문자적으로 그저 '기름부음을 받은 자'로만 여긴다. 예수의 동정녀 탄생도 인정하지만(꾸란 3:42), 그렇다고 해서 무죄한 대속자로 보지는 않는다. 예수를 하나님의 말씀으로 부르지만, 이 또한 동정녀 탄생에서 남자 대신에 말씀이 주어졌기 때문이라고(꾸란 4:171) 주장한다. 따라서 기독교의 삼위일체에 대해서 반대하며(꾸란 4:171), 하나님의 아들이라는 개념에 심한 거부감을 가지고 있다. 하나님의 아들이라는 개념을 육신적으로 이해하기 때문이다(꾸란 112:3).

이슬람은 율법 종교이고 율법을 준수하는 행위, 즉 복종을 강조하기 때문에 예수의 대속을 필요로 하지 않는다(꾸란 6:164). 원죄 개념을 인정하지 않기 때문에 아담의 죄책이 후손에게 전가되었다고 보지 않는다. 인간은 죄성 때문에 죄를 짓는 것이 아니고, 연약하기 때문에 죄를 범하는 것으로 본다. 이슬람에서는 죽음도 자연스러운 것이다. 기독교는 죽음이 죄 때문에 들어온 것으로 보며 자연적인 것으로 보지 않는다. 그러므로 이슬람에서 죄와 사망은 정복의 대상이 아니다. 따라서 예수의 대속적 죽음과 부활은 이슬람에서는 필연적으로 요청되는 것이 아니다. 오히려 예수의 십자가는 하나님의 공의에 맞지 않는다고 생각한다. 믿음으로 구원받는다는 것도 불경건한 사람을 양성한다고 생각하기 때문에 옳지 않다고 믿는다.

이슬람에서 예수는 종말론적으로도 중요한 인물로 간주된다. 예수는 십자가에서 죽지 않았고(꾸란 4:157) 승천하였다고(꾸란 3:55) 이슬람은 믿는다. 그리고 심판 때에 하늘에서 재림한다고 믿는다(꾸란 43:61). 이슬람의 전승은 재림한 예수가 알라가 부여한 사명을 완성한 후 메디나(Medina)에 무함마드 옆에 묻히게 된다고 주장한다.[29] 하지만 이슬람은 성경이 말하는바 복음의 핵심인 예수의 십자가와 부활 사건을 믿지 않는다.

7. 이슬람에서의 역사성

이슬람은 움마와 국가의 멸망에 대해서 알라의 행위로 설명한다. 유신론 종교로서 이슬람은 신이 역사의 주관자이며 섭리자임을 받아들인다. 그러나 이슬람은 기본적으로 율법적 행위의 종교다. 기독교처럼 하나님의 구속사가 중요한 것이 아니라 율법의 준수가 중요하다. 하나님의 행위보다 인간의 행위가 중요하다. 그런 점에서 이슬람은 기독교만큼 역사성이 중요한 종교가 아니다. 무함마드의 역사성은 꾸란의 정통성 확보 때문에 이슬람에서 중요하긴 하다. 꾸란은 무함마드를 통해서 계시되었다고 믿기 때문이다. 따라서 무하마드 스벤 칼리쉬(Muhammad Sven Kalisch)가 무함마드의 역사적 실존성에 대해 의문을 표명했을 때 이슬람의 반발은 엄청났다. 하지만 칼리쉬가 지적했듯이 무함마드의 실존성은 이슬람에서 가장 중요한 것이 아니다.[30] 무함마드의 역사성은 기독교에서 예수의 역사적 실존성만큼 결정적으로 중요하지는 않다.[31] 무함마드의 역사적 실존성보다도 샤리아(율법)의 존재가 이슬람의 기초로서 더 중요하다.

하지만 기독교는 하나님이 예수를 통해 일으킨 사건에 기초하므로 예수의 역사적 실존성이 결정적으로 중요하다. 기독교는 하나님이 역사를 섭리할 뿐 아니라 역사 가운데 뛰어드심으로 하나님의 구원을 완성하기 때문에 역사성이 핵심이 된다. 하나님의 성육신과 십자가, 부활이라는 하나님의 행위의 역사성이 기독교의 본질이다. 이 역사성에 대한 확신이 없다면 예수는 단순히 도덕적 이상이나, 이상적 사회 운동을 위한 모본에 지나지 않게 되며, 기독교는 단순히 가르침의 종교로 전락하게 된다.

8장

애니미즘
예수는 주술사? 샤먼?

1. 애니미즘이란 무엇인가

오늘날 점술이라든지 마법에 대한 관심은 오히려 증가하고 있다. 과학 기술이 발전하면 그런 '미신적인' 신념과 행위는 사라질 것이라던 근대주의의 예측은 빗나갔다. 포스트모더니즘 시대의 정신이라고 할 수 있는 다양성에 대한 관용과 상대주의는 인간에게 깊이 내재되어 있는 점술과 마법에 대한 욕구를 다시 불러일으키는 듯하다. 많은 소설과 애니메이션, 드라마와 영화가 초자연적인 현상을 다루고, 마법과 샤머니즘적인 사후 세계를 전제로 이야기를 이끌어간다. 이러한 주제의 드라마와 영화가 어떻게 사람들의 관심을 끌고 인기를 모으는지를 보라! 이러한 현상은 한국에만 국한된 것이 아니라 전 세계적으로 나타나고 있다. 유럽에서도 19세기 중반 이후부터 고대 켈트족의 애니미즘이 다시 부흥하는 동향이 나타나더니 오늘날까지 지속되고 있다.[1] 이제는 켈트 애니미즘의 주술사인 드루이드(Druid)가 컴퓨터 게임의 캐릭터가 되었다.

유럽과 북미 등의 서구에서는 이른바 뉴에이지 형태로 애니미즘이 성행하고 있다.² 이러한 현상은 문화 인류학에서 뉴애니미즘(new animism)으로 불리면서 새롭게 조명되고 있다. 뉴애니미즘은 근대성의 관점에서 애니미즘을 '원시적'으로 보는 전제를 비판한다. 뉴애니미즘은 인격성(personhood)을 확대해서 인간 외에 다른 것들에도 인격성을 부여하는 것을 강조한다.³

애니미즘이라는 개념은 에드워드 타일러(Edward B. Tylor)가 처음 사용했는데,⁴ 그 어원은 영혼이라는 의미를 가진 라틴어 아니마(anima)에 있다. 번역해서 '물활론', '정령 신앙', '자연 숭배' 등으로 불리기도 한다. 애니미즘은 세계의 거의 모든 지역에서 발견되는 보편적 현상이다. 애니미즘에서는 자연물에 영적 존재가 깃들여 있다고 보기 때문에 자연물을 숭배의 대상으로 삼는다. 또한 죽은 조상들도 영적 존재로서 숭배의 대상이 된다.

게일린 반 리넨(Gailyn Van Rheenen)은 애니미즘을 "인격적인 영적 존재들과 비인격적인 영적 힘이 인간사에 능력을 행사하며, 따라서 인간은 미래의 행위를 결정하고 이들 힘을 조종하기 위해서 어떤 존재나 힘이 영향을 끼치고 있는지 발견해야 한다는 믿음"이라고 정의한다.⁵

애니미즘 안에는 물력론(物力論)도 포함되는데, 물력론은 애니마티즘(animatism)이라고 불리기도 한다.⁶ 물력론은 자연 안에 초자연적인 에너지가 있다는 신앙이다. 여기서 초자연적인 에너지는 멜라네시아 지역의 마나(mana)라든지 동아시아의 기(氣) 개념 같은 것이 해당된다. 애니마티즘은 비인격적인 에너지에 대해서 말하지만, 원래 애니미즘에서는 인격과 비인격의 구분이 명확하지 않다.⁷ 영어의 'spirit'과 같은 개념도 어떤 경우에는 인격적인 초자연적 영으로, 또 어떤 경우에는 비인격적인 정신력과 같은 것으로 이해된다.

애니미즘을 이해하는 것은 성경을 이해할 때에도 도움이 된다. 구약과 신약이 쓰인 배경이 애니미즘이기 때문이다. 구약에는 애니미즘과 연관된 현상이 적지 않게 나타난다. 신명기 18장 9-14절은 '복술자, 박수, 초혼자, 길흉을 말하는 자, 요술하는 자, 무당, 진언자, 신접자' 등을 언급하는데, 이는 모두 애니미즘의 현상이다. 레위기 19장 26절에서도 술수와 복술을 말하는데 이는 주술과 점술을 나타내는 것으로 전형적인 애니미즘 현상이다. 바알 제사장들도 종종 애니미즘적 황홀경으로 들어갔는데, 이는 열왕기상 18장에 나오는바, 갈멜산에서 엘리야와 바알 제사장 간의 영적 대결에서도 잘 나타난다. 여기에는 바알 제사장들이 오전 내내 주문을 외면서 단 주위를 돌고 황홀경에 들어가서 창과 칼로 자해하는 모습이 기록되어 있다. 민수기 23장에 나타나는 발람의 경우 메소포타미아의 샤먼이었을 것으로 보인다. 어떤 사람은 예수를 주술사로 이해하고[8] 또 어떤 사람은 예수가 샤먼이라고 주장하지만,[9] 예수께서는 단지 치유와 예언, 축귀를 목적으로 오신 분이 아니다. 그분은 죄 사함의 구원과 하나님 나라의 완성을 위해 오신 분이다.

성경에 나타나는 가나안 종족들이 숭배한 신들은 지역의 신이면서 종족의 신이기도 했다. 그러나 성경에서 말하는 하나님은 지역신을 초월하는 분으로 자기 자신을 계시하신다. 여호와 하나님은 산과 골짜기, 광야, 바닷가 등 어떤 지역이든 전쟁에서 승리하게 하셔서 자신이 지역을 초월한 우주적 하나님임을 나타내신다.[10] 창세기 1장에 나타나는 창조 기사도 단순히 창조만 말하려는 것이 아니다. 태양, 달, 별 등을 신으로 숭배하는 가나안 종족들을 향해 이런 것은 모두 신이 아니며 하나님이 창조하신 피조물임을 선포하는 것이다.[11] 이처럼 구약 성경은 애니미즘에 상황화된 방식으로 여호와 하나님의 유일성을 선포하고 있다.

2. 애니미즘의 특징

애니미즘에는 자연과 초자연이 혼합되어 있다. 자연과 초자연의 범주가 명백하게 나누어지는 것은 헬라적인 세계관이다. 애니미즘 지역에서는 종종 살아 있는 인간, 죽은 조상, 태어나지 않은 자(미탄생자), 이 전체가 인간이다. 애니미즘은 자연과 초자연이 연속적이라고 본다. 그래서 때로는 죽은 자가 산 자의 세계에 출현할 수 있으며, 산 자도 죽은 자의 세계에 들어갈 수 있다. 이승과 저승이 겹쳐 있는 것이다. 이런 세계관을 전제로 해서 초혼이나 제사, 굿 등이 가능한 것이다.

애니미즘에서는 자연과 자아가 분별되어 있지 않다. 자연과 자아를 연속시키는 것이다. 자아를 자연에서 독립된 자율적 주체로 정립하는 것은 데카르트 이후의 근대적 세계관에서나 나타난다. 뉴애니미즘은 이러한 근대적 세계관에 근거하여 자연을 대상으로 삼는 것을 반대한다.[12] 영화 〈아바타〉(*Avatar*)에 나오는 것처럼 인간은 자연의 일부분이고 자연과 조화롭게 살아야 한다. 인간은 자연을 지배하는 자가 아니라 다른 생물들과 대등한 존재다. 따라서 새와도 교감하고 친구가 되어 허락을 얻은 후에야 그 위에 올라탈 수 있다.

애니미즘은 현세와 내세를 구분하지 않을 뿐 아니라 보이는 세계와 보이지 않는 세계 또한 연속적이라 여긴다. 그래서 애니미즘 세계의 사람에게는 '본다는 것'이 확실한 진리의 근거가 되지 못한다. 오히려 시각적인 것보다 청각적인 것을 더 중요시 여긴다. 그리고 시간과 공간을 명백하게 구분하지 않는다. 시간은 제의(祭儀) 공간 안에서 재생되는 것으로 생각한다. 시간의 재생은 원형의 반복이라는 형태로 나타난다. 인간의 삶은 역동적이어서 삶의 주기로 통과 의례, 제의, 의식 등이 발달해 있다. 애니미즘 사회의 삶은 반복적이며 삶 자체에서 새로운 것이 나타나기 힘들다. 사람들은 조상들이 살아온 방식대로 살면 되기 때문에 가장 경험이 많은 연장자가 존중받는다.

애니미즘에서는 초자연적 영들이 인간의 삶에 밀접하게 관여하지만, 그렇다고 해서 죽음 다음의 세계, 즉 내세나 초월적 세계에 관심을 갖는 것은 아니다. 오히려 애니미즘은 현세 중심적이다. 애니미즘은 기본적으로 자신의 행복이나 건강, 공동체의 안녕이나 풍요 등 현세적이고 기복적인 것에 관심이 많다. 이러한 현세적 문제에 초자연적인 영들이 개입하고 있기 때문에 이러한 영들을 조종하고, 달래고, 쫓아내는 메커니즘적인 기술이 발달하는데, 그것이 바로 주술이다. 이를 위해서 먼저 어떤 영들이 인간사에 어떤 식으로 개입하고 있는지 알아보려고 하는데, 그것이 바로 점술이다.

애니미즘의 세계관은 단순한 편이며, 고도로 정밀하게 조직된 교리와 같은 것을 가지고 있지 않다. 정령 숭배는 진리 중심적이라기보다는 능력 중심적이다.[13] 그래서 기독교와 만났을 때 종종 진리 대결의 면보다 능력 대결의 면이 강하게 나타난다. 정령 숭배와 기독교는 초자연을 인정한다는 면에서 유사성이 있다. 그러나 정령 숭배는 초자연적 요인을 지나치게 인정하는 경향이 있다. 세계관의 스펙트럼을 놓고 보면, 애니미즘에 있는 사람들은 많은 것을 초자연적 원인에서 기인한 것으로 간주한다. 인간의 행, 불행은 모두 초자연의 영들과 연관되어 있다고 본다. 반대로 세속주의는 초자연의 원인을 배제하고 모든 것을 자연적 원인으로 설명하려고 한다. 어떻게 보면 기독교는 그 중간쯤에 있다고 할 수 있다. 예를 들어 생각해 보자. 모든 질병이 초자연적 영들에 의해서 촉발되는 것은 아니다. 그러나 애니미즘 지역의 사람들은 모든 질병이 초자연적 영들 때문이라고 여긴다. 기독교는 질병이 초자연적 영에 의해서 일어나는 경우를 인정하지만 모든 질병을 이 때문으로 보지는 않는다. 자연적인 원인으로도 병이 생길 수 있다. 정신적으로 문제가 있는 경우, 애니미즘은 모든 것을 귀신 들림으로 간주하는 경향이 있다. 반면에 세계관의 스펙트럼상 애니미즘과 정반대 편에 있는 세속주의는 모든 것을 정신 질환으로 간주한다. 정신 질환과 귀신 들림이 함께 올 수 있지만 기본적으로 이 둘은 구별되어야 한다.

샤머니즘은 샤먼의 역할이 강조되는 애니미즘의 한 분파다. 샤머니즘에서 샤먼은 공동체를 위한 주술 행위를 더 많이 하는 사람이다. '무'(巫)라는 한자 모양을 보면 하늘과 땅을 이어 주는 사람이라는 의미가 있다. 샤머니즘에서는 초자연계 혹은 영계(靈界)가 존재한다고 본다. 인간계의 모든 일은 초자연계의 영들에 의해서 촉발되어 일어나는 것이다. 초자연계와 인간계의 매개자가 바로 샤먼이다. 종종 샤먼은 찾아온 사람이 말하기 전에 문제를 알아맞히기도 하며, 그럴수록 더욱 신령하다고 간주된다. 샤먼은 문제의 원인을 찾기 위해서 영계로 들어가거나 초자연적인 영과 신접하며, 이렇게 알아낸 원인을 알려 주면서 굿이나 부적과 같은 처방을 내려 준다.

샤머니즘에서는 샤먼이 공동체를 위한 주술 행위를 하다 보니 샤먼의 주술 행위에 따라 공동체의 안녕이 좌우된다고 여긴다. 여기서 샤먼은 공동체 안에서 권위를 갖게 되므로 정치와 결합된다. 그래서 무(巫)가 왕(王)을 겸하는 제정일치(祭政一致) 사회가 된다. 우리나라도 옛날 부족 국가 시대에는 제정일치 사회였고, 따라서 흉년이 들면 왕이 처형되는 경우도 있었다. 샤먼이 주술을 잘못해서 흉년이 들었다고 간주했기 때문이다.

3. 애니미즘과 세속주의

서양에는 헬라적 세계관의 범주에 따라 초자연과 자연의 개념이 있었지만, 이신론(理神論, deism)의 등장과 함께 자연과 초자연은 더욱 명백하게 구분되었다. 뉴턴(Newton), 데카르트(Descartes) 같은 사람들이 등장하면서 이신론적 사고는 더욱 분명하게 나타났다. 이신론에 따르면 초자연계의 신은 자연계를 창조했지만 기계처럼 자동으로 돌아가도록 만들었다. 이제 자연은 자연 법칙을 따라 기계적으로 운행되고, 신은 더 이상 자연에 직접 관여하지 않는다는 것이다. 그렇게 되면 자연은 이제 초자연적 신의 간섭이나 개입이 없는 독자적이고 폐쇄적인 시스템이 된다. 그래서 신이 자연에 부여한 목적을 탐구하기보다는 자연에 내재된 법칙, 즉 인과관계를 탐구하는 것이 가장 중요한 일이 되어 버렸다. 그리하여 초자연은 종교의 영역이 되고 자연은 과학의 영역이 되는 식으로 확연히 나누어졌다.

이신론이 대두되기 전에는 신이 자연과 초자연 모두를 다스리고 섭리하는 것으로 간주되었다. 이신론은 자연과 초자연, 이 세상과 저세상, 공적인 영역과 사적인 영역을 분리시켜 버렸다. 초자연은 종교의 영역이며 사적(私的)인 가치의 영역이 되고, 자연은 과학의 영역이며 공적(公的)인 사실의 영역이 되었다. 그리하여 정부, 공립 학교, 공영 방송 등 이른바 공적인 영역에서 사적인 종교의 영향력을 몰아내는 것이 종교 사회학자들이 말하는 세속화(secularization) 현상이다. 세속화 이론에 대한 논쟁이 여전히 진행되고 있지만, 분명한 것은 종교가 소멸되지는 않았으나 공적인 영역에서 밀려났다는 것이다.[14] 세속주의(secularism)는 초자연을 배제하고 오로지 자연적 원인으로 모든 것을 설명하려고 하기 때문에 '강한 자연주의'(hard naturalism)와도 통하는데, 무신론, 유물론 등이 이에 해당된다.[15]

4. 배제된 중간 지역과 확장된 중간 지역

이신론이 등장한 후 근대주의 세계관은 초자연을 저세상적인 것으로, 자연을 이 세상적인 것으로 구분하였다. 비가시적인 초자연은 저세상, 가시적인 자연은 이 세상의 영역으로 확연히 나누어진 것이다. 그러다 보니 초자연적이고 비가시적인, 영적 신비 현상들이 이 세상에 나타나면 이를 미신이나 허구로 간주해 왔다. 이런 경향을 지칭하는 말이 "배제된 중간 지역"(excluded middle)이다.[16] 그러나 오늘날 근대주의 세계관이 쇠퇴하고 포스트모더니즘의 등장으로 초자연적이고 비가시적이지만 동시에 이 세상적인 현상, 즉 지금까지 배제되어 온 중간 지역 현상을 재발견하고 있다. 이 세상에서 활동하는 초자연적인 영들에 대해서 다시금 주목하게 된 것이다. 기독교 안에서도 이와 같은 현상을 점차 고려하면서 영적 전쟁에 대한 관심이 고조되고 있다. '영적 전쟁'이라는 영역이 아직 신학적으로 정립되지 않았음에도, 선교 단체 등에서 이러한 주제를 가르치는 것을 볼 수 있다.

이러한 현상을 반영하는 것이 '지역 영'(territorial spirits) 개념이다. 사실 애니미즘에서 신들은 지역 신이다. 지역 영의 개념은 애니미즘 세계관이 혼합된 것이라는 비판과 함께 신학적으로 논란이 되고 있다. 오늘날 애니미즘의 영향 가운데, 성급하게 어떤 주제를 신학적으로 정립하려는 경향이 있다. 마귀가 지역을 분할하여 지역별로 다스리고 있다는 주장은 성경적으로 지지받기 쉽지 않다. 다니엘서에 나오는 헬라국군이나 바사국군(단 10:19-21) 정도의 개념으로 그런 이론을 세우는 것은 무리다. 타락한 천사인 귀신들과의 대화를 통해 지역 영의 이름을 분별하기도 하고, 심지어 악한 영에 대한 이론을 정립해 가는 일은 지나친 것이다. 신학은 성경 말씀에 기초를 두어야 하는 것이지, 귀신의 진술에 기초를 두는 것이 아니기 때문이다.[17]

그렇다면 지역 영의 개념을 어떻게 이해해야 하는가? 이전에는 지역과 인종과 문화가 종종 함께 갔다. 문화에는 일반 은총적인 것 외에 인간의 죄성과 반역성, 사단의 역사와 영향력이 나타난다. 문화의 차이가 있다는 것은 곧 집단적으로 범하는 죄의 양상이 다르다는 것을 뜻한다. 죄 짓는 양상이 다르면, 인간이 죄성을 드러내는 방식에 따라 사단은 다르게 역사할 것이다. 예를 들어 음란한 문화가 있는 지역에서 사단은 그 음란함을 이용할 것이다. 어떤 문화에서 인간의 죄성과 타락성이 더 많이 나타난다면, 그런 지역에서는 그 죄성과 타락성 때문에 사단이 더 많이 역사하고 영향력을 행사할 가능성이 크다. 그러나 사단이 지역을 나누어서 다스린다는 식으로, 성경이 말하지 않는 것을 신학적으로 정립하려는 것은 지나친 처사다.

애니미즘의 영향이 강한 지역에서는 배제된 중간 지역과 정반대 현상이 나타나기도 한다. 그것을 "확장된 중간 지역"(expanded middle)이라고 부른다.[18] 즉 자연적인 설명 대신에 모든 것을 초자연적 영들의 소행으로 해석하려는 경향이 나타나는 것이다. 예컨대 어떤 사람들은 마치 음란의 영이 따로 있고, 졸음의 영이 따로 있는 것처럼 말하기도 한다. 예배 시간에 잠시만 졸아도 졸음의 영이 역사한다고 말한다. 간밤에 일하느라 밤을 꼬박 새웠으면 졸릴 수도 있는데 굳이 초자연적으로 설명하려고 한다. 그러나 항상 이런 식으로 해석하는 것은 상당히 무리가 있다.

5. 능력 대결과 진리 대결

애니미즘의 영향은 영적 전쟁에 대한 생각에서도 나타난다. 애니미즘이 능력 중심의 종교이기 때문에 영적 전쟁도 능력 대결 중심적으로 생각하는 경향이 있다. 인도·유럽 신화에 나타나는 애니미즘적 영적 전쟁관에서 인간은 단지 신들의 능력 대결의 희생물로 간주된다. 그러나 인간은 단순히 신들 사이의 영적 전쟁의 희생물이 아니라, 적극적 가담자이자 하나님을 대적하는 반역자였다. 예를 들어 조로아스터교의 경우 선신과 악신의 능력 대결 구도 속에서 인간은 종종 희생물로 간주된다. 그러나 성경적 세계관에서 말하는바 영적 전쟁의 본질은 능력 대결이 아니라 진리 대결이다.

영적 전쟁은 무엇보다 인간의 문화와 사회 속에서 일어나는 것이다. 비성경적 가치 체계와 비성경적 행동 양식, 비성경적 세계관의 문화 속에서 하나님을 대적하고 우상을 숭배하는 것이 문제다. 영적 전쟁의 본질은 세계관 대결이고 진리 대결이다. 그러나 애니미즘이나 인도·유럽 신화의 세계관은 영적 전쟁을 능력 대결로 본다.[19] 선신과 악신의 능력 대결은 영원한 대결이며 종결이 없다. 영화 〈스타워즈〉(*Star Wars*)에 나오는 것처럼 우주적 힘(force)에는 밝은 면과 어두운 면이 존재하는데 이것이 균형을 이룰 때 평화가 있다고 믿는다. 여기서 힘이란, 애니마티즘(animatism)에서 말하는 초자연적이고 비인격적인 힘이다. 그러나 하나님의 나라는 힘의 대결이 아니며, 힘의 균형에 의해서 이루어지는 것도 아니다. 하나님 나라는 하나님의 통치이고, 완전한 선의 실현이며, 악의 근절을 통한 샬롬(Shalom)이다.

인도·유럽 신화의 세계관은 선신과 악신의 대립뿐 아니라 인간을 선인과 악인으로 뚜렷이 구분한다. 하지만 인간이란 그렇게 명확하게 선인과 악인으로 나뉘지 않는다. 선인 안에도 악한 면이 있고, 악인에게도 선한 면이 있다. 인도·유럽 신화의 세계관에서 선한 사람이 악을 이기기 위해 사용하는 폭력은 정당화된다. 이른바 "구속적 폭력"(redemptive violence)인 것이다.[20] 그러나 십자가는 구속적 폭력을 반대한다. 폭력은 구속을 가져오지 못한다. 하지만 인도·유럽 세계관의 영향을 받은 기독교인들 중에 이러한 생각을 가진 사람이 적지 않다. 악을 없애려면 더 큰 선의 힘으로 악을 물리쳐야 한다고 생각한다. 어떤 특정한 나라는 선의 나라이고 또 다른 나라는 악의 축으로 규정한다. 악을 근절하기 위해 구속적 폭력의 차원에서 선제공격도 할 수 있다고 생각한다. 그러나 어떤 국가는 선하고 어떤 국가는 악하다는 것은 매우 단순한 생각이 아닐 수 없다. 국가란 언제나 자국의 이익을 위해서 움직일 뿐이다. 어떤 국가가 다른 국가를 위해서 희생하는 경우는 없다. 한 개인이 다른 사람을 위해서 희생하는 것도 쉽지 않은데, 하물며 한 국가가 다른 국가를 위해서 희생한다는 것은 매우 단순한 생각이다.

애니미즘적인 요소가 기독교 안까지 침투해 있는 또 다른 사례로 '기도행진'(Prayer Walking)과 초자연적 영을 향한 선포가 있다. 여기서 말하는 '선포'는 복음 전파를 말하는 것이 아니라 어떤 지역의 영을 향한 초자연적 선포를 말한다. 초자연적 선포는 초자연적 영들을 향해 대적하는 말이 나가는 것을 의미한다. 여기에 전제된 사고방식은 말 자체에 힘이 있다는 것이다. 말 자체에 힘이 있다는 생각은 주문의 힘과 같은 주술적 사고방식을 반영한다. 그러나 말이 힘을 갖는 것은 의미 때문이다. 성경에서도 말에 힘이 있다고 하는데(약 3:2-12), 그것은 의미 때문이다. 알아들을 수 없어서 아무런 의미도 전달되지 않는다면 그 말은 단순한 소리에 지나지 않는다. 그런데 힌두교나 애니미즘에서는 의미가 아니라 소리에 힘이 있다고 생각한다.

인도·유럽 신화의 세계관에 기초한 영적 전쟁에서는 능력 대결이 중요한데, 그것은 초자연적인 영들을 향한 선포로 가능하다고 생각한다. 영적 전쟁에서는 영끼리의 싸움이 중요하며, 그 결과가 인간 세계에 나타난다. 초자연 세계에서의 영적 전쟁의 결과가 인간 세계에 반영되어 나타난다는 것이다. 그러나 하나님의 나라는 결코 초자연적 영들을 향한 소리의 선포에 의해 확장되는 것이 아니다. 복음의 선포는 인간의 문화와 사회 안에서 죄 사함과 회개의 선포이며, 하나님 나라가 도래함을 선포하는 것이다.

기도 행진도 마찬가지다. 기도 행진은 기도를 한다는 데 의미가 있다. 그러나 그것이 주술적인 행위로 이해되는 것은 애니미즘의 영향 때문이다. 구약에도 영적 전쟁을 표현할 때 "너희가 밟는 땅을 주겠다"(수 1:3)는 말씀이 있지만, 그것은 하나님 나라의 확장에 대한 구약적인, 가시적 형태의 표현이고 약속이다. 그러나 구약에서도 단지 문자적으로, 주술적인 땅 밟기만 해서 가나안 땅을 차지하지는 않았다. 가나안 문화와 싸우면서, 하나님 말씀에 순종하면서, 피 흘려 쟁취해 냈다(히 12:4). 오늘날도 마찬가지다. 단순히 땅을 밟아 영적 세력을 물리칠 수 있고 그 땅을 정복할 수 있다는 생각은, 지역 영을 전제로 초자연적 영에 대한 결박을 선포하는 애니미즘적 능력 대결의 사고방식이다. 이러한 사고방식은 영적 전쟁을 어떤 공식(formula)에 집어넣는데, 이렇게 하면 영적 전쟁이 주술적인 것이 되어 버린다.

이러한 사고방식 때문에 밤에 몰래 타종교 시설에 들어가서 찬송하고, 기도로 귀신들을 결박하려는 주술적 행동이 나타나는 것이다. 그리하여 기독교는 비상식적이고 무례한 종교가 되어 버린다. 복음은 밤에 몰래 가서 주술 행위를 하여 전파되는 것이 아니라 사람들에게 전해져야 하는 것이다. 사람들에게 복음을 전하는 대신, 초자연적 영들을 향해서 어떤 행위를 하는 것은 그 자체가 애니미즘적 주술 행위다.

예수께서는 능력 대결보다 진리 대결이 더 본질적인 대결임을 분명히 하신다. "귀신들이 너희에게 항복하는 것으로 기뻐하지 말고 너희 이름이 하늘에 기록된 것으로 기뻐하라"(눅 10:20)고 말씀하신다. 귀신들이 항복하는 것은 흥분할 만한 사건이다. 귀신이 쫓겨나는 것은 하나님 나라가 임했다는 표지이기 때문이다(마 12:28). 그것은 '새로운 영적 질서'가 세워졌음을 의미한다. 이제 제자들도 예수의 이름으로 귀신을 쫓아낼 수 있게 되었다(막

16:17). 지금도 세계 곳곳에서 예수 이름으로 귀신들이 쫓겨나는 일은 계속 일어나고 있다. 그러나 예수는 단순히 축사(逐邪)를 하기 위해서 이 땅에 온 퇴마사(退魔師)가 아니다. "하나님의 아들이 나타나신 것은 마귀의 일을 멸하려 하심"이다(요일 3:8). 마귀의 일은 죄를 짓게 하고(요일 3:8), 그 결과 사망에 이르게 하는 것이다(롬 6:23). 예수는 "그를 믿는 자마다 멸망하지 않고 영생을 얻게 하려[고]"(요 3:16) 이 땅에 오셨다. 예수는 생명을 주시기 위해서 오신 구주 하나님이다. 그러므로 복음 진리를 믿고 생명을 얻어서 그 이름이 하늘에 기록된 것이 더욱 기뻐할 만한 사건이다.

6. 잡신의 강압과 성령의 감동

애니미즘에서 주술사, 샤먼 등은 이른바 "신 내림"이라는 것을 경험한다. 그것은 두려움에 기초한 강압적이고 강제적인 방식이다. 기독교는 이와 다르다. 기독교는 성령의 내주(內住)하심을 믿는다. 성령은 인격적이고 신사적인 하나님이다. 성령은 인간의 자유 의지를 무시하지 않으시며, 우리가 자유 의지를 가지고 영접했을 때만 우리 안에 오신다. 잡신은 인격적이지도, 신사적이지도 않다. 강압적으로 무병(巫病)을 주어 압박하고 신 내림을 강요한다. 그러나 하나님은 인격적으로 우리를 대하신다. 인격체가 인격체를 대하는 가장 좋은 인격적인 방법은 감동, 감화다. 성령은 우리를 감동시키시고, 우리는 이러한 감동, 감화에 설득되어 나 자신을 내려놓는 것이다. 그리고 나 자신의 뜻을 내려놓는 만큼 더 큰 감동, 감화가 있다.[21]

애니미즘에는 초자연적 영들과 인간들 사이의 중매자로 샤먼이나 주술사가 있다. 그러나 기독교에서는 예수 그리스도 외에 하나님과 인간 사이에 다른 중재자가 필요 없다(딤전 2:5). 예수 이름에 힘입어 하나님과 곧바로 교제할 수 있게 되었기 때문이다. 우리가 샤머니즘, 애니미즘의 토양 속에 있다 보니 많은 오해가 생겨난다. 영적인 사람, 신령한 능력을 가진 사람에 대한 오해가 있는 것이다. 애니미즘 토양에서는 초자연적 은사를 가지고 있는 사람을 더 신령하다고 여기는 경향이 있다. 초자연계와의 '직통 계시' 같은 것이 좀 더 영적인 것으로 간주되는 것이다. 교회에서 종종 이런 초자연적 은사를 받은 사람들이 스스로 비공식적인 실세 지도자가 되어서 교회의 질서를 무시하며 행동하여 교회를 어렵게 하는 경우가 적지 않다.

애니미즘에서는 초자연계를 '영계'(靈界)라고 부르기 때문에 부지불식간에 '영적'이라는 의미도 '초자연적'이라는 의미로 변질되어 버린다. 그러나 성경에서 말하는 '영적'이라는 의미는 '성경적'이라는 의미이며, 삶의 모든 영역에서 하나님의 뜻에 부합한 것을 말한다. 직장, 가정, 학교 등 삶의 자리에서 하나님의 선하시고 기뻐하시고 온전하신 뜻을 분별하고(롬 12:2), 그 뜻에 순종하는 사람이 영적인 사람이다. 하나님의 성품, 즉 거룩과 사랑을 더 많이 드러내고, 하나님의 형상이 회복되어 예수를 더 많이 닮은 사람이 (롬 8:29) 영적인 사람이다.

7. 가계에 흐르는 저주

'가계에 흐르는 저주'도 애니미즘적 사고방식이다. 저주라는 개념은 사실 매우 신학적인 용어다. 저주나 축복은 인격체라면 누구나 할 수 있다. 잘되라고 비는 것이 축복이라면, 잘못되라고 비는 것이 저주다. 하지만 축복과 저주는 기계적인 형태로 일어나는 것이 아니다. 누군가가 축복의 말을 했다고 해서 기계적으로 축복이 임하고, 저주의 말을 했다고 해서 기계적으로 저주가 임하는 것이 아니다. 잠언에서도 까닭 없는 저주는 임하지 않는다고 했다(잠 26:2). 저주나 축복의 말 그 자체, 즉 소리가 능력을 가진다는 생각은 애니미즘적인 사고방식이다. 축복과 저주가 유효하도록 하는 권세는 오직 하나님에게만 있다. 그러므로 마치 저주의 권한이 마귀에게도 있는 것처럼 여기는 생각은 지나친 것이다.

마귀는 저주권을 가지고 있는 것이 아니라 단지 공격만 할 수 있을 뿐이다. 가계에 흐르는 오염이나 유전적 결함은 있을 수 있다. 죄의 오염은 초자연적인 역사라기보다는 비공식 교육을 통해 전달된다. 부모가 말로 하는 공식적인 메시지보다 삶으로 보여 주는 비공식적인 메시지가 아이들에게 더 큰 영향을 끼친다. 아이들은 부모의 선한 행동을 보고 배우지만 나쁜 행동은 더 잘 보고 배운다. 마음 상태가 좋고 의지가 강할 때에는 이러한 오염을 이겨 내기도 하지만, 상황이 나빠지면 어릴 때부터 부모에게서 보고 배운 대로 하기 쉽다. 유전적 결함은 예컨대 가족 병력 같은 것이다. 이처럼 자연적 요인으로 설명할 수 있는 것을 굳이 초자연적인 영들의 저주로 설명하는 것은 애니미즘의 특징을 반영하는 것이다.[22]

8. 비인격적, 기계적 방식

애니미즘은 부족 사회에서 나타나는 하등 종교(Low Religion)이지만 사실상 눈에 보이는 액면가 이상이다. 애니미즘은 민간 종교의 몸체로, 고등 종교(High Religion)가 있는 지역에서도 나타나기 때문이다. 고등 종교가 되려면 경전, 사제, 종교 교육 기관, 예술적 완성도가 높은 종교 건물, 정교한 종교의식 등이 갖추어져야 한다.[23] 하지만 모든 종교에는 그 종교가 공식적으로 표방하는 신념과 실천 외에 그 종교에 속한 보통 사람들이 실제로 가지고 있는 신념, 실제로 행하는 실천이 있다. 예컨대 공식 불교가 있고 민간 불교가 있다. 공식 이슬람이 있고 민간 이슬람이 있다. 이런 현상은 기독교도 예외가 아니다. 이러한 민간 종교의 특징이 애니미즘적 기복 신앙이다. 따라서 애니미즘을 이해하는 것은 민간 종교를 이해하는 데 아주 중요하다.

애니미즘, 민간 종교의 특징은 어떤 기계적인 공식(formula) 안에서 신을 조종하고 통제하려는 태도로 나타난다. 애니미즘에서 영들은 인간과 인격적 교제를 하지 않는다는 면에서 비인격적이다. 영들은 기계적이고 무의식적 방식으로 인간을 대한다. 영들은 인간의 영적, 도덕적 상태를 따지지 않기 때문에 무도덕적(amoral)이라고 할 수 있다.[24] 예컨대 민간 이슬람의 우화 중에 〈알라딘(Aladin)의 마술 램프〉가 있다. 램프의 요정은 엄청난 능력을 가지고 있지만, 사람들의 영적, 도덕적 상태를 묻지 않고 램프의 주인이 시키는 대로 무엇이든 한다. 애니미즘에서는 영을 조종하고 통제하는 방법이 중요할 뿐이다. 어떤 공식에 맞게 기계적으로 램프를 비비면 영이 나타난다. 이러한 영들은 엄청난 능력을 가지고 있으나 시키는 대로 하는 종이다.

애니미즘의 사고방식은 기독교인의 기도 안에 특히 많이 침투해 있다. 기도를 샤머니즘의 치성(致誠)처럼 생각하는 경우가 적지 않다. 치성 행위는 자신이 원하는 것, 즉 소원을 성취하기 위해서 투입량(input)을 증가시키는 것이다. "지성(至誠)이면 감천(感天)"이라는 말도 신을 조종해서 움직이는 것을 나타낸다. 그러나 기독교의 하나님은 조종당하지 않으신다. 하나님은 종이 아니라 전능한 주인이시기 때문이다. 치성의 사고방식은 기도의 양을 중시하는 태도로 나타난다.[25] 물론 기도의 양을 폄하할 필요는 없다. 하지만 양보다 더 중요한 것은 기도의 질, 즉 내용과 진정성이다.

무엇보다 기도란 자기 뜻을 관철시키는 것이 아니라 하나님의 뜻을 구하는 것이다. 애니미즘과 기독교의 기도의 차이가 여기에 있다. 기독교는 하나님의 뜻과 계획과 소원이 이루어지도록 기도하는 종교다. 하나님의 뜻이 하늘에서 이루어진 것처럼 땅에서도 이루어지도록(마 6:10) 기도해야 한다. 자신의 뜻이 이루어지도록 고집을 부리는 것은 성경이 말하는 기도가 아니다. 여기서 성경에서 말하는 '불의한 재판장의 비유'(눅 18:1-8)를 오해하지 말아야 한다. 이는 "기도하고 낙심하지 말 것"을 강조한 비유이지, 내 뜻대로 이루어지도록 하나님께 압력을 넣어도 좋다는 의미가 아니다.

'기도 응답'에도 애니미즘적 요소가 많이 들어와 있다. 기독교에서 말하는 '기도 응답의 확신'은 하나님이 원하시는 때, 원하시는 방식으로 응답하신다는 것을 받아들이는 것이다. 그러나 많은 사람이 금식 기도를 치성이나 단식 투쟁으로 만들어 버린다. 예컨대 정치인이 단식하는 이유는 자신의 뜻이 아닌 정적(政敵)의 뜻을 꺾기 위해서다. 이처럼 기독교인들도 금식으로 하나님의 뜻을 꺾으려 들다가 스스로 실족하는 경우가 적지 않다. 금식은 자기 자신의 육신적인 뜻을 꺾어서 하나님께 순종하기 위한 것이지, 자신의 뜻을 반드시 관철시키기 위해 하나님을 압박하는 수단이 아니다.

기도를 구체적으로 해야 한다는 강박관념도 애니미즘적 사고방식이다. 물론 구체적인 기도가 나쁘다는 것은 아니다. 그러나 우리가 추상적으로 말해도 하나님은 알아 들으신다. 하나님은 인격적이시고 우리의 마음을 다 알고 계시기 때문이다. 우리가 기계적이고 강박적 방식으로 구체적인 기도를 하지 않아도 하나님은 이미 알고 계신다. 구체적 기도의 필요성은 하나님께 있는 것이 아니라 오히려 기도하는 우리 인간에게 있다. 추상적으로 기도하면 하나님이 응답하셔도 우리가 알아채지 못하는 것이 문제다.

정확한 기도에 대한 강박도 애니미즘적이다. 정확하게 기도해야만 하나님의 능력을 끌어다 쓸 수 있다고 믿는 데에는 애니미즘의 주술적 요소가 담겨 있다. 이는 하나님을 매우 비인격적으로 만드는 것이다. 그것은 주문의 정확성과 연장선상에 있다. 〈알리바바와 사십 인의 도적〉에서 주문이 정확해야만 동굴 문이 열리듯, 기도가 정확해야 하나님이 응답하신다는 생각은 애니미즘적 강박관념이다.[26]

정확한 기도에 대한 강박은 종종 '야베스의 기도'(대상 4:10)와 같은 것을 왜곡해서 이해하게 한다. 입을 크게 열어야 채움을 받는다는 것이다(시 81:10). 그러나 하나님은 무조건 기계적으로 반응하고 역사하는 분이 아니시다. 하나님은 어떤 사람이 받을 만한 준비가 되어 있는지 아닌지를 확인하시고 부어 주신다. 어떤 사람들은 꿈을 크게 가지지만 그것은 종종 인간적인 야망일 때가 많다. 그럴 때는 하나님이 그를 연단하시고, 다듬으시고, 준비시키신 후에 부어 주신다. 창세기에서 보는 바대로, 요셉이 꿈을 꾸었다고 해서(창 37:5-11) 그냥 그대로 이루어진 것은 아니었다. 요셉은 혹독한 연단을 통해 하나님이 복을 부어 주시기에 합당한 사람으로 준비되었다. 그러나 하나님이 복을 부어 주실 때에는 단지 개인이 일신상의 부귀영화를 누리도록 해주는 정도가 아니다. 그것을 넘어 다른 사람들도 복을 받을 수 있는 통로가 되도록 '하나님의 사람'으로 만드신다. 복을 개인적인 일신상의 부귀영화로 이해하는 것은 애니미즘적인 사고방식이다.

9. 주문과 부적

애니미즘의 기계적 성격은 애니미즘을 주문(呪文) 종교가 되게 한다. 애니미즘의 보편적인 현상 중에 하나는 비인격적 주문화 현상이다. 주문에는 타락한 인간이 가지고 있는바, 하나님을 조종하려는 성향이 담겨 있다. 애니미즘과 민간 종교에서 보편적으로 나타나는 현상은 주문과 부적의 사용이다. 주문이 청각적인 패스워드라면, 부적은 시각적인 패스워드다. 사도행전에도 스게와의 일곱 아들과 같이 예수의 이름을 주문처럼 사용하려는 자가 나타난다. 이들이 악귀 들린 사람을 직면했을 때 악귀는 "내가 예수도 알고 바울도 알거니와 너희는 누구냐" 하며 오히려 공격을 가한다(행 19:13-16). 기계적으로 어떤 소리를 내고 어떤 모양을 보여 주면 능력이 나타난다는 사고방식은 전형적으로 애니미즘적인 것이다.

예수께서도 마태복음에서 중언부언 기도하지 말라고 말씀하신다(마 6:7). 이것은 단순히 반복된 기도를 의미하는 것이 아니다. 인격과 진심이 실리지 않은 기계적인 반복의 기도를 말한다. 우리는 새벽에 한 기도를 밤에도 반복할 수 있다. 그러나 매번 인격과 진심이 실린다면 중언부언 기도하는 것이 아니다.

애니미즘의 기계적 방식은 능력 대결에서도 잘 나타난다. 사무엘상 4장에는 블레셋과 이스라엘의 전쟁이 기록되어 있다. 이스라엘은 자신들이 패배한 것이 언약궤의 부재 때문인 것으로 잘못 이해했다(삼상 4:3). 성경에서 전쟁의 승패는 항상 하나님과의 올바른 관계에 달려 있었다. 그런데 언약궤가 진중에 있느냐 없느냐의 문제로 기계적으로 이해한 것이다. 그래서 언약궤를 진중에 가져다 놓았는데도 더 대패(大敗)하고 언약궤마저 빼앗겼다(삼상 4:10-11).

애니미즘적인 능력 대결은 갈멜산에서 벌어진 선지자 엘리야와 바알 제사장들의 대결에서도 아주 잘 나타난다(왕상 18:20-40). 바알 제사장들은 기계적인 주문 암송의 방법을 사용한다. 기계적 주문의 반복은 그들을 몰아경과 같은 변성 의식 상태로 이끌어 간다. 그러나 엘리야의 기도는 아주 성경적이다. 단 한 번 인격적 기도를 한다. 하나님이 주인이심을 고백하고 민족을 대신하여 회개한다. 이것이 하나님과 인격적인 관계를 갖는 방법이다.

10. 예언과 대언

애니미즘에서는 장래 행동을 결정하기 위해 어떤 영적 존재와 힘이 인간사에 영향을 끼치는 것을 발견해야 하고 그 힘을 조정하는 법을 배워야 한다고 생각한다. 보통의 사람이 그러한 일을 하기는 어렵고 신과 가까운 중재자가 필요하다고 생각한다. 주술사와 샤먼은 예언, 치병 등의 역할을 한다. 그러나 성경의 예언과 애니미즘의 예언은 차이가 있다. 성경에서 말하는 예언은 오히려 대언(代言)이라고 해야 한다. 선지자들은 하나님의 말씀을 대언했는데, 주로 현재의 상태, 즉 영적, 도덕적 상태에 대해 말했다. 그것도 개인보다는 공동체를 향한 대언이 주된 것이었다. 개인에 대한 대언인 경우에도 주목적은 단순히 미래의 길흉화복을 사사로이 말해 주려는 것이 아니었다. 개인에 대한 대언의 경우는 그들이 주로 왕과 같은 공동체의 지도자였기 때문이다. 반면에 애니미즘에서 예언은 미래의 길흉화복에 초점을 맞추고 있다. 그것도 대상은 주로 개인이며, 영적, 도덕적 상태에 대한 회개를 촉구하지 않는다.

사람들은 자신의 인생에서 미래를 예측하고 싶어 하며, 선택과 결정을 앞두고 가장 형통한 길을 선택하기 원한다. 애니미즘에서는 초자연적인 영이나 힘들이 인간사에 영향을 끼친다고 여기며, 따라서 어떤 영이 어떤 식으로 개입할지를 미리 알아야 된다고 생각한다. 여기서는 '어디로 가냐, 언제 하냐, 무엇을 하냐'(where, when, what)가 중요하다. 이러한 것이 미래의 길흉화복을 결정한다고 여기는 것이다.

애니미즘과 민간 종교의 욕구와 질문을 무시하면 이러한 욕구는 암암리에 채워지게 된다. 그래서 민간 종교 차원에서는 기독교도 복층식의 이중구조가 되며 혼합주의가 생겨나게 된다.[27] 궁극적인 질문들, 예컨대 사후의 운명이나 인생의 목적, 구원의 문제 등은 교회에 가서 물어보고 거기서 답을 얻는다. 그러나 현실을 살아가는 데 필요한 구체적인 결정과 선택을 위해서는 점술에 의존한다. 따라서 형통과 복락, 하나님의 인도하심에 대한 신학적 정립이 필요하며, 구체적으로 하나님의 인도하심을 받는 성경적 방식에 대한 교육이 필요하다.

성경적으로 볼 때 길흉화복은 '언제, 어디, 무엇' 등에 의해서 결정되는 것이 아니다. 하나님과 올바른 영적, 도덕적 관계가 길흉화복의 관건이다. 하나님과 올바른 관계에 있을 때에는 어디로 가든 무엇을 하든 형통하게 된다(수 1:7-9, 왕상 2:3). 하나님이 함께하심이 형통의 본질이라면(수 1:9) 어디를 가야, 무엇을 해야 형통하는 것이 아니다. 더 높은 차원의 형통은 내가 간 곳에 하나님이 함께하시므로 형통하고, 내가 하는 범사에 하나님이 함께하시므로 형통하는 것이다(창 39:2-3, 23).

오늘날 교회에서 이른바 "예언의 은사"를 가르친다고 주장하는 곳이 있다. 성경에서 말하는 예언은 대언이기 때문에 오히려 설교야말로 예언의 은사라고 할 수 있다. 예를 들어 예레미야 시대를 생각해 보자. 하나님은 예레미야 시대의 현재적 상황, 영적, 도덕적 상태를 말씀하고 계신다. 그리고 하나님의 말씀과 뜻에 순종할 것을 촉구하신다. 미래는 그 말씀에 순종하지 않았을 때 어떻게 되는지 경고하기 위해서 언급될 뿐이다. 현재 삶에서의 순종과 회개의 촉구 없이 단순히 미래의 길흉화복을 말하는 것이 아니다. 오늘날 설교자는 예레미야서를 주해하면서 시대를 초월한 하나님의 보편적인 뜻, 하나님의 성품을 발견한다. 오늘날의 상황에 어떻게 적용되어야 하는지에 대해서 말해 준다. 그러므로 설교자는 성경을 잘 주해해야 할 뿐 아니라 우리 시대의 상황도 잘 읽어 내야 한다.

예레미야는 하나님의 말씀을 직접 들을 수 있었지만 오늘날은 하나님이 우리에게 성경을 주셨다. 우리나라는 정령 숭배 지역이어서 기록된 말씀보다는 직접 음성을 듣는 '직통 계시'를 더 신령하게 생각하는 경향이 있다. 그러나 예컨대 내 강의를 듣는 것과 내 책을 읽는 것은 차이가 없다. 동일한 사람의 사상이 담겨 있기 때문이다. 사실 기록된 성경으로 하나님의 뜻을 분별하는 것이 더 안전하고 체계적이다. 성경 자체가 초자연의 산물이고 특별 계시다.

사람들은 종종 초자연적으로 하나님의 음성을 들으면 속이 시원할 것이라고 생각한다. 그러나 초자연적 음성으로 들으면 그때부터 더 복잡해진다는 것을 알아야 한다. 모든 초자연적 음성이 하나님에게서 왔다는 보장이 없기 때문이다. 이 음성이 누구의 음성인가를 분별하는 영 분별의 은사도 있어야 할 것이다. 오늘날도 직접 하나님의 음성을 듣는 경우를 전적으로 배제할 수는 없겠지만, 그런 경우라도 기록된 성경을 넘어서는 예언은 있을 수 없다. 예컨대 어떤 사람이 "교회 지도자는 성결해야 한다"고 대언했다고 하자. 이처럼 성경 말씀의 범위 안에 있는 대언은 나올 수 있을지 모른다. 그런 경우에도 교회 지도자가 성결해야 할 필요성에 대해서 반드시 직접 음성을 듣는 방식으로 그 근거를 찾을 필요는 없다. 기록된 말씀 안에서 얼마든지 그 근거를 발견할 수 있다. 더군다나 사사롭게 개인 미래의 길흉화복을 예언하는 것은 애니미즘의 점술과 다를 바 없다.[28]

11. 기독교에서 형통과 인도하심

인간은 미래의 형통에 관심이 있으며, 이를 위해 인도함 받기를 원한다. 어떤 점술가는 자기 고객의 삼분의 일이 기독교인이라고 주장하기도 한다. 어떤 기독교인은 점술가에게 찾아가지는 않아도, 미래를 인도받기 위해 이른바 "예언 기도"를 받으러 다니기도 한다. 우리는 하나님과 직접 교제할 수 있으며 어떤 예언 전문가가 필요하지 않다. 내가 하나님과 직접 기도하고 교제해야지, 다른 사람에게 전적으로 의존하는 관계는 성령이 우리 가운데 오신 이유를 무시하는 처사다.

기독교의 특징은 하나님과의 관계가 회복되었다는 데 있다. 왜 관계를 회복하는가? 회복된 관계 안에서 교제를 누리기 위해서다. 일상적 교제를 통해서 우리는 하나님의 성품을 닮아 가고, 우리의 인생과 이 세상을 향한 하나님의 뜻을 알아 가게 된다. 이러한 일상적 교제의 연장선상에서 인생의 중요한 결정과 선택이 요구될 때 하나님의 뜻을 물어볼 수 있다. 그러나 일상적 교제가 없으면, 점술가에게 찾아가서 하는 것처럼 '느닷없이' 자신의 길흉화복을 위해 '어디, 언제, 무엇' 등을 물어보게 된다. 하나님의 계획과 뜻에 순종함 없이, 죄에 대한 회개 없이, 하나님의 동행 없는 형통을 찾으려는 것이다.

하나님이 단 하나의 최선의 뜻을 정해 놓으셨는데, 우리가 형통을 위해 그것을 찾아내야 하는 것처럼 생각하는 사람들이 있다. 그것은 애니미즘적인 사고방식이다. 하나님은 자신의 뜻을 숨기고 우리로 찾아내게 하는 게임을 하고 계신 것이 아니다. 하나님은 아버지이시기 때문에 하나님 편에서 더욱 그 뜻을 알리기 원하실 것이다.[29] 문제는 우리가 하나님의 뜻을 알려고 하는 것이 아니라 내 뜻을 관철하기 위해서 하나님을 조종하려고 하기 때문에 하나님의 뜻을 분별할 수 없게 된다는 것이다.

하나님의 뜻에는 일반적인 뜻, 즉 도덕적인 뜻이 있는데 이런 뜻은 성경에 이미 잘 기록되어 있다. 예컨대 데살로니가전서는 "항상 기뻐하라 쉬지 말고 기도하라 범사에 감사하라 이것이 그리스도 예수 안에서 너희를 향하신 하나님의 뜻"(살전 5:16-18)이라고 명확하게 말하고 있다. 하나님의 관점에서는 이 일반적이고 도덕적인 뜻이 가장 중요하다. 하나님의 형상을 회복하고 하나님의 성품을 닮아 가는 것이 인생에서 가장 중요하기 때문이다.

그러나 인간들은 특별한 뜻, 즉 '어디, 언제, 무엇'과 같은 것을 가장 중요하게 생각하고, 거기에 관심을 둔다. 하나님은 우리에게 자유 의지를 주셨고, 따라서 죄를 짓는 것이 아니라면 많은 것이 우리에게 허용되어 있다. 하나님의 특별한 뜻, '한 점'을 가정해 놓고, 그것을 발견하지 못하면 우리의 인생이 차선(次善), 차차선(次次善)이 될 것이라고 두려워할 필요가 없다.[30] 하나님은 그런 한 가지 뜻을 정해 놓지 않으셨을 수도 있고, 그런 뜻이 있다 하더라도 우리에게 숨기지 않으신다. 설사 그 한 가지를 찾는 데 실패했다고 해서 우리 인생이 실패하는 것도 아니다. 내가 내 뜻대로 하려 하지 않고, 항상 하나님을 경외하여 그분의 뜻을 묻는 그 마음의 중심을 하나님은 기뻐하신다. 우리가 두려워해야 할 것은 하나님의 뜻을 알면서 고의적으로 불순종하는 것이다. 인간의 연약함 때문에 하나님의 뜻을 잘 분별하지 못했을 때에는 하나님이 또다시 최선의 길로 우리를 인도하실 수 있다.

참고 문헌

Ahmad, Khurshid, ed. *Islam: Its Meaning and Message*. Leicestershire, UK: The Islamic Foundation, 1975. 「이슬람: 그 의의와 메시지」, 이석훈 옮김, 서울: 우리터, 1993.

Ahn, Jum-Sik. "Logic as a Factor Forming the Presuppositions of a Worldview." 「복음과 선교」 26 (2014.5): 221-257.

Anderson, Norman. *The World's Religions*. Grand Rapids, MI: Eerdmans, 1976. 「세계의 종교들」, 민태운 옮김, 서울: 생명의말씀사, 1985.

Bassuk, Daniel E. *Incarnation in Hinduism and Christianity: The Myth of the God-Man*. Basingstoke, UK: MacMillan, 1987.

Bavinck, J. H. *An Introduction to the Science of Missions*. tr. David H. Freeman. Philadelphia: Presbyterian & Reformed Publishing, 1960.

Ben-Herut, Gil. "Sharing Language: On the Problem of Meaning in Classic Buddhist and Brahmanical Traditions." *Religions of South Asia* 3/1 (2009): 125-146.

Berg, Herbert, & Sarah Rollens. "The Historical Muhammad and the Historical Jesus: A Comparison of Scholarly Reinventions and Reinterpretations." *Studies in Religion* 37/2 (2008): 271-292.

Berger, Peter L. *The Sacred Canopy: Elements of a Sociological Theory of Religion*. Garden City, NY: Doubleday, 1967.

Boersma, Hans. *Violence, Hospitality, and the Cross*. Grand Rapids, MI: Baker Academic, 2006. 「십자가, 폭력인가 환대인가」, 윤성현 옮김, 서울: CLC, 2014.

Bosch, David. *Transforming Mission: Paradigm Shift in Theology of Mission*. Maryknoll, NY: Orbis Books, 1991. 「변화하고 있는 선교」, 김병길, 장훈태 옮김, 서울: 기독교문서선교회, 2000.

Bowers, Russell H. Jr. "Defending God Before Buddhist Emptiness." *Bibliotheca Sacra* 154 (1997): 396-409.

Burckhardt, Titus. *Introduction to Sufi Doctrine*. Bloomington, IN: World Wisdom, 2008.

Calvin, John. *Institutes of the Christian Religion*, Vol 1. ed. John T. McNeill. Louisville: Westminster John Knox Press, 2006.

Carson, D. A. *The Intolerance of Tolerance*. Grand Rapids: Eerdmans, 2012.

Chan, Simon. *Pentecostal Theology and the Christian Spiritual Tradition*. Eugene, OR: Wipf & Stock, 2000.

Chan, Wing-tsit, tr. *A Source Book in Chinese Philosophy*. Princeton, NJ: Princeton University Press, 1973.

Chang, Carsun. *The Development of Neo-Confucian Thought*. London: Vision Press, 1958.

Ching, Julia. *Confucianism and Christianity: A Comparative Study*. New York, NY: Kodansha, 1977. 「유교와 기독교」, 변선환 옮김, 왜관: 분도출판사, 1994.

Claire, Elizabeth. *The Lost Years of Jesus: Documentary Evidence of Jesus' 17-Year Journey to the East*. Gardiner, MT: Summit University Press, 1984. 「불제자였던 예수」, 김용환 옮김, 서울: 나무, 1987.

Clooney, Francis X. S.J. *Comparative Theology: Deep Learning Across Religious Borders*. Chichester, UK: Wiley-Blackwell, 2010.

Conner, Robert. *Jesus the Sorcerer: Exorcist, Prophet of the Apocalypse*. Oxford, UK: Mandrake, 2006.

Cooper, Anne, ed. *Ishmael My Brother: A Christian Introduction to Islam*. Turnbridge Wells, UK: MARC, 1985. 「우리 형제 이스마엘」, 서울: 두란노, 1992.

Costa, Ken. *Strange Kingdom: Meditations on the Cross to Transform Your Day to Day Life*. Nashville, TN: Emanate Books, 2018.

Deleuze, Gilles. *Proust and Signs: The Complete Text*. tr. Richard Howard. London: Continuum, 2008.

Deutsch, Eliot. *Advaita Vedanta: A Philosophical Reconstruction*. Honolulu,

HI: The Univ. Press of Hawaii, 1980.

Dumbrell, William J. *Covenant and Creation: A Theology of Old Testament Covenant*. Crownhill, UK: Authentic Media, 2002. 「언약과 창조: 구약 언약의 신학」, 최우성 옮김, 서울: 크리스챤서적, 2009.

Dunn, James. "Remembering Jesus," *The Historical Jesus: Five Views*. Downers Grove, IL: InterVarsity Press, 2009. "예수를 기억하며", 「역사적 예수 논쟁」, 손혜숙 옮김, 서울: 새물결플러스, 2015.

Freke, Timothy, & Peter Gandy. *The Jesus Mysteries: Was the "Original Jesus" a Pagan God?* New York: Three Rivers Press, 2001.

Friesen, Garry, & J. R. Maxson. *Decision Making and the Will of God*. Colorado Springs, CO: Multnomah Books, 1980. 「나의 결정과 하나님의 뜻」, 김지찬 옮김, 서울: 생명의말씀사, 1996.

Geisler, Norman L. & Peter Bocchino. *Unshakable Foundations: Contemporary Answers to Crucial Questions about the Christian Faith*. Bloomington, MN: Bethany, 2000.

Girard, René. *Je vois Satan tomber comme l'éclair*. Paris: Editions Grasset & Fasquelle, 1999. 「나는 사탄이 번개처럼 떨어지는 것을 본다」, 김진석 옮김, 서울: 문학과지성사, 2004.

_____. *Le Bouc Emissaire*. Paris: Editions Grasset & Fasquelle, 1982. 「희생양」, 김진석 옮김, 서울: 민음사, 2007.

Goheen, Michael. *A Light to the Nations: The Missional Church and the Bible Study*. Grand Rapids, MI: Baker Academic, 2011. 「열방에 빛을」, 박성업 옮김, 서울: 복있는사람, 2012.

Gora, Lavanam, & Mark Lindley. *Gandhi: As We Have Known Him*. New Delhi: Gyan Publishing House, 2005.

Harrison, Grant William. *Surrender: A Gift of Transformation*. Victoria, Canada, Trafford, 2003.

Harvey, Graham. *Animism: Respecting the Living World*. Kent Town, Australia: Wakefield, 2005.

Hasel, Gerhard F. "The Polemic Nature of the Genesis Cosmology." *The Evangelical Quarterly* 42 (1974): 81-102.

Hesselgrave, David. *Communicating Christ Cross-Culturally*. Grand Rapids, MI: Zondervan, 1991. 「선교 커뮤니케이션론」, 강승삼 옮김, 서울: 생명의 말씀사, 1999.

Hick, John. *A Christian Theology of Religions: The Rainbow of Faiths*. Louisville, KY: Westminster John Knox Press, 1995.

Hiebert, Paul. "The Flaw of the Excluded Middle." *Missiology* 10/1 (1982): 35-47.

_____. *Anthropological Reflections on Missiological Issues*. Grand Rapids, MI: Baker Books, 1994. 「선교 현장의 문화 이해」, 김영동, 안영권 옮김, 서울: 죠이선교회출판부, 1997.

_____. *Transforming Worldviews: An Anthropological Understanding of How People Change*. Grand Rapids, MI: Baker Academic, 2008. 「21세기 선교와 세계관의 변화」, 홍병룡 옮김, 서울: 복있는사람, 2010.

Hiebert, Paul G. & R. Daniel Shaw, Tite Tiénou. *Understanding Folk Religion: A Christian Response to Popular Beliefs and Practices*. Grand Rapids, MI: Baker Books, 1999. 「민간 종교의 이해: 대중적인 신념과 실행에 대한 기독교적 반응」, 문상철 옮김, 서울: 한국해외선교회출판부, 1999.

Hirst, J.G. Suthren. *Śaṃkara's Advaita Vedanta: A Way of Teaching*. New York: RoutledgeCurzon, 2005.

Hopper, Paul. *Understanding Cultural Globalization*. Cambridge, UK: Polity, 2007.

Hornborg, Alf. "Submitting to Objects: Animism, Fetishism, and the Cultural Foundations of Capitalism." *The Handbook of Contemporary Animism*. ed. Graham Harvey. New York: Routledge, 2014.

Horsch, Paul. "From Creation Myth to World Law: the Early History of Dharma." tr. Jarrod L. Whitaker. *Journal of Indian Philosophy* 32/5-6 (2004.12): 423-448.

Huang, Siu-chi. *Essentials of Neo-Confucianism: Eight Major Philosophers of the Song and Ming Periods*. Westport, CT: Greenwood Press, 1999.

Husain, Shahrukh, & Bee Willey. *Tales from Ancient Worlds*. London: Evans,

2011.

Ibn Taymiyyah, Ahmad ibn 'Abd al-Ḥalim. *Book of Faith: Kitab al-Iman*. tr.& ed. Salman Hassan Al-Ani, Shadia Ahmad Tel. Kuala Lumpur: Islamic Book Trust, 2009.

Iqbal, Muhammad. *The Reconstruction of Religious Thought in Islam*. ed. M. Saeed Sheikh. Stanford, CA: Stanford University Press, 2012.

Jha, Ganganatha, tr. *The Chāndogyopanishad: A treatise on Vedanta Philosophy translated into English with the Commentary of S'ankara*. Poona, India: Oriental Book Agency, 1942.

Johnson, John J. *Currents in Twenty-First-Century Christian Apologetics: Challenges Confronting the Faith*. Eugene, OR: Wipf&Stock, 2008.

Jones, Eli Stanley. *The Unshakable Kingdom and the Unchanging Person*. Nashville, TN: Abingdon Press, 1972.

Kay, Sean. *Celtic Revival?: The Rise, Fall, and Renewal of Global Ireland*. Lanham, MD: Rowman & Littlefield, 2011.

Kersten, Holger. *Jesus Lived in India: His Unknown Life Before and After the Crucifixion*. Shaftesbury, UK: Element, 1994. 「인도에서의 예수의 생애」, 장성규 옮김, 서울: 고려원, 1987.

Kim, Heon. "Self and Others for Religious Ecology: An Analysis of Gülen's Thought," *Making Peace In and With the World: The Gülen Movement and Eco-Justice*. eds. Heon Kim, John Raines. Newcastle, UK: Cambridge Scholars Publishing, 2012.

Kinsley, David R. *Hinduism: A Cultural Perspective*, 2nd ed. Englewood Cliff, NJ: Prentice Hall, 1993.

Knott, Kim. *Hinduism: A Very Short Introduction*, 2nd ed. Oxford, UK: Oxford Univ. Press, 2016.

Kohanski, Alexander S. *The Greek Mode of Thought in Western Philosophy*. Cranbury, NJ: Associated Univ. Press, 1984.

Koller, John M. *Oriental Philosophies*. New York: Charles Scribner's Sons, 1970.

Kraft, Charles H. *Power Encounter in Spiritual Warfare*. Eugene, OR: Wipf & Stock, 2017.

Krishnan, O. N. *In Search of Reality: A Layman's Journey Through Indian Philosophy*. Delhi, India: Motilal Banarsidass Publishers, 2004.

Küng, Hans, & Julia Ching. *Christianity and Chinese Religions*. London, UK: SCM Press, 1993. 「중국 종교와 그리스도교」, 이낙선 옮김, 왜관: 분도출판사, 1994.

Leirvik, Oddbjørn. *Images of Jesus Christ in Islam*, 2nd ed. London: Continuum, 2010.

Lewis, C. S. *The Screwtape Letters*. London: Fount, 1998. 「스크루테이프의 편지」, 김선형 옮김, 서울: 홍성사, 2005.

Love, Rick. *Muslims, Magic and the Kingdom of God: Church Planting Among Folk Muslims*. Pasadena, CA: William Carey Library, 2000.

Mathew, Ed. "Yahweh and the Gods: A Theology of World Religions from the Pentateuch," *Christianity and the Religions*. ed. Edward Rommen, Herold Netland. Pasadena, CA: William Carey Livrary, 1995. "야훼와 신들: 모세 오경 안에 있는 세계 종교의 신학", 「기독교와 타종교」, 에드워드 롬멘, 헤롤드 네틀란드 편집, 정홍호 옮김, 서울: 서로사랑, 1998.

Mawdudi, Abul A'la. *Toward Understanding Islam*. Leicester: Islamic Foundation, 1981.

McDaniel, Jay B. *Of God and Pelicans: A Theology of Reverence for Life*. Louisville, KY: Westminster/John Knox Press, 1989.

McDermott, Gerald. *Can Evangelicals Learn from World Religion?* Downers Grove, IL: InterVarsity Press, 2000. 「기독교는 타종교로부터 무엇을 배울 수 있는가?」, 한화룡 옮김, 서울: IVP, 2018.

McGrath, Alister E. *A Passion for Truth: The Intellectual Coherence of Evangelicalism*. Leicester: Apollos, 1996.

_____. *Bridge-building: Effective Christian Apologetics*. Downers Grove, IL: InterVarsity Press, 1992. 「생명으로 인도하는 다리」, 김석원 옮김, 서울: 서로사랑, 2001.

Meier, John. "The Historical Jesus: Rethinking Some Concepts." *Theological Studies* 51 (1990): 3-24.

Michaels, Axel. *Hinduism: Past and Present*. tr. Barbara Harshav. Princeton,

NJ: Princeton Univ. Press, 2004.

Miles, Todd L. "A Kingdom without a King?: Evaluating the Kingdom Ethic(s) of the Emerging Church." *The Southern Baptist Journal of Theology* 12/1 (Spring, 2008): 88-103.

Minor, Robert Neil, ed. *Modern Indian Interpreters of the Bhagavad Gita*. Albany, New York: SUNY Press, 1986.

Mohapatra, Prafulla Kumar. *An Applied Perspective on Indian Ethics*. Singapore: Springer, 2019.

Moussa, Mohammed. *Politics of the Islamic Tradition: The Thought of Muhammad Al-Ghazali*. New York: Routledge, 2016.

Murray, Andrew. *Absolute Surrender*. New Kensington, PA: Whitaker House, 1981. 「완벽한 항복」, 서울: 벧엘서원, 2014.

Netland, Harold. *Encountering Religious Pluralism: The Challenge to Christian Faith & Mission*. Downers Grove: InterVarsity Press, 2001.

Newbigin, Lesslie. *The Gospel in a Pluralist Society*. Grand Rapids: Eerdmans, 1989.

Nygard, Mark. "The Muslim Concept of Surrender to God," *Word & World* 16:2 (Spring 1996): 158-168.

Ott, Craig, & Stephen J. Strauss, Timothy C. Tennent. *Encountering Theology of Mission*. Grand Rapids, MI: Baker Academic, 2010. 「선교 신학의 도전」, 변진석, 엄주연 외 5인 옮김, 서울: 기독교문서선교회, 2017.

Paramānanda, Swāmi. *The Upanishads: Translated and Commentated*, 3rd ed. Boston: Vedānta Centre, 1919.

Peters, F. E. *Islam: A Guide for Jews and Christians*. Princeton, NJ: Princeton University Press, 2003.

Priest, Robert J. & Thomas Campbell, Bradford A. Mullen. "Missiological Syncretism: the New Animistic Paradigm," *Spiritual Power and Missions: Raising the Issues*. ed. Edward Rommen. Pasadena, CA: William Carey Library, 1995.

Radhakrishnan, S. ed. *The Principle Upanisad: Edited with Introduction, Text, Translation and Notes*. London: George Allen & Unwin, 1968.

Rama, Swami. *The Essence of Spiritual Life: A Companion Guide for the Seeker*. Uttaranchal, India: Himalayan Institute Hospital Trust, 2002.

Rectenwald, Michael, & Rochelle Almeida. "Introduction: Global Secularisms in a Post-Secular Age," *Global Secularisms in a Post-Secular Age*. eds. Michael Rectenwald, Rochelle Almeida, George Levine. Berlin: Walter de Gruyter, 2015.

Ricci, Matteo, & Nicholas Tregault. *China in the Sixteenth Century: The Journals of Matthew Ricci, 1583-1610*. tr. Louis J. Gallagher. New York: Random House, 1953.

Richardson, Don. *Peace Child*. Ventura, CA: Regal Books, 1974.

Robbins, Jeffrey W. *Radical Democracy and Political Theology*. New York: Columbia Univ. Press, 2011.

Said, Edward W. *Orientalism*. Vintage Books ed. New York: Random House, 1979.

Sanders, E. P. *Paul and Palestinian Judaism*. Philadelphia, PA: Fortress Press, 1977. 「바울과 팔레스타인 유대교」, 박규태 옮김, 서울: 알맹e, 2017.

Sarwar, Ghulam. *Islam: Beliefs and Teaching*, 3rd ed. London: Muslim Educational Trust, 1984.

Schwartz, Benjamin I. *The World of Thought in Ancient China*. Cambridge, MA: Harvard Univ. Press, 1985.

Sharma, Rajendra K. *Indian Society, Institutions and Change*. New Delhi: Atlantic, 2004.

Sharpe, Eric. *Comparative Religion*. London, UK: Gerald Duckworth, 1975. 「종교학: 그 연구의 역사」, 윤이흠, 윤원철 옮김, 서울: 한울, 1996.

Schimmel, Annemarie. *Mystical Dimension of Islam*. Chapel Hill, NC: University of North Carolina Press, 1975.

Shah-Kazemi, Reza. *Justice and Remembrance: Introducing the Spirituality of Imam Ali*. London: I.B.Tauris, 2007.

Ueda, Shizuteru. "Emptiness and Fullness, Śūnyatā in Mahāyāna Buddhism," *Eastern Buddhist* 15/1 (Spring 1982): 9-37.

Sinn, Hans-Werner. *Casino Capitalism: How the Financial Crisis Came*

About and What Needs to be Done Now. New York: Oxford Univ. Press, 2010.

Sivananda, Swami. *Vedanta for Beginners*, WWW ed. Rishikesh, India: The Divine Life Society, 1999.

Smart, Ninian. *Worldviews: Crosscultural Explorations of Human Beliefs*. London, UK: Pearson, 1999. 「종교와 세계관」, 김윤성 옮김, 서울: 이학사, 2006.

Smith, Morton. *Jesus the Magician: A Renowned Historian Reveals how Jesus was Viewed by People of His Time*. San Francisco, CA: Hampton Roads Press, 2014.

Steigerwald, Diana. "Faith (īmān) and Intellect ('aql) in Shī'ite Tradition," *Religious Studies and Theology* 19:1 (June 2000): 26-39.

Stott, John, & Christopher Wright. *Christian Mission in the Modern World*. Downers Grove, IL: InterVarsity Press, 2015. 「선교란 무엇인가」, 김명희 옮김, 서울: IVP, 2018.

Strange, Susan. *Casino Capitalism*. Manchester, UK: Manchester Univ. Press, 1997.

Streng, Frederick J. *Emptiness: A Study in Religious Meaning*. Nashville: Abingdon, 1967.

Swatos, William H. Jr. & Kevin J. Christiano. "Secularization Theory: the Course of a Concept," *The Secularization Debate*. eds. William H. Swatos, Jr. & Daniel V.A. Olson. New York: Rowman & Littlefield Publishers, 2000.

Thick, Nhat Hanh. *Anger: Wisdom for Cooling the Flames*. New York, NY: Riverhead Books, 2001. 「화: 화가 풀리면 인생도 풀린다」, 최수민 옮김, 서울: 명진출판사, 2002.

Tillich, Paul. *Theology of Culture*. ed. Robert C. Kimball. New York: Oxford University Press, 1964.

Toshihiko, Izutsu. *The Concept of Belief in Islamic Theology: A Semantic Analysis of Iman and Islam*. Petaling Jaya, Malaysia: Islamic Book Trust, 2006.

Tournier, Paul. *Guilt and Grace*. New York, NY: HarperCollins, 1982. 「죄책감과 은혜」. 추교석 옮김, 서울: IVP, 2018.

Treat, Jeremy R. *The Crucified King: Atonement and Kingdom in Biblical and Systematic Theology*. Grand Rapids: Zondervan, 2014.

Tylor, Edward B. *Primitive Culture*, Vol.1. New York: Dover Publications, 2016.

Vanhoozer, Kevin J. "Does the Trinity Belong in a Theology of Religions? On Angling in the Rubicon and the 'Identity' of God," *The Trinity in a Pluralistic Age: Theological Essays on Culture and Religion*. ed. Kevin Vanhoozer. Grand Rapids: Eerdman, 1997.

Van Rheenen, Gailyn. *Communicating Christ in Animistic Contexts*. Grand Rapids: Baker, 1991.

Völker, Katharina. "Parameters of Teaching Islam 'Freely'," *Freedom of Speech and Islam*. ed. Erich Kolig. New York: Routledge, 2016.

Wallace, Jim. *God's Politics: Why the Right gets its Wrong and the Left doesn't get it*. San Francisco: Harper, 2005.

Walter, Mariko Namba, & Eva Jane Neumann Fridman, eds. *Shamanism: An Encyclopedia of World Beliefs, Practices, and Culture*, Vol. 1. Santa Barbara, CA: ABC CLIO, 2004.

Weiss, Bernard G. "Covenant and Law in Islam," *Religion and Law: Biblical-Judaic and Islam Perspectives*. eds. Edwin R. Firmage, Bernard G. Weiss, John W. Welch. Winona Lake: Eisenbrauns, 1990.

Wright, Christopher. "The Christian and Other Religions: The Bible Evidence," *Themelios* 9/2 (Jan. 1984): 4-15.

Yandell, Keith, & Harold Netland. *Buddhism: A Christian Exploration and Appraisal*. Downers Grove: IVP, 2009.

Yves, Raguin S.J. "Ultimate Reality and the Three Bodies of Buddha," *Areopagus* 2/1 (1988): 34-37.

가노 나오키(狩野直喜), 「중국 철학사」. 오이환 옮김, 서울: 을유문화사, 1986.

교양교재편찬위원회,「불교학 개론」, 서울: 동국대학교출판부, 1984.
국제관계연구센터,「중국 18차 당대회 분석과 대내외 정책 전망」, 서울: 통일연구원, 2013.
금장태,「동서 교섭과 근대 한국 사상」, 서울: 성균관대학교출판부, 1984.
길희성,「인도 철학사」, 서울: 민음사, 1984.
_____,「보살 예수: 불교와 그리스도교의 창조적 만남」, 서울: 현암사, 2004.
김동민, "孔子의 儒敎 創立에 관한 康有爲의 관점: 康有爲의「孔子改制考」를 중심으로",「유교 사상 문화 연구」51 (2013.3): 117-147.
김상근, "서광계의 기독교 신앙과 상제에 대한 제한적 이해",「한국 기독교와 역사」21 (2004.9): 207-228.
김세윤,「칭의와 성화」, 서울: 두란노, 2013.
김승혜,「유교의 뿌리를 찾아서」, 서울: 지식의 풍경, 2001.
남수영,「중관 사상의 이해」, 서울: 여래, 2015.
런지유(任繼愈) 주편,「유교는 종교인가 1: 유교 종교론」, 금장태, 안유경 옮김, 서울: 지식과교양, 2012.
미야사카 유쇼(宮坂宥勝),「부처님의 생애」, 안양규 옮김, 서울: 불교시대사, 1992.
박광연, "수행 불교로서의 염불결사에 관한 연구: 신라 중대(中代)를 중심으로",「불교학보」68 (2014.7): 135-158.
박병구, "內聖外王 사상의 君子政治 연구: 孔子와 孟子를 중심으로",「퇴계학과 유교 문화」59 (2016): 203-232.
변태섭,「한국사 통론」, 서울: 삼영사, 1986.
빈동철, "고대 중국의 '천(天)'은 '상제(上帝)'와 동일한 개념인가?"「공자학」30 (2016.5): 5-45.
사카이 타다오(酒井忠夫),「도교란 무엇인가」, 최준식 옮김, 서울: 민족사, 1990.
송영배, "「천주실의」(天主實義)의 내용과 그 의미: 마테오 리치의 유교 문화에 적응과 그의 유교를 넘어서는 기독교의 도리와 윤리관의 이야기",「철학 사상」5 (1995): 213-241.
송인규, "삼분설에 대한 비판적 고찰 (II)",「신학 정론」22/1 (2004.5): 113-150.
스가누마 아키라(菅沼晃),「힌두교 입문」, 문을식 옮김, 서울: 여래, 1994.

신용철, "이탁오(李卓吾)와 마테오 리치의 교우에 관하여: 16세기 동서 문화 접촉의 한 가교",「명청사 연구」3 (1994): 41-55.
안경전,「이것이 개벽이다(上)」, 서울: 대광서림, 1983.
안점식,「세계관과 영적 전쟁」, 서울: 죠이선교회출판부, 1995.
_____,「세계관을 분별하라」, 서울: 죠이선교회출판부, 1998.
_____,「세계관 · 종교 · 문화」, 서울: 죠이선교회출판부, 2008.
_____, "대승 불교의 공(空) 사상과 논리에 대한 선교 변증론적 고찰",「복음과 선교」20 (2012.12): 205-235.
_____, "선교학적 종교 연구 방법론에 관한 고찰",「현대 선교」18 (2015.6.): 77-108.
_____, "선교학 연구에 있어서 기독교 중심 진리의 중요성",「ACTS 신학저널」40 (2019.7): 389-423.
안홍덕, 한정섭,「대승 불교의 실천」, 서울: 불교정신문화원, 2006.
양낙홍,「개혁주의 사회 윤리와 한국 장로 교회」, 서울: 개혁주의신행협회, 1994.
왕쯔신(王治心),「중국 종교 사상사」, 전명용 옮김, 서울: 이론과실천, 1988.
윤세원, "전륜성왕의 개념 형성과 수용 과정에 관한 연구",「사회사상과 문화」17 (2008.05): 173-202.
이병욱, "근현대 한국 불교의 사회 참여 사상의 변화",「종교와 사회」1/1 (2010.1): 37-65.
이선희, 서신혜, "개항기 한글 성경 번역어 '속'(贖)의 함의와 적합성 고찰",「한국기독교 신학 논총」114 (2019.10): 205-231.
이용주, "현대 중국의 '孔子再評價論'에 대하여: 중국 사상의 현대적 과제",「종교학 연구」8 (1989): 63-90.
이용주, "트랜스-/포스트휴머니즘에 대한 신학적-비판적 고찰: 신학적 인간론과의 비교를 중심으로",「한국 기독교 신학 논총」114 (2019.10): 293-324.
이을호, "한국 실학의 발전사적 연구",「실학 논총」, 광주: 전남대학교출판부, 1983.
이종철,「중국 불경의 탄생」, 서울: 창비, 2018.
임승택, "무아 · 윤회 논쟁에 대한 비판적 검토: 초기 불교를 중심으로",「불교학 연구」45 (2015.12): 1-31.
장승희, "남명 조식의 선비 정신과 도덕 교육",「도덕 윤리과 교육」36 (2012.7):

139-169.

주명철, "인도 유신론 철학의 삼매와 해탈: Rāmānujā의 Viśiṣṭādvaita 철학을 중심으로", 「동방논집」 2 (2008.8): 29-53.

한국철학사상연구회, 「우리들의 동양 철학: 동양 철학의 12가지 주제」, 서울: 동녘, 1997.

주

서문

1. Todd L. Miles, "A Kingdom without a King?: Evaluating the Kingdom Ethic(s) of the Emerging Church," *The Southern Baptist Journal of Theology* 12/1 (Spring, 2008), 99.
2. Jeffrey W. Robbins, *Radical Democracy and Political Theology* (New York: Columbia Univ. Press, 2011), 177.
3. Eli Stanley Jones, *The Unshakable Kingdom and the Unchanging Person* (Nashville, TN: Abingdon Press, 1972), 34.

1장

1. Paul Tillich, *Theology of Culture*, ed. Robert C. Kimball (New York: Oxford University Press, 1964), 42.
2. 안점식, "선교학적 종교연구 방법론에 관한 고찰", 「현대 선교」 18 (2015.6.), 80.
3. 앞의 글, 79-81.
4. 앞의 글, 81.
5. 앞의 글, 82.
6. Kevin J. Vanhoozer, "Does the Trinity Belong in a Theology of Religions? On Angling in the Rubicon and the 'Identity' of God," *The Trinity in a Pluralistic Age: Theological Essays on Culture and Religion*, ed. Kevin Vanhoozer (Grand Rapids: Eerdman, 1997), 46.
7. Ninian Smart, *Worldviews: Crosscultural Explorations of Human Beliefs* (London, UK: Pearson, 1999). 「종교와 세계관」, 김윤성 옮김 (서울: 이학사, 2006), 16.
8. Eric Sharpe, *Comparative Religion* (London, UK: Gerald Duckworth,

1975). 「종교학: 그 연구의 역사」, 윤이흠, 윤원철 옮김 (서울: 한울, 1996), 32-38.
9   앞의 책, 6-8.
10 안점식, "선교학적 종교 연구 방법론에 관한 고찰", 92.
11 Alister E. McGrath, *A Passion for Truth: The Intellectual Coherence of Evangelicalism* (Leicester: Apollos, 1996), 178.
12 Harold Netland, *Encountering Religious Pluralism: The Challenge to Christian Faith & Mission* (Dowers Grove: InterVarsity Press, 2001), 15-20.
13 앞의 책, 12.
14 Norman L. Geisler, Peter Bocchino, *Unshakable Foundations: Contemporary Answers to Crucial Questions about the Christian Faith* (Bloomington, MN: Bethany, 2000), 39-41.
15 D. A. Carson, *The Intolerance of Tolerance* (Grand Rapids: Eerdmans, 2012), 1.
16 타당성 구조의 의미에 대해서는 Peter L. Berger, *The Sacred Canopy: Elements of a Sociological Theory of Religion* (Garden City, NY: Doubleday, 1967), 3-28 참조. 레슬리 뉴비긴도 피터 버거의 이 개념을 가지고 서구의 타당성 구조의 변화에 대해서 다루고 있다. Lesslie Newbigin, *The Gospel in a Pluralist Society* (Grand Rapids: Eerdmans, 1989), 53.
17 Harold Netland, *Encountering Religious Pluralism*, 81.
18 Paul Hopper, *Understanding Cultural Globalization* (Cambridge, UK: Polity, 2007), 87-88.
19 Roland Robertson, "Glocalization: Time-Space and Homogeneity-Heterogeneity," *Global Modernities*, eds. Mike Featherstone, Scott Lash, Roland Robertson (London: Sage, 1995), 25-44.
20 Harold Netland, *Encountering Religious Pluralism*, 24. Gerald H. Anderson, "Theology of Religions and Missiology: A Time of Testing," *The Good News of The Kingdom: Mission Theology for the Third Millennium*, eds. Charles Van Engen, Dean S. Gilliland, Paul Pierson (Eugene, OR: Wipf & Stock, 1999), 201.

21 요하네스 바빙크(Johannes Bavinck)는 'elenctics'라는 용어를 만들었는데, '종교 견책학'으로 번역된다. J. H. Bavinck, *An Introduction to the Science of Missions*, trans. David H. Freeman (Philadelphia: Presbyterian & Reformed Publishing, 1960), 222-223.

22 Christopher Wright, "The Christian and Other Religions: The Bible Evidence," *Themelios* 9/2 (Jan. 1984), 4. Harold Netland, *Encountering Religious Pluralism*, 330-337.

23 안점식, "선교학적 종교 연구 방법론에 관한 고찰", 88-89.

24 Gerald McDermott, *Can Evangelicals Learn from World Religion?* (Downers Grove, IL: InterVarsity Press, 2000). 「기독교는 타종교로부터 무엇을 배울 수 있는가?」, 한화룡 옮김 (서울: IVP, 2018) 참조.

25 John Calvin, *Institutes of the Christian Religion*, Vol 1, ed. John T. McNeill (Louisville: Westminster John Knox Press, 2006), Chapter 3.1, 43-44 참조.

26 Harold Netland, *Encountering Religious Pluralism*, 33-38.

27 앞의 책, 193.

28 앞의 책, 338-339.

2장

1 David Bosch, *Transforming Mission: Paradigm Shift in Theology of Mission* (Maryknoll, NY: Orbis Books, 1991). 「변화하고 있는 선교」, 김병길, 장훈태 옮김 (서울: 기독교문서선교회, 2000), 287-290.

2 김세윤, 「칭의와 성화」 (서울: 두란노, 2013), 84.

3 E. P. Sanders, *Paul and Palestinian Judaism* (Philadelphia, PA: Fortress Press, 1977). 「바울과 팔레스타인 유대교」, 박규태 옮김 (서울: 알맹e, 2017), 518-519.

4 William J. Dumbrell, *Covenant and Creation: A Theology of Old Testament Covenant* (Crownhill, UK: Authentic Media, 2002). 「언약과 창조: 구약 언약의 신학」, 최우성 옮김 (서울: 크리스챤서적, 2009), 65-69.

5 Don Richardson, *Peace Child* (Ventura, CA: Regal Books, 1974), 10.

6 이선희, 서신혜, "개항기 한글 성경 번역어 '속'(贖)의 함의와 적합성 고찰",

「한국 기독교 신학 논총」 114 (2019.10), 212-220.

7   Alister E. McGrath, *Bridge-building: Effective Christian Apologetics* (Downers Grove, IL: InterVarsity Press, 1992).「생명으로 인도하는 다리」, 김석원 옮김 (서울: 서로사랑, 2001), 244.

8   Timothy Freke, Peter Gandy, *The Jesus Mysteries: Was the "Original Jesus" a Pagan God?* (New York: Three Rivers Press, 2001), 6-7.

9   앞의 책, 25-28.

10   René Girard, *Je vois Satan tomber comme l'éclair* (Paris: Editions Grasset & Fasquelle, 1999).「나는 사탄이 번개처럼 떨어지는 것을 본다」, 김진석 옮김 (서울: 문학과지성사, 2004), 8-16.

11   René Girard, *Le Bouc Emissaire* (Paris: Editions Grasset & Fasquelle, 1982).「희생양」, 김진석 옮김 (서울: 민음사, 2007), 127-156.

12   Rene Girard, *Je vois Satan tomber comme l'éclair*.「나는 사탄이 번개처럼 떨어지는 것을 본다」, 177.

13   앞의 책, 186.

14   Hans Boersma, *Violence, Hospitality, and the Cross* (Grand Rapids, MI: Baker Academic, 2006).「십자가, 폭력인가 환대인가」, 윤성현 옮김 (서울: CLC, 2014), 77-85.

15   James Dunn, "Remembering Jesus," *The Historical Jesus: Five Views* (Downers Grove, IL: InterVarsity Press, 2009). "예수를 기억하며",「역사적 예수 논쟁」, 손혜숙 옮김 (서울: 새물결플러스, 2015), 294.

16   앞의 책, 304.

17   John Meier, "The Historical Jesus: Rethinking Some Concepts," *Theological Studies* 51 (1990), 15-18.

18   Alister McGrath, *Bridge-building: Effective Christian Apologetics*.「생명으로 인도하는 다리」, 249.

19   Harold Netland, *Encountering Religious Pluralism*, 339.

20   Julia Ching, *Confucianism and Christianity: A Comparative Study* (New York, NY: Kodansha, 1977).「유교와 기독교」, 변선환 옮김 (왜관: 분도출판사, 1994), 189-193.

21   한국철학사상연구회,「우리들의 동양 철학: 동양 철학의 12가지 주제」(서

울: 동녘, 1997), 132-149.

22 John Hick, *A Christian Theology of Religions: The Rainbow of Faiths* (Louisville, KY: Westminster John Knox Press, 1995), 126.
23 앞의 책, 61.
24 Harold Netland, *Encountering Religious Pluralism*, 237-243.
25 안점식, "선교학 연구에 있어서 기독교 중심 진리의 중요성", 「ACTS 신학 저널」 40 (2019.7), 412-413.
26 송인규, "삼분설에 대한 비판적 고찰 (II)", 「신학 정론」 22/1 (2004.5), 136-137.
27 Michael Goheen, *A Light to the Nations: The Missional Church and the Bible Study* (Grand Rapids, MI: Baker Academic, 2011). 「열방에 빛을」, 박성업 옮김 (서울: 복있는사람, 2012), 91, 379-384
28 John Stott, Christopher Wright, *Christian Mission in the Modern World* (Downers Grove, IL: InterVarsity Press). 「선교란 무엇인가」, 김명희 옮김 (서울: IVP, 2018), 166.
29 Jeremy R. Treat, *The Crucified King: Atonement and Kingdom in Biblical and Systematic Theology* (Grand Rapids: Zondervan, 2014), 227.
30 Paul Tournier, *Guilt and Grace* (New York, NY: HarperCollins, 1982). 「죄책감과 은혜」, 추교석 옮김 (서울: IVP, 2018), 219.
31 앞의 책, 261.
32 René Girard, *Le Bouc Emissaire*. 「희생양」, 75-76.
33 Paul Tournier, *Guilt and Grace*. 「죄책감과 은혜」, 282.
34 앞의 책, 288.
35 Grant William Harrison, *Surrender: A Gift of Transformation* (Victoria, Canada, Trafford, 2003), 22.
36 Andrew Murray, *Absolute Surrender*. New Kensington, PA: Whitaker House, 1981. 「완벽한 항복」 (서울: 벧엘서원, 2014), 91-108.
37 Ken Costa, *Strange Kingdom: Meditations on the Cross to Transform Your Day to Day Life* (Nashville, TN: Emanate Books, 2018), 15.
38 Simon Chan, *Pentecostal Theology and the Christian Spiritual Tradition* (Eugene, OR: Wipf & Stock, 2000), 52.
39 C. S. Lewis, *The Screwtape Letters*. London: Fount, 1998. 「스크루테이

프의 편지」, 김선형 옮김 (서울: 홍성사, 2005), 서문.

3장

1 길희성,「인도 철학사」(서울: 민음사, 1984), 15.
2 Francis X. Clooney, S. J., *Comparative Theology: Deep Learning Across Religious Borders* (Chichester, UK: Wiley-Blackwell, 2010), 3-4.
3 길희성,「인도 철학사」, 22.
4 스가누마 아키라(菅沼晃),「힌두교 입문」, 문을식 옮김 (서울: 여래, 1994), 71-80.
5 David Hesselgrave, *Communicating Christ Cross-Culturally* (Grand Rapids, MI: Zondervan, 1991).「선교 커뮤니케이션론」, 강승삼 옮김 (서울: 생명의말씀사, 1999), 313-315. 원래 스미스(F. H. Smith)가 개발한 것인데, 휴즈(E. R. Hughes)와 페리(Edmund Perry)가 스미스의 모델을 조금 수정하였다.
6 안홍덕, 한정섭,「대승 불교의 실천」(서울: 불교정신문화원, 2006), 281.
7 길희성,「인도 철학사」, 26.
8 앞의 책, 28.
9 O. N. Krishnan, *In Search of Reality: A Layman's Journey Through Indian Philosophy* (Delhi, India: Motilal Banarsidass Publishers, 2004), 7-9.
10 David R. Kinsley, *Hinduism: A Cultural Perspective*, 2nd ed. (Englewood Cliff, NJ: Prentice Hall, 1993), 55-59.
11 Swami Sivananda, *Vedanta for Beginners*, WWW ed. (Rishikesh, India: The Divine Life Society, 1999), 14.
12 찬도그야 우파니샤드(Chandogya Upanishad) 6:1:4-6에 금의 비유가 나온다. Ganganatha Jha, tr., *The Chāndogyopanishad: A treatise on Vedanta Philosophy translated into English with the Commentary of S'ankara* (Poona, India: Oriental Book Agency, 1942), 293-294. Eliot Deutsch, *Advaita Vedanta: A Philosophical Reconstruction* (Honolulu, HI: The Univ. Press of Hawaii, 1980), 27-34.

13 Swami Sivananda, *Vedanta for Beginners*, 14.
14 Swāmi Paramānanda, *The Upanishads: Translated and Commentated*, 3rd ed. (Boston: Vedānta Centre, 1919), 88. Katha Upanishad 6:6에 대한 해설.
15 J.G. Suthren Hirst, *Śaṃkara's Advaita Vedanta: A Way of Teaching* (New York: RoutledgeCurzon, 2005), 77.
16 Eliot Deutsch, *Advaita Vedanta: A Philosophical Reconstruction*, 52.
17 S. Radhakrishnan, ed., *The Principle Upanisad: Edited with Introduction, Text, Translation and Notes* (London: George Allen & Unwin, 1968), 194. Brhadaranyaka Upanishad 2:3:6.
18 Jum-Sik Ahn, "Logic as a Factor Forming the Presuppositions of a Worldview,"「복음과 선교」26 (2014.5), 242.
19 「노자」, 제1장, "道可道非常道 名可名非常名."
20 「노자」, 제1장, "此兩者 同出而異名 同謂之玄 玄之又玄 衆妙之門."
21 Paul Hiebert, *Anthropological Reflections on Missiological Issues* (Grand Rapids, MI: Baker Books, 1994).「선교 현장의 문화 이해」, 김영동, 안영권 옮김 (서울: 죠이선교회출판부, 1997), 144-146.
22 Jum-Sik Ahn, "Logic as a Factor Forming the Presuppositions of a Worldview," 228-232.
23 주명철, "인도 유신론 철학의 삼매와 해탈: Rāmānujā의 Viśiṣṭādvaita 철학을 중심으로",「동방 논집」2 (2008.8), 31-34.
24 앞의 글, 44-45.
25 Paul Hiebert, *Anthropological Reflections on Missiological Issues*.「선교 현장의 문화 이해」, 267-284. Paul Hiebert, *Transforming Worldviews: An Anthropological Understanding of How People Change* (Grand Rapids, MI: Baker Academic, 2008).「21세기 선교와 세계관의 변화」, 홍병룡 옮김 (서울: 복있는사람, 2010), 22.
26 주명철, "인도 유신론 철학의 삼매와 해탈", 50.
27 Gilles Deleuze, *Proust and Signs: The Complete Text*, tr. Richard Howard (London: Continuum, 2008), 5.
28 Prafulla Kumar Mohapatra, *An Applied Perspective on Indian Ethics*

29 (Singapore: Springer, 2019), 90.

29 Kim Knott, *Hinduism: A Very Short Introduction*, 2nd ed. (Oxford, UK: Oxford Univ. Press, 2016), 36.

30 Axel Michaels, *Hinduism: Past and Present*, tr. Barbara Harshav (Princeton, NJ: Princeton Univ. Press, 2004), 161.

31 Rajendra K. Sharma, *Indian Society, Institutions and Change* (New Delhi: Atlantic, 2004), 11.

32 Paul Horsch, "From Creation Myth to World Law: the Early History of Dharma," tr. Jarrod L. Whitaker, *Journal of Indian Philosophy* 32/5-6 (2004.12), 426. 다르마는 영어로 'law', 'order', 'duty', 'custom', 'quality', 'classification', 'adjudication', 'model' 등으로 번역 가능하다.

33 Norman Anderson, *The World's Religions* (Grand Rapids, MI: Eerdmans, 1976).「세계의 종교들」, 민태운 옮김 (서울: 생명의말씀사, 1985), 200-201.

34 Robert Neil Minor, ed., *Modern Indian Interpreters of the Bhagavad Gita* (Albany, New York: SUNY Press, 1986), 51-55. 'dhyāna'(명상)을 포함해서 4가지 길로 말하기도 하지만, 그것은 즈나나와 박티에 연관해서 설명할 수 있기 때문에 이들 안에 포함시킬 수 있다고 본다.

35 Swami Rama, *The Essence of Spiritual Life: A Companion Guide for the Seeker* (Uttaranchal, India: Himalayan Institute Hospital Trust, 2002), 33.

36 Shahrukh Husain, Bee Willey, *Tales from Ancient Worlds* (London: Evans, 2011), 114.

37 Jay B. McDaniel, *Of God and Pelicans: A Theology of Reverence for Life* (Louisville, KY: Westminster/John Knox Press, 1989), 26.

38 스가누마 아키라,「힌두교 입문」, 49-54.

39 Harold Netland, *Encountering Religious Pluralism*, 341.

40 안점식,「세계관·종교·문화」(서울: 죠이선교회출판부, 2008), 138.

41 Daniel E Bassuk, *Incarnation in Hinduism and Christianity: The Myth of the God-Man* (Basingstoke, UK: MacMillan, 1987), 45-50.

42 Lavanam Gora, Mark Lindley, *Gandhi: As We Have Known Him* (New

Delhi: Gyan Publishing House, 2005), 94.
43 Harold Netland, *Encountering Religious Pluralism*, 339-340.
44 안점식,「세계관을 분별하라」(서울: 죠이선교회출판부, 1998), 71-78.
45 앞의 책, 131.

4장

1   Holger Kersten, *Jesus Lived in India: His Unknown Life Before and After the Crucifixion*. Shaftesbury, UK: Element, 1994.「인도에서의 예수의 생애」, 장성규 옮김 (서울: 고려원, 1987), Elizabeth Claire, *The Lost Years of Jesus: Documentary Evidence of Jesus' 17-Year Journey to the East* (Gardiner, MT: Summit University Press, 1984).「불제자였던 예수」, 김용환 옮김 (서울: 나무, 1987) 참조.
2   길희성,「보살 예수: 불교와 그리스도교의 창조적 만남」(서울: 현암사, 2004) 참조.
3   '가족 유사성'이라는 개념은 본래 비트겐슈타인(Wittenstein)이 사용한 용어로, 'game'이라는 단어를 정의하기 어렵기 때문에 유사성에 따라서 게임을 분류할 수밖에 없다는 의미로 사용되었다. Harold Netland, *Encountering Religious Pluralism*, 193.
4   Harold Netland, *Encountering Religious Pluralism*, 340.
5   안점식,「세계관·종교·문화」, 228.
6   Nhat Hanh Thick, *Anger: Wisdom for Cooling the Flames* (New York, NY: Riverhead Books, 2001).「화: 화가 풀리면 인생도 풀린다」, 최수민 옮김 (서울: 명진출판사, 2002) 참조.
7   미야사카 유쇼(宮坂宥勝),「부처님의 생애」, 안양규 옮김 (서울: 불교시대사, 1992), 33.
8   윤세원, "전륜성왕의 개념 형성과 수용 과정에 관한 연구",「사회 사상과 문화」17 (2008.05), 3-4.
9   앞의 글, 6-14.
10 이병욱, "근현대 한국 불교의 사회 참여 사상의 변화",「종교와 사회」1/1 (2010.1), 49-51.
11 잡아함경 1-297 대공법경, 此有故彼有 此起故彼起 등, 그 외에도 동일한 구

절이 많이 나온다.

12 중아함경 3-181 다계경, 因此有彼 無此無彼 此生彼生 此滅彼滅.
13 이종철, 「중국 불경의 탄생」 (서울: 창비, 2018), 27-32.
14 교양교재편찬위원회, 「불교학 개론」 (서울: 동국대학교출판부, 1984), 66.
15 앞의 책, 65.
16 남수영, 「중관 사상의 이해」 (서울: 여래, 2015), 47.
17 임승택, "무아·윤회 논쟁에 대한 비판적 검토: 초기 불교를 중심으로", 「불교학 연구」 45 (2015.12), 2-6.
18 Raguin S. J. Yves, "Ultimate Reality and the Three Bodies of Buddha," *Areopagus* 2/1 (1988), 36.
19 박광연, "수행 불교로서의 염불결사에 관한 연구", 「불교학보」 68 (2014.7), 117.
20 John M. Koller, *Oriental Philosophies* (New York: Charles Scribner's Sons, 1970), 98.
21 Shizuteru Ueda, "Emptiness and Fullness, Śūnyatā in Mahāyāna Buddhism," *Eastern Buddhist* 15/1 (Spring 1982), 25.
22 안점식, 「세계관을 분별하라」, 118-119.
23 Keith Yandell & Harold Netland, *Buddhism: A Christian Exploration and Appraisal* (Downers Grove: IVP, 2009), 183.
24 안점식, 「세계관을 분별하라」, 188, 121.
25 Gil Ben-Herut, "Sharing Language: On the Problem of Meaning in Classic Buddhist and Brahmanical Traditions." *Religions of South Asia* 3/1 (2009), 128-131.
26 길희성, 「인도 철학사」, 145.
27 안점식, "대승 불교의 공(空) 사상과 논리에 대한 선교 변증론적 고찰", 「복음과 선교」 20 (2012.12), 220-221.
28 Frederick J. Streng, *Emptiness: A Study in Religious Meaning* (Nashville: Abingdon, 1967), 164-169.
29 Russell H. Bowers Jr. "Defending God Before Buddhist Emptiness," *Bibliotheca Sacra* 154 (1997), 407.
30 Alexander S. Kohanski, *The Greek Mode of Thought in Western Philosophy* (Cranbury, NJ: Associated Univ. Press, 1984), 87.

31 안점식, "대승 불교의 공(空) 사상과 논리에 대한 선교 변증론적 고찰", 224.
32 앞의 글, 225-226.
33 안점식, 「세계관·종교·문화」, 252.

5장

1 Hans Küng, Julia Ching, *Christianity and Chinese Religions* (London, UK: SCM Press, 1993). 「중국 종교와 그리스도교」, 이낙선 옮김 (왜관: 분도출판사, 1994), 113-115. 런지유(任繼愈) 주편, 「유교는 종교인가 1: 유교종교론」, 금장태, 안유경 옮김 (서울: 지식과교양, 2012), 210-215.
2 Hans-Werner Sinn, *Casino Capitalism: How the Financial Crisis Came About and What Needs to be Done Now* (New York: Oxford Univ. Press, 2010), 71-93.
3 Susan Strange, *Casino Capitalism* (Manchester, UK: Manchester Univ. Press, 1997), vi-viii.
4 「한서」, 卷四 文帝紀, 第四, "詔曰. 農者天下之大本也. 民所恃以生也."
5 국제관계연구센터, 「중국 18차 당대회 분석과 대내외 정책 전망」 (서울: 통일연구원, 2013), 11-12, 38-39.
6 Julia Ching, *Confucianism and Christianity: A Comparative Study* (New York, NY: Kodansha, 1977). 「유교와 기독교」, 변선환 옮김 (왜관: 분도출판사, 1994), 255-259.
7 「국어」, 晉語 一 참조. 朱熹, 「소학」 內編, 卷二 明倫, 通論 103, "欒共子曰 民生於三 事之如一 父生之 師教之 君食之 非父不生 非食不長 非教不知 生之族也."
8 김동민, "孔子의 儒教 創立에 관한 康有爲의 관점: 康有爲의 「孔子改制考」를 중심으로," 「유교 사상 문화 연구」 51 (2013.3), 118.
9 「논어」, 제7편 述而 5, "子曰 甚矣 吾衰也. 久矣 吾不復夢見周公."
10 「논어」, 제3편 八佾 1, "孔子謂季氏 八佾舞於庭 是可忍也 孰不可忍也."
11 「논어」, 제7편 述而 1, "子曰 述而不作 信而好古 竊比於我老彭."
12 「논어」, 제2편 爲政 11, "子曰 溫故而知新 可以爲師矣."
13 이용주, "현대 중국의 '孔子再評價論'에 대하여: 중국 사상의 현대적 과제", 「종교학 연구」 8 (1989), 68.
14 김승혜, 「유교의 뿌리를 찾아서」 (서울: 지식의 풍경, 2001), 15.

15 「논어」, 제6편 雍也 11, "子謂子夏曰 女爲君子儒 無爲小人儒."
16 「논어」, 제4편 里仁 16, "君子喩於義 小人喩於利."
17 「논어」, 제14편 憲問 13, "見利思義 見危授命."
18 김승혜, 「유교의 뿌리를 찾아서」, 16.
19 앞의 책, 57-61.
20 앞의 책, 63-64.
21 금장태, 「동서 교섭과 근대 한국 사상」 (서울: 성균관대학교출판부, 1984), 22-25.
22 송영배, "「천주실의」(天主實義)의 내용과 그 의미: 마테오 리치의 유교 문화에 적응과 그의 유교를 넘어서는 기독교의 도리와 윤리관의 이야기", 「철학사상」 5 (1995), 214.
23 신용철, "이탁오(李卓吾)와 마테오 리치의 교우에 관하여: 16세기 동서 문화 접촉의 한 가교", 「명청사 연구」 3 (1994), 47.
24 김상근, "서광계의 기독교 신앙과 상제에 대한 제한적 이해", 「한국 기독교와 역사」 21 (2004.9), 226-227.
25 사마천, 「사기」, 書 卷二十八 封禪書 第六, "一曰天主 祠天齊... 二曰地主 祠泰山梁父... 三曰兵主 祠蚩尤... 四曰陰主 祠三山. 五曰陽主 祠之罘. 六曰月主 祠之萊山... 七曰日主 祠成山... 八曰四時主 祠琅邪..."
26 왕쯔신(王治心), 「중국 종교 사상사」, 전명용 옮김 (서울: 이론과실천, 1988), 38-42.
27 앞의 책, 81-85.
28 이을호, "한국 실학의 발전사적 연구", 「실학 논총」 (광주: 전남대학교출판부, 1983), 275.
29 「후한서」, 河間獻王德傳, "修學好古 實事求是."
30 가노 나오키(狩野直喜), 「중국 철학사」, 오이환 옮김 (서울: 을유문화사, 1986), 63.3
31 빈동철, "고대 중국의 '천(天)'은 '상제(上帝)'와 동일한 개념인가?" 「공자학」 30 (2016.5), 40.
32 「논어」, 제11편 先進 8, "顏淵死 子曰 噫 天喪予 天喪予."
33 가노 나오키, 「중국 철학사」, 66-67.
34 앞의 책, 67.

35 「맹자」梁惠王 下 8, "齊宣王 問曰, 湯放桀 武王伐紂 有諸? 孟子對曰 於傳有之. 曰, 臣弑其君 可乎? 曰, 賊仁者 謂之賊 賊義者 謂之殘 殘賊之人 謂之一夫. 聞誅一夫紂矣 未聞弑君也."

36 「서경」, 第四篇 周書, 九卷 大誥 5, "天命不易"

37 「논어」 제12편 顏淵 11, "齊景公問政於孔子 孔子對曰 君君臣臣父父子子."

38 김승혜, 「유교의 뿌리를 찾아서」, 80-81.

39 박병구, "內聖外王 사상의 君子政治 연구: 孔子와 孟子를 중심으로", 「퇴계학과 유교 문화」 59 (2016), 205-206.

40 「논어」, 제14편 憲問 45, "修己以安百姓 堯舜其猶病諸."

41 주희, 「대학장구서」, "…皆入大學 而教之以窮理正心脩己治人之道…"

42 Matteo Ricci, Nicholas Tregault, *China in the Sixteenth Century: The Journals of Matthew Ricci, 1583-1610*, tr. Louis J. Gallagher (New York: Random House, 1953), 34-39.

43 김승혜, 「유교의 뿌리를 찾아서」, 93.

44 「좌씨전」 昭公 五年, "禮所以守其國 行其政命 無失其民者也."

45 김승혜, 「유교의 뿌리를 찾아서」, 139.

46 「논어」, 제12편 顏淵 3, "仁者 其言也訒."

47 「논어」, 제6편 雍也 20, "仁者 先難而後獲 可謂仁矣."

48 「논어」, 제12편 顏淵 1, "顏淵問仁 子曰 克己復禮爲仁."

49 「논어」, 제12편 顏淵 22, "樊遲問仁 子曰 愛人."

50 「논어」, 제4편 里仁 15, "夫子之道, 忠恕而已矣."

51 양낙흥, 「개혁주의 사회 윤리와 한국 장로 교회」 (서울: 개혁주의신행협회, 1994), 212-216.

52 앞의 책, 203-212.

53 Paul G. Hiebert, R. Daniel Shaw, Tite Tiénou, *Understanding Folk Religion: A Christian Response to Popular Beliefs and Practices* (Grand Rapids, MI: Baker Books, 1999). 「민간 종교의 이해: 대중적인 신념과 실행에 대한 기독교적 반응」, 문상철 옮김 (서울: 한국해외선교회출판부, 1999), 185-189.

54 왕쯔신, 「중국 종교 사상사」, 50.

55 앞의 책, 23-24.

56　변태섭,「한국사 통론」(서울: 삼영사, 1986), 349-352.
57　「논어」, 제5편 公冶長 12, "夫子之言性與天道 不可得而聞也."
58　Benjamin I. Schwartz, *The World of Thought in Ancient China* (Cambridge, MA: Harvard Univ. Press, 1985), 255-320.
59　「맹자」, 公孫丑 上 6, "惻隱之心 仁之端也 羞惡之心 義之端也 辭讓之心 禮之端也 是非之心 知之端也 人之有是四端也."
60　「맹자」, 告子 上 6, "仁義禮智 非由外鑠我也 我固有之也 弗思耳矣 故曰 求則得之 舍則失之."
61　「맹자」, 公孫丑 上 6, "凡有四端於我者 知皆擴而充之矣."
62　「순자」, 제8편 儒效, "性也者 吾所不能爲也 然而可化也."
63　「순자」, 제22편 正名, "凡語治而待寡欲者 無以節 欲而困於多 欲者也 欲雖不可盡 可以近盡也 欲雖不可去 求可節也."
64　Carsun Chang, *The Development of Neo-Confucian Thought* (London: Vision Press, 1958), 243-246. Hans Küng, Julia Ching, *Christianity and Chinese Religions*.「중국 종교와 그리스도교」, 101-102.
65　Wing-tsit Chan (tr.), *A Source Book in Chinese Philosophy* (Princeton, NJ: Princeton University Press, 1973), 623-626.
66　「주역」, 繫辭 上, 제12장, "形而上者謂之道 形而下者謂之器."
67　Siu-chi Huang, *Essentials of Neo-Confucianism: Eight Major Philosophers of the Song and Ming Periods* (Westport, CT: Greenwood Press, 1999), 8-9.
68　Craig Ott, Stephen J. Strauss, Timothy C. Tennent, *Encountering Theology of Mission* (Grand Rapids, MI: Baker Academic, 2010).「선교 신학의 도전」, 변진석, 엄주연 외 5인 옮김 (서울: 기독교문서선교회, 2017), 236-241.
69　장승희, "남명 조식의 선비 정신과 도덕 교육",「도덕 윤리과 교육」36 (2012.7), 141.
70　「후한서」, 宋弘傳, "貧賤之交不可忘 糟糠之妻不下堂."

6장

1　안경전,「이것이 개벽이다(上)」(서울: 대광서림, 1983), 299-301.

2   사마천,「사기」, 列傳 卷六十三 老子韓非列傳 第三,"老子者 楚苦県厲郷曲 仁里人也. 姓李氏 名耳 字聃 周守藏室之史也. 孔子適周 將問禮於老子…"
3   「노자」, 제1장,"道可道 非常道 名可名 非常名."
4   「노자」, 제1장,"無名天地之始 有名萬物之母 故常無欲以觀其妙 常有欲以觀 其徼. 此兩者 同出而異名 同謂之玄 玄之又玄 衆妙之門."
5   「노자」, 제14장,"視之不見… 聽之不聞… 搏之不得… 無狀之狀, 無物之象."
6   「노자」, 제25장,"有物混成 先天地生 寂兮寥兮 獨立而不改 周行而不殆."
7   「노자」, 제42장,"道生一 一生二 二生三 三生萬物."
8   「노자」, 제40장,"天下之物 生於有 有生於無."
9   「노자」, 제3장,"爲無爲則無不治."
10   「노자」, 제38장,"上德無爲."
11   「노자」, 제10장,"愛民治國 能無爲乎."
12   「노자」, 제57장,"我撫爲而民自化 我好靜而民自正 我無事而民自富 我無欲 而民自樸."
13   「노자」, 제43장,"不言之敎 無爲之益 天下希及之."
14   「노자」, 제18장,"智慧出有大僞."
15   「노자」, 제3장,"常使民 無知無欲 使夫知者 不敢爲也."
16   「노자」, 제46장,"禍莫大於不知足 咎莫大於欲得."
17   「노자」, 제2장,"皆知善之爲善 斯不善已."
18   「노자」, 제38장,"故失道而後德 失德而後仁 失仁而後義 失義而後禮 夫禮者 忠信之薄 而亂之首."
19   「노자」, 제18장,"大道廢 有仁義 知慧出 有大僞 六親不和 有孝慈 國家昏亂 有忠信."
20   「노자」, 제8장,"上善若水 水善利萬物而不爭."
21   「노자」, 제22장,"夫唯不爭 故天下莫能與之爭 古之所謂曲則全者 豈虛言哉."
22   「노자」, 제80장,"小國寡民 使有什伯之器而不用 使民重死而不遠徙. 雖有舟 輿 無所乘之 雖有甲兵 無所陳之 使人復結繩而用之. 甘其食 美其服 樂其俗. 隣國相望 鷄犬之聲相聞 民至老死 不相往來."
23   「장자」, 內篇 제2편 齊物論 6,"天地與我竝生 而萬物與我爲一."
24   「장자」, 內篇 제2편 齊物論 9,"彼出於是 是亦因彼."
25   「장자」, 內篇 제2편 齊物論 9,"方生方死 方死方生."

26 「장자」, 內篇 제2편 齊物論 10, "是以聖人和之以是非 而休乎天鈞 是之謂兩行."
27 「장자」, 內篇 제2편 齊物論 7, "不知周之夢爲胡蝶與 胡蝶之夢爲周與 周與胡蝶則必有分矣 此之謂物化."
28 「장자」, 外篇 제18편 至樂 4, "莊子妻死 惠子弔之 莊子則方箕踞鼓盆而歌... 變而有氣 氣變而有形 形變而有生 今又變而之死 是相與爲春秋冬夏四時行也."
29 안점식, 「세계관과 영적 전쟁」, (서울: 죠이선교회출판부, 1995), 163-164.
30 「노자」, 제15장, "保此道者 不欲盈."
31 「노자」, 제16장, "致虛極 守靜篤 萬物竝作 吾以觀復."
32 「장자」, 外篇 제20편 山木 2, "人能虛己以遊世 其孰能害之."
33 「장자」, 內篇 제1편 逍遙遊 11, "不夭斤斧 物無害者 無所可用 安所困苦哉."
34 「장자」, 外篇 제20편 山木 1, "莊子行於山中 見大木枝葉盛茂 伐木者止其旁而不取也 問其故 曰無所可用 莊子曰 此木以不材得終其天年."
35 「장자」, 內篇 제1편 逍遙遊 1, "北冥有魚 其名爲鯤 鯤之大 不知其幾千里也. 化而爲鳥 其名爲鵬 鵬之背 不知其幾千里也. 怒而飛 其翼若垂天之雲... 鵬之徙於南冥也 水擊三千里 摶扶搖而上者九萬里 去以六月息者也."
36 「장자」, 內篇 제1편 逍遙遊 3, "蜩與學鳩笑之曰... 之二蟲又何知."
37 「장자」, 內篇 제1편 逍遙遊 5, "斥鴳笑之曰 彼且奚適也."
38 「장자」, 內篇 제1편 逍遙遊 4, "朝菌不知晦朔 蟪蛄不知春秋."
39 「장자」, 內篇 제1편 逍遙遊 4, "上古有大椿者 以八千歲爲春 八千歲爲秋."
40 「장자」, 內篇 제1편 逍遙遊 4, "小知不及大知 小年不及大年."
41 안점식, 「세계관·종교·문화」, 250-251.
42 「장자」, 內篇 제6편 大宗師 2, "何謂眞人 古之眞人 不逆寡 不雄成 不謨士. 若然者 過而弗悔 當而不自得也. 若然者 登高不慄 入水不濡 入火不熱 是知之能登假於道者也若此."
43 「장자」, 內篇 제6편 大宗師 4, "故其好之也一 其弗好之也一. 其一也一 其不一也一. 其一與天爲徒 其不一 與人爲徒. 天與人不相勝也 是之謂眞人."
44 「노자」, 제25장, "人法地 地法天 天法道 道法自然."
45 사카이 타다오(酒井忠夫), 「도교란 무엇인가」, 최준식 옮김 (서울: 민족사, 1990), 252-257.
46 이용주, "트랜스-/포스트휴머니즘에 대한 신학적-비판적 고찰: 신학적 인간론과의 비교를 중심으로", 「한국 기독교 신학 논총」 114 (2019.10), 310.

7장

1. Edward W. Said, *Orientalism*, Vintage Books ed. (New York: Random House, 1979), 1-28.
2. Khurshid Ahmad, "Islam: Basic Principles and Characteristics," *Islam: Its Meaning and Message*, ed. Khurshid Ahmad (Leicestershire, UK: The Islamic Foundation, 1975). "이슬람: 기본 원리와 특성", 「이슬람: 그 의의와 메시지」, 이석훈 옮김 (서울: 우리터, 1993), 30-31.
3. Anne Cooper ed. *Ishmael My Brother: A Christian Introduction to Islam* (Turnbridge Wells, UK: MARC, 1985). 「우리 형제 이스마엘」 (서울: 두란노, 1992), 50-51.
4. Abdul Hamid Siddiqui, "What Islam Gave to Humanity," *Islam: Its Meaning and Message*. "이슬람은 인류에게 무엇을 주었는가", 「이슬람: 그 의의와 메시지」, 228-229.
5. Muhammad Iqbal, *The Reconstruction of Religious Thought in Islam*, ed. M. Saeed Sheikh (Stanford, CA: Stanford University Press, 2012), 77.
6. T. B. Irving, "Islam and Social Responsibility," *Islam: Its Meaning and Message*. "이슬람과 사회적 책임감", 「이슬람: 그 의의와 메시지」, 119.
7. Ghulam Sarwar, *Islam: Beliefs and Teaching*, 3rd ed. (London: Muslim Educational Trust, 1984), 141.
8. Muhammad Asad, "The Spirit of Islam," *Islam: Its Meaning and Message*. "이슬람의 정신", 「이슬람: 그 의의와 메시지」, 57-60.
9. 앞의 책, 52-55.
10. Abul A'la. Mawdudi, *Toward Understanding Islam* (Leicester: Islamic Foundation, 1981), 18.
11. Abdul Hamid Siddiqui, "What Islam Gave to Humanity." "이슬람은 인류에게 무엇을 주었는가", 233.
12. Seyyed Hossein Nasr, "The Western World and its Challenges to Islam," *Islam: Its Meaning and Message*. "서양 세계와 이슬람에 대한 도전", 「이슬람: 그 의의와 메시지」, 265.
13. John J. Johnson, *Currents in Twenty-First-Century Christian Apolo-*

getics: Challenges Confronting the Faith (Eugene, OR: Wipf&Stock, 2008), 27-28.

14 Jim Wallis, *God's Politics: Why the Right gets its Wrong and the Left doesn't get it* (San Francisco: Harper, 2005), 34.

15 Izutsu Toshihiko, *The Concept of Belief in Islamic Theology: A Semantic Analysis of Iman and Islam* (Petaling Jaya, Malaysia: Islamic Book Trust, 2006), 168, 170.

16 Ahmad ibn 'Abd al-Ḥalim Ibn Taymiyyah, *Book of Faith: Kitab al-Iman*, tr.&ed. Salman Hassan Al-Ani, Shadia Ahmad Tel (Kuala Lumpur: Islamic Book Trust, 2009), 18-47.

17 Diana Steigerwald, "Faith (īmān) and Intellect ('aql) in Shī'ite Tradition," *Religious Studies and Theology* 19:1 (June 2000), 35.

18 Titus Burckhardt, *Introduction to Sufi Doctrine* (Bloomington, IN: World Wisdom, 2008), 18.

19 F. E. Peters, *Islam: A Guide for Jews and Christians* (Princeton, NJ: Princeton University Press, 2003), 252.

20 Annemarie Schimmel, *Mystical Dimension of Islam* (Chapel Hill, NC: University of North Carolina Press, 1975), 112.

21 Reza Shah-Kazemi, *Justice and Remembrance: Introducing the Spirituality of Imam Ali* (London: I.B.Tauris, 2007), 30-33.

22 Heon Kim, "Self and Others for Religious Ecology: An Analysis of Gülen's Thought," *Making Peace In and With the World: The Gülen Movement and Eco-Justice*, eds. Heon Kim, John Raines (Newcastle, UK: Cambridge Scholars Publishing, 2012), 111.

23 Mohammed Moussa, *Politics of the Islamic Tradition: The Thought of Muhammad Al-Ghazali* (New York: Routledge, 2016), 161.

24 Mark Nygard, "The Muslim Concept of Surrender to God," *Word & World* 16:2 (Spring 1996), 158-159.

25 Bernard G. Weiss, "Covenant and Law in Islam," *Religion and Law: Biblical-Judaic and Islam Perspectives*, eds. Edwin R. Firmage, Bernard G. Weiss, John W. Welch (Winona Lake: Eisenbrauns, 1990), 58,

65, 81.
26 앞의 책, 52.
27 앞의 책, 67, 79, 82.
28 Craig Ott, Stephen J. Strauss, Timothy C. Tennent, *Encountering Theology of Mission*. 「선교 신학의 도전」, 562-564.
29 Oddbjørn Leirvik, *Images of Jesus Christ in Islam*, 2nd ed. (London: Continuum, 2010), 38.
30 Katharina Völker, "Parameters of Teaching Islam 'Freely'," *Freedom of Speech and Islam*, ed. Erich Kolig (New York: Routledge, 2016), 217.
31 Herbert Berg, Sarah Rollens, "The Historical Muhammad and the Historical Jesus: A Comparison of Scholarly Reinventions and Reinterpretations," *Studies in Religion* 37/2 (2008), 280.

8장

1 Sean Kay, *Celtic Revival?: The Rise, Fall, and Renewal of Global Ireland* (Lanham, MD: Rowman & Littlefield, 2011), 205-232.
2 Gailyn Van Rheenen, *Communicating Christ in Animistic Contexts* (Grand Rapids: Baker, 1991), 17-18.
3 Graham Harvey, *Animism: Respecting the Living World* (Kent Town, Australia: Wakefield, 2005), 17-18.
4 Edward B. Tylor, *Primitive Culture*, Vol.1 (New York: Dover Publications, 2016), 417.
5 Gailyn Van Rheenen, *Communicating Christ in Animistic Contexts*, 20.
6 앞의 책, 19.
7 앞의 책, 19.
8 Robert Conner, *Jesus the Sorcerer: Exorcist, Prophet of the Apocalypse* (Oxford, UK: Mandrake, 2006) 참조. Morton Smith, *Jesus the Magician: A Renowned Historian Reveals how Jesus was Viewed by People of His Time* (San Francisco, CA: Hampton Roads Press, 2014), 91.
9 Mariko Namba Walter, Eva Jane Neumann Fridman, eds., *Shamanism: An Encyclopedia of World Beliefs, Practices, and Culture*, Vol. 1 (Santa

Barbara, CA: ABC CLIO, 2004), 37.

10　Ed Mathew, "Yahweh and the Gods: A Theology of World Religions from the Pentateuch," *Christianity and the Religions*. Edward Rommen, Herold Netland ed. (Pasadena, CA: William Carey Livrary, 1995). "야훼와 신들: 모세 오경 안에 있는 세계 종교의 신학,"「기독교와 타종교」, 정홍호 옮김 (서울: 서로사랑, 1998), 45-61.

11　Gerhard F. Hasel, "The Polemic Nature of the Genesis Cosmology," *The Evangelical Quarterly* 42 (1974), 85-90.

12　Alf Hornborg, "Submitting to Objects: Animism, Fetishism, and the Cultural Foundations of Capitalism," *The Handbook of Contemporary Animism*, ed. Graham Harvey (New York: Routledge, 2014), 246-247.

13　Charles H. Kraft, *Power Encounter in Spiritual Warfare* (Eugene, OR: Wipf & Stock, 2017), 4.

14　William H. Swatos, Jr., Kevin J. Christiano, "Secularization Theory: the Course of a Concept," *The Secularization Debate*, eds. William H. Swatos, Jr., Daniel V. A. Olson (New York: Rowman & Littlefield Publishers, 2000), 1-18.

15　Michael Rectenwald, Rochelle Almeida, "Introduction: Global Secularisms in a Post-Secular Age," *Global Secularisms in a Post-Secular Age*, eds. Michael Rectenwald, Rochelle Almeida, George Levine (Berlin: Walter de Gruyter, 2015), 22

16　Paul Hiebert, "The Flaw of the Excluded Middle," *Missiology* 10/1 (1982), 35-47.

17　Robert J. Priest, Thomas Campbell, Bradford A. Mullen, "Missiological Syncretism: the New Animistic Paradigm," *Spiritual Power and Missions: Raising the Issues*, ed. Edward Rommen (Pasadena, CA: William Carey Library, 1995), 68-76.

18　Rick Love, *Muslims, Magic and the Kingdom of God: Church Planting Among Folk Muslims* (Pasadena, CA: William Carey Library, 2000), 70-71.

19　Paul Hiebert, R. Daniel Shaw, Tite Tiénou,「민간 종교 이해」, 378-391.

20　Paul Hiebert, *Transforming Worldviews: An Anthropological Under-*

standing of How People Change. 「21세기 선교와 세계관의 변화」, 384-388.
21 안점식,「세계관・종교・문화」, 243-244.
22 앞의 책, 145-147.
23 Gailyn Van Rheenen, *Communicating Christ in Animistic Contexts*, 57-59.
24 앞의 책, 99.
25 안점식,「세계관을 분별하라」, 166-167.
26 앞의 책, 161-162.
27 Paul Hiebert, R. Daniel Shaw, Tite Tiénou, *Understanding Folk Religion*.「민간 종교 이해」, 26-27.
28 안점식,「세계관・종교・문화」, 239-242.
29 Paul Hiebert, R. Daniel Shaw, Tite Tiénou, *Understanding Folk Religion*.「민간 종교 이해」, 273.
30 Paul Hiebert, R. Daniel Shaw, Tite Tiénou, *Understanding Folk Religion*.「민간 종교 이해」, 274. Garry Friesen, J. R. Maxson, *Decision Making and the Will of God* (Colorado Springs, CO: Multnomah Books, 1980).「나의 결정과 하나님의 뜻」, 김지찬 옮김 (서울: 생명의말씀사, 1996), 115-118.

복음과 세계 종교
종교 다원주의에 대한 기독교의 응답

초판 발행	2020년 2월 15일
초판 2쇄	2023년 11월 15일
지은이	안점식
발행인	손창남
발행처	(주)죠이북스(등록 2022. 12. 27. 제2022-000070호)
주소	02576 서울시 동대문구 왕산로19바길 33, 1층
전화	(02) 925-0451 (대표 전화)
	(02) 929-3655 (영업팀)
팩스	(02) 923-3016
인쇄소	영진문원
판권소유	ⓒ(주)죠이북스
ISBN	979-11-93507-01-8 03230

책값은 뒤표지에 있습니다.
잘못된 도서는 교환하여 드립니다.
이 책 내용을 허락 없이 옮겨 사용할 수 없습니다.